受损山体植被修复

植被护坡工程设计手册

主　编：陈振峰　王孝康
副主编：侯晓巍　郝家田　胡云云　向安民

中国林业出版社

图书在版编目（CIP）数据

受损山体植被修复 : 植被护坡工程设计手册 / 陈振峰, 王孝康主编 ; 侯晓巍等副主编.
-- 北京 : 中国林业出版社, 2023.11
ISBN 978-7-5219-2438-1
Ⅰ. ①受… Ⅱ. ①陈… ②王… ③侯… Ⅲ. ①植被－护坡－工程设计－手册 Ⅳ. ①U417.1-62

中国国家版本馆CIP数据核字(2023)第224245号

策划编辑：许　凯
责任编辑：许　凯
封面设计：北京鑫恒艺文化传播有限公司

出版发行：中国林业出版社
（100009，北京市西城区刘海胡同7号，电话010-83143582）
电子邮箱：cfphzbs@163.com
网址：https://www.cfph.net
印刷：北京博海升彩色印刷有限公司
版次：2023年11月第1版
印次：2023年11月第1次
开本：787mm×1092mm 1/16
印张：20
字数：520千字
定价：180.00元

前言

在中国经济高速发展的40多年间，伴随着高楼大厦雨后春笋般地拔起和交通网络的不断完善，人们发现了众多因工程建设和矿山采掘而形成的山体裸露缺口和废弃地。这些自然山体上的“伤疤”破坏了原有地貌和原生植被，使其与周边山体的自然背景形成了强烈的反差，不仅造成了严重的水土流失，且对自然景观和人居环境都产生了极为不利的影响。

自然山体既是各种生物生存和繁衍的栖息地，也为人类提供了宝贵的水源和清新的环境。随着社会的发展与进步，人们逐渐认识到，过去由于急功近利、不尊重自然，给环境带来了巨大的负荷和伤害，若不及时进行治理，长此以往，会导致生态环境的进一步恶化和自然灾害的频繁发生。

因此，在进行开发建设活动时，应提倡尊重自然，尽可能少地扰动自然山体，如以隧洞取代劈山、架桥替代挖坡、生态防护取代圬工护坡等。对遗留下来的采石场、矿山废弃地、山体缺口、裸露边坡等进行生态修复，恢复植被，以维护生物的多样性，从而实现人与自然的和谐相处。

2015年4月和2016年5月，国务院相继颁布了《水污染防治行动计划》和《土壤污染防治行动计划》（简称“土十条”与“水十条”）；《中华人民共和国土壤污染防治法》于2019年1月起实施。三者皆在于加强水土环境的保护与污染的防治，深化重点流域和污染区的治理，逐步改善水体和土壤的环境质量，保障国家水源和土壤的安全。因此，受损山体的生态修复与植被恢复是维护国家水土生态安全的重要举措。

近年来，随着国家“城市双修”（生态修复、城市修补）项目和生态环保督查的深入，要求对遗留的自然山体上的“伤疤”进行全面的整治。虽然边坡工程多集中在道路工程上，但各行业、专业对边坡防护和生态护坡的要求也不尽相同。由于缺乏系统的指引，造成一些概念、名词和施工法的混乱。因此，相关行业和部门迫切需要一本实用的技术手册，用以指导受损山体生态护坡工程的设计、施工和管理。

为此，国家林业和草原局西北调查规划院设立了“受损山体植被修复”科研项目，按照不同的气候区域和工程类型，对受损山体的生态与植被修复进行了全面细致的调查，形成了研究成果，本书的部分案例取自该项科研成果的相关内容。

本书总结了国内20多年来受损山体及边坡生态治理的经验，注重生态修复的技术原理、作用和效果，针对不同区域的气候特点和受损山体及其边坡类型，特别是对于治理难度较大的高陡岩质边坡、金属矿山污染地及边坡，从生态修复和植被护坡的适用技术及其组合应用、典型设计和实施案例等多方面进行了详细的介绍，为广大从事林学、水土保持、道路交通、水利水电工程、矿山开采、风景园林、环境保护、生态工程、岩土工程等领域的生态护坡设计、施工和管理人员提供参考依据。

由于篇幅有限，本书略去了工程护坡方面的设计内容，这方面请参照国家及行业相关技术规范和标准；另外，书中有一些内容还有待于进一步地完善和验证。

在本书编写过程中，作者参考了大量的论文和著作，在此谨向被引用文献的各位作者，以及对本书提出宝贵意见的诸位同仁，致以诚挚的谢意。

陈振峰

2023年6月

目录

绪论

一、山体植被护坡国内外研究概况

为了解决开挖边坡表层防护与植被恢复问题，20世纪50年代，美国发明了水力喷播机和喷射绿化施工法。20世纪60至70年代，日本学者研发出了用于边坡稳定和植被防护的多种坡面绿化施工法，并申请了很多护坡专利；同时，针对岩石边坡的生态防护，开发出了压缩空气客土基材喷播施工法及配套基材，使用的基质为有机质、砂土和二者的混合物，加筋材料有木纤维、半木质纤维、石棉等短纤维，黏结剂和防侵蚀材料有混凝土、乳化沥青、合成树脂及高分子聚合物等。从工程应用的情况看，主要用于道路工程60°以下的边坡以及强酸性边坡的防护和植被恢复，并取得了良好的环境保护和景观恢复效果。20世纪80年代，随着泵式液压泥浆喷射机械及其移动设备的出现，使基材的喷射高程有了极大的提升，对基材的限制得到较大的突破。

国内，20世纪80年代末至90年代初，广东省水利水电科研院、深圳市如茵生态环境建设有限公司（简称深圳如茵公司）先后从香港引入喷射绿化施工法。2001—2003年，深圳如茵公司引进美国泥浆湿喷机，对深圳葵涌雷公山采石场进行了生态治理的尝试，发明了岩质边坡复绿的“喷混植生”“‘V’形槽”“植生盆”技术及其组合应用施工法，取得了良好的生态恢复效果，2003—2004年，其又联合中铁二院、中铁十局、绍兴市交通局，先后在内昆铁路、胶新铁路实施了路基边坡的绿色防护工程，在绍兴外环公路实施了岩质边坡的复绿工程，并在全国获得了良好的示范效应。

2002年，四川励自生态科技有限公司联合西南交通大学，对岩石边坡植物护坡进行了研究和工程示范，研发出了“TBS厚层基材喷播”施工法。

上述“喷混植生”和“TBS厚层基材喷播”方法类似，都是在边坡上挂网喷播客土基材，植物种子发芽、生长后实现边坡复绿。目前已广泛应用于国内各类边坡工程的生态防护中，对我国工程边坡的生态化防护发挥了重要作用。

2002—2003年，三峡大学研发出了“植被混凝土护坡绿化技术”，兼顾了固坡和复绿的功能；2004年，东南大学等对多孔混凝土进行了试验和研究，开发出了植生型多孔生态混凝土及其预制构件块系列，主要应用于水库、河道堤岸及缓冲带的生态护坡。

2003—2005年，北京路域生态工程有限公司研发出了用于边坡生态防护的“3S-OER三联植被生态修复技术”，强调基材和植物的立体结构和防护作用，构建边坡客土的生态系统，并在道路路域边坡的生态恢复中得以应用，取得了良好的效果。

2010—2018年，深圳如茵公司发明了“高陡岩质边坡植被重建系统及该系统的实施方法”“一种环境友好柔性锚喷护坡网结构”等专利技术。

上述边坡生态修复技术经过不断地改进和完善后，已开始逐渐应用于治理难度较大的边坡生态防护工程中。

在高速公路边坡植被恢复理论和应用研究方面，刘建宁等（1999）、章梦涛等（2000）、廖春芳等（2002）、徐文辉等（2003）、付美兰等（2003）、陈训等（2003）、任海霞（2005）、屠剑斌（2009）、张家权（2014）、刘学（2013）、王倜等（2016）先后对山西太旧高速公路、深汕高速、湖南潭邵高速、甬台温高速、贵州凯麻高等级公路、重庆市公路、陕西高速公路、江西高速公路、海南高速公路的边坡绿化和植被恢复技术及应用方面进行了研究和评价，章恒江等（2000）、周颖等（2001）对喷混植生技术在高速公路岩质边坡上的应用进行试验和总结，张俊云等（2002）对厚层基材喷射植被护坡进行了抗侵蚀实验研究，蒋鹏飞等（2002）、马万权等（2003）、廖晓瑾等（2003）对客土喷播在高速公路岩质边坡上的应用进行了研究，邓辅唐等（2005）研究了植生袋在高速公路石质边坡生态防护中的应用，马海天才等（2004）研究了滴灌系统在成南高速路高边坡绿化上的应用，陈赟（2007）对公路建设中路域生态环境恢复技术体系、张瑜（2011）对四川地区高速铁路路基边坡植物防护进行了研究和论述。

在不同环境和气候条件下，周颖等（2001）对路基边坡环境、王永安等（2002）对公路绿地系统、林伟（2003）对鄂西北山区路堑边坡防护、李金昌（2003）对黄土地区边坡绿化、王仁德等（2007）对生态脆弱区道路边坡生态恢复、王丽梅（2008）对生态旅游区路域生态学、王福强（2011）对黄河三角洲路域生态恢复、陈亚振（2011）对秦岭山区路域生态系统、韦志翔等（2016）对喀斯特地区路域生态学、周立荣等（2006）对红层软岩边坡生态防护、曹兴松等（2013）对西南红层软岩公路边坡植物选择和配置等分别进行了研究和分析评价；在高寒地区路域植被恢复研究方面，徐绍民等（1999）对高寒地区高速公路绿化植物材料选择、赵燕洲等（2013）对青藏铁路路域高寒草原生态修复技术、邵蕊等（2014）对高寒草原路域人为干扰区土壤及植被修复、王勇（2016）对西藏山区公路边坡生态防护、应丰等（2018）对高寒高海拔地区水电站施工扰动区生态修复技术及植物的选择、王君武等（2018）对高寒高海拔地区路域生态修复技术体系进行了研究。

采石场、山体缺口、岩质边坡的生态修复和复绿方面，蔡高堂等（2000）对深圳市废弃采石场水土保持生态措施、罗松等（2001）对采石场开采面阶梯整形覆土绿化、陈涛（2001）对采石场水土流失防治方法、罗杰·弗洛雷斯等（2001）对古里水电站采料场生态恢复、柳长顺等（2001）对深圳市裸露山体缺口景观影响程度、陆志敏等（2006）对废弃采石场绿化树种选择及其配套技术、郭锋等（2009）对裸露山体缺口景观影响度及其生态修复技术、史文飞等（2012）对裸露山体缺口生态修复新技术（以深圳市布吉郁南、吉岗采石场边坡整治绿化工程为例）等进行了研究与应用。

在喷播基材方面，薛澄泽等（2000）对复合污泥堆肥用于高速公路绿化带的效果、张俊云等

（2001）对岩石边坡生态种植基、章梦涛等（2003）对有机植生基材在岩质坡面快速绿化中的应用等进行了试验和研究。

在植物根系、加筋纤维及其对边坡浅层稳定性影响方面，周锡九等（1995）对坡面植草防护浅层加固、刘淑兰（2002）对本榛公路前央河段防冲刷护坡技术、徐志修等（2008）对基于“3S”技术的路域生态管理系统设计、余芹芹等（2011）对植物根土复合体固坡力学效应及模型、刘治兴等（2015）对高速公路不同植物防护边坡根土复合体抗剪能力、程晔等（2010）对高速公路边坡CF网防护抗冲刷室内模型试验、徐新生（1999）对连续纤维加强材力学性能及结构性能、Mike Ballou 和 Matt Niermann（2002）对纤维混凝土喷射加固边坡、刘世雄等（2013）对纤维丝固土护坡的水土保持效应、程睿（2015）对边坡纤维丝加筋补强植生土强度及机理、张永兴等（2002）对边坡立体绿化的稳定性、宋云（2005）对植物固土边坡稳定原理及固坡植物选择、朱虹宇（2008）对高速公路岩质高边坡稳定性与生态防护技术、路云（2011）对路堑高边坡稳定性及植物防护等进行了试验和研究。

在库区堤岸、道路和涨落带植被护坡方面，黄雨霖等（1995）对三峡库区坡地植被－土壤环境变化及土地利用、夏汉平等（2002）对北江大堤植草护坡效应、吴长文等（2009）对深圳城郊水库涨落带植被重建技术、刘窑军等（2012）对不同植被防护措施对三峡库区土质道路边坡侵蚀的影响等进行了试验和研究。

在边坡植物、植被、群落和演替方面，席嘉宾（1997）对高等级公路边坡牧草绿化混播、席嘉宾和张惠霞（2000）对几种混播绿化组合对高等级公路边坡的防护效益、陈庆平等（2000）对香根草植物篱防治边坡侵蚀、王玲等（2001）对公路边坡水土保持草种引种、夏汉平等（2002）对香根草生态工程应用于公路的护坡效益、苏兴矩等（2002）对象草在公路边坡防护及弃方区绿化中的应用、胥晓刚等（2004）对不同植物种类在公路边坡植被恢复中的适应性、赵明坤等（2003）对贵州16 种野生草本植物坪用性状、王慧芳等（2004）对高等级公路边坡绿化植物材料选择、赵明坤等（2004）对高等级公路边坡绿化草被植物筛选及其生物学特性、韩德梁等（2008）对几种优良草种在高速公路护坡工程中的应用、陈海波（2009）对高速公路石质边坡生态防护植物筛选及灌木建植技术、陈学平等（2009）对公路护坡植物选择技术、潘伟等（2010）对公路边坡生物防护植物筛选及其配置技术，刘琼等（2002）对宁夏古王高速公路绿化边坡地被植物的选择、王齐瑞等（2001）对河南高等级公路绿化植物的选择、褚建民等（2003）对东北地区高速公路绿化树种的选择、张瑞等（2016）对布尔津－喀纳斯湖旅游公路路域生态恢复植物的选择与配置、史文飞等（2013）对广乐高速公路清远段生态护坡技术和乡土植物的应用、梁猛等（2014）对西南地区护坡植物筛选与组合、刘孔杰等（2002）对生物多样性在路域植被恢复中的应用、胡全德等（2000）对长白山不同植被对土壤和生态环境的作用、沈有信等（2003）对东川干热退化山地不同植被恢复方式对物种组成与土壤种子库的影响、孟繁玲等（2001）对液压喷播植物群落结构动态研究方法、杨晓明（2009）对全风化岩路堤边坡不同植物群落生态防护效应与生长动态变化、巨天珍等（2008）对宝（鸡）天（水）高速公路建设期路域生态区植物种群空间分布格局、周厚诚等（2001）对广东南澳岛植被恢复过程中的群落动态、张成林等（2016）对高速公路坡面植物群落生态防护与季节生长变化、刘治兴（2016）对高速公路边坡植物不同生长期的防护效果、冯俊德（2007）对岩石边坡工程植被演替规律、张赛和陈振峰（2011）对植被演替规律在井冈山铁路边坡生物防护中的应用、国怀亮等（2014）对路域生态系统中外来入侵植物分布格局及其影响因素、林夏馨（2004）对芒萁的生长发育规律及人工繁殖技术、谢丹（2006）对铁芒萁应用于高速公路边坡生态防护等方面进行了研究和分析评价。

在边坡生态防护水土保持效益研究方面，马平安等（1999）对太行山片麻岩山地植被水土保持效益、吴长文等（2000）对喷播绿化技术在斜坡水土保持生态建设、卓慕宁等（2004）等对高速公路边坡快速绿化技术的应用与水土保持效果、郑志峰（2016）对汉宁高速公路水土保持与边坡防护技术进行了研究；深圳市市场监督管理局（2010）发布了《边坡生态防护技术指南》（SZDB/Z 31—2010），北京市水务局（2010）编撰和出版了《建设项目水土保持边坡防护常用技术与实践》。

国内在金属矿山废弃地、排土（渣）场、尾矿、污染边坡等生态修复和植被恢复方面，沈振国等（1998）对重金属超量积累植物研究进展、华珞等（1998）对有机肥对镉锌污染土壤的改良效应、束文圣等（2000）对中国矿业废弃地的复垦对策、蒋先军等（2000）对重金属污染土壤的植物修复（金属富集植物*Brassica juncea*对铜、锌、镉、铅污染的响应）、韦朝阳和陈同斌（2001）对重金属超富集植物及植物修复技术研究进展、束文圣等（2001）对湖北铜绿山古铜矿冶炼渣植被与优势植物的重金属含量、韦朝阳和陈同斌等（2002）对砷富集植物大叶井口边草、陈同斌等（2002）对砷超富集植物蜈蚣草及其对砷的富集特征、杨肖娥等（2002）对锌超积累植物东南景天、刘秀梅等（2002）对6种植物对Pb的吸收与耐性、姜理英等（2003）对海州香薷和紫花香薷对Cu、Zn的吸收和积累、刘威等（2003）对镉超富集植物宝山堇菜、刘小梅等（2003）对超富集植物治理重金属污染土壤研究进展、魏树和等（2004）对镉超积累植物龙葵、柯文山和陈建军（2004）对十字花科芸薹属5种植物对Pb的吸收和富集、吴双桃等（2004）对铅锌冶炼厂土壤污染及重金属富集植物、周建民等（2004）对大宝山矿区周围土壤重金属污染分布特征、汤叶涛等（2005）对多金属超富集植物圆锥南芥、黄福才（2005）对紫金山矿区裸地植被恢复技术、张大庚（2006）对水分和有机物料对土壤锌－镉形态及化学性质的影响、陈炳辉等（2006）对粤北大宝山多金属矿山的生态环境污染原因及治理途径、潘志明（2006）对砷汞铅镉复合污染土壤的肾蕨植物修复技术、聂发辉（2006）对镉超富集植物商陆及其富集效应、罗亚平等（2007）对桂北锰矿废弃地主要植物种类调查及土壤重金属污染评价、范稚莲等（2007）对广西典型矿区中植物对Cu、Mn和Zn的富集特征与潜在的Mn超富集植物、杨胜香（2007）对广西锰矿废弃地重金属污染评价及生态恢复、王军（2008）对重金属Cd、Zn、Pb、Cu污染土壤的植物修复、唐文杰（2008）对广西三锰矿区土壤污染与优势植物重金属富集、刘秀春等（2008）对生物有机肥对重金属的吸附解吸作用的影响、杨天周（2008）对EDTA对污染土壤中重金属解吸的影响、罗青龙等（2008）对重金属超积累植物的研究进展、李泽琴等（2008）对矿山环境土壤重金属污染潜在生态风险评价模型、何兰兰等（2009）对Pb、Zn、Cu、Cd的超富集植物研究进展、沈建新（2009）对有色金属矿山生态修复工程设计与思考、赵方莹（2009）对铁矿废弃地植被恢复技术与效应、黄穗虹（2009）对酸性矿山废水污染土壤重金属的化学固定及其机理、刘英琴（2010）对矿山废弃地植被恢复技术、孟猛和宗美娟（2010）对矿山生态恢复原理与技术、孙花等（2011）对土壤有机质对土壤重金属积累有效性及形态的影响、李东旭和文雅（2011）对超积累植物在重金属污染土壤修复中的应用、张丽峰（2012）对铁矿废弃地类型划分及其生态规划模式、段双龙（2014）对矿山生态环境保护及植被恢复技术、章梦涛等（2015）对金属矿山污染地酸性阻控及植被恢复试验、陈振峰等（2015）对矿山岩石边坡植被恢复中的植物配置、聂亚平等（2016）对几种重金属（Pb、Zn、Cd、Cu）的超富集植物种类及增强植物修复措施研究进展、胡虎等（2016）对有色金属矿山生态恢复的难点及恢复技术、曾宪坤（2017）对有色金属矿山强酸性尾矿库无土生态恢复技术等进行了论述和探讨。

近二十年来，一些学者也先后出版了生态护坡方面的著作，如，周德培和张俊云（2003）的《植被护坡工程技术》，吴长文和章梦涛（2007）的《裸露山体缺口生态治理》，霍明和王恭先（2008）的《中国典型工程边坡：交通工程卷》，赵方莹（2009）的《边坡绿化与生态防护技术》，戴金水、刘灼华和张强（2010）的《裸露山体治理与水土保持》、刘东明和林才奎（2010）的《高速公路边坡绿化理论与实践》，雷海清和柏明娥（2010）的《矿山废弃地植被恢复的实践与发展》，江源（2011）的《道路生态影响与公路边坡植被恢复生态研究》，徐文远（2013）的《公路建设边坡生态防护技术应用原理与实践》，冯美军、洪波和左志武（2014）的《公路边坡生态恢复及防护技术》，赵永红和周丹（2014）的《有色金属矿山重金属污染控制与生态修复》，深圳市水务局（2014）组织编写的《华南岩质边坡工程绿化技术的推广与应用》，刘东明、李作恒、王丙兴和赵文忠（2016）的《山区高速公路边坡生态恢复与重建技术及实践》，徐国钢和赖庆旺（2016）的《中国工程边坡生态修复技术与实践》，高旭敏（2016）的《生态边坡：理论与实践》，周斌（2018）的《公路边坡生态恢复及防护技术的研究》等。

二、山体缺口与边坡类型

（一）山体缺口及其特点

山体缺口是指自然背景山体上由于人为活动或自然灾害造成局部地形、地貌和植被的突变而形成的裸露空隙或断面，如采石场坑口、开挖边坡、滑坡、崩岗等。

山体缺口的特性指标包括岩土母质、平整度、面积、坡度、裂隙发育和风化程度等。裸露山体缺口与周边自然山体背景形成强烈的反差，并因此严重影响城市周边的景观。自然条件下，土质边坡植被恢复至少需要10年的时间，岩质边坡可能需要几十年甚至上百年的时间才能够恢复植被和生态。

山体缺口具有以下特点：①坡体陡峭（局部呈石壁或倒坡），缺乏植物生存的空间；②坡面裸露，受暴雨危害，水土流失严重；③环境脆弱，岩质边坡整体无土、无水，缺乏植物生长的必要条件；④恢复工程施工和养护困难且施工时需做好安全防护措施。

（二）边坡类型

按工程类型：坑口（采坑、基坑）、路基（路堑、路堤）、堤岸、隧道洞口仰坡、桥台等；

按岩土特性：岩质边坡、土质边坡、土石混合坡、母质边坡、红层软岩边坡、裂隙边坡、危险（稳定）边坡等；

按成因：爆破光面边坡、排土（渣）场边坡、岗崩、滑坡等；

按支护方式：锚索格构边坡、锚喷边坡、浆砌石（预制块）边坡、柔性防护边坡等；

按侵蚀程度和类型：风化（强风化、中风化、弱风化）边坡、风蚀边坡、水蚀（冲蚀）边坡、冻融边坡等；

按坡度和高度：缓坡、急坡、陡坡、崖坡（崖壁）、高边坡、高陡边坡等；

按景观影响度：影响极严重边坡（LED＞3.5）、影响严重边坡（2.8＜LED≤3.5）、影响一般边坡（2＜LED≤2.8）和影响较轻边坡（LED≤2）；

按自然类型：黄土高坡、沙坡、喀斯特地貌边坡、涨落带等。

（a）乱掘山体缺口1

（b）乱掘山体缺口2

（c）乱掘山体缺口3

（d）道路开挖山体缺口

（e）道路开挖山体缺口（格构护坡）

（f）房地产项目后山开挖边坡（格构护坡）

（g）隧道口开挖母质边坡

（h）红砂岩开挖边坡

（i）红砂岩路堤边坡

（j）道路开挖格构边坡

（k）废弃采石场1

（l）废弃采石场2

（m）稀土露天开采场

（n）露天开采矿坑

图01　受损山体边坡类型

三、工程护坡

工程护坡是指为保证边坡及其环境的安全，对边坡采取的支护、加固等防护措施。为了维持边坡稳定，采取放坡卸载（刷坡）、边坡支护（抗滑桩、旋喷桩、排桩、挡墙）、坡面锚索（锚杆）、格构梁框架、锚喷、浆砌石（预制块）垒砌、主动柔性防护等工程措施，或对有安全隐患的边坡进行地质灾害工程治理。

2013年11月，由住房和城乡建设部和国家质量监督检验检疫总局联合发布的国家标准《建筑边坡工程技术规范》（GB 50330—2013），对2002年版的《建筑边坡工程技术规范》（GB 50330—2002）进行了修订。新版技术规范共有19章及10个附录，内容包括总则、术语和符号、基本规定、边坡工程勘察、边坡稳定性评价、边坡支护结构上的侧向岩土压力、锚杆（索）、锚杆（索）挡墙支护、岩石锚喷支护、重力式挡墙、悬臂式挡墙和扶壁式挡墙、桩板式挡墙、坡率法、边坡防护与绿化、边坡工程排水、工程滑坡防治、边坡工程施工、边坡工程监测、质量检验及验收等，对边坡工程护坡技术进行了全面的界定和介绍；2020年3月，国家市场监督管理总局和国家标准管理委员会发布了《滑坡防治设计规范》（GB/T 38509—2020），工程滑坡防治设计有了国家标准。

工程护坡虽然能够保障边坡的稳定，但依然存在水土流失、景观性差和缺乏生机等缺点，尤其是传统的锚喷和浆砌片石护坡，封闭了母质岩或围岩的节理与裂隙进而使其丧失了渗透性与通透性，隔断了土体与上层的联系，阻碍了上下层物质和能量交换，失去了雨水下渗功能，截断了生物链的通道，植物不能生长，动物无法栖息，因此，环境友好型的生态护坡越来越受到人们的青睐。

四、山体边坡生态修复与植被护坡

边坡生态修复：在生态学原理指导下，以坡面环境与生物修复为基础，结合物理、化学和工程措施，通过技术优化组合，达到近自然的生态系统恢复。

生态护坡（防护）：与工程护坡（防护）相对应，以修复受损山体生态环境、恢复植被和生物多样性为目的的生物技术和方法。生态护坡与工程护坡互补，二者有机结合使用，既能保障边坡的稳定与安全，又可以恢复边坡的生态环境与植被。

植被护坡：在山体裸露边坡上，借助于锚固（金属）网或土工格栅（室）的力学分散和支撑作用，或纤维筋的网结作用，将喷射的含有肥力和黏结剂的客土基材固定在斜坡坡面上，防止位移和下滑，形成一层稳定的人工植生层（客土层），为种子发芽和生长创造条件；再通过喷播或撒播植物种子，经过发芽和生长发育，在坡面上形成稳定的植物群落覆盖，发挥植被的固土和涵养水源功效，从而达到保持水土、改善边坡环境和景观、逐渐恢复边坡的生物多样性和生态系统功能的方法与过程。

边坡复绿：恢复山体裸露边坡的植被，构建近自然的植物群落层次结构，改善边坡生态环境，与周边自然山体的景观融为一体。

边坡绿化：在裸露边坡上建立稳定植生层后，通过喷播植物种子，挖穴点播，或者在构建的植生空间内（如飘台种植槽、植生盆等）和坡间平台（护坡道）以及坡脚栽植苗木，恢复山体边坡的林相结构。

边坡污染修复：一些金属矿山采坑、渣土堆场或尾矿及其边坡，由于含有矿物质，露采或堆弃后暴露于空气，经过氧化和雨水淋蚀，发生热化、酸化（碱化），造成重金属和有害物流失和污染的现象。污染边坡通常不适宜植物的生长，易发生酸（碱）害。通过污染阻控、物理降解、化学中和、植物富集、微生物修复和有机质改良等措施，改善边坡基底的特性，稳定或降低污染物毒性，控制有害物质流失。经过生态修复和改良后的污染边坡，才适宜于边坡复绿和植被护坡。

五、山体边坡植被恢复影响因素

（一）边坡质地（岩性）

边坡质地是影响植被恢复的重要因素。岩质边坡通常需要在坡面上创建稳固的客土植生层，为植物创造生存空间和生长条件。边坡质地按岩性可分为：

硬质岩边坡：如花岗岩、石英岩、闪长岩、玄武岩、片麻岩、灰岩、板岩、大理岩、白云岩、石灰岩、页岩边坡等。

软岩边坡：如砂岩、泥岩、泥灰岩、粉砂岩、红砂岩、砂质页岩、泥质页岩边坡等。

土质边坡：黏土、砂土、黄土边坡等。

土石混合坡：夹砂石、砾石、卵石边坡等，或矿山排土场、废石场的渣土边坡。

母质边坡：是指新近开挖的边坡，暴露出的基底遇空气和水分快速风化或发生崩解和泥化现象。它既不像岩质那样坚硬，也不是土壤，未受土壤发育和生物作用的影响，有一定的硬实度，通常需用机械才能挖动。

国家标准《工程岩体分级标准》（GB/T 50218—2014）中，采用锤击难易程度、回弹程度、手触感觉和吸水反应等方式判断岩石的坚硬程度，将岩石划分为硬质岩和软质岩两个大档次，再进一步划分为坚硬岩、较坚硬岩、较软岩、软岩和极软岩5个档次。国家标准《裸露坡面植被恢复技术规范》（GB/T 38360—2019）将边坡质地划分为土质、土石、岩质3个大类，土质又细分为松软土、粉砂土、粉黏土3种，土石分为砂砾土、砾石土（极软岩）、巨砾土（软岩）3种，岩质分为较软岩、较坚硬岩、坚硬岩3种。为了直观判断和应用方便，本书将边坡质地分为硬质岩、软岩（母质）、土质、土石混合4类，岩性相似的边坡采用的施工技术趋同。

（二）坡度

坡度是影响边坡植被恢复的重要因素之一。实践中，<25°（坡比1∶2）的边坡通常直接覆土便能满足农林种植的要求，本书不作特别约定和介绍。一般认为，缓于45°的边坡固土与植被恢复相对容易。按道路工程放坡惯例，通常坡底第1级边坡坡比1∶0.70（坡度55°），2级及以上边坡坡比1∶1.19～1∶1（40～45°）。为了使植被护坡设计与行业经验一致，本书约定25～45°的边坡称之为缓坡，

45～55°边坡为斜坡，55～70°边坡为陡坡，陡于70°为崖坡（崖壁、石壁、土崖）。边坡类型及常用坡度与坡比对照见表01、表02。

表01　边坡类型与坡度范围

边坡类型	缓坡	斜坡	陡坡	崖坡
坡度范围	＜25°～45°	≥45°～＜55°	≥55°～＜70°	≥70°

表02　常用坡度与坡比对照

坡度	25°	30°	35°	40°	45°	50°	55°	60°	65°	70°	75°	80°
坡比	1∶2.14	1∶1.73	1∶1.43	1∶1.19	1∶1	1∶0.84	1∶0.70	1∶0.58	1∶0.47	1∶0.36	1∶0.27	1∶0.18

（三）风化程度

国家标准《工程岩体分级标准》（GB/T 50218—2014）中，将岩石风化程度划分为未风化、微风化、中等（弱）风化、强风化和全风化5种情况。未风化、微风化的坡面平整、光滑，中等风化的坡面粗糙，强风化的坡面凹凸不平或形成裂隙，全风化的边坡在坡脚常形成碎屑或碎石堆积。

（四）高差

高度≥30m的边坡通常称为高边坡。高边坡通过分级刷坡卸载，降低安全风险，边坡开挖单级高差一般设置为8～10m。

（五）汇水及排水

裸露边坡的上部径流及周边汇水易造成坡面冲蚀，形成冲沟或造成垮塌，不利于坡面固土和边坡的稳定。因此，植被护坡工程首先应理清边坡及周边汇水，做好截水、排水和沉砂设施的设计与施工，防止雨水冲刷造成生态护坡的失败。

（六）特殊边坡

一些金属矿山采坑边坡、渣土堆场和尾矿，存在酸化（碱化）和重金属污染问题，需要先经过土壤修复或改良后才适宜恢复植被。

六、山体边坡治理难度与因素分析

需要明确指出的是，第一，植被护坡是解决坡面浅层（30cm以内）的固土与复绿问题，因此，边坡生态修复与植被恢复需要在边坡稳定的前提下进行。设计前期，应对边坡地质和岩土进行专项勘察，就边坡稳定性做出评估，若存在安全隐患，须先进行地质灾害工程治理，排除不稳定因素，为植被长久护坡打下良好的基础，避免因边坡滑塌造成复绿工程的失败与返工。

第二，理清边坡及周边径流、汇水的关系，事先做好截排水措施，防止雨水冲刷造成植被护坡失败（图02）。边坡截排水设计，可参考《边坡生态防护技术指南》（SZDB/Z 31—2010）、《北方地区裸露边坡植被恢复技术规范》（LY/T 2771—2016）和《华南岩质边坡工程绿化技术的推广与应用》中相关章节的内容。

（a）边坡排水沟（施工期）

（b）边坡排水沟（恢复期）

图02　边坡截排水

第三，对于≥45°的土质、砂质等边坡，如果不是道路或水利水电工程要求的标准边坡，坡肩和坡脚应尽量把棱角修整掉，使边坡趋缓趋稳，便于复绿措施的布设和植物的生长（图03）。

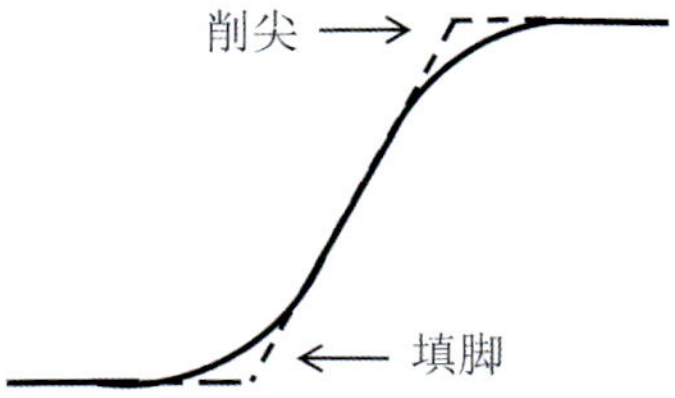

图03　坡肩、坡脚处理

第四，针对高陡岩质边坡缺乏植物生存空间，缺土、缺水，环境恶劣，施工和养护困难的特点，植被恢复的重点在于：①构建边坡的植生空间；②人工植生层培育与固结；③边坡植物培植；④边坡滴灌；⑤安全施工保障。

边坡的特性决定了边坡生态修复和植被恢复的难易程度。一般来讲，缓坡、土质边坡要求的技术简单，容易复绿，高陡岩质边坡和矿山污染边坡治理的难度大，要求的技术也较为复杂。

本书将边坡生态修复难度级别分为5级：1级（容易）、2级（一般）、3级（较难）、4级（困难）、5级（极难）。高陡边坡植被恢复影响因素与生态修复难度的关系见表03。

表03　高陡边坡主要影响因素与治理难度对照

<table>
<tr><th rowspan="2">边坡类型</th><th colspan="3">边坡特性</th><th rowspan="2">生境</th><th rowspan="2">难度等级</th><th rowspan="2">备注</th></tr>
<tr><th>常见质地</th><th>坡度、高差</th><th>风化程度</th></tr>
<tr><td>高陡硬质岩边坡</td><td rowspan="2">花岗岩、石英岩、闪长岩、玄武岩、片麻岩、灰岩、板岩、大理岩、白云岩、石灰岩、页岩等</td><td>≥70°
单级≥30m</td><td>弱风化、无裂隙</td><td>缺少生存空间，缺土，缺水，固土困难</td><td>*****
极难</td><td>常见于采石场、山体缺口、坑口</td></tr>
<tr><td>硬质岩边坡</td><td><70°
单级8～30m</td><td>弱风化、中风化</td><td>缺土，缺水，缺肥，固土困难</td><td>****
困难</td><td>山体缺口、路堑</td></tr>
<tr><td>高陡软岩边坡</td><td rowspan="2">砂岩、泥岩、泥灰岩、粉砂岩、红砂岩、砂质及泥质页岩等</td><td>≥70°
≥30m</td><td>弱风化、中风化</td><td>缺少生存空间，缺土，缺水</td><td>****
困难</td><td rowspan="4">路堑、塌方边坡、滑坡</td></tr>
<tr><td>软岩边坡</td><td><70°
8～30m</td><td>中风化、强风化</td><td>缺土，缺水</td><td>***
较难</td></tr>
<tr><td rowspan="2">土石混合坡</td><td rowspan="2">夹砂石、砾石、卵石</td><td>≥70°</td><td rowspan="2">中风化、强风化</td><td>缺少生存空间，缺水，缺肥</td><td>****
困难</td></tr>
<tr><td><70°</td><td>缺水、缺肥</td><td>***
较难</td></tr>
<tr><td rowspan="3">土质边坡</td><td rowspan="3">黏土、黄土、砂土</td><td>≥70°
≥30m</td><td>冲蚀
（冲沟）</td><td>缺少生存空间，缺水，缺肥</td><td>****
困难</td><td>路堑、滑坡</td></tr>
<tr><td>45～70°
8～30m</td><td>冲蚀、侵蚀</td><td>缺水，缺肥</td><td>**
一般</td><td>路堤、路堑、堤岸</td></tr>
<tr><td><45°</td><td>侵蚀
（侵蚀沟）</td><td>缺肥</td><td>*
容易</td><td>缓坡</td></tr>
<tr><td rowspan="2">金属矿山污染边坡</td><td>岩质边坡</td><td>55～70°</td><td>强风化、中风化</td><td>酸（碱）性，重金属，缺少生存空间，缺土，缺水，固土困难</td><td>*****
极难</td><td>采坑</td></tr>
<tr><td>渣土边坡</td><td>50～60°</td><td>冲蚀</td><td>酸（碱）性，重金属，缺水，缺肥</td><td>****
困难</td><td>排土场、渣场、堆土场</td></tr>
</table>

第一章 山体植被护坡技术

第一节 喷播复绿

一、喷播植草

（一）适用范围

适宜于土质缓坡的复绿，同时，作为植物措施，也用于客土喷播、喷混植生以及格栅网覆土后表层的复绿，是路域边坡复绿常用的方法之一。

（二）方法

喷播植草简称喷草，方法是喷草机装水后将纸浆、植物种子、复合肥、胶粉、保水剂等按比例加入喷草机水罐内，搅拌均匀，加压用喷枪将混合浆均匀喷敷在坡面上，用无纺布覆盖并用竹筷固定，经过洒水养护，种子发芽生长覆盖边坡后揭掉无纺布。

（三）工艺流程

边坡清理→坡面开条沟→水罐加水→添加种子、纸浆等辅料→搅拌、喷浆→盖无纺布、固定→洒水养护。

（四）技术要点及说明

每100m^{2}边坡材料用量：水0.6～0.7m^3，纸浆10kg（需提前用水泡散开），胶粉500g，复合肥5～6kg，保水剂250g，草籽100～150g（若为喷播灌草再加灌木种子300～500g，若为喷播花草加花籽100～200g）。

（a）喷播施工

（b）喷播植草效果

图1.1.1　喷播植草

二、客土喷播

（一）适用范围

适宜于坡度不陡于45°（坡比1∶1）的风化岩边坡、母质边坡、土石混合坡、渣石边坡的复绿。

（二）方法

用湿喷机将按比例配置的客土基材均匀地喷射到坡面上，客土层厚度3～8cm，再在客土上面喷播植草。

（三）工艺流程

边坡清理→配置客土基材→喷射客土层→喷播植草→盖无纺布、固定→洒水养护。

（四）技术要点及说明

1．客土配置与喷敷

将松散的表土（黄土）过筛，在细土中加入有机质、黏结剂（胶粉）、复合肥、保水剂等材料拌和，送入湿喷机加水搅拌，加压后泥浆经过胶管送至喷嘴，人工操作喷敷在坡面上。

2．客土基材配方

每立方米客土基材中包含：过筛细土0.7m³，有机肥（或有机质）40～50kg，复合肥1.2～1.5kg，胶粉1kg，保水剂500g，水30～60kg。有机质可用腐熟的蘑菇肥、堆肥、谷糠等。

（a）有机质（蘑菇肥）

（b）有机质（谷糠）

（c）客土喷敷

（d）客土喷播复绿效果

图1.1.2　客土喷播

3．客土基材厚度

客土喷播根据边坡基底质地的状况，分为薄层客土喷播（厚度3～5cm）和厚层客土喷播（厚度6～8cm）。薄层客土喷播适宜于坡面为砂质或土石混合质的边坡复绿，厚层客土喷播适宜于母质、软岩或渣石边坡的复绿。

客土喷播的植物措施也可以将种子直接加入客土基材中喷射，省去喷草的步骤，但种子用量需加倍，喷敷含种子的客土基材后，仍需用无纺布覆盖，并定时洒水养护。实践中，也有在客土表面人工撒播草籽（灌木种子、草本灌木混合种子）的方法。

三、喷混植生

（一）普通喷混植生

1．适用范围

适宜于坡比1∶1～1∶0.70（45～55°）的岩质边坡、母质边坡、格构边坡的复绿，是岩质边坡常用的复绿方法。

2．方法

用湿喷机将含有有机质、长效肥、速效肥、保水剂、黏结剂的有机基材，加水搅拌均匀，喷射到铺挂波纹铁丝网的坡面上，在边坡表面形成一层既能让植物生长又不易被雨水冲刷的人工植生层，再在植生层上喷播植草。

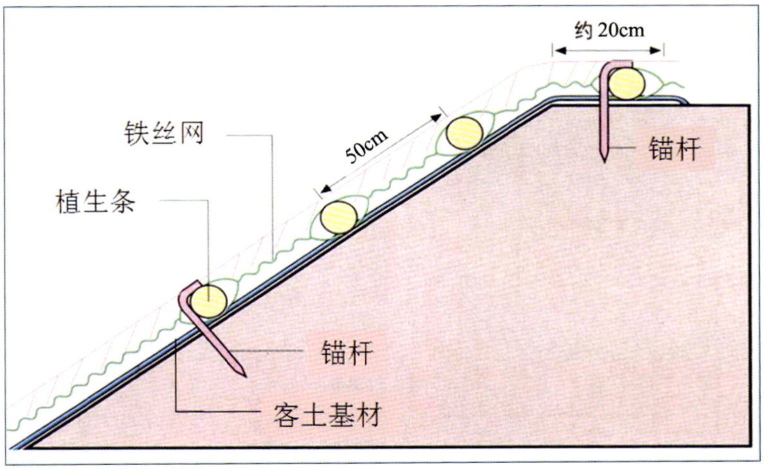

图1.1.3　喷混植生构造示意

3．工艺流程

边坡清理→打锚杆→挂铁丝网、固网→挂植生条、固定→喷射有机基材→喷播植草→盖无纺布、固定→洒水养护。

4．技术要点及说明

1）有机基材植生层

植生层是在坡面上建立的一层多孔透气和稳定的人工土壤层，由固、液、气三相构成，厚度10cm。固体部分为骨架，液体部分为植物提供水分和营养，气体分散于骨架空隙中，是根系呼吸的场所，三相分布影响植生层特性和植物的生长。自然土壤三相分布大体上是固体部分占土壤总容积的1/2，水和空气各约占1/4，人工植生层三相分布大致为固∶液∶气=1∶2∶1。

植生层具有一定的强度和抗侵蚀性，可防止雨水冲刷。植物生长后，根系的网结作用进一步固定基材植生层。

2）有机基材配置

每立方米有机基材中包含：过筛细土0.7m^3，有机肥30～40kg，有机质20～30kg，复合肥1.2～

（a）打锚杆、挂植生条

（b）挂网、固网

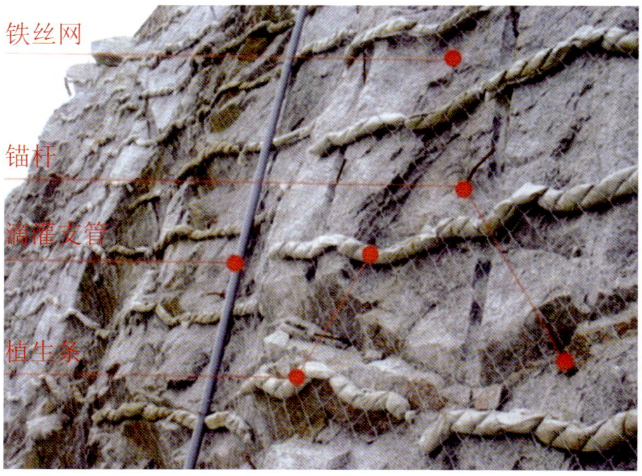

（c）措施布局

（d）客土喷播

（e）山体缺口喷混植生效果

（f）公路边坡喷混植生效果

图1.1.4　喷混植生复绿

1.5kg，尿素或二胺300～400g，磷肥150～200g，钾肥500g，胶粉1kg，保水剂500g，水50～60kg。有机质可用腐熟的堆肥、蘑菇肥、泥炭土、谷糠等。对于岩质陡坡，基材中可加入8%～12%（重量比）的混凝土作为凝结剂，以增强植生层的强度和抗侵蚀性。

3）锚杆

锚杆的规格一直有争议。为了保险起见，设计院通常参照地灾工程锚杆，将固网的锚杆设置为直径16～18mm、长1～1.5m或更长的螺纹钢，钻机钻孔，孔径22mm，装入支架，用注浆机注入M30水泥砂浆固定锚杆。也有的将锚杆分为长锚杆和短锚杆，长锚杆与短锚杆交错排列，间距1m，钻机钻孔，注浆机注入M30水泥砂浆固定锚杆。

锚杆的作用是固定铁丝网及承载植生层的重量。实践中，由于受造价、钻孔等因素的影响，喷混植生的锚杆通常采用直径12～14mm的螺纹钢，长度25～80cm，纵横向间距1m布设，用电钻垂直于坡面打孔，孔深8～60cm，孔径与钢筋直径一致，用铁锤将锚杆打入孔内，锚杆头（顶端可弯折）外露12～15cm，用细铁丝与波纹铁丝网绑牢固定。

锚杆的长度取决于边坡的岩性。硬质岩上，采用短锚杆（长度25～30cm），入岩8～10cm，外露14～16cm，顶部弯折3～4cm；软岩边坡、母质边坡采用中锚杆（长度40～50cm），土石混合边坡用长锚杆（长度70～80cm），锚杆主体部分入岩，外露14～16cm，顶部弯折3～4cm。

4）铁丝网

采用镀锌或过塑波纹铁丝网，网丝直径2.4～3.6mm，网孔5cm×5cm；挂铁丝网时应拉紧，网间搭接8～10cm，用细铁丝绑扎连接。网沿坡顶、坡边位置铺设时，应有不小于50cm的埋压长度。

铁丝网从坡顶自上而下顺势铺，网挂在锚杆上，用铁丝绑固，并根据需要在网下加挂植生条或垫板条（块）。

5）植生条（袋）

植生条的作用是在网下与坡面之间撑起空间，便于客土基材的填充，同时，植生条将坡面隔成小单元，对客土起支撑作用，有利于植生层的稳定。植生条通常用100g/m^{2}的无纺布缝制而成，填充后成圆柱形条袋，直径10cm，长100cm，袋内填充有机基材及植物种子；挂网后，植生条沿边坡等高线水平布设，上下两条间距30～50cm，将植生条穿压于铁丝网下，并用细铁丝与铁丝网、锚杆绑牢固定。实践中，较缓的边坡有用木条或稻草束替代植生条的案例。

6）基材喷射时应从正面进行，坡面凹凸部及死角要补喷，基材平均厚度10cm。铁丝网之上的基材厚度2～3cm，不应有漏网。

7）框架梁边坡，在格构内挂网喷混植生。

工程实践中，普通喷混植生与TBS厚层基材喷播方法类似，常以挂网客土喷播统称之。

（二）加强型喷混植生（双网喷混植生）

1．适用范围

适宜于坡比1∶0.70～1∶0.36（55～70°）的岩质陡坡的复绿，也适用于石壁上构建的“V”形槽之间坡面的复绿。

2．方法

加强措施包括：双层挂网、网间植生条、基材中加凝结剂等，其余与普通喷混植生相同。

3．工艺流程

边坡清理→打锚杆→挂第一层镀锌铁丝网、固网→挂植生条、固定→挂第二层过塑铁丝网、固定→喷射有机基材→喷播植草→盖无纺布、固定→边坡滴灌→养护。

4．技术要点及说明

高陡岩质边坡植被护坡的难点在于人工植生层的培育与固结。植生层固结措施有挂双层网、锚杆固网、网间加挂植生条、喷播基材中加入固化剂（混凝土）和纤维（椰丝、麻丝）、沿边坡等高线间隔修建飘台种植槽（“V”形槽）、将坡面分隔成小区等，加强型喷混植生一般采用前面4项措施。

基材配置：基材中添加8%～12%混凝土（重量比），其余配比同喷混植生。

锚杆、植生条同喷混植生，植生条挂于2层铁丝网之间，用细铁丝与铁丝网、锚杆绑结固定。

铁丝网：第一层为镀锌铁丝网，第二层为过塑铁丝网，防止锈蚀；网丝直径2.4～3.6mm，网孔5cm×5cm，过塑铁丝网挂网与固定方式同镀锌铁丝网。

四、植被混凝土

（一）适用范围

适宜于坡比1∶1～1∶0.47（45～65°）的岩质边坡、水利水电工程边坡、堤岸、隧道洞口侧坡及仰坡的固坡与复绿。

（二）方法

用锚喷机将搅拌好的包含混凝土、客土、有机质、保水剂、长效肥、混凝土绿化添加剂及植物种子的混合物喷射到坡面上，形成一层坚固且又能满足植物生长的植生层，对边坡起到加固和复绿的作用。植被混凝土也可以分2层喷敷，第一层喷含复合材料的基层，厚度8～10cm，第二层喷含有植物种子的面层，厚度2cm。

（三）工艺流程

边坡清理→打锚杆→挂铁丝网、固网→喷射植被混凝土基层→喷射植被混凝土面层→无纺布覆盖、固定→洒水养护。

（四）技术要点及说明

1．植被混凝土基质材料

由混凝土、客土、有机质、长效肥、保水剂及混凝土添加剂组成。混凝土增强了植生层的强度和黏结力。混凝土添加剂是三峡大学专利产品，具有缓冲混凝土碱性、调节基材pH值、增加植被混凝土孔隙率、提高透气性等功能，含有的菌根粉能够改善植物生长环境，使基材变柔和、不龟裂等。

2．基质材料配置

每立方米基材中包含C30混凝土100～160kg，过筛细土0.7m^3，有机质（腐殖质）0.15m^3，高效缓释肥2kg，保水剂1kg，混凝土添加剂40～50kg，水50～60kg。有机质（腐殖质）可用腐熟的蘑菇肥、堆肥、泥炭土、锯木屑、谷糠等。

种子配比：喷射植被混凝土面层时，基材中添加草籽100～200g/m^3，若为喷播灌草再加灌木种子300～500g/m^3。

3．植被混凝土特性

容重14～15kN/m^3，孔隙率30%～45%，28d抗压强度大于0.45MPa。

五、环境友好型多孔生态混凝土

（一）适用范围

适宜于风化坑口，风化岩质边坡，水库、河道堤岸，大坝，缓冲带，涨落带等的固坡与生态护坡。

（二）方法

用锚喷机将复合骨架材料喷射到布设有钢筋网（或铁丝网）的坡面上，形成一层坚固且具有多孔窝室结构的防护层，对边坡起到加固和支护作用，同时又具有良好的通透性、抗侵蚀性和反滤功能，起到净化水质和抑制管涌的作用；骨架空隙填充基质后植物也能扎根生长。

（三）工艺流程

边坡清理→打锚杆→安装钢筋网（铁丝网）、固网→喷射骨架材料基层→喷射（填充）基材面层→盖无纺布、固定→洒水养护。

（四）技术要点及说明

传统的钢筋网混凝土锚喷护坡不利于边坡的生态恢复，景观性差，后期如果再进行植被恢复时，往往需要拆除混凝土锚喷层。而多孔生态混凝土凝固后与坡面结合牢固，能够有效地固坡，同时能够满足植物生长的要求，具有护坡和复绿的双重功能，是一种环境友好型护坡技术。

多孔生态混凝土由粗骨料、混凝土、化学添加剂和水经过拌和后喷射浇筑而成（与普通浆砌混凝土相比，缺少细砂料），粗骨料被混凝土浆黏结和包裹形成连续分布的窝室结构，给植物扎根和生长提供空间。

粗骨料为两种粒径的玄武岩碎石混合而成，5～10mm粒级占30%，10～20mm粒级占70%，混凝土为C30硅酸盐混凝土，化学添加剂包括VAE乳液（醋酸乙烯和乙烯混合液）和XT-1高效减水剂，用量配比参见表1.1.1。

混合料水灰比0.25～0.3，骨灰比5～7，孔隙率25%～30%，平均孔径小于4mm，复合骨架材料密度1800～2000 kg/m^3，流动度150～200mm，28d抗压强度大于15MPa，透水系数1.5～2.5cm/s，钢筋网、锚杆同传统锚喷工艺，VAE乳液使用时稀释10～12倍。喷敷后表面定时洒水养护，每日2～3次，洒水时注意散洒。

在多孔骨架层上面敷设由过筛细土、有机质（泥炭土、堆肥、蘑菇肥、谷糠）、缓释肥、复合肥、保水剂、黏结剂和植物种子组成的混合基材层，厚度 2～3cm，用无纺布或稻草覆盖，洒水养护至草被成坪。

表1.1.1　多孔混凝土骨架材料参考配比

<table>
<tr><td colspan="10">1. 原材料参数</td></tr>
<tr><td>混凝土</td><td colspan="3">硅酸盐混凝土</td><td colspan="6">密度 3.1g/cm³</td></tr>
<tr><td rowspan="2">粗骨料</td><td colspan="3">玄武岩碎石粒径5～10mm</td><td colspan="3">紧密堆积密度 1560 kg/m³</td><td rowspan="2" colspan="3">混合骨料孔隙率42%</td></tr>
<tr><td colspan="3">玄武岩碎石粒径10～20mm</td><td colspan="3">紧密堆积密度 1610 kg/m³</td></tr>
<tr><td colspan="10">2. 设计参数</td></tr>
<tr><td colspan="3">孔隙率（%）</td><td colspan="7">28</td></tr>
<tr><td colspan="3">水灰比</td><td colspan="7">0.26</td></tr>
<tr><td colspan="3">骨灰比</td><td colspan="7">6</td></tr>
<tr><td colspan="3">骨材修正系数</td><td colspan="7">0.98</td></tr>
<tr><td rowspan="2">3. 单位石子用量（kg/m³）</td><td colspan="2">粒径5～10mm</td><td colspan="7">0.98×1560×30%=458.64</td></tr>
<tr><td colspan="2">粒径10～20mm</td><td colspan="7">0.98×1610×70%=1104.46</td></tr>
<tr><td colspan="3">4. 单位浆体体积（L/m³）</td><td colspan="7">1000－0.98×10×（100－42）－28×10=151.6</td></tr>
<tr><td colspan="3">5. 单位水泥用量（kg/m³）</td><td colspan="7">151.6÷（0.26+1÷3.1）=260.22</td></tr>
<tr><td colspan="3">6. 单位水用量（kg/m³）</td><td colspan="7">260.22×0.26=67.66</td></tr>
<tr><td rowspan="3">7. 配比</td><td rowspan="2">孔隙率（%）</td><td rowspan="2">水灰比</td><td rowspan="2">骨灰比</td><td colspan="6">单位体积用量（kg/m³）</td></tr>
<tr><td>混凝土</td><td>细石子</td><td>粗石子</td><td>水</td><td>WAE</td><td>减水剂</td></tr>
<tr><td>28</td><td>0.26</td><td>6</td><td>260</td><td>458</td><td>1104</td><td>67</td><td>1.67</td><td>1.61</td></tr>
</table>

图1.1.5　环境友好型多孔生态混凝土复绿

六、连续喷丝固土植生

（一）适用范围

适宜于坡比1∶1～1∶0.36（45～70°）的软岩边坡、母质边坡、土质陡坡、土石混合坡的固坡与复绿。

（二）方法

利用湿喷机和喷丝机同步将有机客土基材和连续纤维丝喷敷于坡面上，形成一层厚实稳固的植生层，是一种既耐雨水冲刷，又能使植物正常生长发育的快速固坡复绿方法。

纺织纤维长丝与客土基材在高压空气的作用下进行连续同步混喷，纤维长丝与客土基材充分混合缠绕，起到加筋作用，同时把基材中的沙粒和其他物质网结起来，并通过基材中的黏结剂粘接在一起，约束了沙粒的位移，纤维丝和客土的叠加，增强了植生层的剪切强度和抗变应力，并与坡面紧贴，牢固结合，提高了抗侵蚀性，从而有效地防止由于雨水冲刷而造成的护坡失败；再在有纤维固结的客土层上喷播植草，种子发芽生长后覆盖坡面。

（三）工艺流程

边坡清理→配制客土有机基材→同步喷射连续纤维丝、客土基材→喷播植草→无纺布覆盖、固定→洒水养护。

（四）技术要点及说明

20世纪90年代，日本借鉴海浸钢筋混凝土植入纤维筋（FRP）增强构筑物耐久性的技术，发明了连续纤维加强土施工法，用于斜坡的防护和植被恢复。1996年，日本彩光株式会社申请了“混入连续纤维的植被基底形成方法”专利（CN1188172），2002年，日特建设株式会社申请了“使用连续纤维的加强土施工法及其装置”发明专利（CN01110468.6）。

2004—2006年，日本九州绿化产业协会与三和建筑有限公司联合推出连续纤维复合补强土施工法，采用砂土与连续纤维同步喷射，砂土以高压空气为动力用干喷机喷射，连续纤维以高压水为动力用喷丝机及伺服装置喷射，砂土、纤维丝和水充分混合缠绕，在斜坡上形成牢固的护坡植生层，然后表层用种子喷播复绿。该项技术引入中国台湾称为长纤丝喷植工法，在韩国、中国香港叫土工纤维法（geofiber），见图1.1.6～图1.1.7。

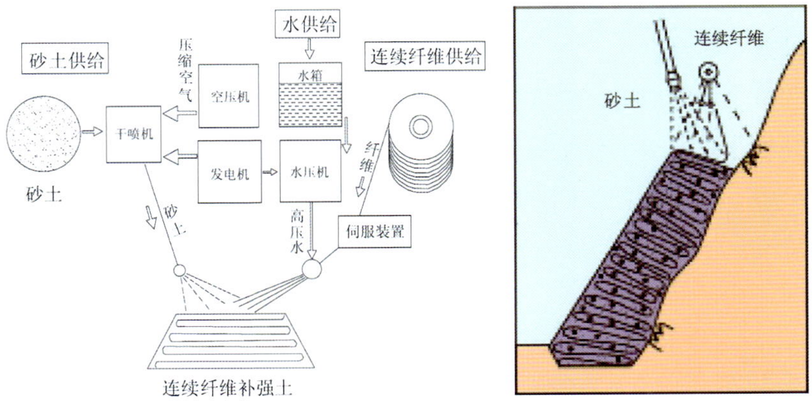

（a）原理示意图　　（b）立面示意图

图1.1.6　连续喷丝固土植生原理

（a）客土、连续纤维同步喷射

（b）施工机械

（c）纤维丝转盘

（d）客土、连续纤维人工同步喷射

图1.1.7　连续纤维复合补强土施工法（日本）

国内，2007—2008年，深圳如茵公司借鉴日本技术，经过改良发明了“连续喷丝植生法”（CN200810141864.1），研制出了以高压空气为动力的连续喷丝机，结合客土湿喷法，将连续纺织长丝与客土基材同步喷射在边坡上，形成坚固耐久的植生层后进行喷播植草复绿。本节介绍的“连续喷丝固土植生”即为该项技术。

客土基材配置同客土喷播。

为了加强护坡和植生层的稳定，连续喷丝也可与喷混植生同步使用，称之为挂网喷丝固土植生。

材料与设备：纤维丝采用纺织聚酯长丝（DTY涤纶长丝150D），伸长率10%，断裂强度6.8～7cN/dtex，收缩率8%～10%，用量100～500g/m^2；施工机械为TK－500型湿喷机、PSJ－40型喷丝机等。

第二节　土工格栅、格室护坡复绿

一、三维网复绿

（一）适用范围

适宜于坡比1∶1～1∶0.84（45～50°）的土质、砂质、母质边坡的防护与复绿。

（二）方法

三维网是由多层柔韧的塑料网丝叠加构成，可以双向拉伸形成凹凸不平的网格，固定后在网格空间填充客土，再结合喷播植草或撒播草籽进行复绿。

（三）工艺流程

边坡清理→铺三维网、固网→覆土→喷播植草（撒播草籽）→无纺布覆盖、固定→洒水养护。

（a）三维网　　（b）挂网、固网

图1.2.1　三维网复绿

（三）技术要点及说明

铺网时，用长竹竿穿于整卷网垫的轴孔中，顺坡向下拉伸网垫；在坡顶、坡脚两端各留30cm，上端向下弯曲与坡呈60°夹角埋入土中，下端留有30cm平面；网垫四周及中间用竹钉（竹筷）固定，间距30cm，10个/m^2；网垫铺设时网间搭接8～10cm，搭接处用竹钉固定。

覆土时，在网垫上均匀地铺敷一层客土（厚3～5cm），盖住网垫，压实。

覆土后采用喷播植草或撒播草籽进行复绿。

三维网垫不利于植物根系的生长，种子宜以草本为主。

由于三维网的厚度有限，网上覆土层不够稳定，对于坡度陡于50°的边坡宜采用其他技术工艺进行复绿。

二、格式土工格栅

（一）适用范围

适宜于坡比1∶0.84～1∶0.47（50～65°）的岩质、母质和格构边坡的复绿。

（二）方法

用特制的格栅网条手工交叉编织，并插入交叉条网接，拉伸成矩形格式格栅（蜂窝状空间）铺设于坡面上。在网条交叉连接缝隙处（矩形的角端）垂直于坡面打入钢筋锚杆，用固定筋将格栅网条与锚杆绑牢固定，在蜂窝状格栅空间内回填种植土或喷射客土基材，然后采用喷播植草或植苗方式进行复绿。也可以将矩形格室四角先打锚杆，然后用上述方法将格栅编织和固定于锚杆上形成固土单元。

（三）工艺流程

边坡清理→打锚杆→沿锚杆铺编格式格栅网→固网→回填种植土或喷客土基材→喷播植草→无纺布覆盖、固定→洒水养护。

（四）技术要点及说明

格栅网条宽20～30cm，具有韧性，抗拉强度大于50kN/m。

锚杆同喷混植生。

手工将土工格栅编织成长×宽×高=30cm×30cm×（20～30）cm的立体网格。

在植物措施前，格室内填充并加固土壤，增强黏结力。

本节介绍的“格式土工格栅”系孙建成于2011年发明，亦称蜂窝巢格式绿化（手编土工格栅），详见实用新型专利“格栅格式绿化固土装置”（CN201120336438.9），见图1.2.2。

三、土工格室

（一）适用范围

适宜于坡度不陡于45°（坡比1∶1）的路基边坡、土石混合坡、母质边坡、堤岸的固坡与复绿。

（二）方法

将整体式土工格室宽带在边坡上拉伸张开，形成立体格室，用锚杆或U形地钉固定，在格室内回填种植土，然后采用喷播植草（或撒播草灌籽）或植苗的方式进行护坡与复绿。

（三）工艺流程

边坡清理→铺土工格室→地钉（锚杆）固定→覆土→喷播植草→无纺布覆盖、固定→洒水养护。

（四）技术要点及说明

土工格室宽带是由高强度的HDPE或PP材料经过共聚和焊接（铆接）而成，经拉伸张开形成一种三维立体网状格室结构，可以显著提高填充材料的承载、抗压和侵蚀控制性能。

土工格室材料应符合标准《公路工程土工合成材料　土工格室》（JT/T 516—2004）的规定。格室片单位宽度的断裂拉力≥16kN/10cm，片间连接处的断裂拉力≥16kN/10cm，连接处连接件的抗剪切力≥16kN/10cm，格室片单位宽度的断裂拉力达到16kN/10cm时对应的延伸率≤10%。

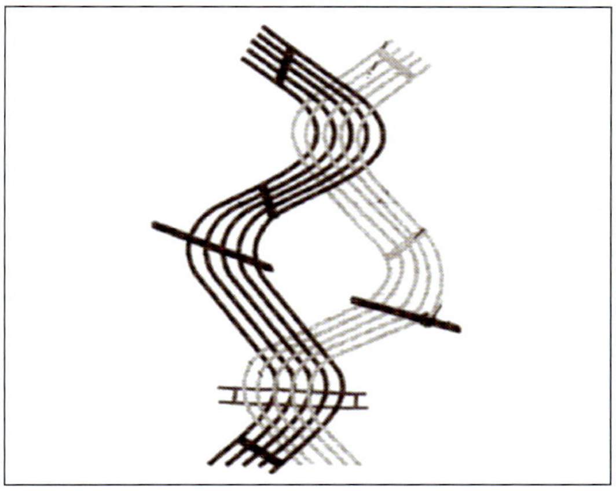

（a）格式格栅示意

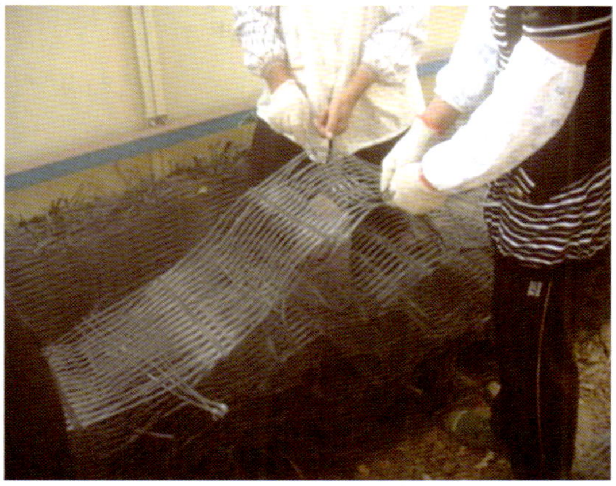

（b）编网

（c）挂网、固网后形成格室

（d）挂网、固网（格构框架梁边坡）

（e）山体缺口原貌（珠海横琴小南山）

（f）格式土工格栅复绿效果

图1.2.2　格式土工格栅

边坡复绿常用整体式双向的土工格室，格室长×宽×高=15cm×15cm×（10～15）cm，或（30～40）cm×（30～40）cm×15cm，或六菱形格室。

土工格室采用锚杆和U形地钉固定，铺设时应先在坡顶用锚杆（地钉）进行固定，坡脚用同样的方法固定。在坡面上按材料配件及使用说明打入锚杆（地钉）固定，在格室张拉到位时每个锚杆（U形钉）都可以作为一个刚性支撑点（图1.2.3）。

格室布设及固定好后应及时覆土，严禁暴晒。

（a）菱形土工格室　　（b）固定、连接件

（c）方格土工格室　　（d）堤岸土工格室护坡

图1.2.3　土工格室

第三节　生态袋护坡复绿

一、生态袋

生态袋是以聚丙烯（PP）或者聚酯纤维（PET）为原材料，用无纺针刺、单面点状烧结和表面起绒工艺制成的袋子，具有抗紫外线、耐腐蚀、抗老化、透水透气、适合植物生长等特点。生态袋用于护坡，可使边坡承受荷载，生态袋墙也具有一定的柔性，结合使用植生方法可形成长久的生态护坡。

（一）适用范围

适宜于坡比1∶1～1∶0.36（45～70°）的岩质边坡、母质边坡、格构边坡、路堑边坡、膨胀土边坡、冻融边坡等的柔性固坡与复绿，也用于锚喷边坡、浆砌石边坡、填埋场、矿山生态修复工程的护坡与复绿。

（二）方法

将生态袋填装后，按施工技术要求靠实垒砌在具有一定斜率的坡面上，然后采用喷播、扎穴植苗（或点播）以及层间压植的方式进行复绿。

（三）工艺流程

边坡清理→坡脚基础平整→坡面钢筋框架→生态袋装填、封袋→生态袋垒砌、固定→喷播（穴植、插植、压植、点播）→无纺布覆盖、固定→浇水养护。

（四）技术要点及说明

生态袋制作材料应符合《土工合成材料　长丝纺粘针刺非织造土工布》（GB/T 17639—2008）和《土工布及其有关产品　无负荷时垂直渗透特性的测定》（GB/T 15789—2016）的规定。成品生态袋应满足：单位质量不得大于130g/m^2，断裂强度（即拉伸强度）≥4.5kN/m，CBR顶破强力≥800N；袋体装满沙，经流速大于3.8m/s的槽水连续冲刷24h后，其拉伸强度不得降低。

生态袋配有联结扣和联结扣基板、扎口带（线）等。联结扣的棘爪结构将袋间及上下层连接形成稳定并具有柔性的内摩擦紧锁体，带棘爪的尖锥的抗剪切力≥360N，总数不少于12个、高度不小于25mm，任意两个尖锥均不在同一剪切破坏轨迹上；基板表面双向凹槽和排水孔洞组合成相互交错的非线性凸肋结构，具有疏水排水的功能，排水孔洞直径大于16mm，孔洞透水面积大于基板面积的1/3。用扎口带将填充饱满的生态袋扎紧封口，扎口带和生态袋的缝袋线必须具有抗紫外线性能，扎口带可以单向自锁。施工摆放时，将有缝纫线的袋边朝向坡体里侧。

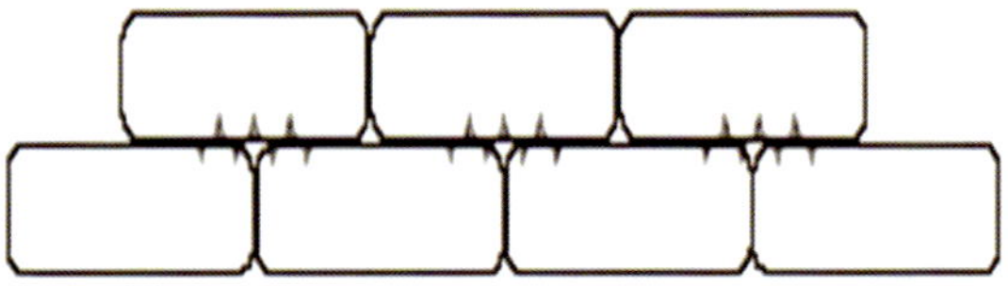

（a）生态袋垒砌

（b）联结扣、联结基板

图1.3.1　生态袋垒砌及联结示意

在陡峭的岩质边坡布设生态袋时，需自制钢筋抓钩和锚杆，用于稳固生态袋墙体。用直径16mm螺纹钢或圆钢竖筋间隔布设于坡面，与镶入岩体的短锚杆焊接连成固定框架，钢筋抓钩绕过竖筋紧挂其上，再将抓钩的弯头部分砸入袋体中。

生态袋袋体的等效孔径＞0.16mm，能满足植物生长要求，植物根茎能穿透袋体生长。

生态袋内装填土、砂土、有机质和肥料等；装填至1/3高度时，将袋内填料抖紧，继续填装使袋体尽量满实。

坡脚基础施工时，为防止发生沉降和变形，基底开挖一定的深度，夯实达到95%的密实度，上面再平铺1～2层未填装的袋子。在石质或其他的硬质基础上施工时，第一排的生态袋用锚钉或钢钉将联

（a）生态袋抓钩

（b）纵向长锚杆与短锚杆、抓钩联结

（c）锚杆布局及固定

（d）生态袋垒砌及固定

图1.3.2 生态袋垒砌施工

结扣（单面有钉）钉在硬质界面上，也可用混凝土砂浆配合固定。

生态袋垒砌时，要挂水平线施工，上下层间错缝，联结扣骑缝放置，用压板踩踏压实，袋子扎口处和线缝处靠内摆放或尽量隐蔽。

生态袋常用的规格为长81cm×宽43cm（平面尺寸），装填成型后的体积计算公式：长度＝生态袋长度－15cm，宽度＝生态袋宽度×0.7，高度＝生态袋宽度×0.4。如，规格为81cm×43cm的袋子，装填后的尺寸大约是长65cm×宽30cm×高15cm。

生态袋的植生方法包括喷播、袋内填播、扎穴植苗（点播）、插植、层间压植等方式，通常进行组合应用，以期缩短复绿周期，提升景观效果。喷播是在生态袋墙上喷播植草；袋内填播时，按比例将细土、基肥、复合肥、植物种子混合均匀，用一隔板放置于生态袋中把其隔开成两部分，把混合了种子的土壤装入生态袋的外侧（占1/4～1/3），另一侧（占2/3～3/4）填充土壤或砂土后把中间隔板抽出，并用扎带扎紧袋口，然后按上述步骤垒砌；扎穴植苗时，用刀把生态袋切割一“丁”字形小口，用小铲取出部分土壤，再将小苗连同土球植入，压实，盖好袋片；插植是将易成活的插穗、插条插入开有小口的袋内，压实；层间压植是将枝条或藤本、蔓生裸根苗按一定间距摆放到生态袋上面，再在上面按上述步骤压放另一层生态袋。各种复绿方式完成后，及时浇水，并养护至成活，必要时进行补植。

另有一种与生态袋结构类似的网袋称作植生袋，用尼龙编织网、无纺布、植物种子和纸浆叠加构成。最外层为尼龙纤维网，次外层为无纺布，中层为植物种子，次内层为能在短期内降解的无纺棉纤维布（或者纸浆层），规格尺寸及填充方法同生态袋。种子附着在两层可降解的纸层之间，纸下垫有土壤与肥料，浇水湿润后种子发芽，袋体在3～5年后降解，植被形成覆盖，可在对结构和稳定性要求不高的缓坡上使用，本书不作专门介绍。

（a）生态袋底部基础

（b）铁路开挖边坡生态袋护坡

（c）高陡岩质边坡生态袋护坡

（d）公路边坡生态袋护坡

（e）堤岸生态袋护坡

（f）格构内生态袋护坡

（g）生态袋上喷播植草

（h）生态袋水沟

（i）植生袋

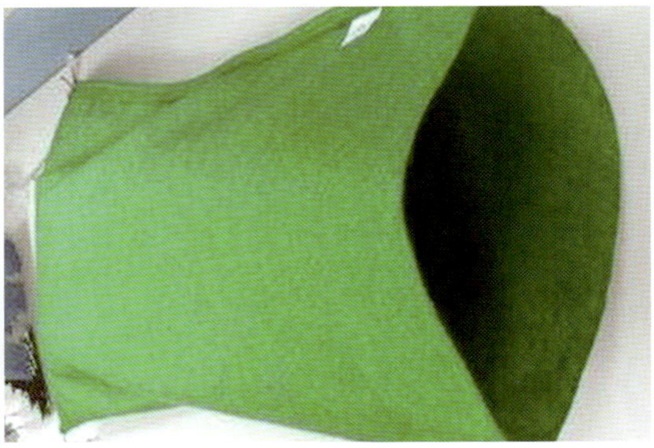

（j）生态袋

（k）生态袋＋喷播＋植苗复绿

（l）格构内填生态袋复绿

图1.3.3　生态袋护坡复绿

二、生态袋喷混植生组合技术

（一）适用范围

适宜于坡比1∶1～1∶0.47（45～65°）的框架梁格构边坡的全覆盖复绿。

（二）方法

按生态袋施工工艺在格构内垒砌生态袋、固袋，完成后，生态袋将格构内的空间填满充实（生态袋的规格结合格构梁的深度选择尺寸），使格构梁与生态袋处在同一平面上；然后参照喷混植生的施工工艺，在格构梁上打入短锚杆，在坡面上布设钢筋方格框架，横竖钢筋交叉处及与锚杆的连接处焊接，铺设铁丝网，用铁线将铁丝网与钢筋框架绑牢固定；再用湿喷机将客土基材喷敷于网上，最后用喷草机喷播植草，从而实现格构梁边坡的全覆盖与复绿。

（三）工艺流程

清坡→生态袋填装、封袋→格构内生态袋锚固钢筋→生态袋垒砌、固定→格构内打喷混锚杆→格梁上喷混钢筋框架、固定→挂第一层铁丝、固网→挂植生条、固定→挂第二层铁丝网、固网→喷射客土基材→喷播植草→盖无纺布、固定→洒水养护。

（四）技术要点及说明

格构梁边坡若采用单一的喷混植生或生态袋技术，完工后格构梁仍暴露在外面，与周边绿色环境形成强烈反差，其圬工结构人为痕迹明显，景观效果差，长期也无法形成近自然的生态恢复，而“生态袋＋喷混植生”组合技术能够实现框架梁格构边坡的全覆盖复绿。

通常，装填后生态袋的宽度与格构梁的高度相吻合（一般为40cm），若生态袋与格构梁的高度（格构深度）不匹配，填袋后边坡不能形成平整面，后续工艺难以继续，为此，应事先购置或定制匹配规格的生态袋。

锚杆用直径12mm螺纹钢或圆钢，长25～30cm，在格构梁上钻孔，孔径与锚杆直径一致，孔深15～20cm，将锚杆打入孔内，锚杆头外露10cm。

（a）格构内填袋后挂网固网　（b）锚杆、铁丝网联结固定

（c）格构填袋挂网后喷混植生　（d）格构边坡“生态袋＋喷混植生”全覆盖复绿效果

图1.3.4　生态袋喷混植生组合技术复绿

钢筋框架采用直径12mm螺纹钢或圆钢，纵横间距1m，与格构梁上的锚杆头焊接。

客土基材、铁丝网同喷混植生，客土有机基材喷射厚度10cm。

实践中，为了降低造价，有用植生袋替代生态袋的案例。植生袋装填土壤后填充于框架梁格构内，固定牢靠，然后布设钢筋框架，再挂网喷混植生进行复绿。

第四节　山体岩质边坡植生空间构建

一、植生盆

（一）适用范围

适宜于坡比1∶1～1∶0.36（45～70°）且坡面具有凹陷微地形的边坡复绿。

（二）方法

高陡岩质边坡往往缺乏植物生存的空间，而一些采石场、矿山开采后会形成一些凸凹不平整的坡面，利用坡面上凹陷的微地形构建池槽，外围用钢筋混凝土或砖砌矮墙围挡，使局部凹陷的区域围成植生空间，回填种植土后用于绿化植苗。

（三）工艺流程

定点放线→钢筋混凝土（或砖砌）矮墙→回填种植土→植苗→浇水养护。

（a）规则式植生盆

（b）利用微地形构筑植生盆

（c）岩质边坡植生盆复绿施工

图1.4.1　植生盆

（四）技术要点及说明

凹陷处或小平台外围浇筑钢筋混凝土矮墙需与坡面封闭；实践中，有用砖砌矮墙后灰砂抹面的。

植生盆大小：因地制宜，根据微地形可大可小；通常为椭圆形，长×宽×高=80cm×60cm×50cm。

浇筑植生盆：锚杆直径14mm，间距350mm，打入基岩20～30cm；配筋为直径8mm小钢筋，间距20cm；植生盆浇筑壁厚10～12cm。

种植土掺入有机肥和长效复合肥，满足标准《绿化种植土壤》（CJ/T 340—2016）的要求。

植物选择耐旱、耐贫瘠、抗逆性强的小乔木或灌木，每个植生盆植1株小乔木或3～5株常绿灌木，也可用小乔木加植花灌木配置。

二、飘台种植槽（“V”形槽）

（一）适用范围

适宜于坡比1∶0.70～1∶0.18（55～80°）的高陡岩质边坡、石壁、崖壁的复绿。

（二）方法

沿坡面等高线横向间隔布置飘台种植槽。坡面钻孔，将锚杆以45°角度打入岩体；配筋用小钢筋与锚杆垂直方向交接布设、固定，形成“V”形槽钢筋构架，底部挂模板后用混凝土现浇成“V”形种植槽，槽内回填种植土，植苗绿化，表层撒播草灌种子。

（三）工艺流程

定点放线→打锚杆、配筋→挂模板→混凝土浇筑、养护→槽内回填种植土→植苗→浇水施肥养护。

（四）技术要点及说明

陡峭的岩质边坡缺乏植物生存的空间，同时，坡面上植生层的建造也十分困难。若仅采用常规的

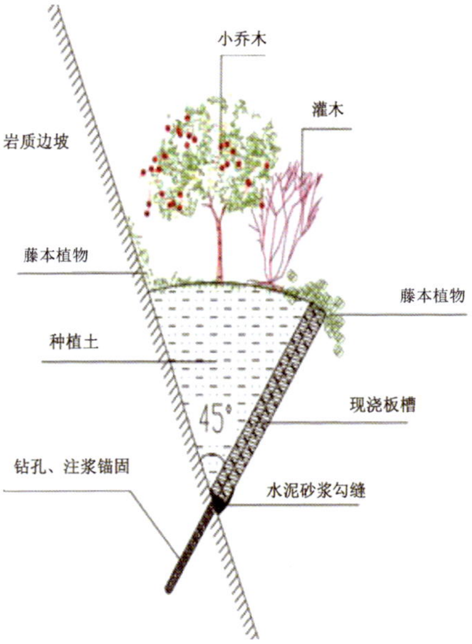

（a）飘台种植槽大样图

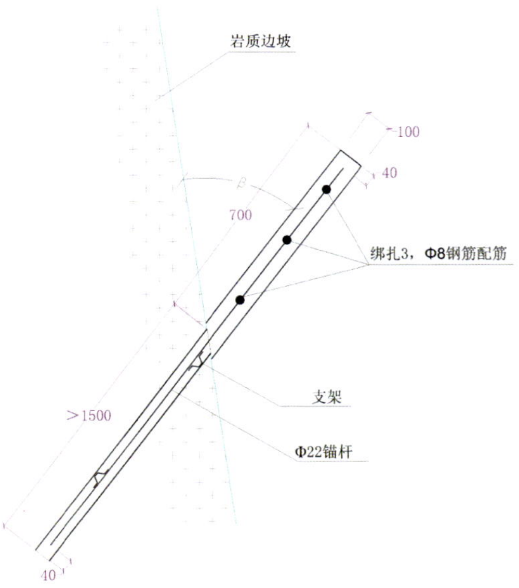

（b）飘台种植槽构造图

图1.4.2　飘台种植槽示意图

复绿方法，构建的植生层易发生滑脱，往往造成护坡与复绿失败。

飘台种植槽的作用在于在陡峭的岩质坡面上构建生存空间，同时把大面积的坡面沿等高线分隔成横向平行的小区，有利于槽间植生层的布设和稳定。“V”形槽之间的坡面采用喷混植生或双网喷混植生的方式复绿。通过飘台种植槽与喷混植生的组合应用，在高陡岩质边坡上构建植生空间与稳定的植生层，为植物生长提供基础条件，从而实现高陡岩质边坡的复绿。

（a）岩质边坡沿等高线浇筑飘台种植槽

（b）飘台种植槽间挂网、挂植生条

（c）槽间坡面挂网后喷射客土

（d）飘台种植槽＋喷混植生

（e）喷播灌草、盖无纺布、洒水养护

（f）飘台种植槽＋喷混植生复绿效果（初期）

图1.4.3　飘台种植槽组合技术复绿

飘台种植槽上下间距2m，混凝土槽板厚10cm，槽内每延米容积大于0.125m³。钻孔以45°角度打入山体岩内，将锚杆打入锚孔，配筋用小钢筋与锚杆垂直方向交叉固定，构成“V”形槽钢筋框架，在框架下方绑挂模板，模板距框架5cm，用C20混凝土浇筑，3d后拆板，浇水养护10d后成型。

锚杆：设计院通常参照边坡地质灾害防治锚杆将“V”形槽锚杆设置为直径22mm螺纹钢，长度1.5～2.2m，38～42mm口径钻孔，深100～150cm，间距为50cm，注浆机注入M30水泥砂浆固定锚杆。

实践中，考虑到承载及造价等因素，“V”形槽锚杆通常采用直径16～18mm，长65～75cm的螺纹钢，间距50cm，用电钻钻孔，孔径与锚杆直径一致，孔深20～25cm，用铁锤将锚杆打入孔内；配筋用直径8mm钢筋，间距15～20cm。

种植土满足《绿化种植土壤》（CJ/T 340—2016）的要求。

“V”形槽下底部预留排水孔，间距1～1.5m，便于雨水下渗至槽间坡面。

飘台种植槽内栽植耐旱、耐贫瘠、抗逆性强的小乔木、灌木和藤本植物，槽内表面撒播草籽绿化。

高陡岩质边坡需安装边坡滴灌系统，以保证绿化养护给水。在“V”形槽内和槽下底部布设带滴头的滴灌管路，横管与给水竖管连接，竖管与坡顶蓄水池连接。

“V”形槽之间的坡面采用喷混植生或双网喷混植生的方式进行复绿。

飘台种植槽也称为“V”形槽、板槽等。

三、坡顶、坡脚、平台（护坡道、马道）

工程边坡开挖通常坡底第一级边坡坡比1：0.70，二级及以上边坡坡比1：1，单级高差8～10m。坡顶通常设有截水沟，坡脚有排水沟，坡级之间设有平台（护坡道、马道），平台宽度2～8m不等。

实践中，为了满足边坡整体绿化效果，应充分发挥边坡平台的种植优势，以期实现快速复绿和改善景观的效果。

（一）坡顶种植槽绿化

有景观要求的，在一级至三级边坡顶部平台的外侧，修建种植槽，槽内回填种植土，植常绿小乔木或花色灌木点缀。

（二）坡脚种植槽绿化

坡底坡脚修建种植槽，槽内回填种植土，种植小乔木、花灌木或竹子进行遮挡。

（三）平台（护坡道、马道）绿化

岩质边坡、采石场的坡间平台（护坡道、马道）种植是复绿的重要组成部分，也是快速提升绿化效果的有效手段。坡面缺土缺水，即使采取各种措施，但受条件限制，植被恢复需要的时间较长；而平台可以覆土，保水保肥，满足植物生长的环境条件，选用速生树种，快速占据边坡空间。

做法是在平台外侧修建矮挡墙，高80～100cm，平台回填种植土60～80cm。根据平台宽度，种植1～3排速生乔木。华南地区可选用桉树、相思、木麻黄、榕树等，江南地区可用湿地松、马尾松、杉木、樟树等，北方地区可种植刺槐、油松、女贞、泡桐等，见图1.4.4。

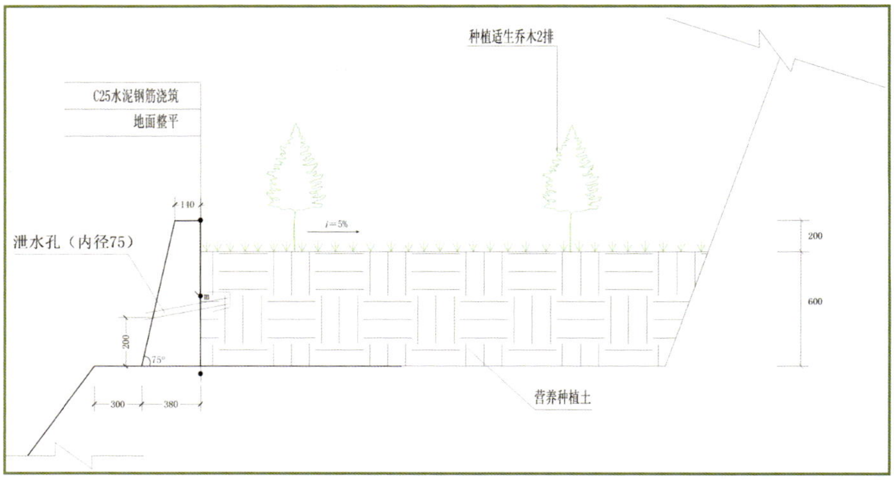

图1.4.4　坡间平台种植示意图

第五节　边坡滴灌

一、边坡滴灌及其适用范围

由于高陡岩质边坡缺水，复绿后需保持植生层湿润，这也是保证植物成活的关键。对于面积较大（10000m^2以上）的多级高陡岩质边坡，如采石场、山体缺口、采矿场等，通常需要布设坡顶蓄水池和边坡滴灌系统，面积较小的边坡或线性工程（如道路）开挖的岩质边坡，视具体情况可在坡顶架设水罐补水或用洒水车浇灌养护。

边坡滴灌通常与喷混植生、飘台种植槽复绿配合使用，适宜于坡比1∶1～1∶0.18（45～80°）的岩质边坡、采石场、矿山复绿时植被的养护。

边坡滴灌的优势在于：①安全：无须人员到边坡上作业，避免高坠等事故隐患；②节水节肥：通过管网闸阀控制灌水量，减少渗漏，在蓄水池中加入液体肥，通过滴灌施肥，省工省料；③高效：养护期人工浇水施肥管护面积3000m^2/人，采用滴灌可以管护1万m^2/人；④见效快：边坡复绿植被比一般洒水养护可提前30～40d成型。

植被养护周期2～3年，之后进入自然演替。

二、构建方法

（一）原理

在坡顶修建蓄水池，利用水源重力和低压管道系统，通过带滴头的毛管将水分和养分均匀而缓慢地滴入植生层，使土壤保持湿润状态，为种子发芽和植物生长提供水分和养分，解决高陡岩质边坡复绿养护的难题。

（二）方法

在山顶平缓位置修建蓄水池或放置储水罐，用多级泵将水抽入蓄水池（储水罐）。蓄水池设有出水管，与滴灌主管、滴灌支管、滴灌毛管和闸阀组成边坡滴灌系统。蓄水池出水管与滴灌主管连接，竖向支管与坡顶横向主管连接，坡面横向毛管与竖向支管连接。水在重力作用下，通过主管、支管、毛管经微喷头释放至边坡复绿区域。闸阀系统可控制水体的流量与流速。通常，在有条件的地方接入电源，为多级泵提供动力，在不具备接电条件时，用水车或自吸式柴油机抽水泵将水源注入蓄水池（储水罐）内。

（三）工艺流程

定点放线→给水管路→水电接驳→坡顶修建蓄水池→安装滴灌管路、闸阀系统→水池蓄水→滴灌调试→补水、补肥→养护看管→系统维护。

（四）技术要点及说明

材料规格：主管DN50PVC－U，支管DN32PVC－U，毛管DN16PE，毛管每米设置一个微喷头，微喷头型号XS－360TS－SPYK，q=65.48 L/h，工作压力0.15MPa。现场无配电时，配备一套自吸式柴油机抽水泵给水池或水罐供水。

滴灌安装与调试：主管与蓄水池出水管用管件连接，主管沿着水池向坡顶两侧水平布设，竖向支管通过接头与主管连接，毛管通过变径接头连接支管，毛管沿等高线水平布设，间距2m（在飘台种植槽+喷混植生组合技术中，毛管布设在飘台种植槽内及槽底各一条）。滴灌安装好后，分段进行调试，排出管内空气，放水，分段检查，发现问题及时处理。

坡顶蓄水池容积可设置为100～200m^3；蓄水池分为地下式和地上式，地下式经开挖基坑后浇筑钢筋混凝土水池，或在基坑底和四周坡面上铺敷HDPE防渗膜（膜厚1.0mm）形成水池，岩质基础地面用钢筋混凝土浇筑地上式蓄水池，并设置爬梯、检查口和盖板，参见图1.5.1。

也可以采用边坡喷灌的方式进行浇灌，但需要有电源，在水池内放置水泵为管路和喷头加压供水。

（a）地下式钢筋混凝土蓄水池　（b）地上式钢筋混凝土蓄水池　（c）地下式 HDPE 防渗膜储水池

图1.5.1　滴灌（喷灌）蓄水池示意图

三、边坡滴灌（喷灌）大样图

大型水罐式边坡滴灌系统、管路布局及供电原理参见图1.5.2～图1.5.4和图3.3.11，边坡喷灌典型设置参见图1.5.5及图5.3.16～图5.3.17。

说明：

1. 本图布置根据原始高程编制。
2. 蓄水罐可根据现场高程的情况适度调整。
3. 电缆过车道处加钢管保护。
4. 各水泵控制柜按规范做接地保护。

图1.5.2　边坡

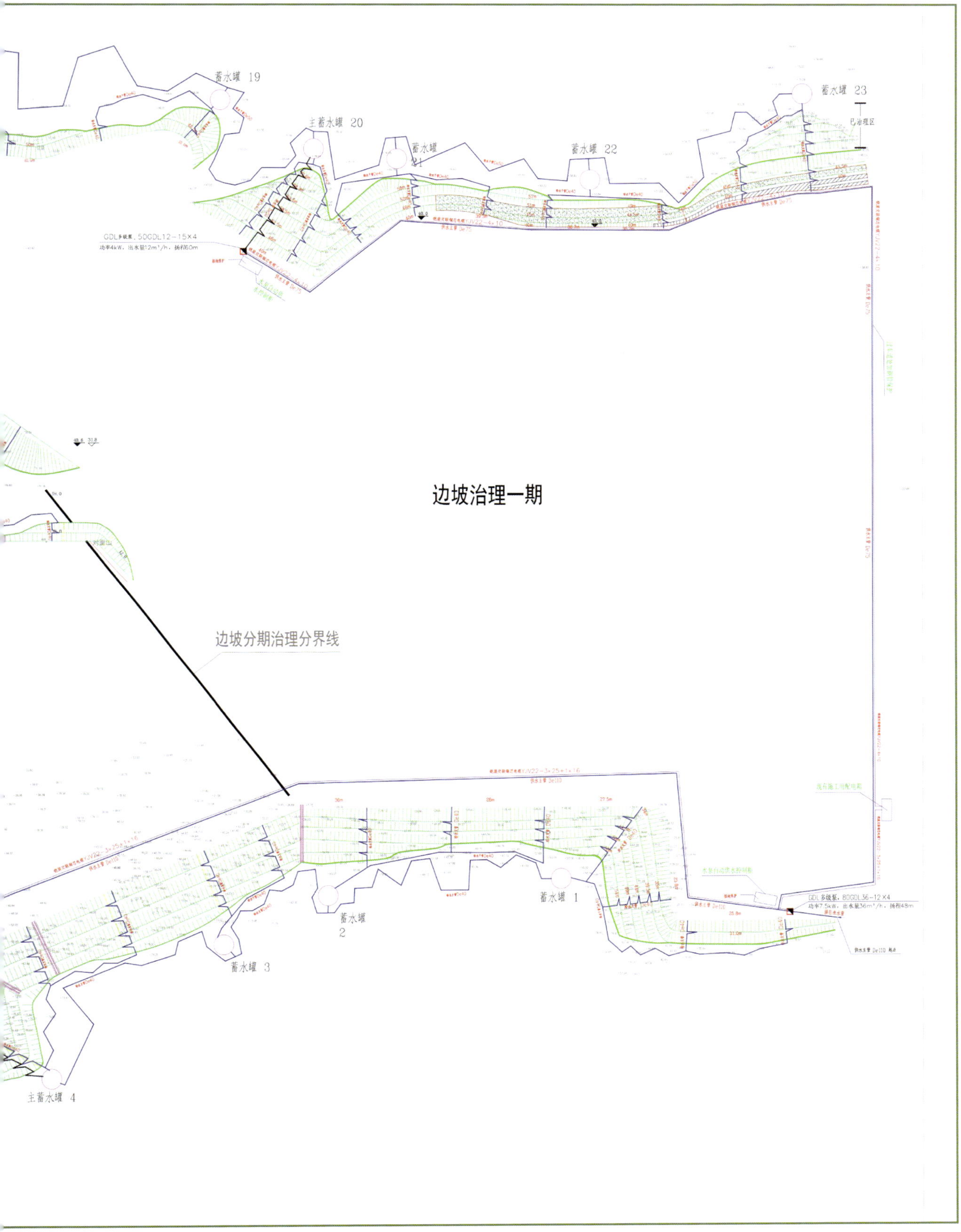
蓄水罐 19
主蓄水罐 20
蓄水罐 21
蓄水罐 22
蓄水罐 23
已治理区
GDL多级泵，50GDL12－15×4
边坡治理一期
边坡分期治理分界线
蓄水罐 1
蓄水罐 2
蓄水罐 3
主蓄水罐 4
GDL多级泵，80GDL36－12×4

滴灌系统图

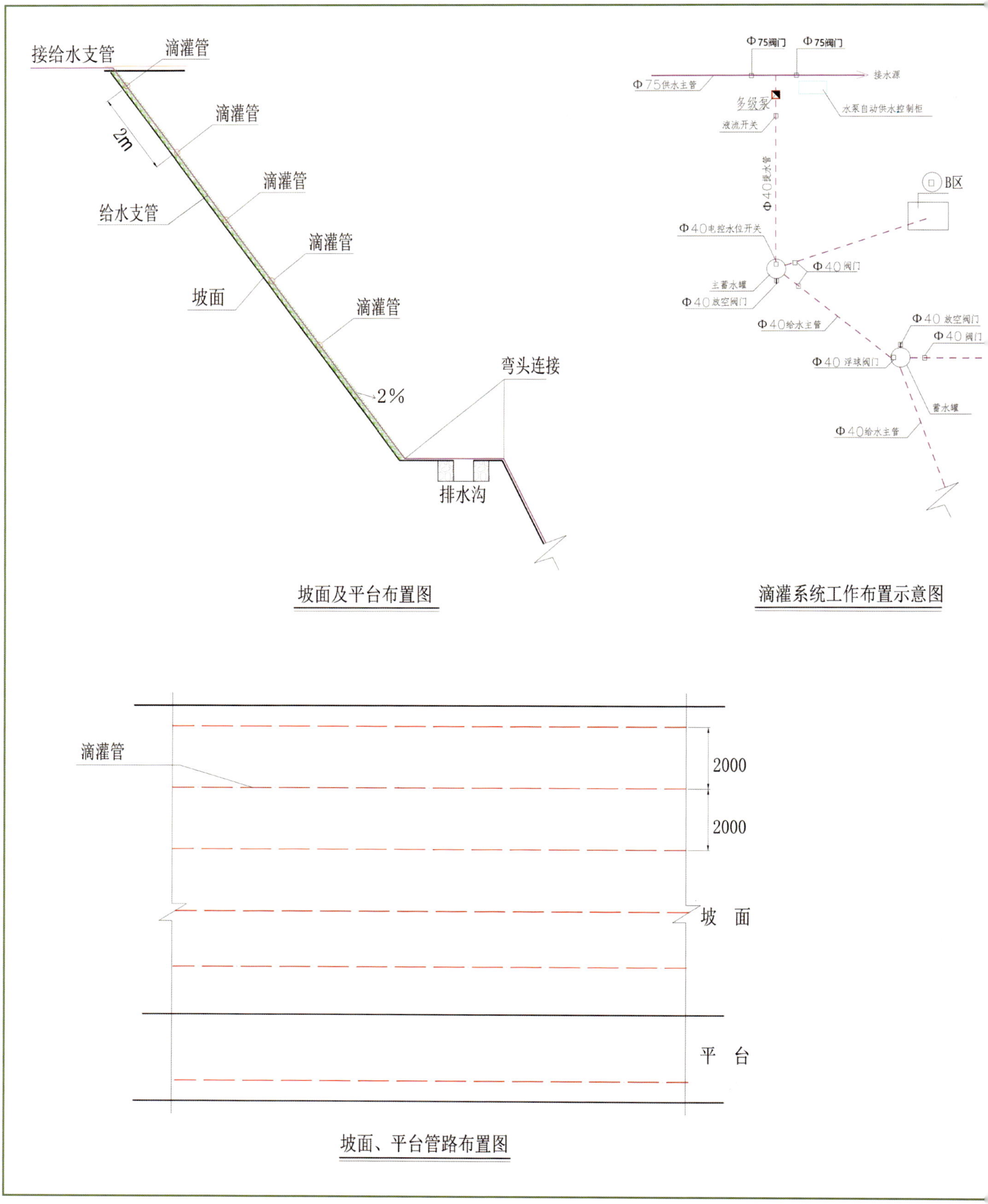
接给水支管
滴灌管
滴灌管
2m
滴灌管
给水支管
滴灌管
坡面
滴灌管
2%
弯头连接
排水沟
坡面及平台布置图
Φ75阀门
Φ75阀门
接水源
Φ75供水主管
多级泵
水泵自动供水控制柜
液流开关
Φ40提水管
B区
Φ40电控水位开关
Φ40阀门
主蓄水罐
Φ40放空阀门
Φ40给水主管
Φ40 放空阀门
Φ40 阀门
Φ40 浮球阀门
蓄水罐
Φ40给水主管
滴灌系统工作布置示意图
滴灌管
2000
2000
坡　面
平　台
坡面、平台管路布置图

图1.5.3　边坡

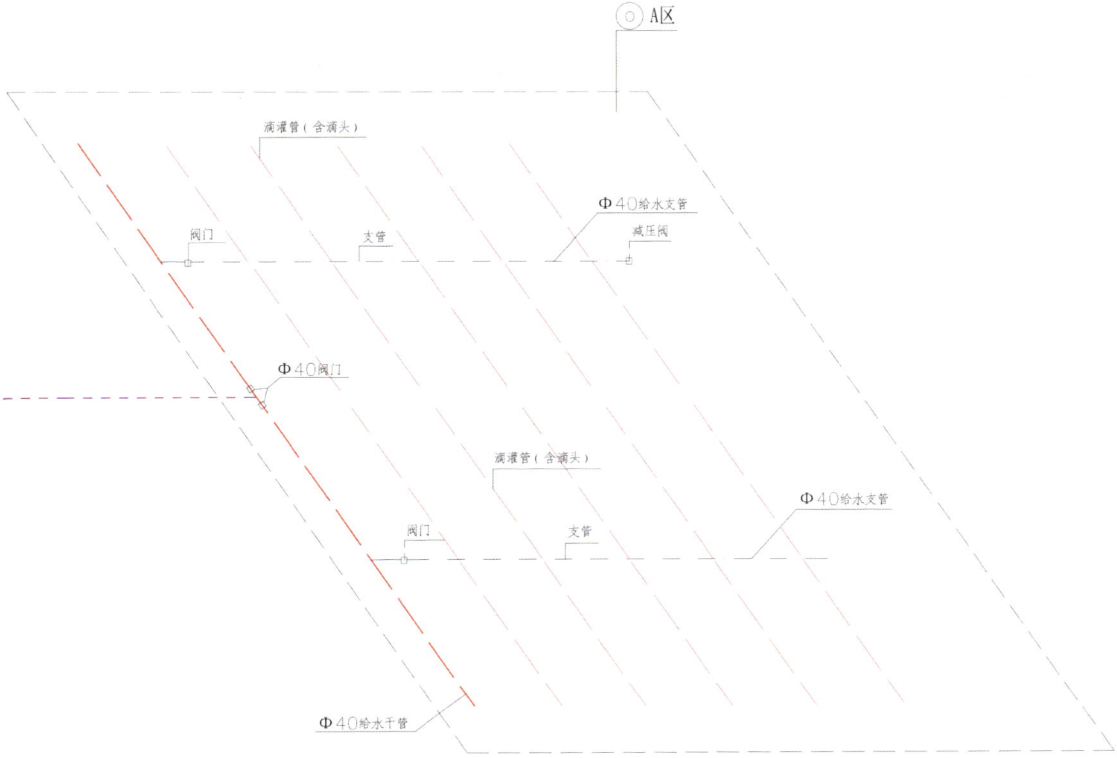

说明：

1. 除特别标明外，图中单位均为mm。
2. 蓄水池取水由底部水池泵入，供水主管采用直径110mm、75mm UPVC管，提水管、给水主管、支管采用直径40mm和50mm UPVC管。滴灌管采用聚乙烯树脂的乙烯、丙烯复合物，直径16mm，壁厚0.3mm，滴头间距500～1000mm。
3. 滴灌管布置间距2m（斜面长）。
4. 竖向的给水支管水平间距50m。坡面每2级给水支管间布设阀门一个。
5. 由于坡面地形的变化，施工时可根据现场情况进行适当的调整。
6. 本系统除用于坡面绿化养护供水，还可以用于施肥和给药。
7. 工程量最终以现场实际发生的数量为准。

滴灌管路布置图

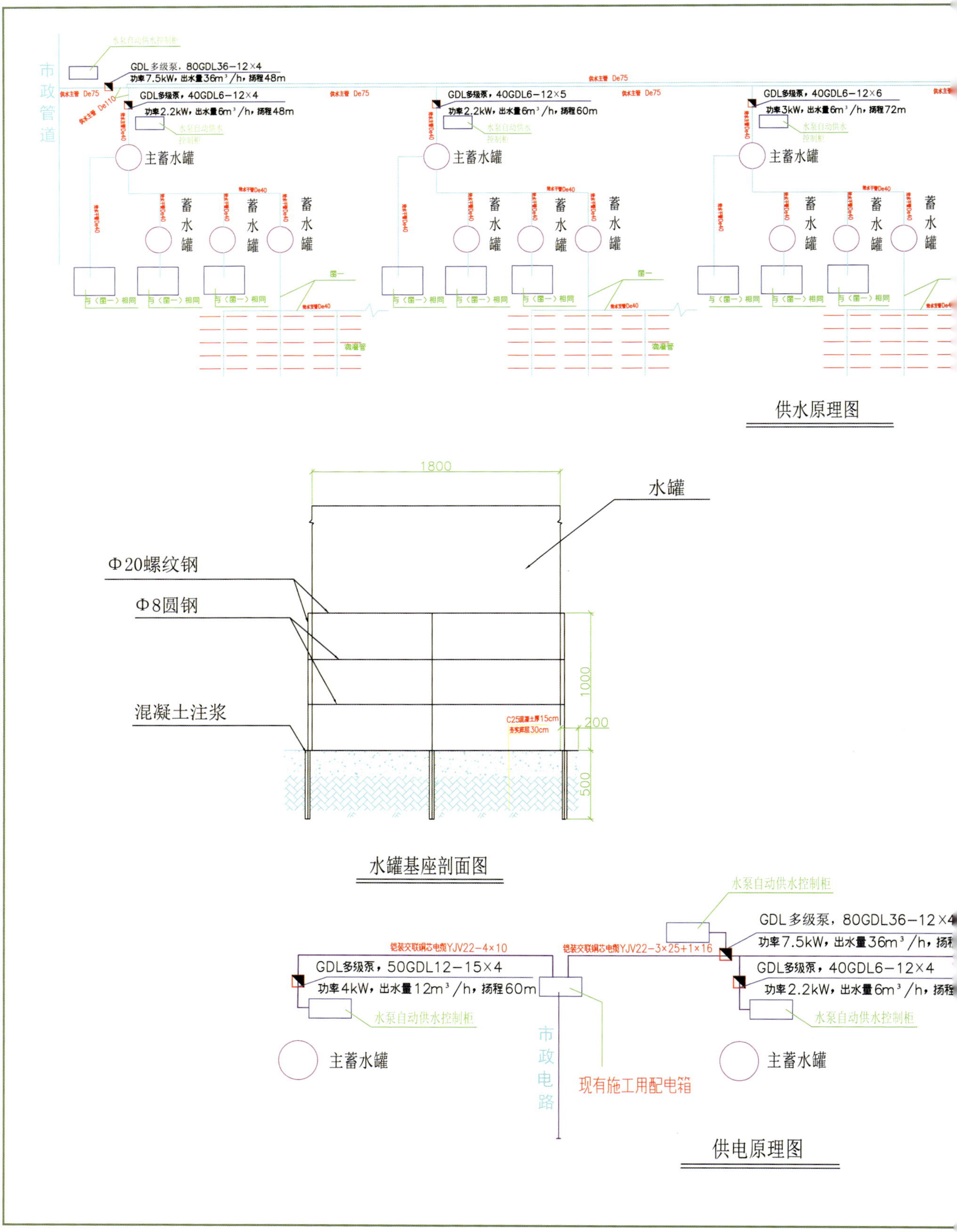
市政管道
GDL多级泵，80GDL36−12×4
功率7.5kW，出水量36m³/h，扬程48m
GDL多级泵，40GDL6−12×4
功率2.2kW，出水量6m³/h，扬程48m
主蓄水罐
蓄水罐
GDL多级泵，40GDL6−12×5
功率2.2kW，出水量6m³/h，扬程60m
GDL多级泵，40GDL6−12×6
功率3kW，出水量6m³/h，扬程72m
供水原理图
1800
水罐
Φ20螺纹钢
Φ8圆钢
混凝土注浆
1000
200
500
水罐基座剖面图
水泵自动供水控制柜
GDL多级泵，80GDL36−12×4
功率7.5kW，出水量36m³/h，
GDL多级泵，40GDL6−12×4
功率2.2kW，出水量6m³/h，
铠装交联铜芯电缆YJV22−4×10
铠装交联铜芯电缆YJV22−3×25+1×16
GDL多级泵，50GDL12−15×4
功率4kW，出水量12m³/h，扬程60m
水泵自动供水控制柜
主蓄水罐
市政电路
现有施工用配电箱
供电原理图

图1.5.4 边坡

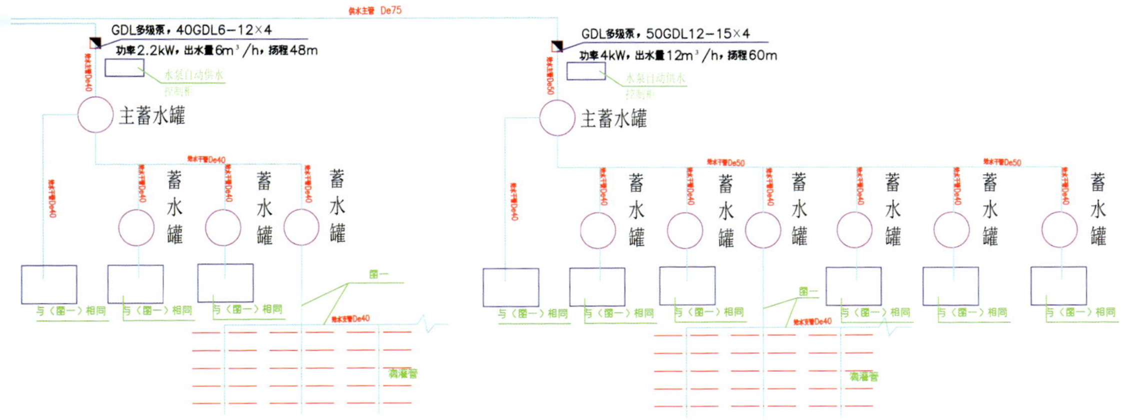

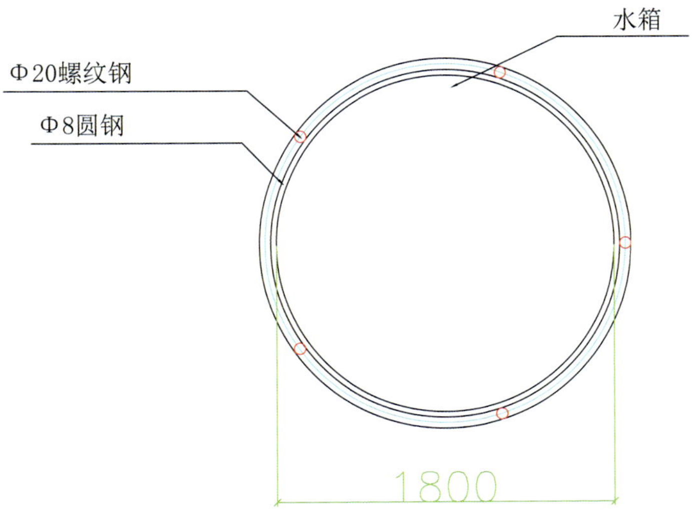

水罐基座平面图

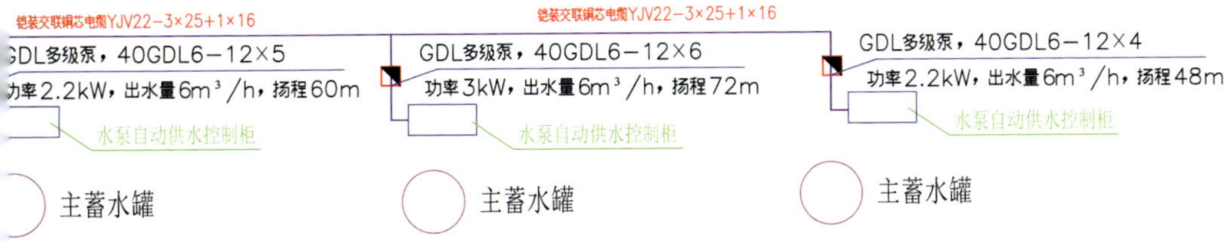

说明：

1. 除特别标明外，图中单位均为mm。
2. 电缆过车道处加钢管保护。
3. 各水泵控制柜按照技术规范做接地保护。

滴灌水罐、供水供电原理

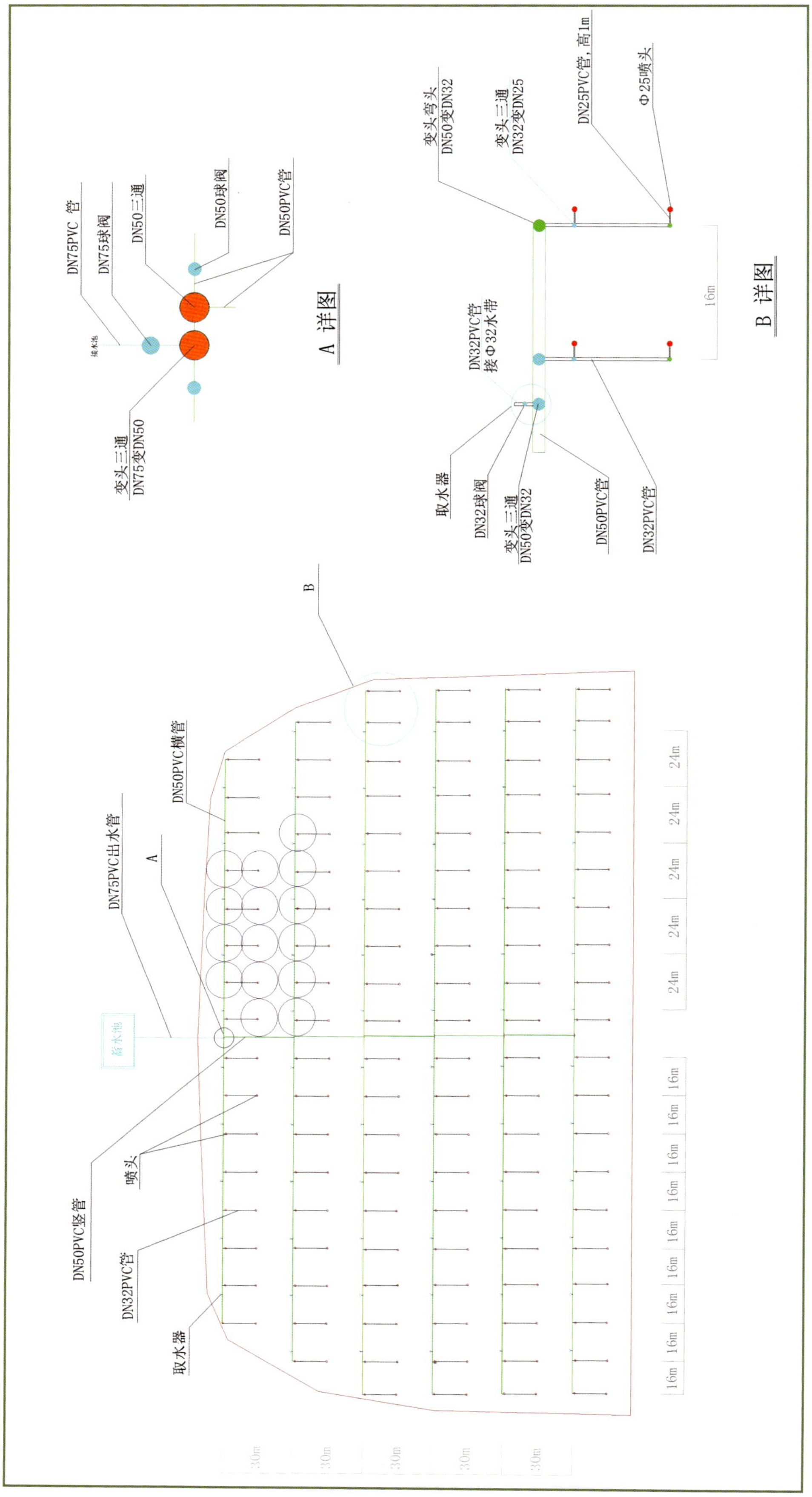

DN75PVC 管
DN75球阀
DN50三通
DN50球阀
DN50PVC管
变头三通
DN75变DN50
A 详图
变头弯头
DN50变DN32
变头三通
DN32变DN25
DN25PVC管，高1m
Φ25喷头
DN32PVC管
接Φ32水带
16m
B 详图
取水器
DN32球阀
变头三通
DN50变DN32
DN50PVC管
DN32PVC管
B
A
DN50PVC横管
DN75PVC出水管
喷头
DN50PVC竖管
DN32PVC管
取水器
24m
16m
30m

图1.5.5 边坡喷灌大样

第六节　边坡立体绿化

边坡生态修复的重点在于恢复植被、改善景观。一些建设项目的边坡，如高档房地产（别墅）、风景区、公园、学校等，在节点位置（如入口、构筑物旁、背景山体等）往往要求景观效果，绿化与美化并举。边坡立体绿化具有见效快、整齐美观和色彩搭配的特点，可以满足这种要求。本节介绍两种边坡立体绿化的方法。

一、种植毯袋立体绿化

种植毯袋是用无纺毛毡缝制而成，透气吸水，具有弹性和柔性，保温保肥保水，抗腐蚀，使用寿命3～5年，经济实用。

（一）适用范围

适宜于有特殊景观要求，有稳定供给的压力水源（自来水），坡比1∶0.70～1∶0.18（55～80°）的岩质边坡、硬化边坡（锚喷、浆砌石边坡）的绿化与美化。

（二）方法

种植毯袋立体绿化系统由坡面钢筋框架、壁挂式生态毯袋、喷灌和植物四部分组成。在硬质斜坡上打锚杆，构建钢筋框架，用于固定种植毯袋和喷灌管路及喷头。布设好毯袋和喷灌系统后，将容器苗移植袋内，喷水养护。

（三）工艺流程

定点放线→打锚杆→布设坡面钢筋框架→焊接固定→悬挂种植毯袋、绑结固定→安装喷灌系统、固定→接通水源、调试喷灌→移植袋苗→喷水养护→看管维护。

（四）技术要点及说明

种植毯袋立体绿化需配备自动喷灌系统，便于立体盆植植物的养护。

坡面钢筋框架及系统安装。①竖筋：螺纹钢直径12mm，长50cm，上下间距1m，两侧间距2m。在布设点垂直于坡面向下钻孔，将短锚杆（直径12mm螺纹钢，长30cm）打入岩体（或硬化坡面），外露6～8cm，竖筋与锚杆焊接固定。②悬挂毯袋：毯袋与竖筋以及毯袋之间用细铁线绑结。③横向配筋（直径8mm圆钢）水平布设，压住毯袋，并与竖筋及毯袋绑结固定。④喷灌：管路及喷头沿横筋布设在毯袋上面，并与竖筋、横筋绑结固定，喷头处打入岩体锚杆（长50～60cm），外露30cm，并与喷头竖管绑结固定，喷灌材料及安装参见厂家说明。

（a）种植毯袋

（b）喷灌管路固定

（c）喷头固定

（d）袋苗移植

（e）种植毯袋绿化（绿植）

（f）种植毯袋绿化（花卉）

图1.6.1　种植毯袋立体绿化

毯袋常用规格可选用1m×1m，36口袋（16cm×16cm）带圆底的种植毯袋。

袋苗的规格与毯袋的大小匹配。袋内移植袋苗，去掉袋苗容器或套袋，植入毯袋内，压实土壤，营养土离袋口1～2cm，及时补充营养土。

袋苗选取：华南地区常用的立体绿化植物有肾蕨、绿萝、天门冬、常春藤、鸭脚木、花叶鸭脚木、合果芋、红背桂、彩叶草、吊兰、变叶木、龙船花、花石竹、矮牵牛、旱金莲等，可组合成色带配置。

另有在框架内布设定型容器，内置袋苗的立体绿化方法，本书不做专门介绍。

二、边坡模块式立体绿化

（一）适用范围

适宜于有特殊景观要求，如高档房地产、风景区出入口等节点位置的岩质陡峭边坡或格构边坡的绿化与美化。

（二）方法

模块式绿化是一种在高坡面上安装的立体绿化系统，包括承载植物和容器的坡面钢构框架、种植容器、自动滴灌系统以及植物部分，还可以增设植物生长灯和排水槽等。

在坡面上建造承载植物和容器的钢构框架，再将种植模块、滴灌设施安装在钢构支撑构架上。承载系统包括不锈钢框架、连接构件、固定构件等，滴灌系统包括控制器、过滤器、施肥器、灌溉滴头、滴灌主管和支管以及阀门井，配件包括弯头、三通、止水环等；种植模块为种植盒或种植筐体。钢构架与岩体通过锚杆焊接，安装固定好后，将种植模块、滴灌系统安装和固定在框架上，再将植物袋苗移植于种植模块的容器内，并通过滴灌系统给水施肥养护。

（三）工艺流程

定点放线→打锚杆→布设钢构框架→焊接固定→安装种植模块→安装滴灌系统→接通水源、调试滴灌→移植袋苗→养护→看管维护。

（四）技术要点及说明

边坡模块式立体绿化具有整齐美观、植物可进行色带搭配、快速成型等优点，缺点是需有水源供给，造价和养护成本高。

必须在稳定的边坡上施工，无安全隐患。

具备水源与电源，水电接驳离边坡越近越好。

施工需搭设脚手架。

锚杆采用直径18mm螺纹钢，长度30～50cm，钻孔打入岩体，外露部分留出与钢构架连接的长度，纵横间距1m；若为格构边坡，锚杆长度应加上格构梁的厚度，遇到格构梁时，可打入短锚杆

（长25～30cm）。

钢构框架横竖板条可采用80mm×5mm不锈钢或热镀锌方通，连接处用50mm×3mm热镀锌角钢，钢材与锚杆之间通过焊接连接固定。

一套滴灌控制单元可控制25m²立体绿墙，根据施工面积配置滴灌单元数量。

种植模块单元规格490mm×200mm×145mm，容器12个/m²，辅材包括12块吸水海绵，36个挂钩和自攻螺丝，可根据施工面积配置种植模块单元的数量。

植物采用无纺布包裹的袋苗，冠幅饱满，高度适宜，每个容器种植2～4株，品种可参照种植毯袋的植物配置。

滴灌、钢构及模块构造可参考李海英等（2012）编著的《屋顶绿化的建筑设计与案例》有关章节。

图1.6.2　模块式立体绿化效果（位于深圳市汉京九榕台，铁汉一方制作，2016年）

第七节　其他绿化技术

中国地域宽广，气候横跨热带、亚热带和温带，地质、土壤条件千差万别，在工程建设活动中，各地结合实际，也创造出了一些实用有效的边坡绿化技术。

一、沙区绿化

（一）“方格沙障”治沙与绿化防护体系

沙区绿化技术是在包兰铁路“五带治沙防护体系”技术成果上发展起来的，该项成果获1988年度国家科技进步奖特等奖，创造的“方格沙障”治沙技术已被广泛应用于国内沙区铁路、公路的防沙和绿化。

包兰铁路有50km穿越腾格里沙漠南缘，其中沙坡头段是沙害最为严重的地方。包兰铁路1958年8月通车以来，在中卫至甘塘段建成了55km“卵石防火带，灌溉造林带，草障植物带，前沿阻沙带，封沙育草带”五带一体的治沙防护体系，有效地阻止了流沙对铁路的侵害，保障了铁路安全畅通。

塔里木沙区公路于1995年9月竣工通车，2001年建成防护林生态示范工程，2005年横贯塔克拉玛干沙漠南北的绿化带全面建成。这条在沙漠公路两侧的绿化带保护了沙漠公路，改善了沙区的生态环境。在建设过程中采用了太阳能取水、滴灌节水和适生乔灌草种植等技术，筛选出了柽柳、沙拐枣、梭梭等一批适应沙漠环境的植物，有效地解决了沙区缺水和绿化的难题。

榆靖高速（榆林至靖边段）2003年8月建成通车，陕蒙高速（榆林至陕蒙界）2006年10月建成通车，太中银铁路2011年1月建成通车，三者穿越毛乌素沙漠南缘，采用了方格草沙障并栽植紫穗槐、沙柳、柠条、柽柳、沙棘、花棒、沙蒿、沙打旺、锦鸡儿、沙地柏、樟子松、沙枣、新疆杨等，在路域两侧形成防护绿化带，高速公路的中央隔离带还采用了滴灌技术进行养护。

库布齐沙漠已建成5条沙漠公路，采用的“网格治沙”技术使6万km^2的沙漠土地恢复了植被，总结出了“锁住四周，渗透腹部，以路划区，分块治理”的治沙方针，用秸秆、沙柳扎成网格沙障，固定流沙，保护路基，然后在网格内种植沙柳或沙蒿，摸索出了以沙柳、甘草等灌木、半灌木为主，胡杨、沙地柏和花棒、杨柴等为辅的绿化模式，在公路两侧形成了3～5km宽的绿化带，保护了沙漠公路的畅通，发明的“水冲种植法”是库布齐沙漠特色的种植技术。

（二）沙区固沙喷播绿化

2003年3月，中国科学院寒区旱区环境与工程研究所在榆靖高速公路边坡进行了固沙喷播复绿试验，取得了良好的效果。2004年7月，西北师范大学开发出“多功能高分子固沙种草剂”，集抗旱、耐盐碱、抗风蚀和植被修复为一体，能使沙丘结皮0.5～1.4cm厚，植入的黑麦草、白刺、枸杞、苜蓿、胡麻等植物生长良好，并在内蒙古推广应用。南京林业大学利用木质素作为固沙剂，喷洒后很快形成0.5～1cm厚的沙结皮，当有自然降水时，沙结皮“软化”，降水迅速渗透到沙层中，供植物种子吸收利用，2004年8月“工业木质素防治荒漠化技术”课题通过鉴定验收。2006—2007年，深圳如茵公司在榆林定边毛乌素沙漠南缘“太中银铁路”沿线开展沙区路基边坡固化剂喷播及绿化试验，取得了一定的成果。

（a）麦草方格草沙障（施工）

（b）麦草方格草沙障（全貌）

（c）芦草方格草沙障

（d）土工格栅沙障

（e）布设滴灌

（f）方格沙障护坡

（g）塔里木沙区公路生态林带

（h）榆靖高速绿化带

（i）柽柳、樟子松护坡带

（j）紫穗槐护坡带

（k）柽柳护坡

（l）沙蒿护坡

（m）花棒

（n）沙蒿

（o）沙棘

（p）沙柳

图1.7.1　沙区“方格沙障”绿化及常用固沙植物

（a）榆靖高速公路沙区边坡喷播绿化　　（b）柠条、沙打旺

（中国科学院寒区旱区环境与工程研究所，2003 年）

（c）毛乌素沙漠南缘路基边坡喷播固沙　　（d）播种后喷固沙剂

（e）通透性固结层　　（f）养护发芽（沙打旺）

（深圳如茵公司，2006—2007 年）

图1.7.2　沙区喷播固沙绿化

二、高寒区草皮移植与保护利用

该项技术是在修建青藏铁路的过程中发明和使用的。青藏铁路的建设经过无人区、冻土区和藏北草原等环境极为脆弱的地区，植被一旦遭到破坏，自然恢复需要几十年甚至上百年的时间。因此，路基施工取土时，要求在距离500m以外无植被的地方取土。

铁路建设者请教各方专家和当地有经验的牧民，修路时首先把原有的草皮铲起进行假植，待路基完成后再把草皮移植回边坡，恢复植被和景观。

（a）起草皮

（b）假植保护

（c）草皮移植护坡

（d）近自然恢复

图1.7.3　青藏铁路草皮移植保护与利用

（注：图片来源于网络）

三、黄土边坡掏洞种植

中国的黄土主要分布在昆仑山、秦岭、泰山、鲁山连线以北的干旱、半干旱地区。原生黄土以黄河中游发育最好，包括山西、陕西、甘肃东南部和河南西部年平均降水量300～700mm的温带地区，称之为黄土高原。

黄土质地均一，富含钙质，具有一定的胶结力。黄土层垂直节理发达，直立性很强，不易崩塌，可挖筑窑洞供人居住。因本身是土质，也不宜再覆土或喷土。边坡若采用开沟喷草，浇水时易造成冲刷，同时草本易退化，而灌木却能够长久生存。因此，当地群众发明了掏洞点播灌木种子或洞内植苗的方式进行绿化。常用的灌木种类有紫穗槐、柠条等，在春季施工效果最好，播种或植苗后人工浇水或用水车洒水养护至成活。

该项技术适宜于黄土挖方边坡的复绿，而填方边坡一般可直接种植苗木绿化。苗木品种除紫穗槐、柠条外，也可选择铺地柏、柽柳、沙棘等耐旱灌木或苜蓿、草木樨等多年生草本。

（a）黄土边坡掏洞（局部）

（b）黄土边坡掏洞（全貌）

图1.7.4　黄土边坡掏洞

四、喀斯特地貌爬藤网绿化

中国西南石灰岩地区呈现喀斯特地貌，如贵州、广西、云南等省份有面积达55万km^2的喀斯特地貌区域，特点是气候温暖湿润，降雨充沛，水土易流失，土层薄，藤本植物发达。因此，利用边坡爬藤网有利于爬藤类的生长和实现快速复绿。

边坡爬藤网是一种钢塑格栅，以高强钢丝（或纤维）与聚乙烯（PE）通过挤压形成抗拉加筋条带，按一定间距排列，接点熔焊成型，具有抗拉、柔性、耐腐蚀、抗老化及施工快捷方便、成本低廉等特点。

爬藤网常用规格有网孔15cm×15cm或10cm×10cm，幅宽6m。可用于道路岩质边坡、硬化边坡、格构边坡、桥台、软基、挡墙的绿化。

通常，岩质边坡坡脚、平台为石质，不具备种植条件，需要修建种植槽，回填种植土后才能满足爬藤的生长条件。华南和西南地区适宜的爬藤种类有油麻藤、香花崖豆藤、葛藤、地瓜藤、毛葡萄、爬山虎、岩爬藤、清香藤、细圆藤等，为了增加花色，也可以加植一些炮仗花、簕杜鹃（三角梅）、紫花马樱丹、凌霄等开花藤本。

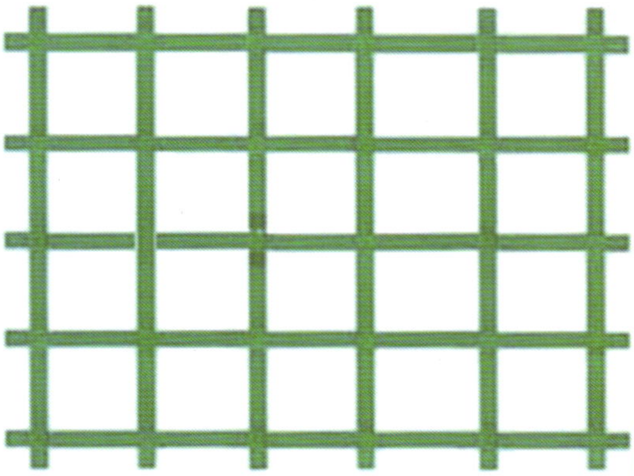

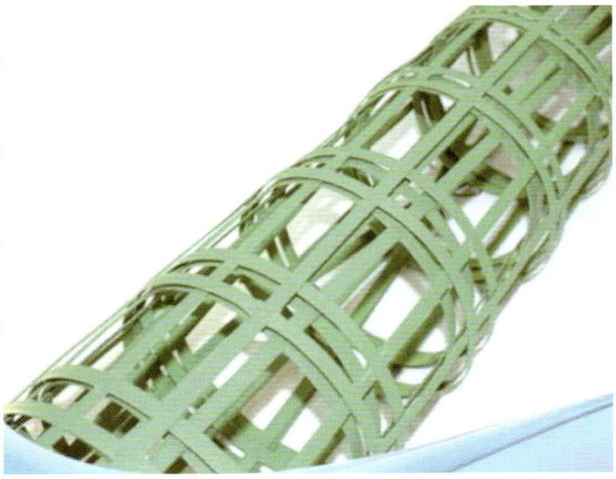

（a）爬藤网平面示意图　　（b）爬藤网卷筒

（c）岩质边坡爬藤网绿化　　（d）格构边坡爬藤网绿化

图1.7.5　喀斯特地貌边坡爬藤网绿化

五、新技术研发

（一）蕨类护坡

中国是一个多山的国家，自然界中有些蕨类植物，如铁芒萁，在干旱贫瘠的边坡上能够自然繁衍生存，覆盖边坡。边坡（尤其是石质边坡）开挖后，如果能够通过人工干预的方式，在裸露坡面上实现蕨类的生长与繁殖，形成优势群落，既能克服草本易退化的缺点，又能快速复绿。

实践中，商品蕨类仅有肾蕨这一种通过分蘖的方式繁殖，价格较高，主要用于城市园林绿化，而且在边坡上种植成活率也很低。因此，研发边坡蕨类的有性繁殖，通过孢子、配子发育，完成蕨类的生长繁殖周期很有必要。

铁芒萁广泛分布于我国长江流域以南地区，常绿、喜酸、喜阳、耐旱、耐瘠薄。在自然条件下，不管是肥沃的土壤还是撂荒的坡地上，其都能发展成为单优群落。长期以来，人们通过人工繁殖的方式试图实现铁芒萁护坡的尝试均无功而返。研究表明，铁芒萁在苗圃虽然可以进行孢子繁殖（林夏馨，2004），但孢子萌率低，而且过程烦琐，周期长，成本高，实施的可能性小（谢丹，2006）。由此，寄希望于后续的研发与技术突破，以期实现蕨类的护坡与复绿。

（a）自然铁芒萁群落

（b）叶背孢子囊

图1.7.6　铁芒萁

（二）特色乡土植物护坡

中国地大物博，各地都有一些很好的乡土植物种类，既能护坡又具有观赏性，如华南地区的桃金娘、野牡丹，华中地区的映山红、火棘、马桑、珍珠梅、绣线菊、野刺梨、黄荆，中原地区的欧李、郁李、白刺花、白鹃梅、狼牙刺，高寒地区的金露梅、银露梅等，但由于喷播后种子难发芽，商品化程度低，在植被护坡工程中鲜有使用。已开发的种类，如胡枝子、车桑子、马棘、箣仔树等，种子发芽也不够稳定，使用受到了限制。因此，解决特色乡土植物护坡难题就显得十分迫切。

（a）桃金娘

（b）野牡丹

（c）映山红

（d）火棘

（e）欧李

（f）珍珠梅

（g）金露梅

（h）银露梅

图1.7.7　边坡特色乡土植物

（三）生态型格构护坡

近年来，为了保证边坡的稳定和周边环境的安全，工程边坡大量使用锚索格构梁护坡。格构的存在使得植被恢复受到一定的限制，虽然通过填充生态袋加喷混植生的方式可以实现全覆盖复绿，但施工难度大，成本也高。

因此，除前面介绍的植被混凝土和环境友好型多孔生态混凝土技术外，是否有一种既能加固边坡又便于植物生长的生态型框架格构梁，可兼顾工程和生态护坡的功能，起到事半功倍的作用？

实践中，在一些森林公园、山区旅游景点的边坡防护中有一种类似的生态格构支护方式。即格构横梁水平向外伸出成飘台种植槽，槽内回填种植土后可以种草植苗，同时能够防止格构内土体的滑脱，保水保肥。槽内种植小乔木、灌木，生长起来后可遮挡后面的格构，也可以间植一些花灌木起到花色点缀的作用，改善景观。同时，格构内坡面采用生态袋或喷混植生的方法进行边坡整体复绿，此法值得推广（图1.7.8）。

（a）生态格构样式

（b）底部基槽种植

图1.7.8　生态格构

本章介绍了山体植被护坡和边坡植被恢复的常用技术，每种技术都有各自的作用和特点。从上述内容可看出，受损山体生态修复与植被恢复的难点是高陡岩质边坡的治理，植生层的培育及固结也十分重要。实践中，只有认识和掌握了各种技术措施的原理与作用，结合边坡实际，才能够灵活地组合应用。边坡常用复绿技术及其适用条件汇总见表1.7.1。

表1.7.1　边坡常用复绿技术及其适用条件

生态防护方式	植生层厚度（cm）	边坡适用条件			功能
		坡度	边坡类型	风化程度	
喷播植草		≤45°	土质边坡		复绿
客土喷播	3～8	≤45°	岩质边坡、母质边坡、土石混合坡、渣石边坡	强风化、中风化	植生层、复绿
喷混植生	10	45～55°	硬质岩边坡、软岩边坡、母质边坡、格构边坡	弱风化、中风化	植生层及固结、复绿
双网喷混植生	10～12	55～70°	岩质陡坡、格构边坡、飘台种植槽间岩质坡面	弱风化、中风化	植生层及固结、复绿
植被混凝土	10～12	45～65°	岩质边坡、隧道口仰坡、水利水电工程边坡	弱风化、中风化	固坡、复绿
多孔生态混凝土	10～15	≤55°	河道堤岸、大坝、缓冲带、涨落带	弱风化、中风化	固坡、复绿
连续喷丝固土植生	8～10	45～70°	软岩边坡、母质边坡、砂质边坡、土石混合坡	弱风化、中风化	固坡、复绿
三维网	3～5	45～50°	土质边坡、砂质边坡、母质边坡	中风化	复绿
格式土工格栅	20～30	50～65°	岩质边坡、母质边坡、格构边坡	弱风化、中风化	固坡、复绿

（续表）

生态防护方式	植生层厚度（cm）	边坡适用条件			功能
		坡度	边坡类型	风化程度	
土工格室	10～15	≤45°	路基边坡、土石混合坡、母质边坡、堤岸	中风化	固坡、复绿
生态袋	30～40	45～70°	岩质边坡、母质边坡、堤岸、软基边坡、膨胀土边坡、冻融边坡、锚喷边坡、浆砌石边坡	弱风化、中风化	柔性护坡、复绿
植生盆		45～70°	有微地形的岩质边坡	弱风化、中风化、强风化	植生空间、复绿
飘台种植槽（“V”形槽）		55～80°	高陡岩质边坡、石壁	弱风化	植生空间、复绿
坡脚、平台种植槽			坡顶、坡脚、平台（护坡道）		植生空间、复绿
种植袋毯		55～80°	岩质边坡、硬化边坡		立体绿化
模块式立体绿化		55～80°	有特殊景观要求的岩质边坡、格构边坡		立体绿化
方格沙障			沙区铁路、公路边坡		固沙、绿化
草皮移植			高寒区铁路、公路边坡		草皮保护、利用
黄土掏洞		50～70°	黄土挖方边坡		复绿
爬藤网		50～70°	喀斯特地貌岩质边坡、格构边坡	弱风化、中风化	复绿
生态格构		45～70°	硬质岩边坡、软岩边坡、母质边坡		固坡、复绿
边坡滴灌（喷灌）		45～80°	高陡岩质边坡、石壁、采石场边坡、矿山边坡		供水、供肥、养护

第二章 山体边坡植被

第一节　边坡植物特征

一、先锋植物

先锋植物是指在裸露迹地上最先出现和形成群落的植物，具有耐瘠薄、生长快、繁殖和扩散能力强等特点，能够长期在干旱的环境下生存。

采石场、矿山、开挖边坡在治理前，通常既缺土又缺水，水土流失也较为严重，虽然通过构建植生空间和培育人工植生层可以改善生存条件，但生境依然恶劣，植被恢复仍十分困难。因此，在治理初期，适当引入一些先锋植物迅速占领荒芜的迹地，达到改善环境的目的，为后期乡土植物的植入和群落演替创造条件。

二、外来物种与乡土植物

人工植被护坡的特点是，采用的商品种子、苗木以外来种类居多，乡土品种较少；工程追求快速复绿，要求周期短、见效快，速生植物往往是首选。但一些外来种类植入后快速繁殖，压制了乡土植物的生长和繁衍，若过度扩散有造成生态危害的隐患。我国各地都有一些好的乡土植物种类，既能护坡又具有观赏性，但由于种苗商品化程度低，喷播后种子不易发芽，在植被护坡工程中鲜有使用。

外来物种与乡土植物本身是一对矛盾统一体。实践中，既要满足工程进度的要求，又不至于过度使用外来物种威胁到生态安全，可在治理初期适当选用一些外来速生植物，同时，充分利用已开发出的乡土植物，尽量多地使用当地适生的乡土物种。

三、边坡生物多样性

生物多样性是指一定范围内多种活的有机体（动物、植物、微生物）有规律地结合所构成的稳定的生态综合体。物种的多样性既体现了生物之间及环境之间的复杂关系，又体现了生物资源的丰富性。自然山体是各种生物生存和繁衍的栖息地，也是生物多样性和人与自然和谐相处的具体表现。

受损山体、矿山、开挖边坡形成的基岩断面相当于演替的初始状态，无多样性可言。通过生态修复，构建土壤条件，创建人工植被，环境得到改善之后，随着乡土植物的侵入，一些小动物、昆虫和鸟类也开始出现，土壤系统逐渐恢复，物种多样性逐步回升，最后融入自然山体的生态系统中。因此，在植物配置时合理搭配外来物种与乡土植物，并通过后来野生植物的侵入，参与竞争，植物群落逐步演替，以维护和保持边坡的生物多样性。

第二节　边坡植物群落

一、边坡植物群落类型

边坡植被既能护坡，又能截留降雨，降低噪声、净化大气，改善环境和景观。边坡人工植物群落通常可以分为以下几种类型：

（一）乔灌草型

采用栽植和播种构建的人工植物群落，通过养护和后期的自然演替，形成由乔木、灌木和草本组成的稳定群落。在华南地区常见的类型有“马占相思+簕仔树+狗牙根”“小叶相思+银合欢+百喜草”“桉树+山毛豆+芒草”等，华中地区有“马尾松+多花木蓝+金鸡菊”“湿地松+胡枝子+芒草”“湿地松+盐肤木+多花木蓝+狗牙根”等，北方地区有“油松+盐肤木+紫穗槐+狗牙根”“刺槐+紫穗槐+苜蓿”“樟子松+柠条+黑麦草”等。

（二）灌草型

采用喷播构建的灌草植被后期演替成由优势灌木主导的群落。在华南地区常见的类型有“簕仔树+狗牙根”“银合欢+狗牙根”“山毛豆+狗牙根”“车桑子+狗牙根”“簕杜鹃+马樱丹+狗牙根”等，华中地区有“多花木蓝+百喜草”“荆条+画眉草”等，北方地区有“紫穗槐+黑麦草”“柠条+苜蓿”等。

（三）草本型

采用喷播植草（或撒播）构建的多年生草本群落有狗牙根、百喜草、糖蜜草、黑麦草、画眉草、早熟禾、高羊茅、苜蓿、沙打旺等，栽植的草本群落有蟛蜞菊、香根草、芒草等。

（四）藤本型

采用人工栽植构建的爬藤植物有爬山虎、油麻藤、葛藤、薜荔、崖豆藤、铺地榕、蔓生马樱丹等。

二、边坡植物群落发展趋势

自然界植被的原生演替是个漫长的过程，短则几十年，长则上百年甚至几百年才能达到顶级群落。针对受损山体、露采边坡，通过人工措施辅助在较短时间内形成人工植物群落，改善了环境，后期野生物种侵入，增加了边坡的生物多样性，加快了演替的进程。边坡植被的发展一般可划分为三个时期：

（一）人工植被生长期

初始阶段，乡土植物很难在裸露边坡上生存。采用喷播等方法，混播草本、灌木和乔木种子，在坡面上快速形成植物群落。边坡复绿初期，人工植被占绝对优势，草本从发芽至成坪需要1～2个月的时间，形成灌草结合或灌木占主导的阶段一般需要6个月至1年以上的时间，形成乔灌草结合的群落通常需要3年以上的时间。

（二）本地植物侵入期

受气候、土壤及养护等因素的影响，人工植被经过一段时间的旺盛生长期后，会逐渐产生一定程度的退化，尤其是当群落密度过大，或出现高温干旱的天气时，衰退更加明显。而此时由于边坡环境有了显著改善，本地植物种子会随风、水或通过鸟类传播乘虚而入，参与竞争。随着时间的推移，本地植物占领一定的位置，与外来物种共同进入自然演替阶段。

（三）植被稳定生长期

本地植物侵入后，会出现两种情形：一种是人工植被因对环境的不适应而逐渐退化，甚至消失，最后被本地植物取代；另一种是通过互相竞争，最后达到共存的平衡状态。达到植被稳定生长期通常需要2～3年的时间。

进入稳定生长期后，早期的先锋植物，如狗牙根、百喜草、猪屎豆、山毛豆、木豆等，已难见踪迹，而乡土植物，华南地区如马尾松、木麻黄、木荷、乌桕、野漆树、桃金娘、五色梅、野牡丹、铁芒萁等，华中地区如盐肤木、构树、乌桕、木油桐、黄连木、截叶胡枝子、芒草、苎麻、龙葵、商陆、马唐、牛筋草、莎草、丁香蓼、假臭草等，生长稳定，同时，一些竞争能力强的人工植物，华南地区如桉树、相思类、小叶榕、银合欢、簕仔树、蟛蜞菊等，华中和北方地区如湿地松、油松、刺槐、泡桐等也都会形成一定规模的优势群落。

第三节　植被类型与山体边坡植物配置

一、中国气候类型划分

边坡植被的生长与演化与所处地区的自然条件息息相关。边坡植被也遵循中国自然地理地带性分布的规律，并与自然植被区划相吻合。因此，本节先介绍一下中国气候带划分及其分界线，以便于在选择植物时，按区域选取适生的种类。

中国气候有5种类型：热带季风气候、亚热带季风气候、温带季风气候、温带大陆性气候、高山高原气候。热带季风气候分布在雷州半岛、海南岛、南海诸岛及台湾南部，大致是北纬22°一线以南的区域；亚热带季风气候分布在秦岭淮河一线以南、热带季风气候区以北的区域；温带季风气候分布在我国北方地区，包括秦岭淮河一线以北，贺兰山、阴山、大兴安岭以东以南的区域；高山高原气候主要分布在青藏高原和天山山地；温带大陆性气候分布在大兴安岭、贺兰山以西的内陆地区。

由于各气候区积温不同，自北向南，温带又划分为寒温带、中温带和暖温带，亚热带有北亚热带、中亚热带和南亚热带。寒温带范围比较小，主要位于北纬50°以北的漠河地区，中温带以天山、河西走廊、燕山、长城一线为界，以北为中温带，以南为暖温带。北亚热带位于北纬28°～北纬33°，包括汉水流域、长江中下游和江淮平原的大部分地区，北界为秦岭西端、伏牛山、淮河一线，南界由西向东大致为四川盆地北缘、大巴山、武当山、洞庭湖盆地、鄱阳湖以北、太湖平原南缘一线；中亚热带位于我国中部偏南，跨江苏、安徽、湖北省的南部，浙江、福建、江西、湖南、贵州、四川、重庆等省份的全部或大部，以及云南、广西、广东的北部，向西延伸至喜马拉雅山南麓；南亚热带区域主要位于我国华南地区，北界是福州、韶关、柳州、田林一线，南界是台湾南部、雷州半岛北部、北部湾一线。此外，云南和四川也有大面积的南亚热带气候分布，主要位于金沙江、雅砻江、元江等河谷地带。

需要强调的是，秦岭淮河一线（青藏高原东南缘、秦岭、淮河一线，大体与我国最冷月1月平均气温0℃等温线相当），它是我国一条著名的综合地理界线，是我国南北分界线，亚热带与暖温带分界线，湿润与半湿润区分界线，温带落叶阔叶林与亚热带常绿阔叶林分界线，长江与黄河水系的分界线。

此外，湿润区与半湿润区的界线为800mm等降水量线，半湿润区与半干旱区的界线为400mm等降水量线，即大兴安岭向西南经张家口、兰州、拉萨附近到喜马拉雅山南坡一线，半干旱区与干旱区界线为200mm等降水量线，即阴山、贺兰山、祁连山、巴颜喀拉山、冈底斯山一线。

二、自然植被及建群植物

植被是指一地区植物群落的总体，分自然植被和人工植被，组成植被的单元是植物群落。我国幅员辽阔，自然条件复杂，植被类型多种多样，影响植被分布的自然条件包括地貌、气候和土壤等。1980年出版的《中国植被》一书，对中国的主要植被类型、植被区划和植被的保护与利用进行了全面论述。本节汇总了中国气候带分布与植被类型，见表2.3.1。

三、边坡植物选择与配置

（一）边坡植物选择

边坡复绿通常需要在植生层上喷播植物种子。岩质坡面上构建的人工种植基层薄，植物选择应因地制宜，遵循灌草结合、固氮和非固氮种类结合、复绿与景观性相结合的原则，所选植物应具备抗旱、耐贫瘠、适于当地自然条件的特点。

近20多年来（1997—2019年），国内学者和工程技术人员对不同地区的边坡植物及其适应性等多方面进行了大量的试验和研究，本节在参考已发表的论文和研究成果的基础上，结合作者多年积累的经验，总结出我国不同气候区边坡植物的适生种类，见表2.3.2，供参考。

表2.3.1　中国气候带分布与植被类型

气候类型		分布范围	植被类型	建群树种	中下层及地被
热带季风气候		雷州半岛、海南岛、南海诸岛、西双版纳、台湾南部	季雨林、雨林、红树林	青皮、坡垒、望天树、擎天树、龙脑香、蝴蝶树、榄仁、台湾肉豆蔻、大花五桠果、中国无忧花、楹树、菜豆树、四数木、高山榕、铁力木等	娑罗、鱼尾葵、紫金牛、桃金娘、九节、罗伞树、龙船花、露兜树、芭蕉、海芋、飞机草、白茅、类芦、莲座蕨等
亚热带季风气候	南亚热带	福州、韶关、柳州、田林一线以南，热带以北，以及四川金沙江、雅砻江、云南元江河谷地带，台湾中部、北部	季风常绿阔叶林	润楠、含笑、栲、青冈、藤黄、番荔枝、木荷、厚壳桂、无患子、橄榄、猴欢喜、石栗、黧蒴、天料木、铁冬青、山杜英、人面子、羊蹄甲、芒果、榕、蒲桃、木棉、相思、木麻黄、桉树、海红豆、岭南酸枣、麻楝、豆梨、假苹婆、银合欢、野漆树等	桃金娘、野牡丹、簕仔树、山芝麻、山橘、紫金牛、余甘子、鹅掌柴、草珊瑚、檵木、幌伞枫、杜鹃、车桑子、五月茶、茶、芒萁、芭蕉、海芋、芒草、类芦、山菅兰、黑莎草等
	中亚热带	长江以南与云贵川高原的大部分地区，跨江苏、安徽、湖北等省的南部，浙江、福建、江西、湖南、贵州、四川、重庆等省份的全部或大部，以及云南、广西、广东的北部	常绿阔叶林	青冈、栲、石栎、水青冈、木荷、木莲、含笑、润楠、楠木、红楠、樟、罗浮柿、马尾松、云南松、南方红豆杉、杉木、柳杉、柏木、槭、桦木、鹅耳枥、三角枫、漆树、木油桐、檫木、黄连木、鹅掌楸、领春木、杜仲等	映山红、檵木、木姜子、山胡椒、山矾、柃木、杜鹃、吊钟花、茶、山茶、蔷薇、马棘、多花木蓝、山蚂蟥、菝葜、狗脊、苎麻、淡竹叶、山姜、薹草等
	北亚热带	汉水流域、长江中下游和江淮平原大部分地区，云贵高原局部	常绿、落叶阔叶混交林	青冈、冬青、石楠、刺栎、马尾松、华山松、锐齿栎、槲栎、鹅耳枥、椴、杜梨、七叶树、水杉、栎木、枫杨、杨、柳、槭、漆树、油桐、板栗、山茱萸、盐肤木、黄栌、山胡桃、化香、合欢等	粗榧、火棘、刺梨、珍珠梅、绣线菊、蔷薇、栒子、荚蒾、荆条、马桑、白刺花、小檗、山梅花、溲疏、忍冬、菝葜、胡枝子、稠李、麦冬、百合、博落回等

（续表）

气候类型		分布范围	植被类型	建群树种	中下层及地被
温带季风气候	暖温带	甘肃东北部、山西中南部、陕西中部、山东大部、河北中南部、北京、天津、河南、辽宁南部，云贵高原局部	落叶阔叶林	麻栎、栓皮栎、槲树、辽东栎、女贞、油松、白皮松、桦、化香、楝木、鹅耳枥、榛、槭、盐肤木、黄栌、木兰、杨、山杏、杜梨、山楂、柳、榆、胡桃、圆柏、皂荚、泡桐、梓树、楸树、槐、刺槐、臭椿等	冬青、海桐、连翘、欧李、酸枣、胡枝子、蔷薇、绣线菊、忍冬、醉鱼草、铁扫帚、白茅、野古草、大油芒、薹草、委陵菜、蕨、蒿等
	中温带	黑龙江大部、吉林全部、辽宁北部、内蒙古东部	针阔叶混交林	红松、蒙古栎、风桦、紫椴、水曲柳、春榆、毛榛、槭、花楸、大青杨等	忍冬、卫茅、刺五加、山梅花、暴马丁香、乌头、荨麻、升麻、鳞毛蕨、白花酢浆草、鹿蹄草、铃兰等
	寒温带	黑龙江北部、内蒙古东北部	针叶林	兴安落叶松、白桦、越橘等	兴安杜鹃、越橘、兴安茶藨子、刺玫、绣线菊、蓝靛果、地榆、大叶柴胡、红花鹿蹄草等
温带大陆性气候	暖温带	新疆中部、南部，甘肃西北部		胡杨、新疆杨等	多枝柽柳、刚毛柽柳、铃铛刺、芦苇、骆驼刺、花花柴、芨芨草、苦豆子、赖草、碱蓬等
	中温带	内蒙古中西部、新疆中北部、宁夏大部、山西北部、河北北部、陕西北部、甘肃北部	河岸落叶阔叶林、荒漠河岸林	胡杨、银白杨、黑杨、胡颓子、沙枣、柳、榆、樟子松、侧柏等	柽柳、沙柳、白刺、沙棘、骆驼刺、梭梭、花棒、沙地柏、紫穗槐、柠条、锦鸡儿、芦苇、芨芨草、冰草、甘草、沙蒿、苜蓿、沙打旺等
高山高原气候		西藏、青海、四川西部、云南西北部		高山柏、方枝柏、小叶栒子、高山柳等	金露梅、银露梅、杜鹃、高山绣线菊、茶藨子、蔷薇、忍冬、箭叶锦鸡儿、黄芪、唐松草、马先蒿、报春、龙胆、乌头、银莲花、早熟禾、羊茅、剪股颖等

表2.3.2 边坡适生植物一览

气候类型		代表性地区（城市）	常用植物		备选植物	
			草本	灌木或小乔木	草本	灌木
热带季风气候		海口、三亚、景洪、三沙、高雄	海滨雀稗、细叶结缕草、沟叶结缕草、糖蜜草	木豆、山毛豆、银合欢、车桑子	大叶油草、柱花草、类芦、白茅	紫金牛、桃金娘、九节
亚热带季风气候	南亚热带	福建（福州、莆田、泉州、厦门），广东（梅州、潮州、汕头、汕尾、河源、惠州、深圳、东莞、中山、珠海、广州、云浮、茂名、阳江、清远、韶关），香港，澳门，广西（贺州、柳州、南宁、玉林、百色、来宾、梧州、河池、钦州、崇左、北海），四川（攀枝花），云南（瑞丽、元谋、墨江），台湾（台中、台北）	狗牙根、百喜草、糖蜜草（旱季型）、大叶油草	山毛豆、木豆、银合欢、车桑子	画眉草、假俭草、结缕草、苇状羊茅、宽叶雀稗、白茅、芒草、蟛蜞菊	野牡丹、桃金娘、簕仔树、余甘子、小果叶下珠
	中亚热带	福建（宁德、南平），浙江（金华、衢州、台州、丽水、温州），江西（景德镇、南昌、萍乡、宜春、新余、抚州、鹰潭、上饶、吉安、赣州），湖北（恩施），湖南（衡阳、邵阳、郴州、永州、长沙、湘潭），广东（乐昌、连山），广西（桂林），重庆，四川（成都、德阳、绵阳、资阳、遂宁、宜宾、泸州、内江、自贡、乐山、眉山、广安、南充、达州、巴中、广元、雅安、西昌），贵州（贵阳、铜仁、遵义、都匀、兴义、安顺、六盘水、凯里），云南（昆明、玉溪、保山、腾冲、文山、曲靖）	狗牙根、百喜草、弯叶画眉草、多年生黑麦草（冷季型）	多花木蓝、盐肤木、刺槐、马棘、大花胡枝子、荆条	苇状羊茅、草地早熟禾、柱花草、毛花雀稗、假俭草、香根草、黑麦草、金鸡菊、五节芒、类芦	火棘、野刺梨、金丝桃、马甲子、山蚂蟥
	北亚热带	浙江（杭州、湖州、嘉兴），江苏（南京、扬州、泰州、常州、无锡、南通、淮安、盐城），上海，江西（九江），安徽（合肥、淮南、蚌埠、芜湖、马鞍山、安庆、铜陵、宣城、黄山），湖南（岳阳、常德、益阳），湖北（武汉、鄂州、咸宁、荆门、孝感、十堰、襄阳、随州、宜昌），河南（信阳），陕西（汉中、安康），甘肃（陇南），云南（大理），贵州（毕节）	百喜草、狗牙根、高羊茅、弯叶画眉草、结缕草	多花木蓝、盐肤木、刺槐、紫穗槐、马棘、胡枝子、黄荆	双穗雀稗、假俭草、多年生黑麦草、苇状羊茅、白三叶、贯叶连翘、紫花苜蓿	白刺花、火棘、野刺梨、马桑、绣线菊、珍珠梅

（续表）

气候类型		代表性地区（城市）	常用植物		备选植物	
			草本	灌木或小乔木	草本	灌木
温带季风气候	暖温带	江苏（徐州、连云港、宿迁），安徽（阜阳、淮北、宿州、亳州），辽宁（丹东、鞍山、营口、葫芦岛、大连），河北（廊坊、唐山、秦皇岛、衡水、邯郸、邢台、石家庄、保定、沧州），北京，天津，山西（太原、阳泉、晋中、忻州、吕梁、临沂、运城），山东（济南、青岛、淄博、潍坊、烟台、威海、聊城、德州、滨州、东营、日照、临沂、枣庄、济宁、菏泽），河南（郑州、洛阳、三门峡、驻马店、南阳、漯河、许昌、周口、新乡、安阳、濮阳、鹤壁、焦作、开封、商丘），陕西（西安、宝鸡、咸阳、渭南、铜川、延安、商洛），甘肃（天水、固原、平凉、庆阳、定西、兰州、白银），云南（丽江）	无芒雀麦、苇状羊茅、高羊茅、多年生黑麦草、早熟禾、紫花苜蓿	紫穗槐、刺槐、柠条、胡枝子	黑麦草、草地早熟禾、结缕草、匍匐剪股颖、白三叶、红豆草、小冠花、草木樨	狼牙刺、野蔷薇、华北珍珠梅、酸枣、欧李、铁扫帚、绣线菊、珍珠梅、白鹃梅
	中温带	内蒙古（呼伦贝尔、乌兰浩特、通辽），河北（秦皇岛），辽宁（沈阳、抚顺、铁岭、阜新、朝阳、锦州），吉林（白城、松原、长春、四平、辽源、通化、白山、吉林、延吉），黑龙江（齐齐哈尔、大庆、绥化、哈尔滨、伊春、鹤岗、佳木斯、双鸭山、七台河、鸡西、牡丹江）	无芒雀麦、冰草、早熟禾、贝加尔针茅、针茅	沙棘、紫穗槐、柠条、杨柴、胡枝子	荨麻、升麻、鹿蹄草、马兰花	五叶地锦、软枣子
	寒温带	漠河、根河	紫羊茅、冰草、匍匐剪股颖	紫穗槐、柠条、沙棘	大叶柴胡、红花鹿蹄草	越橘、兴安茶藨子、刺玫、绣线菊、蓝靛果、地榆
温带大陆性气候	暖温带	新疆（库尔勒、阿克苏、阿图什、喀什、和田、伊宁、吐鲁番），甘肃（武威、张掖、嘉峪关）	芦草、甘草、芨芨草、沙生针茅、短花针茅、戈壁针茅、中亚细柄茅	多枝柽柳、麻黄、沙拐枣、白刺	赖草、苦豆子、拂子茅、盐爪爪、盐角草、珍珠猪毛菜、多根葱、蒙古韭、碱蓬	铃铛刺、泡泡刺、木霸王、裸果木、骆驼刺、花花柴、猫头刺、红砂
	中温带	内蒙古（阿拉善左旗、巴彦淖尔、包头、乌海、鄂尔多斯、呼和浩特、乌兰察布、赤峰、锡林浩特），新疆（乌鲁木齐、昌吉、哈密、克拉玛依、北屯、塔城、阿勒泰），宁夏（银川、石嘴山、吴忠、中卫），陕西（榆林），山西（大同、朔州），甘肃（金昌），河北（张家口、承德）	冰草、扁穗冰草、无芒雀麦、草地早熟禾、高原早熟禾、高羊茅、紫羊茅、黑麦草、白三叶、甘草、苜蓿、沙蒿、沙打旺	紫穗槐、柠条、沙棘、柽柳、沙柳、沙地柏、花棒、踏郎、杨柴	红豆草、老芒麦、垂穗披碱草、大针茅、戈壁针茅、沙米、黑沙蒿、薹草	白刺、骆驼刺、梭梭、红砂、麻黄、沙拐枣、新疆圆柏、金丝桃叶绣线菊、小叶忍冬、西伯利亚小檗
高山高原气候		西藏（拉萨、日喀则、昌都、林芝、山南、那曲），青海（西宁、海东、玉树、格尔木），四川（马尔康、康定），云南（香格里拉）	剪股颖、紫花针茅、高羊茅、黑麦草、多年生黑麦草	金露梅、银露梅、沙棘、柠条	薹草、硬秆仲彬草、康巴垂穗披碱草、小嵩草、唐松草、马先蒿	高山绣线菊、茶藨子、高山蔷薇、箭叶锦鸡儿、垫柳

（二）边坡植物配置

1．配置原则

1）长短结合，草本、灌木、乔木搭配

边坡植被恢复的初期以草本为主，后期以灌木和乔木为主，通过自然竞争，渐进演替，最后达到生存平衡，从而实现长久护坡。实践中，草本、灌木和乔木种子用量及配比很重要，草本在初期快速生长，若草本太密，将致使灌木和乔木种子不易发芽，即使发了芽也不易冲出草层而得以保存下来。因此，喷播时适当控制草种的用量，加大不同种类灌木和乔木种子的用量，合理配比，才能实现长短结合、长久护坡的目的。一旦出现草层过厚、过稠的现象，应及时进行刈割，并在坡面上间隔挖穴，点播灌木种子进行补救。

2）慎用物种

植物配置时，应避免使用入侵性强的物种，如五爪金龙、田菁、大翼豆等；限量使用入侵性物种，如银合欢、蟛蜞菊等；藤本宜单独使用，不宜与灌草混播或混植；乔木宜在覆土后的边坡平台、护坡道、池槽内和土质缓坡上种植，因为岩质边坡上构建的客土层薄，大乔木难以维系且易倒伏，影响行车安全。

同时，应及时清除有害入侵植物，如薇甘菊、菟丝子、紫茎泽兰、加拿大一枝黄花、飞机草、金钟藤、空心莲子、黄顶菊、白花鬼针草等。

2．配置方法

喷播是边坡复绿常用的方法。喷播时，若仅用一种草种，易退化，持续性不强。实践中，采用一种草籽为主，一种为辅，同时与1～3种灌木种子混喷的方式进行喷播，这样能够使种子发芽期、生长期、抗逆性、竞争性互补，增强植被的适应性和持久性，实现快速复绿。

低缓的土质边坡或风化的母质边坡，包括一些采用格构、空心六菱砖支护的稍陡的土质边坡，具备种植苗木的条件，可以通过栽植灌木小苗加播（穴播、撒播）草籽的方式进行复绿。

一些灌木种子喷播不易发芽，可以采取喷播植草后，再加植一些灌木小苗，达到灌草结合、长久护坡的目的。

有景观要求的地方，也可加播一些花籽，如波斯菊、黄秋英、百日菊、大花金鸡菊、万寿菊、醉

（a）狗牙根＋黄秋英

（b）百喜草＋波斯菊

图2.3.1　边坡植物配置

蝶花等，或草籽与几种花籽混合搭配，如“狗牙根+黄秋英+百日菊+波斯菊”等。

在参考公开发表的论文和研究成果的基础上，结合作者多年积累的经验，本节推荐了我国不同气候区一些边坡喷播植物种子配比和适宜栽植的苗木种类，见表2.3.3，供参考。

表2.3.3 边坡植物配置

气候类型		适用范围	喷播种子配比（m^2）	适宜栽植的灌木或乔木
热带季风气候		雷州半岛、海南岛、南海诸岛、云南南部、广西南部局部、广东西南部局部、西藏南部局部、台湾南部	① 海滨雀稗1.5g+木豆3g+山毛豆2g； ② 细叶结缕草1.5g+山毛豆3g+木豆2g； ③ 沟叶结缕草1.5g+狗牙根1g+银合欢3g	簕仔树、桃金娘、桉树
亚热带季风气候	南亚热带	福州、韶关、柳州、田林一线以南，热带以北，以及四川金沙江、雅砻江、云南元江河谷地带，台湾中部、北部	① 狗牙根1g+山毛豆3g+木豆2g； ② 狗牙根1g+百喜草0.5g+银合欢3g+车桑子3g； ③ 糖蜜草0.1g+百喜草0.5g+银合欢3g （配方③为旱季型，适宜于11月至次年2月期间）	簕仔树、野牡丹、桃金娘、三角梅、木荷、小叶相思、小叶榕、桉树、木麻黄
	中亚热带	长江以南、云贵川高原的大部分地区，跨江苏、安徽、湖北西南部，浙江、福建、江西、湖南、贵州、四川、重庆等全部或大部，以及云南、广西和广东的北部	① 狗牙根1g+多花木蓝5g+盐肤木3g+刺槐3g； ② 狗牙根1g+多花木蓝5g+荆条2g； ③ 百喜草1.5g+大花胡枝子5g+马棘3g； ④ 多年生黑麦草2g+银合欢3g+刺槐3g； （配方④为冷季型，适宜于11月至次年2月期间）	火棘、胡枝子、荆条、檵木、映山红、红叶石楠、紫穗槐、湿地松、刺槐、女贞
	北亚热带	汉水流域、长江中下游和江淮平原大部分地区，云贵高原局部	① 狗牙根1g+多花木蓝5g+盐肤木3g+刺槐3g； ② 百喜草1.5g+多花木蓝5g+马桑2g； ③ 狗牙根1g+胡枝子3g+黄荆2g+刺槐3g； ④ 多年生黑麦草2g+白三叶2g+白刺花3g （配方④为冷季型，适宜于11月至次年2月期间）	白刺花、火棘、石楠、绣线菊、紫穗槐、柏木、马尾松、湿地松、刺槐、漆树、女贞
温带季风气候	暖温带	甘肃东北部、山西中南部、陕西中部、山东大部、河北中南部、北京、天津、河南、辽宁南部，云贵高原局部	① 无芒雀麦2g+刺槐3g+胡枝子2g； ② 苇状羊茅2g+柠条3g+刺槐3g； ③ 多年生黑麦草2g+白三叶2g+刺槐3g； ④ 高羊茅2g+紫花苜蓿2g+刺槐3g （配方④为冷季型，适宜于11月至次年2月期间）	紫穗槐、石楠、龙柏、绣线菊、珍珠梅、欧李、刺槐、油松、侧柏、女贞
	中温带	黑龙江大部、吉林全部、辽宁北部、内蒙古东部	① 无芒雀麦2g+柠条3g+胡枝子2g+刺槐3g； ② 冰草3g+杨柴3g+软枣子2g； ③ 针茅2g+紫花苜蓿2g+柠条3g	紫穗槐、沙棘、柠条、软枣子、刺槐、红松
	寒温带	黑龙江北部、内蒙古东北部	① 冰草3g+绣线菊3g+柠条3g； ② 紫羊茅2g+杨柴3g； ③ 匍匐剪股颖3g+柠条2g+杨柴2g	紫穗槐、柠条、沙棘、蓝靛果、越橘

（续表）

气候类型		适用范围	喷播种子配比（m^2）	适宜栽植的灌木或乔木
温带大陆性气候	暖温带	新疆中部、南部，甘肃西北部	① 针茅2g+紫花苜蓿2g+柠条3g； ② 芨芨草2g+苦豆子3g； ③ 中亚细柄茅2g+甘草3g	芦草、多枝柽柳、麻黄、沙拐枣、白刺、新疆杨、胡杨
	中温带	内蒙古中西部，新疆中部、北部，宁夏大部，山西北部，河北北部，陕西北部，甘肃北部	① 无芒雀麦2g+多年生黑麦草2g+柠条3g+花棒2g； ② 紫羊茅2g+红豆草2g+杨柴3g+柠条2g； ③ 沙打旺3g+沙蒿1g+甘草2g+杨柴3g ④ 冰草3g+白三叶2g+绣线菊3g+刺玫3g （配方④为冷季型，适宜于阿勒泰山区）	紫穗槐、沙棘、柽柳、沙柳、沙地柏、蔷薇、绣线菊、小叶杨、樟子松、新疆杨
高山高原气候		西藏、青海、四川西部、云南西北部	① 紫花针茅1g+多年生黑麦草2g+金露梅3g； ② 剪股颖2g+高羊茅1g+银露梅3g	金露梅、银露梅

（三）种子处理

种子发芽率是影响边坡植被恢复效果的因素之一。通常，商品草籽纯净度和发芽率都很高，不需要经过处理可直接使用。一些灌木种子，如木豆、山毛豆、银合欢等，很容易发芽，也可直接用于喷播。但一些灌木和乔木种子不易发芽或发芽率很低，若直接与草籽混合喷播，往往仅形成草本植被，不仅浪费了种子，也影响边坡复绿的效果。因此，喷播前种子应进行发芽试验，一般取100粒种子，用温水浸胀后放入垫有湿润纱布的容器中，在温度22℃条件下催芽，检验种子发芽率，以便确定播种量和处理方法。

影响种子发芽的因素有胚胎后熟、种子休眠、种皮蜡质层、硬实等。对于难发芽的种子，在播种前根据种子特性，采取不同的方法进行处理。

硬实的种子，如多花木蓝、马棘、车桑子、黄荆、白刺花、狼牙刺、甘草等，可采取机械擦伤的方法处理，以增加种皮的透性。也可用棒槌或酒瓶轻微碾压，或与一定量的碎石混合后放入搅拌器中震荡，直到种子表面粗糙起毛为止，但以不压坏种子为宜。

其他不易发芽的种子，可以采用浸种催芽的方法处理。如用清水浸泡24小时或40～50℃温水浸泡40～60分钟，浸后洗净晾干，并尽快使用。刺槐、紫穗槐、胡枝子种子可用80℃热水浸泡2分钟，再冷却24小时，火棘种子可用20℃温水浸泡10～20小时。

第三章 受损山体植被护坡典型设计

第一节 边坡复绿设计依据与原则

一、设计依据

（1）国家林业和草原局：《裸露坡面植被恢复技术规范》（GB/T 38360—2019）

（2）住房和城乡建设部：《混凝土基体植绿护坡技术标准》（JGJ/T 412—2017）

（3）住房和城乡建设部：《植生混凝土》（TC 458—2017）

（4）国家林业局：《北方地区裸露边坡植被恢复技术规范》（LY/T 2771—2016）

（5）国家能源局：《水电工程陡边坡植被混凝土生态修复技术规范》（NB/T 35082—2016）

（6）国家林业局：《矿山废弃地植被恢复技术规程》（LY/T 2356—2014）

（7）住房和城乡建设部、国家质量监督检验检疫总局：《建筑边坡工程技术规范》（GB 50330—2013）

（8）戴泉玉：《内蒙古自治区公路边坡生态恢复与重建技术指南》（2011）

（9）深圳市市场监督管理局：《边坡生态防护技术指南》（SZDB/Z 30—2010）

（10）福建省高速公路建设指挥部：《福建省高速公路施工标准化管理指南——边坡生态恢复》（2010）

（11）国家林业局：《喀斯特石漠化地区植被恢复技术规程》（LY/T 1840—2009）

二、设计原则

① 边坡生态防护应在边坡稳定的前提下进行，必要时可先进行刷坡卸载，使边坡趋缓趋稳。若有安全隐患应先进行工程护坡和地质灾害方面的治理，防止边坡发生垮塌。

② 理清边坡汇水和周边水系，做好边坡截排水设计与施工，防止雨水冲刷造成生态护坡的失败。

③ 对于大型和复杂的边坡，应结合地质与地形状况，分区进行设计与施工。

④ 采用的生态修复技术有利于边坡的稳固。

⑤ 在高陡岩质边坡上构建植生空间和培育植生层，并与边坡牢固结合。

⑥ 植物选择宜草灌结合，前期以草本为主，后期以灌木为主，最终形成近自然的植被景观。

⑦ 大范围的边坡复绿工程原则上应安装边坡滴灌（喷灌）系统进行绿化养护。

⑧ 遵循因地制宜和经济实用性原则，应用新材料和新技术，提高效率，节省成本。

⑨ 复绿工程施工完工后养护期限应不少于1年。

第二节　植被护坡技术组合应用

高陡岩质边坡治理难点是坡体陡峭、坡面光滑、无土、无水，缺乏植物生长的必要条件，易受暴雨危害，水土流失严重，施工与养护困难。针对以上难点，高边坡生态防护的重点在于构建植生空间，培育稳固的植生层，配置边坡滴灌（喷灌）系统，加强施工安全防护和绿化养护。

为防止雨水冲刷引发边坡浅层失稳，在做好边坡截排水措施的前提下，植生层的培育与固结十分重要。在坡面上喷敷的厚层基材要求具有一定的强度且与坡面结合紧密，植生层的固结措施包括挂网与锚固，网间加挂植生条，基材中加入固化剂（混凝土）和椰丝、麻丝等纤维，连续喷丝以及构建格栅、格室等。

边坡复绿常用的技术有喷播、土工格栅（格室）、生态袋、植生空间构建、边坡滴灌和立体绿化等。每种技术都有各自的特点和作用，喷混植生采用了挂网和锚固，适用于坡面上的防护与复绿；飘台种植槽在高陡岩质边坡上为植物创建生存空间，同时把大面积的坡面沿等高线分隔成横向平行的小区，有利于槽间植生层的稳定和植物的生长；植生盆则是利用边坡上下凹的微地形，构筑盆状的生长空间；种植槽是在坡脚、坡间平台（护坡道）上修建池槽，为乔木和灌木的生长创造条件；边坡滴灌为植物提供水分和养分，便于绿化养护。

各种边坡生态防护技术也都有一定的局限性。对于高陡岩质边坡，若单独使用某一项技术，施工后易被雨水冲刷，植生层易失稳发生滑落，导致复绿失败。因此，对于不同类型的边坡，应因地制宜，综合采用上述方法，并进行有效的组合，以发挥各项技术的特长，从而达到长久护坡的目的。实践中，在充分了解和认识不同技术的原理与作用的基础上，结合边坡实际，进行灵活设计和应用。

结合多年来我国采石场、矿山、高速公路、铁路等边坡工程的复绿经验，针对不同类型的边坡，总结出边坡生态防护常用技术及其组合应用模式，见表3.2.1及图3.2.1～图3.2.3。

表3.2.1　边坡复绿常用技术及组合应用

边坡类型	边坡特性			推荐组合技术	备注
	岩性	坡度、高度	风化程度		
硬质岩高陡边坡	花岗岩、石英岩、闪长岩、玄武岩、片麻岩、灰岩、板岩、大理岩、白云岩、石灰岩、页岩等	≥70° ≥30m	弱风化	① 飘台种植槽+喷混植生+平台种植+边坡滴灌 ② 生态袋	采石场、山体缺口、路堑高边坡
硬质岩边坡		＜70° ＜30m	弱风化、中风化	① 喷混植生+植生盆 ② 生态袋	开挖边坡、路堑边坡
软岩高陡边坡	砂岩、泥岩、泥灰岩、粉砂岩、红砂岩、砂质页岩、泥质页岩等	≥70° ≥30m	弱风化	喷混植生+边坡滴灌	
软岩边坡		＜70° ＜30m	中风化、强风化	① 喷混植生 ② 客土喷播	
土石混合高边坡	夹砂石、砾石、卵石等	≥55°		喷混植生	
土石混合边坡		＜55°		① 客土喷播 ② 土工格室	
格构梁边坡		50～75°		① 生态袋 ② 喷混植生 ③ 生态袋+喷混植生	
土质边坡	黏土、砂土、黄土等	35～55°		① 土工格栅+喷播植草 ② 土工格室+喷播植草（或植灌草）	
				① 喷播植草 ② 空心预制块内植草（或植灌草）	路堤边坡
				① 土工格室+喷播植草（或植灌草） ② 植被混凝土	堤岸、大坝
特殊边坡	膨胀土、冻土、锚喷混凝土、浆砌石等			生态袋	特殊地段或局部塌方需修复的边坡

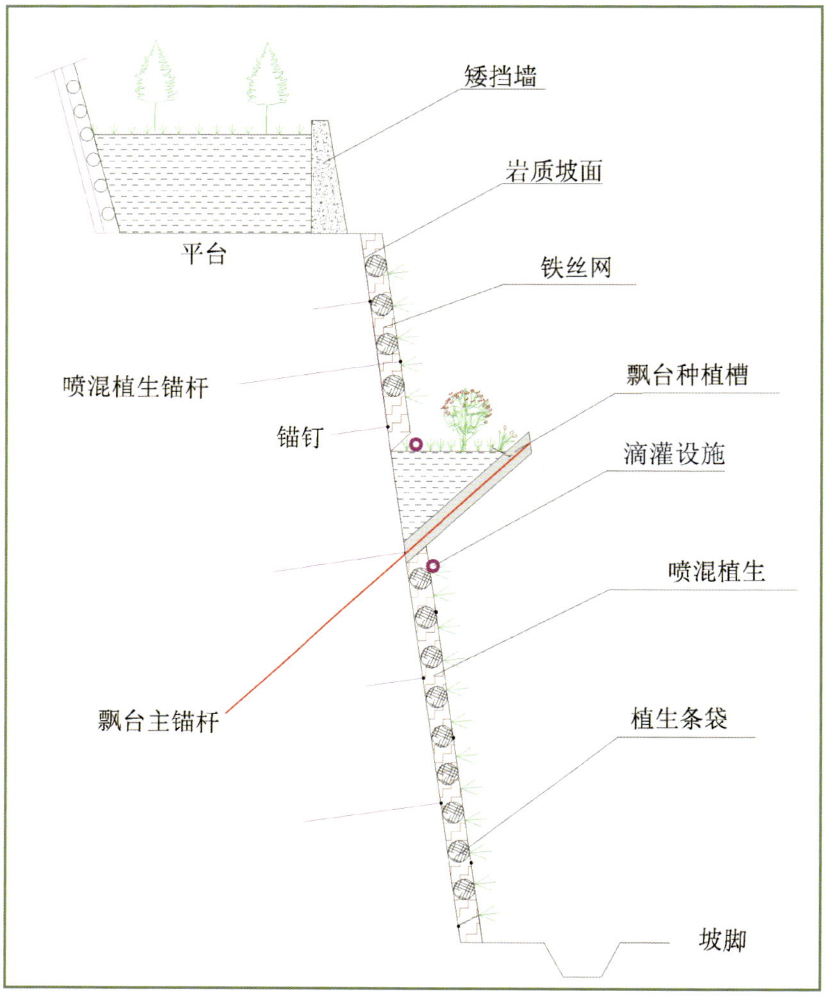

（a）高陡岩质边坡组合技术示意图

（b）高陡岩质边坡组合技术应用（施工中）

（c）高陡岩质边坡组合技术复绿（3 年后）

图3.2.1　高陡岩质边坡复绿技术组合应用

（a）高陡岩质边坡原貌（2010 年）

（b）采用“V”形槽、喷混植生、平台种植、滴灌等组合技术（施工中，2011 年）

（c）复绿效果（2013 年）

图3.2.2　高陡岩质边坡组合技术复绿（深圳盐田东部高速）

（a）高 150m 受损山体原貌（2009 年）

（b）采用生态袋、喷混植生、平台绿化、滴灌等组合技术复绿效果（2013 年）

图3.2.3　山体缺口组合技术复绿（珠海横琴BT项目）

第三节　植被护坡典型设计

一、土质边坡

（一）高速公路路基典型断面

边坡可采用喷播植草、三维网和喷混植生等方式复绿，格构边坡可采用生态袋、喷混植生复绿，高速公路路基典型断面见图3.3.1。

（二）空心预制块护坡

在六菱预制块（六菱砖）中空处植灌木小苗或植草。根据六菱预制块的规格，结合中空面积的大小，北方地区可选择紫穗槐、爬地柏等小苗在中间掏穴种植，或点播草籽和灌木种子，洒水养护。图3.3.2～图3.3.3为高速铁路路堤和路堑边坡六菱砖护坡及两侧绿化大样，供参考。

（三）三维网复绿

图3.3.4为边坡三维网复绿大样，适宜于道路路堑边坡的复绿。

二、土石混合边坡

可采用土工格室护坡复绿，在格室内回填土，再进行喷播植草或撒播草灌种子，格室内也可以间植灌木小苗，增强绿化效果。土工格室也适用于软基、生态堤岸的防护与复绿，见图3.3.5。

三、软岩边坡

可采用喷混植生方式复绿，在坡面上打锚杆挂网和固网后，喷播客土基材和喷播植草进行复绿，适用于道路软岩及母质边坡的复绿，喷混植生复绿大样见图3.3.6。

四、硬质岩边坡

可采用喷混植生或加强型喷混植生（双网喷混植生）方式复绿。加强型喷混植生包括挂双层网、网间加挂植生条、客土喷播、喷播植草，适用于铁路、公路硬质岩边坡的复绿，双网喷混植生大样见图3.3.7。

五、特殊边坡

一些特殊边坡，如膨胀土边坡、冻土边坡、锚喷混凝土边坡、浆砌石边坡、局部垮塌边坡等，可采用生态袋进行柔性固坡与复绿，包括生态袋垒砌、喷播植草等，生态袋护坡大样见图3.3.8。

六、高陡岩质边坡

采用多种技术组合进行复绿，包括浇筑飘台种植槽（“V”形槽）、喷混植生（或双网喷混植生）、边坡滴灌、平台种植等，适用于山体缺口、岩质高边坡、采石场、矿山采坑的复绿，高陡岩质边坡组合技术复绿大样见图3.3.9～图3.3.11，平台（马道）绿化大样见图4.3.14。

七、框架格构梁边坡

可采用喷混植生、生态袋以及植被全覆盖式的生态袋加双网喷混植生的方式复绿。格构边坡全覆盖式复绿包括格构内填袋、固袋及挂网喷混植生等，适用于道路及山体格构边坡的复绿，生态袋护坡及组合技术复绿大样见图3.3.12和图3.3.13。

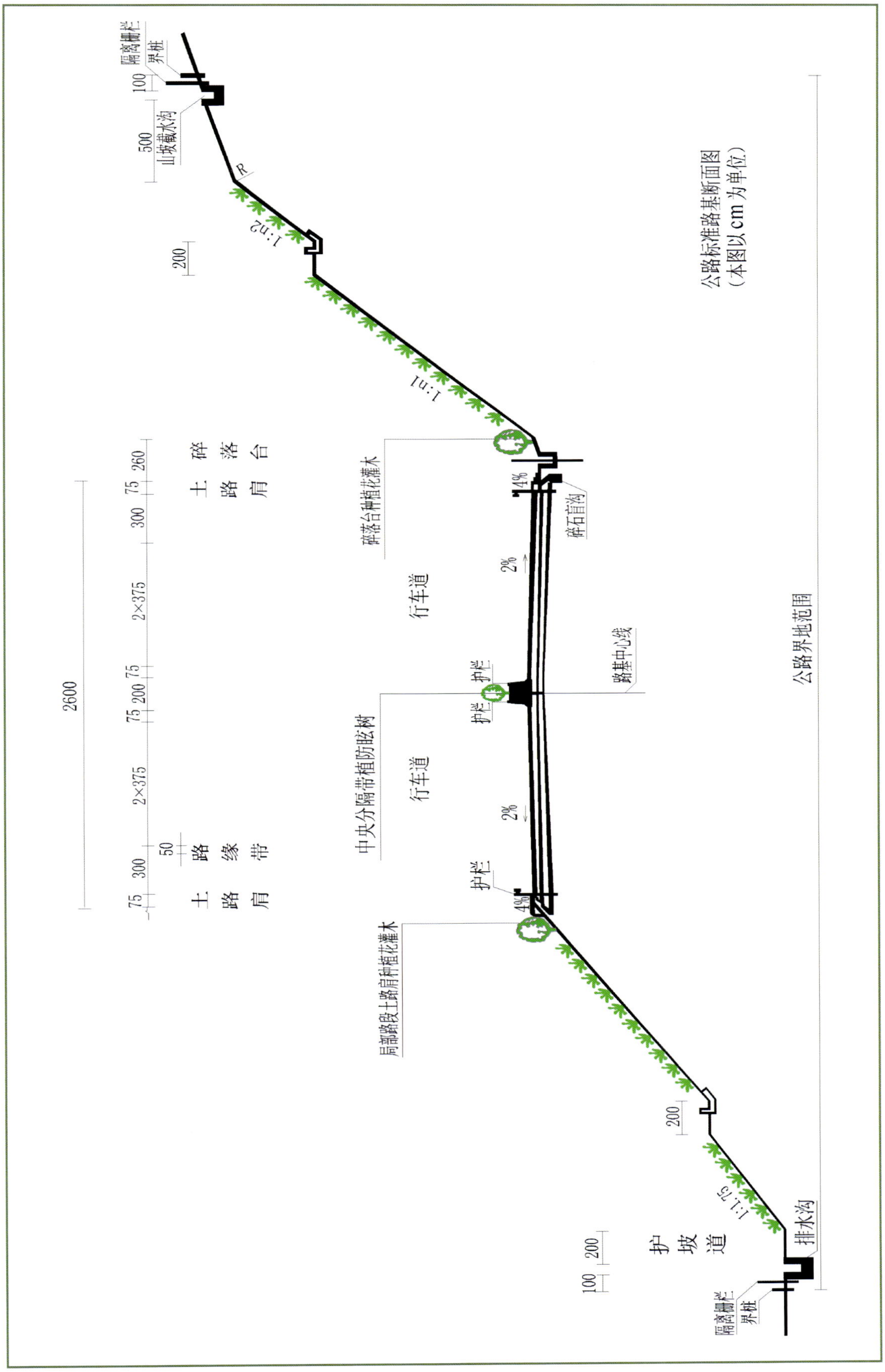

图3.3.1　高速公路路基典型断面

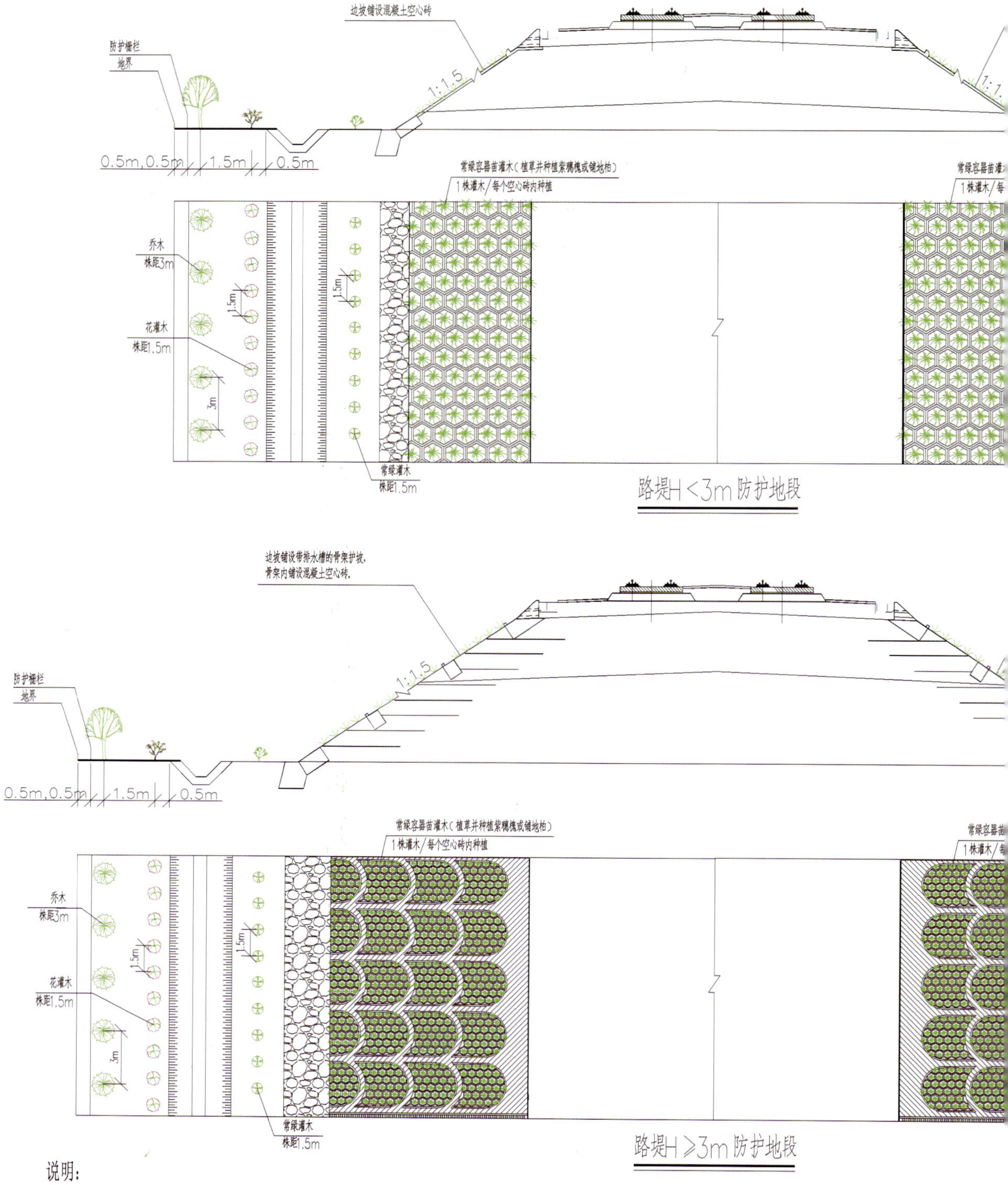

说明：

1. 本图单位以m计。
2. 路堤边坡在混凝土空心砖内种植常绿容器苗灌木紫穗槐或铺地柏，每个空心块种植1株。
3. 路堤坡脚至防护栅栏/地界依次种植1行常绿灌木，1行花灌木，1行乔木。
4. 具体布置形式如图所示。

图3.3.2 铁路标准路堤

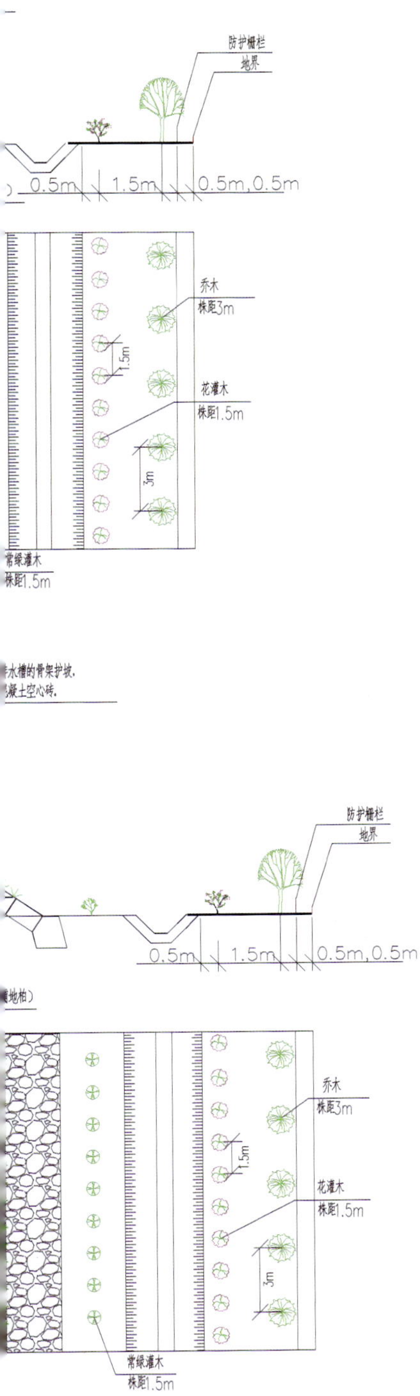

1. 路堤地段绿化示意图

2. 路堤地段六菱砖护坡绿化效果图

六菱砖护坡绿化大样及效果

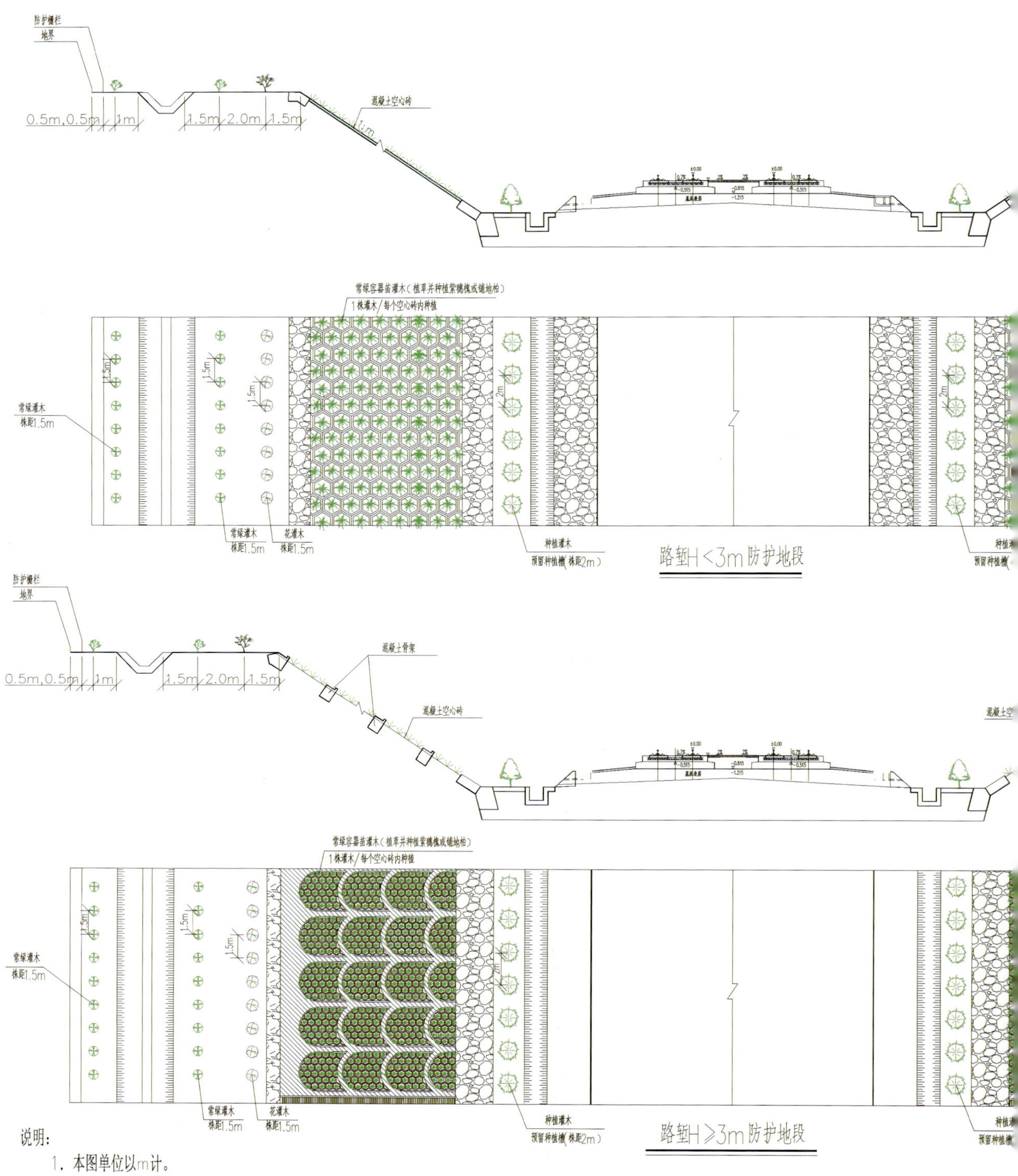

说明：

1. 本图单位以m计。
2. 路堑边坡在混凝土空心砖内种植常绿容器苗灌木紫穗槐或铺地柏，每个空心块种植1株。
3. 堑顶至防护栅栏/地界依次种植1行花灌木、1行常绿灌木和1行常绿灌木。
4. 具体布置形式如图所示。

图3.3.3　铁路标准路堑

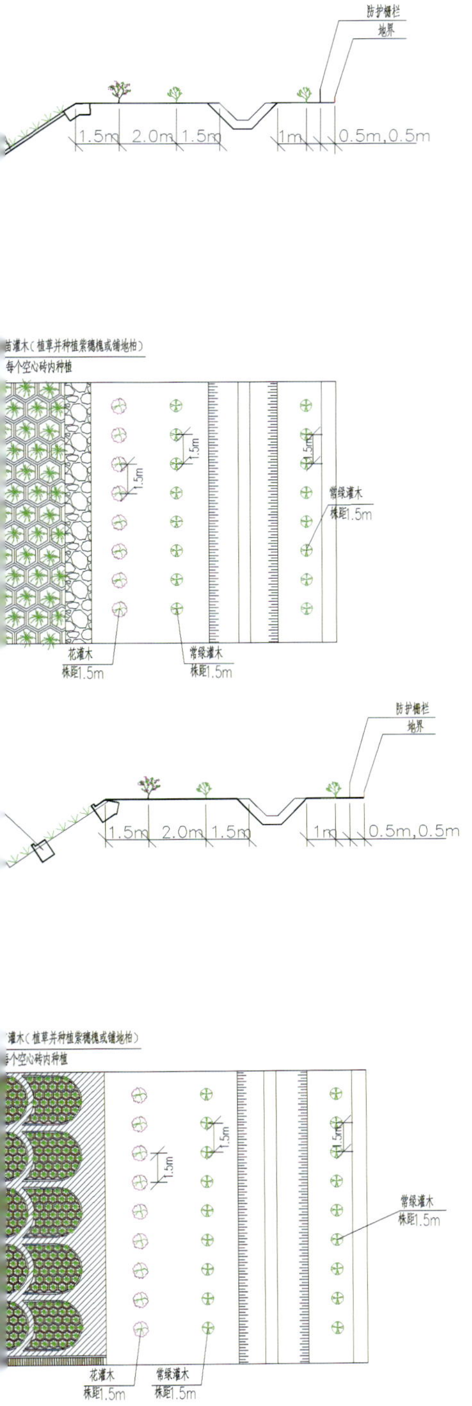

3. 路堑地段绿化示意图

4. 路堑地段六菱砖护坡绿化效果图

六菱砖护坡绿化大样及效果

三维植被网植草防护平面设计图

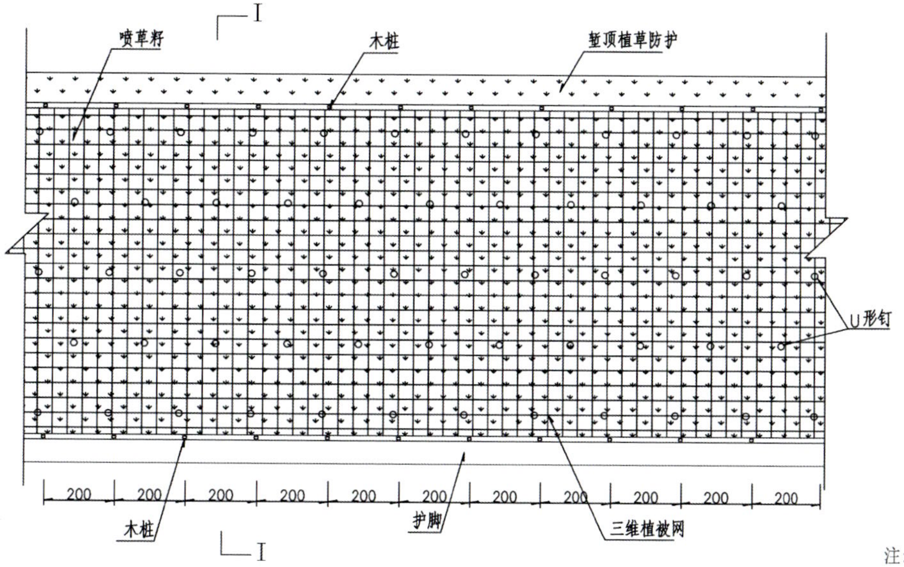

I－I

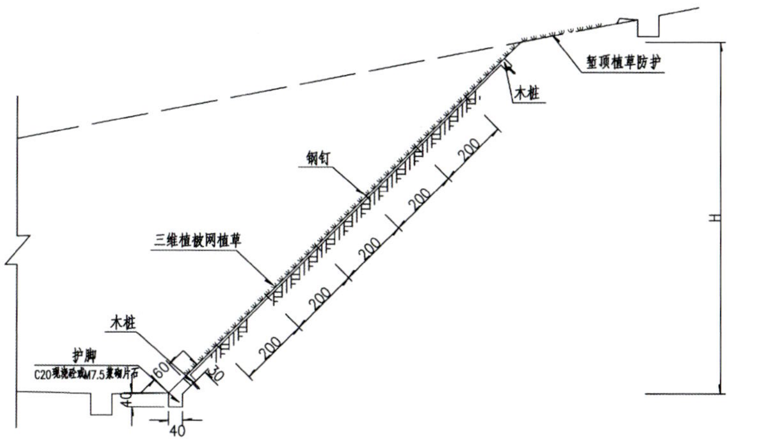

U形钢钉大样 1:10

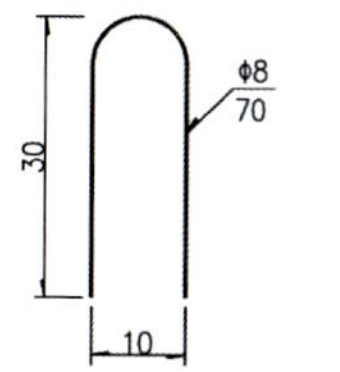

方木桩大样 1:10

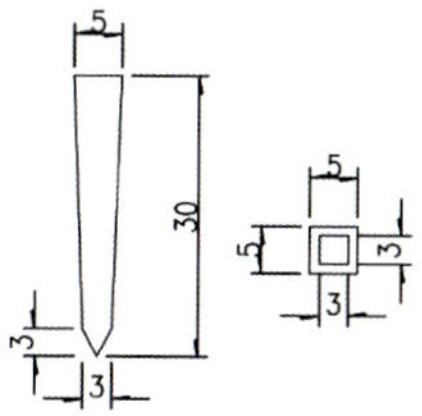

每100m² 坡面工程数量表

序号	目	单 位	数 量
1	三维植被网	m²	110
2	U形钢钉	kg	7.7
3	喷草籽	kg/m²	>2.0/100
4	方木桩	m²	0.007

护脚工程数量表(每延米)

C20现浇混凝土	m³	0.30
挖基	m³	0.30

注：
1. 本图适用于边坡高度4m＜H≤ 8m土质及类土质残积层边坡、全风化层挖方边坡(高液限土、红黏土、泥质或炭质岩全风化层4m＜H≤ 6m)。边坡坡度不陡于45°。适用条件与三维网植草相同。
2. 本图除钢筋直径以mm计外，其余均以cm计。
3. 三维网铺设：当坡面无骨架分隔时，三维网坡面全铺设，并于坡脚及顶部分别开挖20cm(宽)×30cm(深)槽，将三维网上、下边压入槽内并用木桩固定，再回填土覆盖；坡面三维网用U形钢钉固定，间距为200cm梅花形布置；三维网搭接宽度不小于10cm，U形钢钉需适当加密。当在骨架进行坡面三维网植草时，需按骨架内空面积大小与形状分片裁剪，逐片置入骨架内空处，用U形钢钉固定于坡面。
4. 三维网植生层厚度不应小于5cm，铺设三维植被网时应力求平整，不打褶皱，且外观质量好；植被网采用JT/T 513标准NSS5型塑料三维土工网，其网眼尺寸、单位面积质量、厚度等参数符合JTJ/T 60规定。
5. 草籽应选用适合当地生长根系发达的草种，喷播时草籽与肥料应充分拌和均匀，喷播后及时覆盖透气土工薄膜，以防雨水冲刷；根据施工季节特点做好养护，要求成活率不低于90%，依据项目情况添加15%～20%的灌木种子。
6. 护脚系指一级坡脚防护，采用C20混凝土或M7.5浆砌片石砌筑；当防护位于第二级及以上边坡时，护脚由平台截水沟代替。
7. 每级边坡需要在适当位置设置检查踏步，采用C20预制块砌筑。
8. 堑顶开口线至截水沟内侧之间地表可直接喷播植草恢复绿化。
9. 三维网数量未计搭接损耗。

图3.3.4　三维网复绿大样

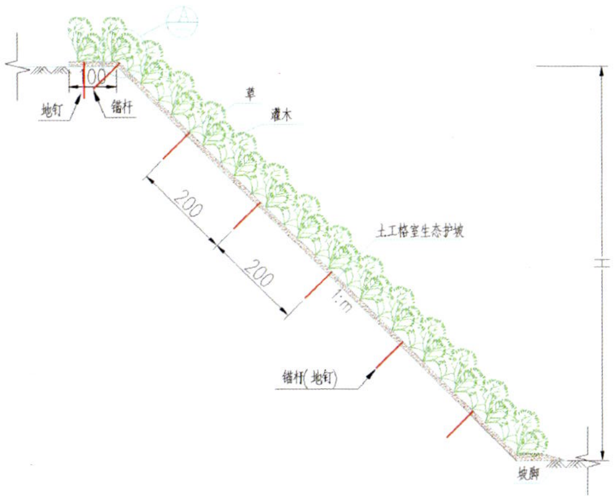

土工格室生态护坡设计图
1:100

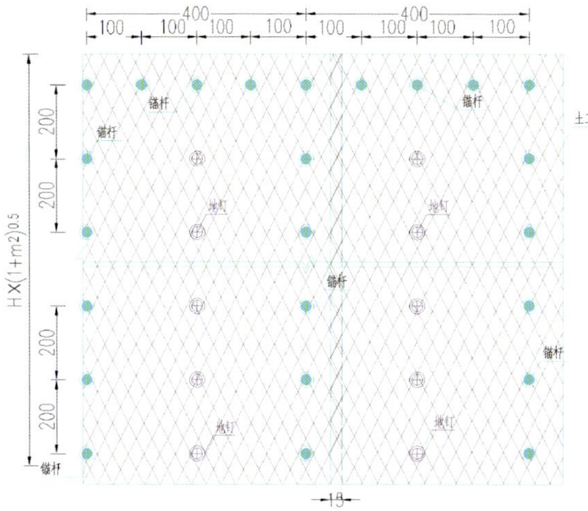

锚杆、地钉坡面安装示意图

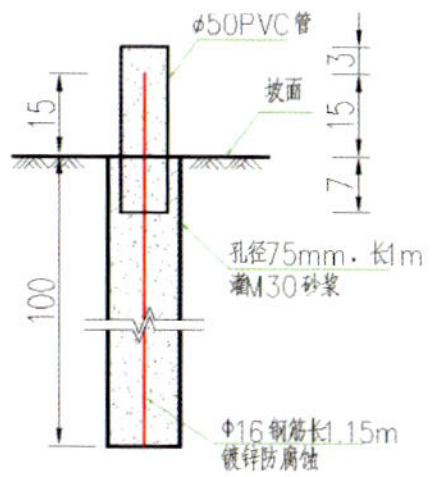

锚杆大样图

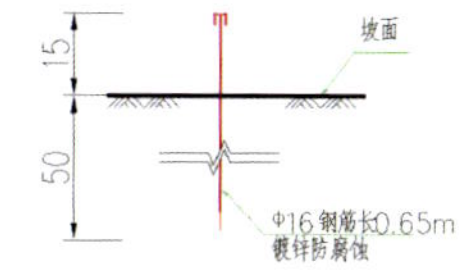

地钉大样图

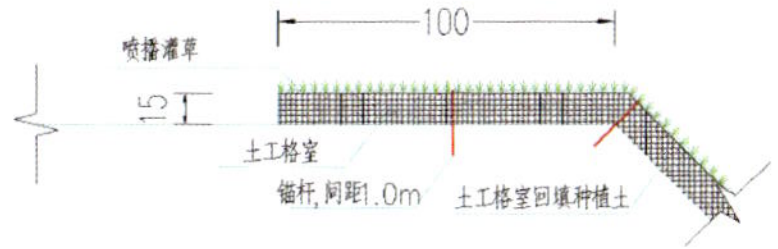

节点A详图

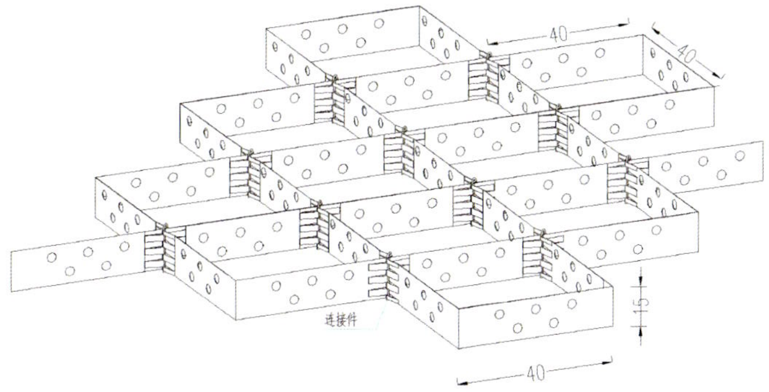

土工格室坡面俯视图

每12m长边坡防护数量表

防护高度(m)	坡比	土工格室面积(m^2)	种植土(m^3)	锚杆(个)	地钉(个)
8	1:1.25	153.67	16.6	30	30
8	1:1.5	173.07	18.5	33	33
8	1:2	214.66	22.7	36	36

注：土工格室面积指张拉开的面积。

说明:

1. 土工格室生态防护结构主要由锚杆、地钉、土工格室、种植土、植物种子及喷播配材构成。
2. 土工格室选用整体式双向土工格室，材质为PP，格室高度150mm，格室片单位宽度的断裂拉力≥16kN/10cm，格室片间连接处的断裂拉力≥16kN/10cm，连接处连接件的抗剪切力≥16kN/10cm，格室片单位宽度的断裂拉力达到16kN/10cm时对应的延伸率≤10%，格室网带连接方式采用U形钢钉插接编织，U形钉直径≥2.5mm，U形钢钉需做镀锌防腐蚀处理，且在格室铺设张拉到位时每一个U形钢钉都可作为一个刚性支撑点。网格尺寸40cm×40cm。布网时应张拉到位，及时填埋。
3. 喷播植灌草：将纸浆、胶粉、保水剂、复合肥和灌草籽按比例混合，加水搅拌均匀，用喷草机喷射在坡面上，喷射厚度应厚薄均匀。
4. 种子配比：狗牙根$2g/m^2$+多年生黑麦草$2g/m^2$+胡枝子$3g/m^2$+刺槐$5g/m^2$+多花木蓝$5g/m^2$。
5. 实施流程：平整坡面→铺设、固定土工格室→回填种植土→喷播种子→覆盖无纺布→洒水养护。
6. 边坡可根据高度分级设置，每级坡高一般8~10m，各级边坡间设置平台，平台宽不小于2m。
7. 本图除标注外，以cm为单位。

图3.3.5　土工格室护坡复绿大样

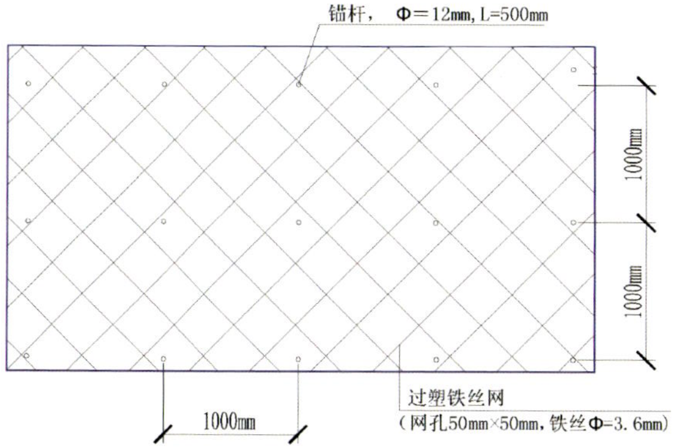

过塑铁丝网、锚杆布设平面图

说明：

1. 除注明外，本图以mm为单位；
2. 本图适用于坡比1∶1～1∶0.75岩质边坡复绿；
3. 施工顺序：人工清坡→挂过塑铁丝网→固网→喷射有机基材→喷草→盖无纺布→养护；
4. 挂过塑铁丝网时应拉紧网，网间搭接10cm并用铁线连接；
5. 锚杆头弯折与波纹铁丝网绑扎固定；
6. 喷射基材时应从正面进行，凹凸部及死角要补喷，喷射有机基材后，铁丝网之上的基材应保证2～3cm厚，平均厚度10cm；
7. 喷草：植物种子用量配比（华南地区）：狗牙根$1g/m^2$、宽叶草$1g/m^2$、山毛豆$3g/m^2$、银合欢$3g/m^2$、波斯菊$1g/m^2$、醉蝶花$1g/m^2$。

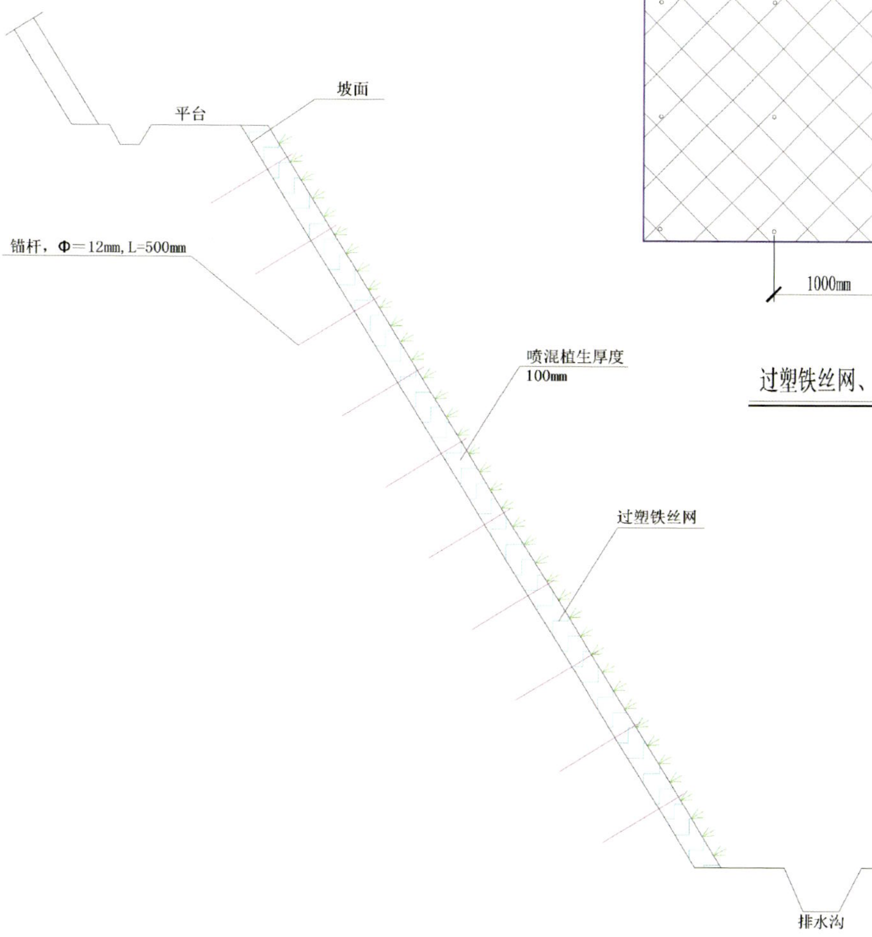

坡面大样图

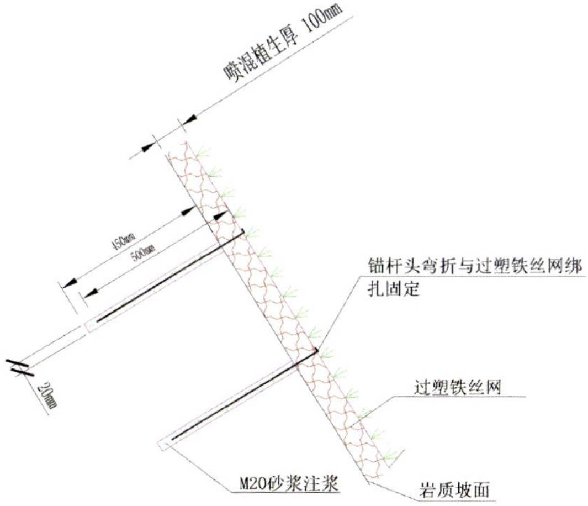

锚杆大样图

图3.3.6 喷混植生复绿大样

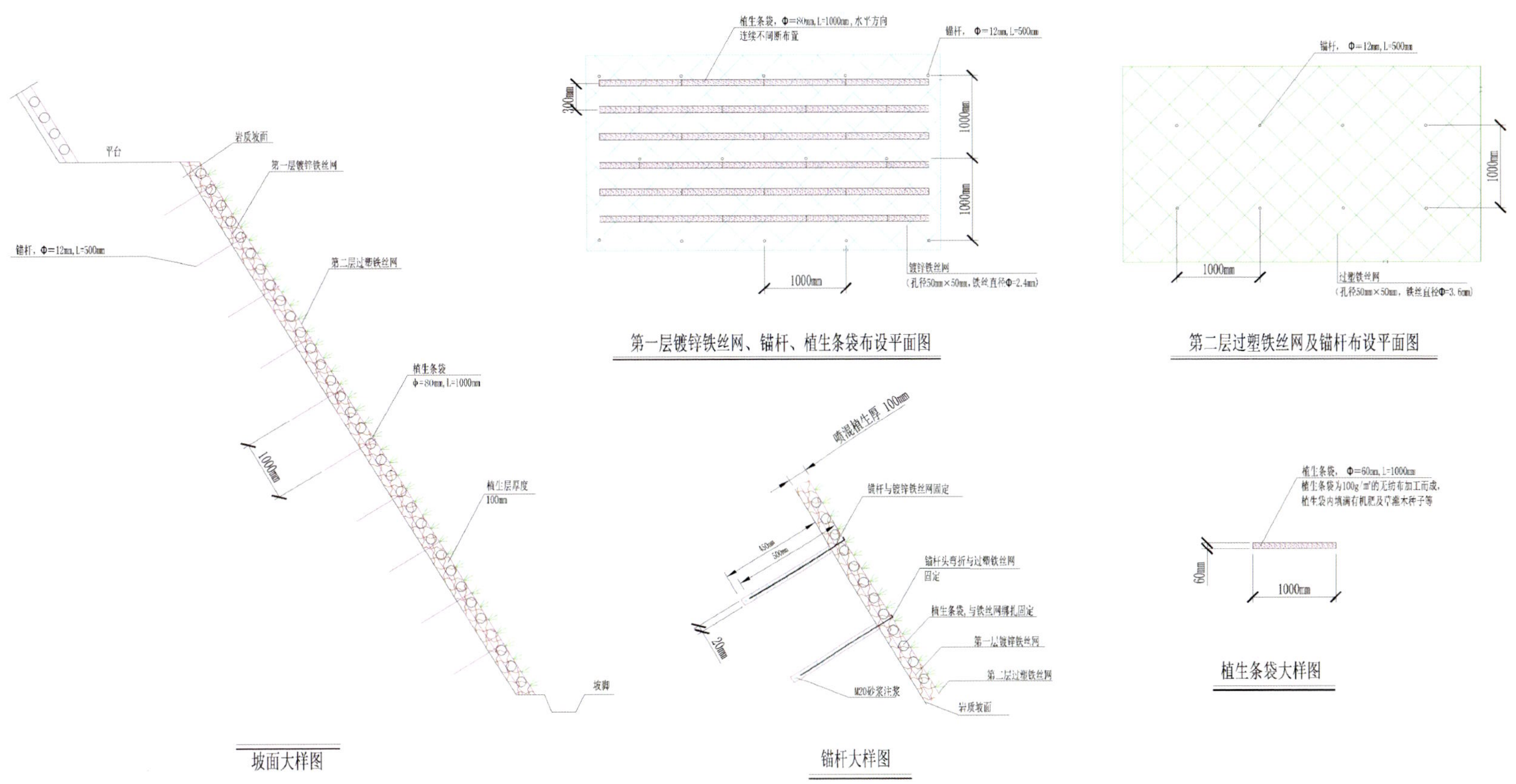

说明：1. 除注明外，本图以mm为单位；
2. 本图适用于微风化、弱风化的岩石边坡，坡比1∶0.5～1∶0.75；
3. 施工顺序：安全装置→人工清坡→挂镀锌铁丝网→固网→挂植生条袋→挂过塑铁丝网→固网→喷射有机基材→喷草→盖无纺布→养护；
4. 镀锌铁丝网铁丝直径2.4mm，网孔为50mm×50mm，过塑铁丝网铁丝直径3.6mm，网孔为50mm×50mm；
5. 植生条袋Φ80mm，L=1000mm 水平布设，间距30cm，植生袋为100g/m^{2}的无纺布加工而成，植生袋内填满有机肥及草灌木种子等；
6. 挂镀锌和过塑铁丝网时应拉紧网，网间搭接10cm并用铁丝连接；
7. 锚杆规格Φ12mm，L=500mm，锚杆头弯折与铁丝网固定，其中外露部分涂沥青保护层防锈，锚杆孔径20mm，M20砂浆注浆；
8. 喷射基材时应从正面进行，凹凸部及死角要补喷，平均厚度10cm；
9. 喷草：基材喷完后喷一层草（草种、黏结剂、保水剂、肥料、水等），植物种子用量：狗牙根1g/m^2、百喜草3g/m^2、山毛豆3g/m^2、多花木蓝5g/m^2。

图3.3.7 双网喷混植生复绿大样

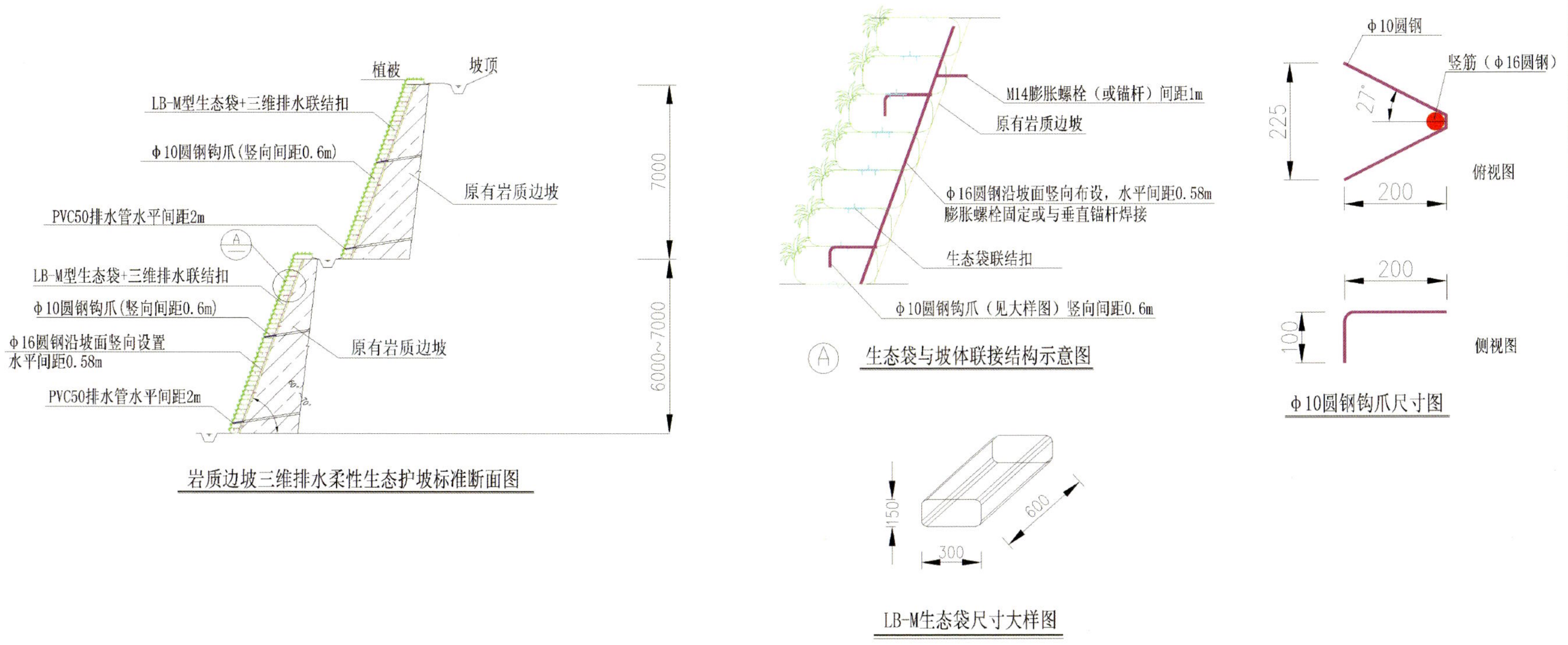

三维排水柔性生态袋护坡说明：

1. 生态袋：生态袋布采用无纺针刺、经单面点状烧结和表面起绒工艺制成，且满足以下条件：单位质量不得大于130g/m²，断裂强度（即拉伸强度）≥4.5kN/m，CBR顶破强力≥800N，等效孔径>0.16mm；袋体装满砂，经水流速大于3.8m/s的槽水连续冲刷24h后，其拉伸强度不得降低。
2. 三维排水联结扣：外形尺寸长306mm、宽83mm、高56mm，质量（47±3）g。带棘爪的尖锥的抗剪切力≥360N、总数不少于12个、高度不小于25mm，任意两个尖锥均不在同一剪切破坏轨迹上，基板上下面的尖锥其棘爪方向互为垂直。排水孔洞直径>16mm，孔洞透水面积大于基板面积的1/3。基板表面双向凹槽和排水孔洞组合成相互交错的非线性凸肋结构。联结扣基板面与生态袋表面间的静摩擦系数≥1.3。
3. 生态袋主体的等效孔径应满足植物生长要求，植物根茎能穿透袋体生长。生态袋带有根据施工地区、季节所对应的草和灌木种子的生物膜。生态袋采用黑色扎口带封口，扎口带需具有抗紫外线和单向自锁结构功能。生态袋的缝袋线需具有抗紫外线性能。施工摆放时将有缝纫线的袋边朝向坡体里侧。
4. 生态袋内装填砂、土、肥料等填充物。
5. 本图尺寸以mm为单位。

图3.3.8　岩质边坡三维排水柔性生态袋护坡

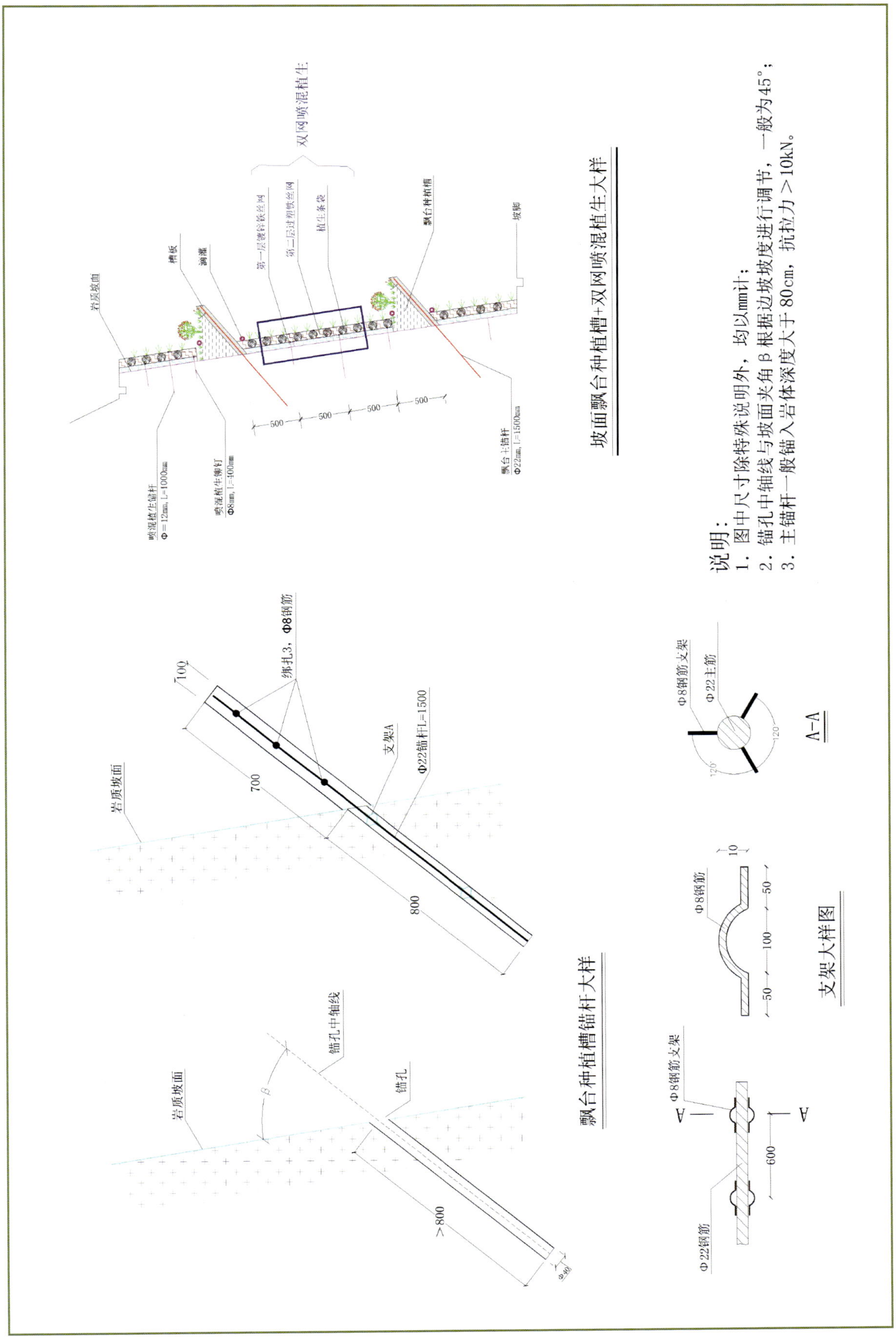

图3.3.9　飘台种植槽构造

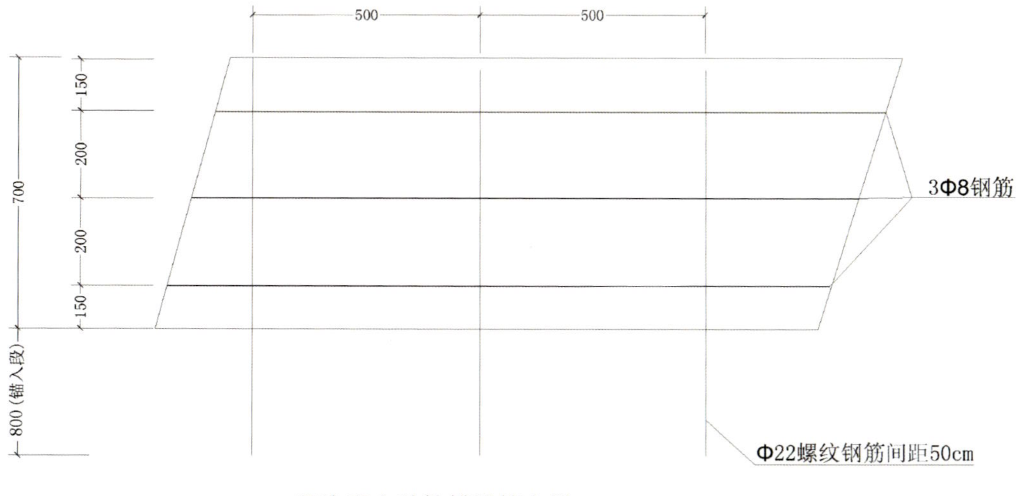

现浇飘台种植槽锚筋大样

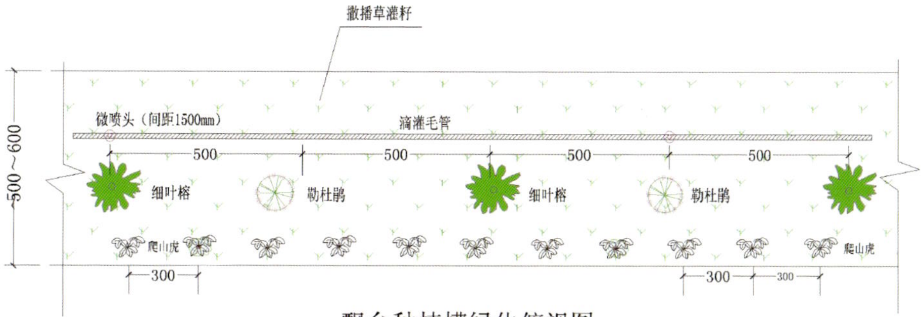

飘台种植槽绿化俯视图

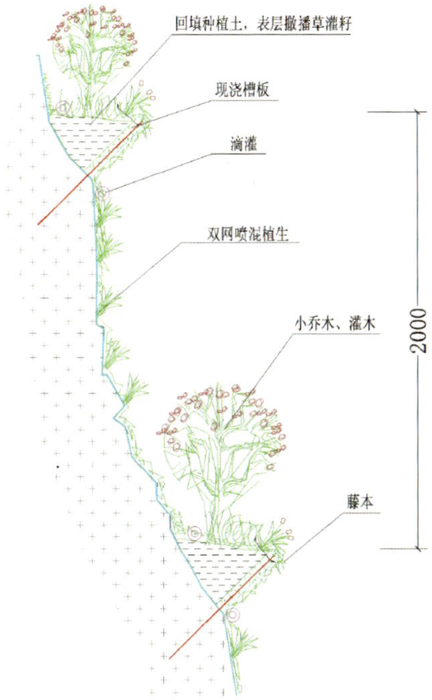

飘台种植槽绿化剖面图

每10m飘台种植槽绿化工程量

项目	单位	数量
勒杜鹃	棵	10
细叶榕	棵	10
爬山虎	棵	33
种子用量	kg	0.5
微喷头	个	6.67

说明：
1. 图中尺寸除特殊说明外，均以mm计；
2. 飘台种植槽上下槽间距2m；
3. 种植槽内回填营养种植土，植苗木，撒播草灌籽；
4. 苗木规格：勒杜鹃袋苗高80～90cm，冠幅50～60cm，细叶榕地径2～3cm，高1.6～1.8m；爬山虎长40～50cm；
5. 植物可随地区不同进行调整。

图3.3.10　飘台种植槽大样（绿化）

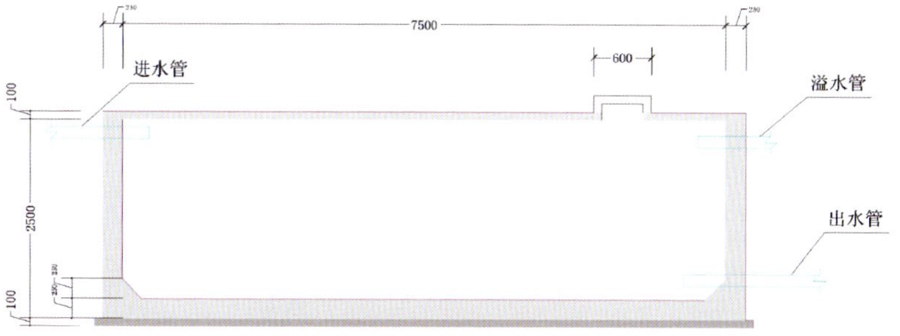

坡顶蓄水池侧面

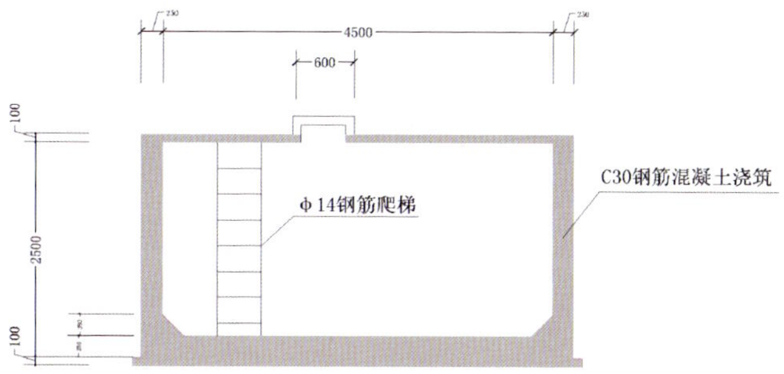

坡顶蓄水池立面

说明：
1. 图中尺寸除特殊说明外，均以mm计；
2. 边坡滴灌支管间距控制在20～30m范围；
3. 水源就近接驳，配置给水管、多级泵、闸阀，就近接电；
4. 主管、支管为PVC管，毛管为PE管。

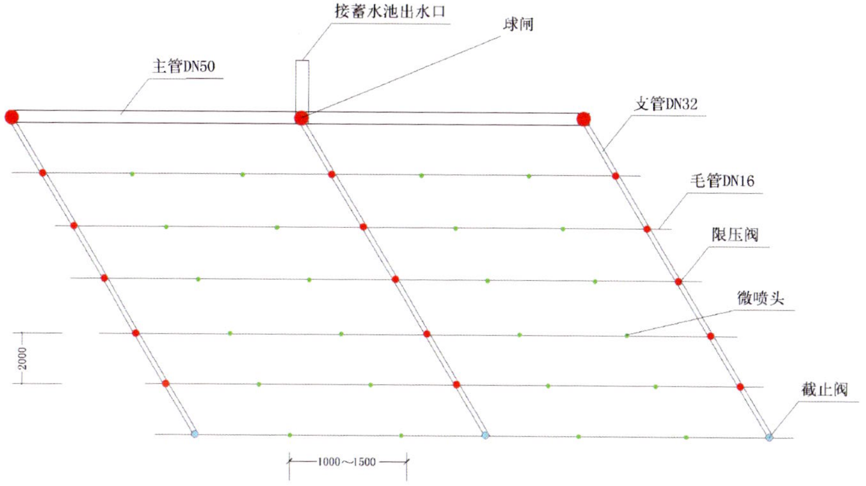

边坡滴灌管路示意图

图3.3.11　边坡滴灌大样（地上式蓄水池、滴灌管路布局）

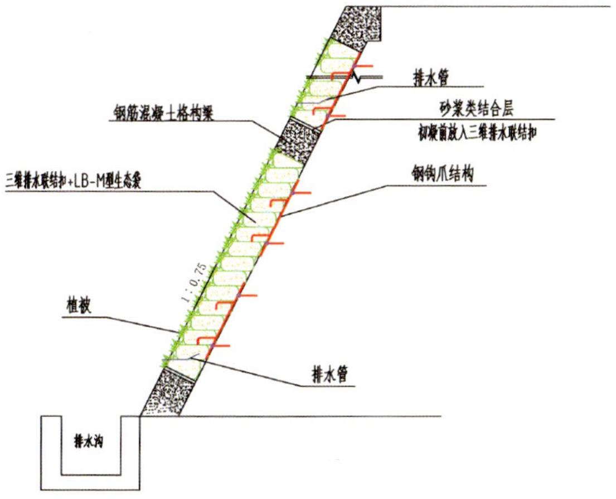

格构梁岩质边坡生态袋复绿立面图

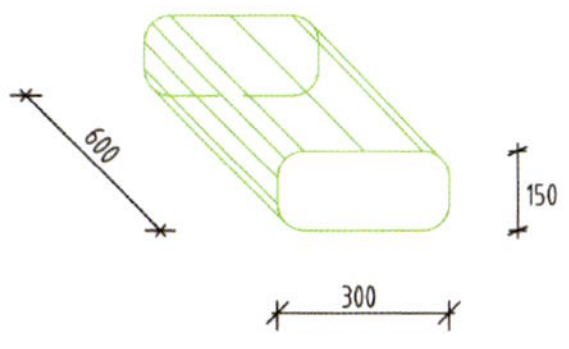

生态袋填充后尺寸

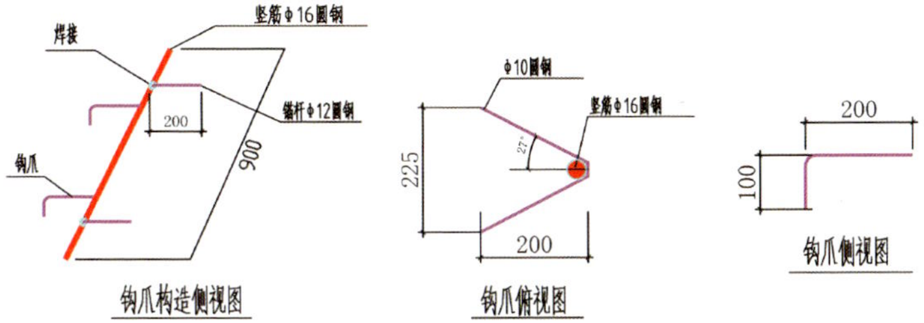

钢钩爪构造尺寸

每个格构生态袋及构件数量表

名　称	规　格	数　量
生 态 袋	LB-M型	75个
联结扣	长306，宽83，高56	75个
钢钩爪结构	Φ10、Φ16圆钢	4套
排水管	Φ150PVC，长500	1个

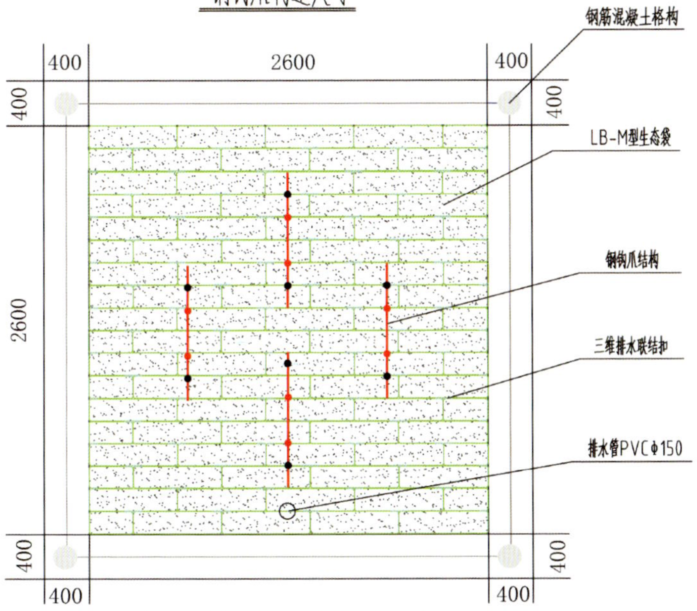

格构梁岩质边坡生态袋绿化平面图

三维排水柔性生态袋护坡说明：

1. 生态袋：生态袋布采用无纺针刺、经单面点状烧结和表面起绒工艺制成，且满足以下条件：单位质量不得大于130g/m²，断裂强度(即拉伸强度)≥4.5kN/m，CBR顶破强力≥800N，等效孔径>0.16mm；袋体装满砂，经水流速大于3.8米/秒的槽水连续冲刷24小时后，其拉伸强度不得降低。
2. 三维排水联结扣：长306mm、宽83mm、高56mm，质量（47±3）g。带棘爪的尖锥的抗剪切力≥360N、总数不少于12个、高度不小于25mm，任意两个尖锥均不在同一剪切破坏轨迹上。排水孔洞直径>16mm，孔洞透水面积大于基板面积的1/3。基板表面双向凹槽和排水孔洞组合成相互交错的非线性凸肋结构。联结扣基板面与生态袋（袋内装中粗砂）表面间的静摩擦系数≥1.3。
3. 生态袋主体的等效孔径应满足植物生长要求，植物根茎能穿透袋体生长。生态袋带有与施工地区、季节相对应的草和灌木种子的生物膜。生态袋采用黑色扎口带封口，扎口带须具有抗紫外线和单向自锁结构功能。生态袋的缝袋线须具有抗紫外线性能。施工摆放时将有缝纫线的袋边朝向坡体里侧。
4. 生态袋内装填砂、土、肥料等混合物。
5. 本图尺寸以mm为单位。
6. 除已有排水系统外，坡面应结合骨架结构设置纵向排水。

图3.3.12　格构边坡生态袋复绿大样

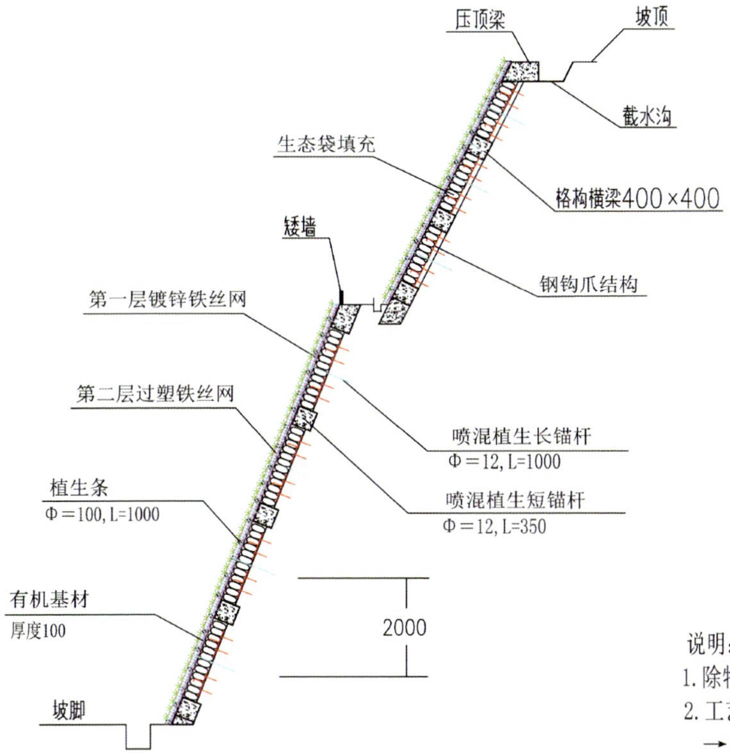

格构内填生态袋+双网喷混植生断面

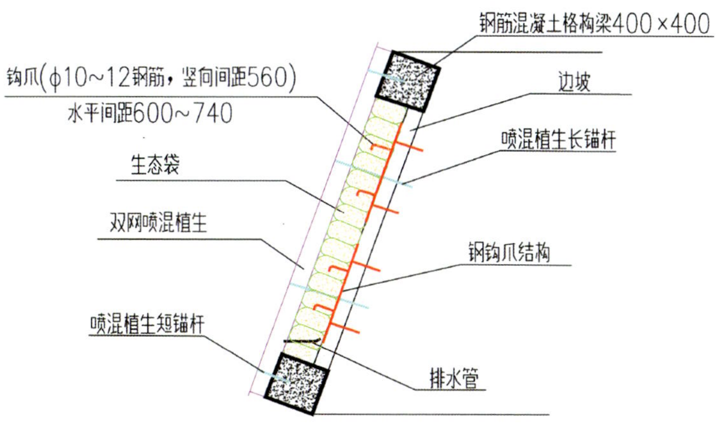

格构梁内填充生态袋典型断面　1：100

说明：

1. 除特别说明外，本图尺寸以mm为单位，适宜于坡比1∶1～1∶0.5格构框架梁边坡的全覆盖复绿。
2. 工艺流程：清坡→生态袋填装、封袋→格构内钢钩爪结构→生态袋垒砌、固定→格构内打喷混锚杆→格梁上喷混钢筋框架、固定→挂第一层铁丝、固网→挂植生条、固定→挂第二层铁丝网、固网→喷射有机基材→喷播植草→盖无纺布、固定→洒水养护。
3. 装填后生态袋的宽度与格构的深度相吻合（40cm），使坡面平整。
4. 格构内生态袋的填装、固定和布设参见岩质边坡生态袋护坡复绿的技术要求。
5. 客土有机基材、铁丝网、种子配比参见双网喷混植生的技术要求。

图3.3.13　格构边坡（生态袋+双网喷混植生）护坡复绿大样

第四章 受损山体生态修复工程案例

第一节　山体缺口

本节以三亚抱坡岭受损山体生态恢复项目为例，介绍山体缺口生态修复工程。

一、项目概况

三亚是全国首个开展“生态修复、城市修补”的试点城市。东环铁路抱坡岭遗留的废弃石场一直是三亚城市形象的短板，为消除受损山体上的视觉“伤疤”，从2009年起，三亚市开始对抱坡岭等遗留的废弃石场进行生态治理试点。

2016年11月，三亚市出台了《三亚市废弃矿山生态修复方案》，提出优先整治城区周边、干线公路两侧、生态风景保护区等区域附近的山体边坡。其中，一期治理任务三亚市吉阳区“亚龙湾A1、A2山体植被恢复”项目于2011年开工，2013年已竣工，二期“东环铁路隧道口及抱坡岭受损山体生态修复”项目，2012年开工，2016年已竣工，后期二年内使55个受损山体重披绿衣。方案同时明确，“为达到覆绿效果，矿山治理方法主要治理措施为首先对采坑边坡进行清理，消除地质灾害隐患，坡面清理后采用阶梯复绿法或‘V’形槽复绿采坑边坡，采坑底板平整后挖穴填土种树，采坑坡顶和坡脚处种植爬藤植物，配合滴灌措施设计布置一条截水沟，防止雨水冲刷到绿化坡面，保证坡面绿化效果”。上述已竣工项目是作者于2009—2010年将高陡裸露岩质边坡植被恢复技术引入三亚进行设计的。

三亚在“城市双修”方面做出了很好的示范。如今，经修复的抱坡岭山体，植被郁郁葱葱，维持了山川秀美，改善了生态景观和旅游环境。作为“城市双修”样板工程，吸引全国各地大量人员前去参观学习。

（a）抱坡岭修复前后对比（2011—2016 年）　（b）局部植被恢复状况（东环铁路隧道口，2020 年）

图4.1.1　三亚抱坡岭受损山体生态修复

该项目列入整治的遗留采石场和裸露山体缺口共有6处，依次为Ⅰ～Ⅵ项目区，集中分布于三亚市田独镇东环铁路沿线北侧，总面积178230m^2，见项目分区图（图4.1.2）。

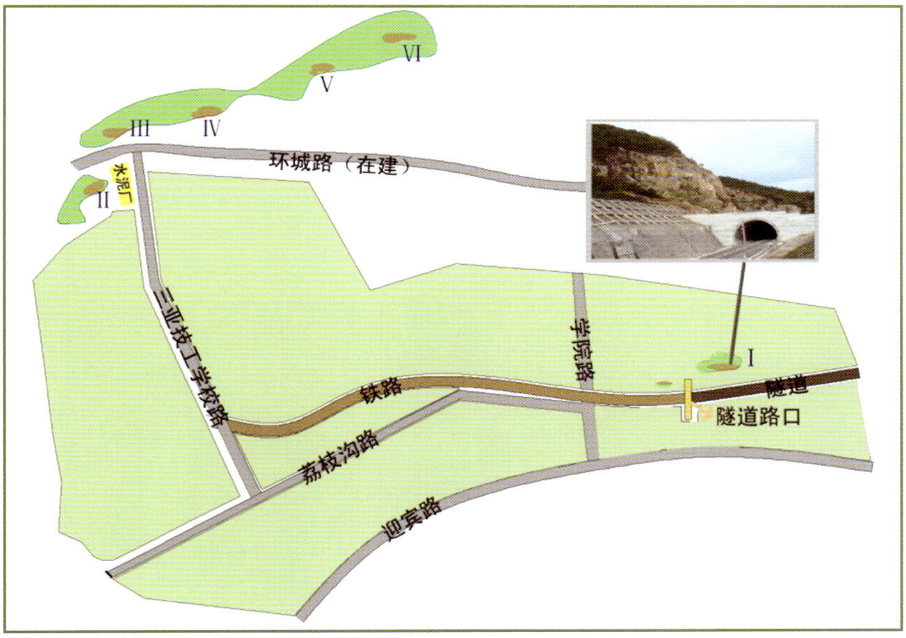

（a）项目区分布示意图

（b）东环铁路隧道口原貌　（c）项目区Ⅰ受损山体原貌

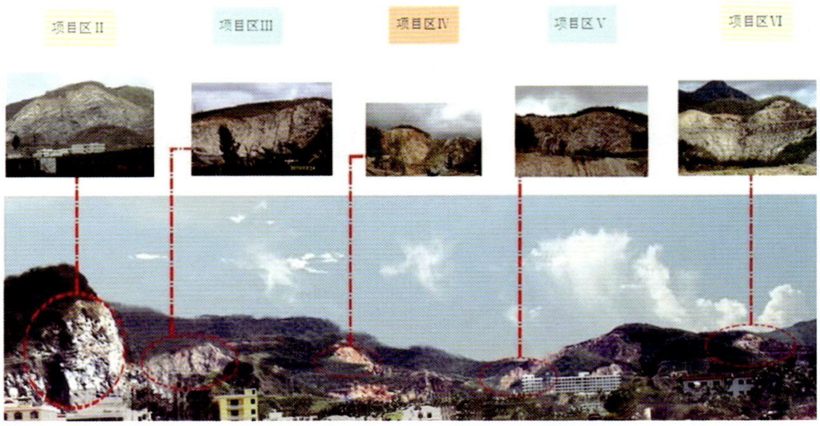

（d）项目区Ⅱ～Ⅵ实景分布

图4.1.2　三亚抱坡岭山体缺口生态修复工程项目分布与分区

项目区Ⅰ位于东环铁路隧道口，坡面面积13899m^2，为开采后形成的花岗岩边坡，结构致密。坡体最大高差85m，坡度65～70°，坡体裸露，水土流失严重。

项目区Ⅱ位于三亚技工学校路中段西侧，为华盛水泥厂的后山取料场，边坡面积51088m^2，开采后形成“光头山”，与周边环境形成强烈的反差。裸露坡体为石灰岩，节理发育有裂隙，坡体最大高差105m，坡面陡峭，呈石壁状，局部凹陷形成倒坡，有松动浮石滑落，缺乏植物生长所需的基本条件，治理难度大。

（a）水泥厂后山取料场（全貌）　　（b）水泥厂后山取料场（侧面）

图4.1.3　项目区Ⅱ原貌

项目区Ⅲ位于项目区Ⅱ北侧山体的南坡，为遗留的废弃石场，边坡面积32156m^2。开采后形成花岗岩裸露山体缺口，坡体最大高差109m，坡度55～60°，坡面凹凸不平，顶部植被下方有2～3m厚的裸露土层，水土流失严重。

项目区Ⅳ紧邻项目区Ⅲ的东北侧，坡面朝东，为一小型废弃石场，边坡面积15432m^2，底部有一平台，有临时建筑物。坡体西部为土加石边坡，高50m，坡度60°，东部边坡较缓，坡度50°，高25m。

项目区Ⅴ位于盛辉采石场北端，为开采后遗留的裸露山体缺口，边坡面积20827m^2，底部为一平

（a）项目区Ⅲ　　（b）项目区Ⅳ

图4.1.4　项目区Ⅲ～Ⅳ原貌

（a）项目区Ⅴ　　（b）项目区Ⅵ

图4.1.5　项目区Ⅴ～Ⅵ原貌

台，面积11252m^2。岩质边坡，最大高差85m，西端陡峭，形成石壁，东部较缓。

项目区Ⅵ位于山体裸露破碎带的东部，为四级开采边坡，东部边坡有平台，面积44828m^2，坡体最大高差110m，坡度65°。

景观影响度评价。景观影响度（LED）作为反映裸露山体缺口对城市景观影响程度的综合指标值，影响因子包括：① 交通因子T：指公路、铁路、主要进出关口、主要交通枢纽，如车站、码头、机场等，根据交通等级和交通枢纽的人流量将其分为3类，Ⅰ类路（8分）为高速公路、快速干道、主干道和主要交通枢纽等，Ⅱ类路（4分）为一般干线或公路，Ⅲ类路（1分）为次要公路或乡村道路；② 面积因子A：根据缺口可视面积大小将其分为3级，采用经验法结合典型调查，对面积因子进行分级，A1（3分，A＞15000m^2）、A2（2分，5000＜A≤15000m^2）、A3（1分，A≤5000m^2）；③ 视距因子D：根据最佳视距原理，把裸露山体缺口离交通线路的距离分为3级，利用地理信息系统对道路图层进行缓冲区分析。缓冲距离设置为500m和1000m，即把视距因子分为0～500m、500～1000m和大于1000m三个缓冲区，然后进行缓冲区图层与山体缺口图层叠加，D1（3分，D≤500m），D2（2分，500m＜D≤1000m），D3（1分，D＞1000m）。

景观影响度计算公式为：

$$LED=a\sqrt[3]{TAD}$$

式中：*LED*为景观影响度综合得分；*a*为醒目系数，反映裸露山体缺口的醒目程度，主要由裸露山体缺口与周边环境的对比度决定，包括形状、线条、色彩、质地及动态对比。裸露山体缺口与环境对比度越高，就越敏感，醒目系数越大，*a*取值为0.8～1.2。

景观影响度分级标准：*LED*＞3.5为Ⅰ级（极严重），2.8＜*LED*≤3.5为Ⅱ级（严重），2＜*LED*≤2.8为Ⅲ级（一般），*LED*≤2为Ⅳ级（较轻）。

根据野外调查及计算，本次涉及的6个项目区中，项目区Ⅰ景观影响度为极严重级，项目区Ⅱ和项目区Ⅵ为严重级，项目区Ⅲ、Ⅳ、Ⅴ为一般级。

二、方案设计

（一）总体方案

依据“重建植被，改善环境，恢复生态”的要求，本着实用、有效和经济性的原则，采用岩质边坡综合复绿技术，恢复受损山体的植被和景观。

首先理清坡体水系，坡顶修建截水沟，坡脚修建排水沟，减少水土流失，防止雨水冲刷边坡。

依据治理难度，6个项目区划分为两种类型，一类是以项目区Ⅱ为代表的“光头山”石壁类型，具有坡体近垂直或倒挂、缺乏植物生长的空间与土壤、植生层难固定、易受暴雨危害等特点，采用浇筑加强型“V”形种植槽和槽间挂爬藤网的方式进行复绿，槽内回填营植土，栽植小乔木、灌木，植生槽内侧种植上爬藤本，外侧种植下垂藤本；另一类属于坡面有一定的坡度（50～70°）的裸岩边坡或土加石边坡，如项目区Ⅰ、Ⅲ、Ⅳ、Ⅴ和Ⅵ，采用常规“V”形槽、喷混植生的方式进行复绿，坡度较陡的（60°以上）采取“V”形槽加喷混植生的方法，坡度较缓的（60°以下）直接采用喷混植生的方法进行复绿，见表4.1.1。

表4.1.1　技术措施汇总一览

项目区	边坡面积（m^2）	坡度	复绿方法	截排水及浇灌措施
Ⅰ	13899	65～70°	“V”形槽+喷混植生，“V”形槽间距2.5m，坡脚种植槽	坡顶截水沟、坡脚排水沟、坡脚挡墙，水车喷洒
Ⅱ	51088	＞70°	加强型“V”形槽，槽间距2m，槽内回填种植土，栽植小乔木和灌木，槽内侧植上爬藤本，外侧植下垂藤本，“V”形槽间坡面挂爬藤网	坡顶截水沟、坡脚排水沟，边坡滴灌
Ⅲ	32156	55～60°	喷混植生	坡顶截水沟、坡脚排水沟，水车喷洒
Ⅳ	15432	50～60°	喷混植生	坡顶截水沟、坡脚排水沟，水车喷洒
Ⅴ	20827（边坡），11252（底部平台）	50～55°	东区缓坡采用喷混植生，中部和西部采用“V”形槽+喷混植生，“V”形槽间距2.5m，底部平缓区种植绿化	坡顶截水沟、坡脚排水沟，水车喷洒
Ⅵ	44828	60～65°	“V”形槽+喷混植生，平台修建种植槽，栽植乔木，西区土加石边坡喷混植生	坡顶截水沟、坡脚排水沟，边坡滴灌

注：该项目为2009—2010年设计，现行技术工艺参照本书第一章的内容。

植被形成初期以草灌为主，后期演替成由乔灌草和蕨类植物组成的植物群落，最大限度地恢复近自然的景观。植被恢复周期为2～3年，其中达到初期复绿效果需要6～8个月的时间。

（二）技术工艺

1．喷混植生

利用喷混机械将土壤、有机质、肥料、保水剂、植物种子、黏合剂等混合料搅拌均匀后加水喷射到挂铁丝网的岩面上，形成一层既能让植物生长发育又能保持种植基质不易被冲刷的多孔稳定植生层，从而达到快速恢复植被、改善生态环境的目的。工艺流程如下：

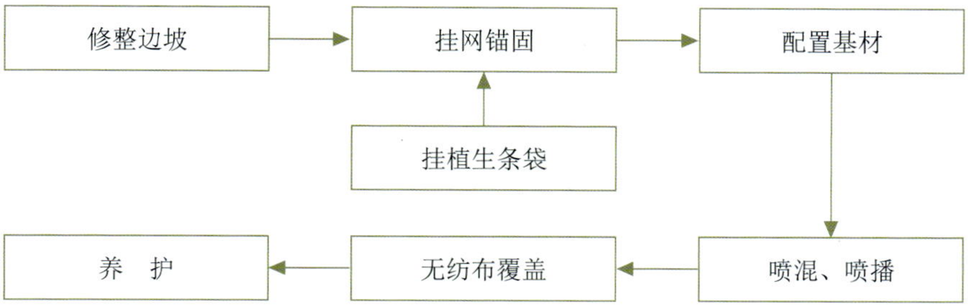

1）修整边坡

清理边坡上的碎石杂物，特别是浮石、危石，然后将影响挂网的突起部位修整，使挂网平整。

2）挂网锚固、挂植生条袋

坡面上按设计间距打锚杆，挂网，再挂植生条，用铁线将植生条与网绑扎固定。

① 网采用过塑机编波纹网，孔径规格60mm×60mm，过塑铁线直径3.0mm，铁丝网之间搭接不少于8cm。坡顶铁丝网应伸出坡顶30cm，用锚杆砸紧固定。坡底将20cm的铁丝网埋于土中。

② 长短锚杆间隔交错布置，间距1m×1m，长锚杆直径16mm、长1m，短锚杆直径16mm、长60cm。

③ 挂植生条袋：在铁丝网和坡面之间挂植生条袋，沿水平方向布置，间距30cm。植生条用无纺布（$20g/m^2$）制作，直径8cm，长1m，袋内填充混合材料包括有机质、壤土、保水剂及种子等。

3）喷播基材

将过筛细土与有机质（泥炭土、堆肥等）、复合肥、保水剂、pH缓冲剂、种子（第二层喷射时加入）等按比例均匀拌散。

4）喷混

用湿喷机将混合料均匀喷射到坡面上，分二次喷射。第一次喷射平均厚度7～8cm作为基质层，第二次用混有草种和灌木种子的混合基质材料喷射2～3cm，整体平均厚度10cm。

种子配比：草本——矮生百慕大$1.5g/m^2$，糖蜜草$0.1g/m^2$；灌木——银合欢$5g/m^2$，山毛豆$5g/m^2$，木豆$3g/m^2$，多花木蓝$3g/m^2$。

5）覆盖

用无纺布（$10g/m^2$）从上至下进行铺盖，并用竹筷固定，保护工作面，防止雨水及浇水冲刷基材层和种子。

6）养护

管理养护对于植物初期生长、绿化巩固及后期过渡到近自然的生长状态十分重要。成活期（完工后6个月）养护，必须经常浇水，保持基质层湿润和苗木生长期所需要的水分。后期管理养护主要是在夏季和旱季视天气情况定期、不定期浇水，并进行施肥及病虫害防治。

2．“V”形槽

项目Ⅱ采用加强型“V”形槽，其余项目区采用常规“V”形槽。

1）常规“V”形槽

① “V”形槽钢筋构架：沿水平方向布设，与坡面成60°角度钻孔，将锚杆（圆钢筋直径18mm，长1m）插入锚孔，入岩30cm，然后用水泥灌浆固定，密度2根/m；配筋（小钢筋直径8mm）与锚杆垂直交接固定成网格状，间距20cm；拉筋（圆钢筋直径16mm，长1m）与锚杆端头焊接，间距5m，入岩30cm，形成“V”形槽钢筋构架。

② 现浇“V”形槽板：在“V”形槽钢筋构架下挂设模板，现浇“V”形槽板，厚度10cm。“V”形槽与坡面封闭，在底部每5m预留排水孔。

③ 回填种植土：“V”形槽内回填种植土，不要填满，离槽顶部留5cm距离。

④ 栽种苗木：在槽中间按株距1m植小叶榕（地径3～4cm，高70cm），两株小叶榕之间植三角梅（冠径35cm，高35cm），槽外侧间植葛藤（长35cm），株距20cm，槽内侧间植爬山虎（长35cm），株距20cm。

2）加强型“V”形槽

加强型“V”形槽钢筋构架锚杆直径22mm，长1.7m，60°夹角入岩50cm，其余同“V”形槽。

3．截排水沟和滴灌措施

坡顶修建蓄水池和截水沟，坡脚修建排水沟，坡面设置滴灌系统。

坡顶截水沟：梯形断面，上底宽1.2m，下底宽0.65m，高0.4m，混凝土浇筑或浆砌石；坡脚排水沟：梯形断面，上底宽0.8m，下底宽0.4m，高0.3m，混凝土浇筑或浆砌石。

边坡滴灌系统由水源、给水管道（主管、支管、毛管）组成。主管沿着水池向两侧布设，支管通过管件与主管垂直连接，带滴头的毛管通过变径接头与支管连接，每排毛管间距2～2.5m，布设在“V”形槽内和槽间坡面。滴灌安装后分段进行调试，排出管内空气，放水，分段检查，发现问题及时解决。

三、初步设计图

（1）“V”形槽大样：图4.1.6

（2）项目区Ⅰ措施平面布局：图4.1.7

（3）喷混植生大样：图4.1.8

（4）滴灌布设大样：图1.5.2和图1.5.3

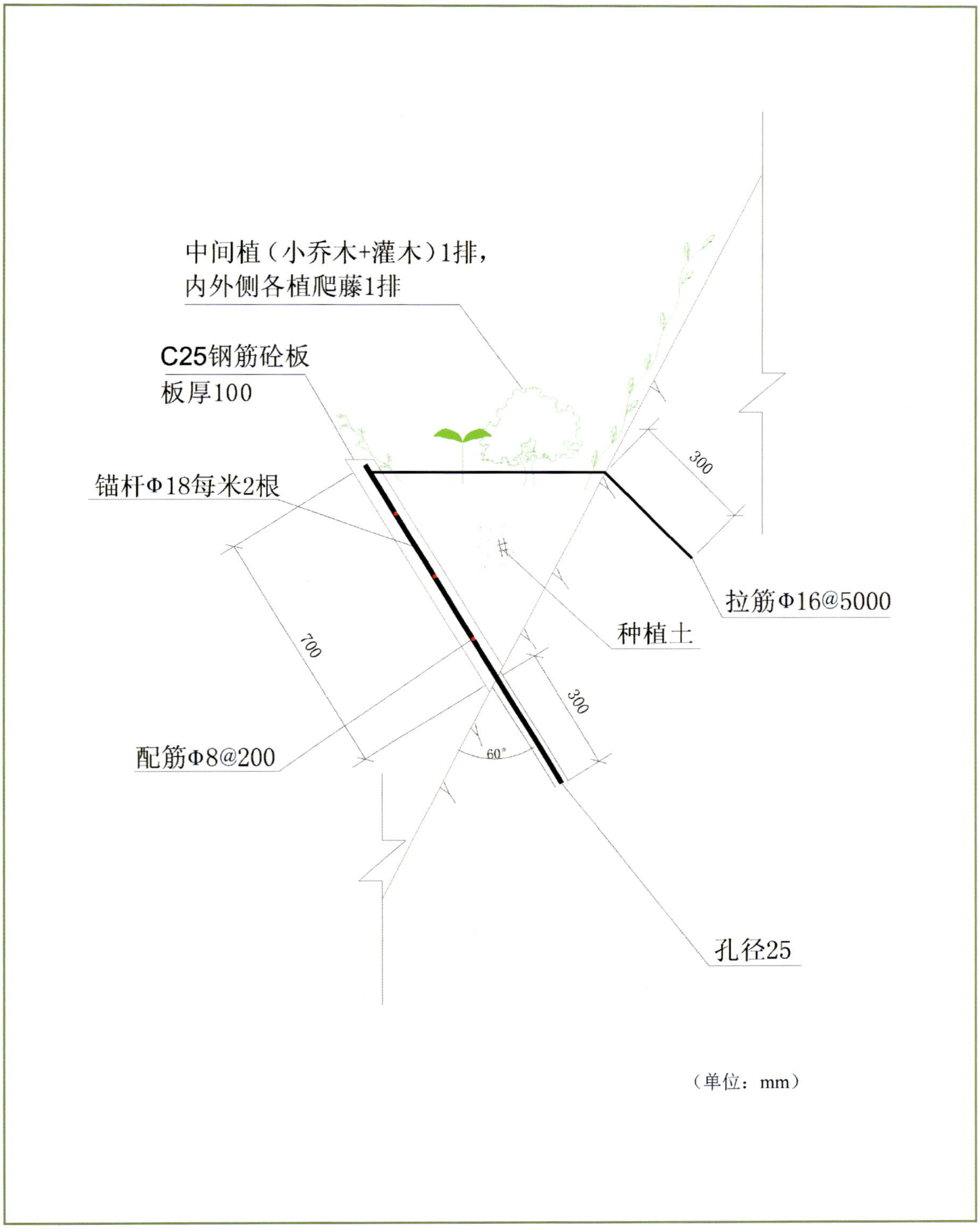
中间植（小乔木+灌木）1排，
内外侧各植爬藤1排
C25钢筋砼板
板厚100
锚杆Φ18每米2根
300
700
拉筋Φ16@5000
种植土
300
配筋Φ8@200
60°
孔径25
（单位：mm）

图4.1.6　“V”形槽大样

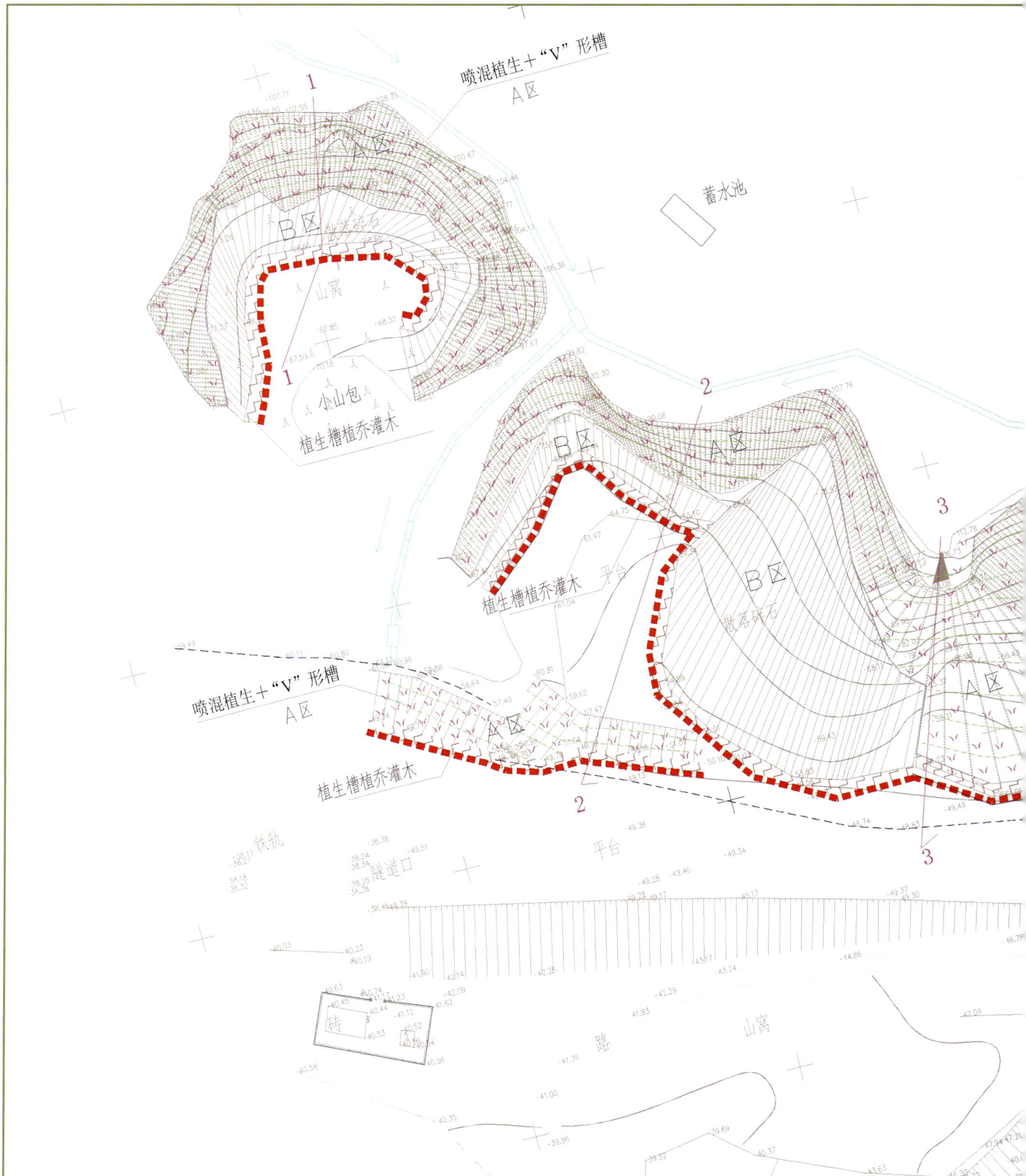
喷混植生+“V”形槽
A区
A区
蓄水池
B区
散落碎石
山窝
小山包
植生槽植乔灌木
B区
A区
植生槽植乔灌木
平台
B区
散落碎石
喷混植生+“V”形槽
A区
A区
A区
植生槽植乔灌木
铁轨
隧道口
平台
砖
路
山窝

图4.1.7 项目区Ⅰ

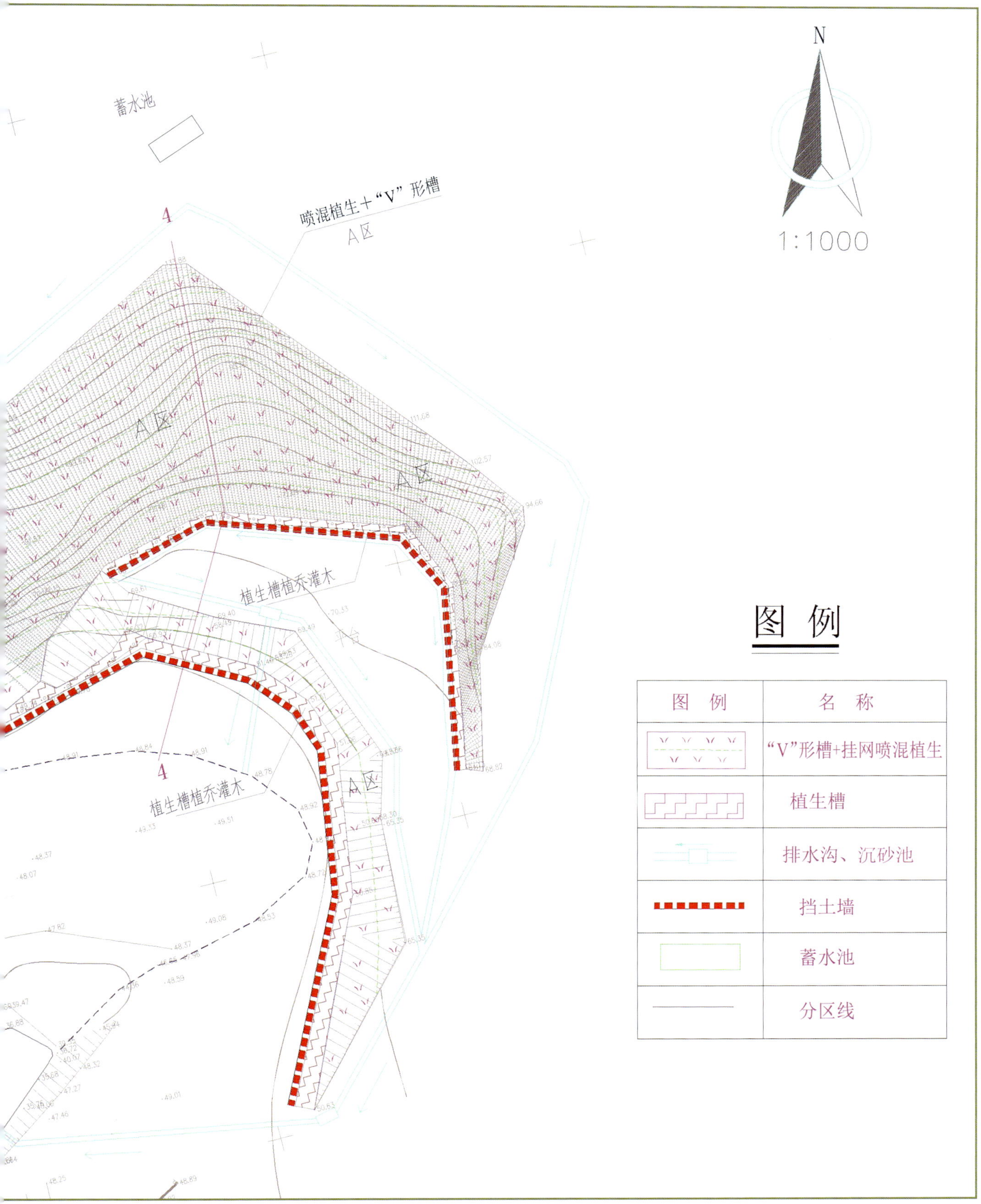
N
1:1000
蓄水池
喷混植生＋"V" 形槽
A区
4
A区
A区
植生槽植乔灌木
平台
A区
4
植生槽植乔灌木
图 例
图 例
名 称
"V"形槽+挂网喷混植生
植生槽
排水沟、沉砂池
挡土墙
蓄水池
分区线

措施平面布局

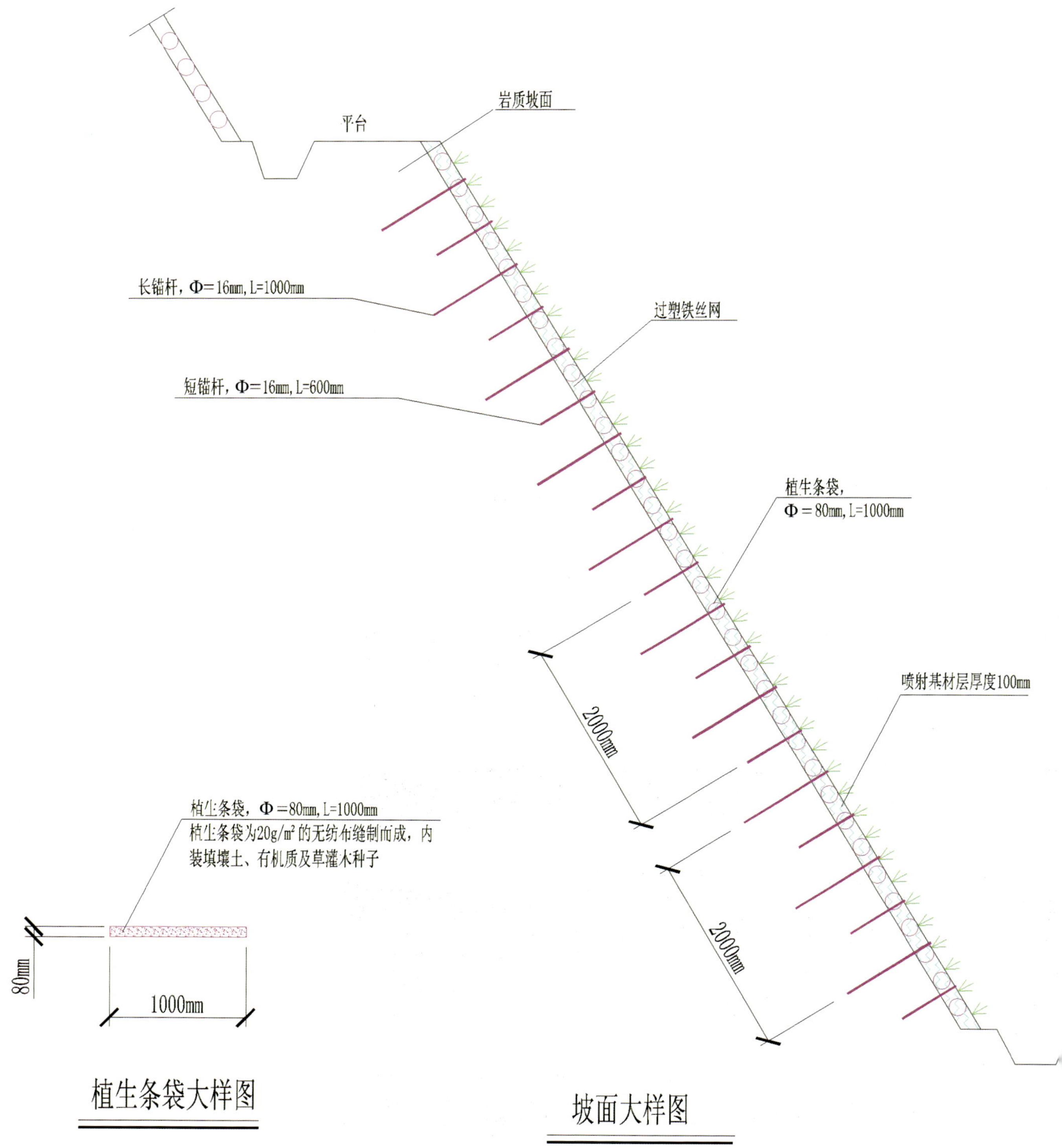
岩质坡面
平台
长锚杆，Φ=16mm，L=1000mm
过塑铁丝网
短锚杆，Φ=16mm，L=600mm
植生条袋，
Φ＝80mm，L=1000mm
喷射基材层厚度100mm
2000mm
2000mm
植生条袋，Φ＝80mm，L=1000mm
植生条袋为20g/m²的无纺布缝制而成，内装填壤土、有机质及草灌木种子
80mm
1000mm
植生条袋大样图
坡面大样图

图4.1.8　喷混

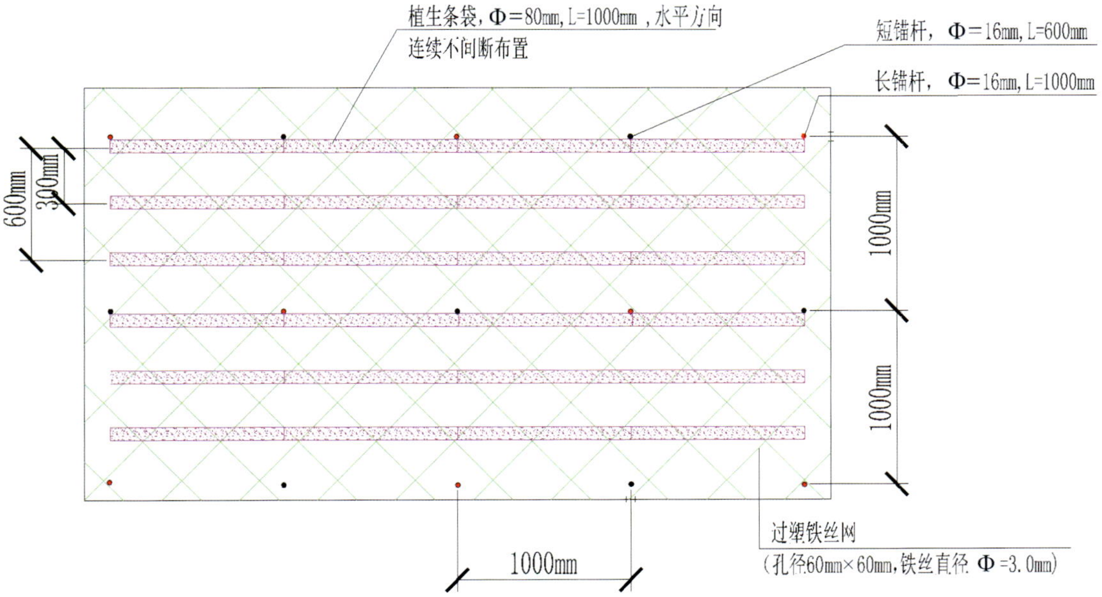

锚杆、铁丝网、植生条袋布置图

说明：

1. 除注明外，本图以mm为单位。
2. 本图适用于微风化、弱风化的岩质边坡施工。
3. 施工顺序：安全装置→人工清坡→挂过塑铁丝网→固网→挂植生条袋→喷射有机基材→喷草→盖无纺布→养护。
4. 过塑铁丝网：铁丝直径Φ＝3.0mm，网孔为60mm×60mm。
5. 植生条袋：Φ＝80mm，L＝1000mm，水平布设，间距300mm，植生袋为20g/m^{2}的无纺布加工而成，袋内填装砂土、有机肥及草灌木种子等。
6. 挂过塑铁丝网时应拉紧网，网间搭接80mm，用铁丝连接。
7. 锚杆规格：长锚杆Φ＝16mm，L＝1m，短锚杆Φ＝16mm，L＝600mm，交错布设，锚孔Φ＝20mm，注浆M20砂浆，锚杆外露10cm，锚杆头弯折与波纹过塑铁丝网绑扎固定。
8. 将过筛细土与有机质（泥炭土、堆肥等）、复合肥、保水剂、pH缓冲剂、水等按比例均匀拌散，用湿喷机将混合料均匀喷射到坡面上，分二次喷射，第一次喷射厚度7～8cm作为基质层，第二次用混有草种和灌木种子的混合基质材料喷射2～3cm。基材喷射从正面进行，凹凸部位及死角要补喷，平均喷射厚度10cm。
9. 种子配比。草本：矮生百慕大1.5g/m^2，糖蜜草0.1g/m^2；灌木：银合欢5g/m^2，山毛豆5g/m^2，木豆3g/m^2，多花木蓝3g/m^2。

第二节　采石场

一、秦岭北麓遗留废弃采石场水土保持生态治理工程

（一）项目概况

秦岭是我国南北气候的分界线和重要的生态屏障。过去，秦岭北麓沿线一些地方开山取石，对山体生态环境造成了一定的破坏。2015年陕西省政府印发了《关于深入开展开山采石专项整治，切实加强采石场管理的通知》，2017年陕西省水土保持局编制了《陕西省秦岭北麓及北山地区采石场水土保持生态环境恢复整治规划》，对秦岭北麓采石场进行水土保持和生态环境恢复的治理工作。

本项目为2018年陕西省水土保持专项资金安排的治理工程，项目区位于渭南市华州区秦岭东段北坡，面积7.16hm^2。该遗留石场以开采建筑石料为主，采掘方式为平台采掘和立面爆破，已于2013年关停，原貌见图4.2.1。

图4.2.1　项目区原貌

项目区地处秦岭东段北麓石质山区，从山底沿沟道进入。沟道狭长，呈“V”形，有季节性溪流和小道通往山顶。项目治理区位于沟道的下部和中段，比降6%～9%，此段沟长3.33km，宽8～12m，沟口处海拔500m，顶部海拔1280m。沟道两侧为山体石质边坡，采石场开采面位于沟道两侧。项目区内沟道溪流流域面积1.42hm^2，底部出口断面10年一遇6h最大暴雨洪峰流量11.06m^3/s。

沟道东侧山体开采边坡为黑云母斜长片麻岩，整体呈上陡下缓态势，最大坡高150m，中部发育有小平台，高程580～582m，平台以上边坡高50～100m，一坡到顶，坡度60～75°，局部直立，平台

以下坡高45～50m，坡度60～75°，弱风化，裂隙发育，凹凸不平，顶部断面露出第四系黄土层，垂直节理发育，厚6～10m，近直立，平台及坡脚有块石和碎石堆积，为开采遗留的弃渣。

西侧山体开采边坡整体呈上陡下缓态势，最大坡高120m，中部发育两处较小平台，高程为575～576m，平台以上边坡最大坡高80m，一坡到顶，坡度60～65°，局部直立，边坡上部断面露出第四系黄土，厚6～10m，垂直节理发育，坡度80～85°，局部直立。平台以下边坡高45～50m，坡度55～75°，凸起或直立，弱风化，岩体裂隙发育，平台、坡脚有块石和碎石堆积。

山体地带性植被上部为山地针阔叶混交林，下部为落叶阔叶林，主要树种有华山松、油松、侧柏、核桃、刺柏、刺槐等，灌木有绣线菊、马桑、酸枣等，草本有野菊花、截叶铁扫帚、铁杆蒿、草木樨等。

项目区边坡稳定性经地质考察后评估意见为：东侧开采面山体边坡，中部平台以上石质边坡稳定性较差，建议对该处边坡削坡处理；顶部土质边坡80～85°，局部直立，建议削坡处理；平台以下边坡主要以弱风化带岩体为主，边坡整体稳定性较好，建议进行坡面整理，随机锚杆加挂网防护，坡脚设置碎落台。西侧开采面山体边坡整体稳定性较好，建议对上部土质边坡进行削坡处理，在基岩分界线处预留碎落台，对下部基岩边坡进行整理，清除表层松散堆积体和危石，随机锚杆加挂网防护，坡脚设置碎落台。

受工程造价等因素的影响，治理方案对上述意见采纳情况：①依据水土保持和生态修复的治理原则，尽量避免大挖大填，减小扰动，避免对生态环境造成二次破坏，本项目对山坡中部平台以上的土质边坡以及下方强风化岩体未做削坡处理，维持现状，保持自然原貌；②平台以上以及平台以下弱风化岩体，对坡面进行整理，清除危石、浮石，采取喷混植生（挂网客土喷播）进行防护，坡脚布设排水沟；③采石场治理完成后进行封禁，沟底坡脚栽植乔木，不单独设置碎落台。

（二）设计目标和原则

1．防治目标

本项目为水土保持生态治理工程，在设计时，结合水土保持相关技术规范，注重水土保持的工程措施，通过拦渣防洪、雨水排蓄、配套工程等治理措施，减轻水土流失，同时，最大限度地恢复植被。通过工程措施和植物措施相结合，恢复受损山体的生态环境，改善景观效果。

防治目标：至设计水平年，项目区扰动土地整治率达90%以上，水土流失总治理度达65%以上，边坡裸露面治理率达80%以上，林草覆盖率达55%以上。

2．设计原则

1）保护优先，防治结合

采石场治理的重点是生态修复，尽量避免大挖大填，减小扰动，通过植物和工程措施结合恢复迹地生态环境，避免对生态环境造成二次破坏。

2）安全稳定

采取的措施有利于边坡的稳定。

3）生态优先，近自然景观恢复

注重立地条件的改善，构建植物生长空间。在植物选择上，多采用乡土植物，乔、灌、草相结合，构建稳定群落，达到后期免养护、自然演替的效果。

4）因地制宜、综合治理

根据采石场现状分析，对沟道进行综合治理，完善防洪拦渣功能。坡面因地制宜选用不同的治理模式进行生态修复。

5）经济实用

充分利用采石场废弃土石料，就地取材，节省成本。

（三）总体方案

项目区总面积7.16hm^2，综合治理面积为6.12hm^2。采取工程措施和植物措施相结合，从边坡治理、拦渣防洪、雨水排蓄和配套工程四个方面对采石场进行综合治理。

1．边坡复绿工程

①坡度45～65°的岩质边坡，坡面平整的采取挂网客土喷播，岩面不规则有凹地形的边坡采用修筑植生盆+挂网客土喷播；

②两侧坡度为65～80°的岩质陡坡，岩面较平整的，采用“V”形槽+双网客土喷播；

③两侧坡度＞80°的直立岩壁，坡顶、坡脚修植生槽栽植攀爬植物；

④坡底活动广场北侧土质边坡，植灌草；

⑤进沟路及沟口处的45°以上土质边坡栽植攀爬植物；

⑥ 废弃建筑上方的土质斜坡，采取鱼鳞坑整地补植油松苗；

⑦山坡中部平台覆盖种植土，栽植火棘、紫穗槐，并撒播混合草种；

⑧开采平台周边的渣石斜坡，坡面采用客土喷播灌草，坡脚拦挡后覆土栽植刺槐，坡顶植爬藤。

坡面复绿措施见表4.2.1。

表4.2.1　坡面复绿措施

边坡类型	坡度	地形条件（或坡位）	生态修复措施	植物配置	图斑编号及位置
岩质边坡	45～65°	岩面平整	挂网客土喷播	喷播种子：狗牙根、结缕草、小冠花、多花木蓝、胡枝子	30、39、41、42、59、62、64
		有凹地形	挂网客土喷播+植生盆	喷播种子：狗牙根、结缕草、小冠花、多花木蓝、胡枝子；栽植火棘	18、53、57、58、66、82、91、92、95、101
	65～80°	岩面较平整	挂双网客土喷播+“V”形槽	喷播种子：狗牙根、结缕草、小冠花、多花木蓝、胡枝子；栽植紫穗槐、葛藤	19、63、69、71、80、81、107、109
		坡顶、坡脚	藤本植物	葛藤	10、31、35、68、97、103、108、110
土质边坡	＜25°		植物护坡	绣线菊；穴播多年生黑麦草	活动广场北侧
	44°		补植乔木	油松	废弃建筑上方边坡，50
	＞75°		藤本植物	爬山虎	沟口裸露陡土坡

（续表）

边坡类型	坡度	地形条件（或坡位）	生态修复措施	植物配置	图斑编号及位置
渣坡	＜25°	坡间平缓地带	覆土50cm，撒播种子，植灌木苗	撒播种子：狗牙根、结缕草、小冠花、多花木蓝、胡枝子；栽植火棘、紫穗槐	24、36、56、67、72、86、96、105
	25～45°	坡间缓坡	客土喷播，坡脚栽植，坡顶植爬藤	喷播种子：狗牙根、结缕草、小冠花、多花木蓝、胡枝子；栽植刺槐、葛藤	20、38、48、51、55、60、76、77、79、94、98、99、100、102、106

2．拦挡工程

①浆砌石挡墙：沟道冲沟段转弯处砌筑一道浆砌石挡墙；

②干砌石挡墙：渣石坡坡脚，利用清理的块石砌筑；

③格宾石笼拦挡：沟底渣石坡坡脚，易受水流冲刷的位置，利用清理的块石修建格宾石笼拦挡。

3．沟道治理工程

①沟床整治：对沟底冲沟段设拦渣坝、谷坊进行分段整治；

②拦渣坝：在靠近沟口的“口小肚大”处布设一座浆砌石拦渣坝；

③谷坊：沟道冲沟段布设11座格宾石笼谷坊。

4．截排水及雨水集蓄工程

为了减轻坡面冲刷，保证坡面植被恢复效果，同时充分利用水资源，项目区内建立截排水与雨水集蓄系统。在边坡坡顶、坡脚设截排水沟；在坡脚地势平缓处修建蓄水池；同时在边坡坡顶、平台处布设临时储水罐。雨水通过截排水沟汇集，通过沉砂池沉淀后进入蓄水池，多余水量通过蓄水池溢水管排水至沟道。

山体中部和顶部平缓处修建蓄水池，共布设3个100m^3蓄水池，蓄水池来水为截排水沟汇集的径流，并用于补充施工期间用水。

5．节水灌溉工程

在边坡坡顶、平台处布设临时储水罐，作为后期坡面植物养护使用。本项目共布设5座临时储水罐。人工进行后期植物养护，配备提水水泵、输水管道、滴灌、用电线路等必要设施。

6．经济林

项目在实施过程中会损坏部分经济林，在6#、33#图斑处补植香椿，进行补偿。

7．其他措施

①建筑垃圾清理：对采石场内遗留建筑物旁边坡进行建筑垃圾清理；

②活动广场植草砖铺装：对沟口裸露场地平整后铺装植草砖，作为临时停车场地，设置标识牌。

（四）技术工艺

1．挂网客土喷播（喷混植生）

①清坡：清理危石、浮石，对局部陡坡进行适当削方。

②打设锚杆：主锚杆直径16mm钢筋，长1m，间距2m，辅锚杆直径12mm钢筋，长0.6m，间距

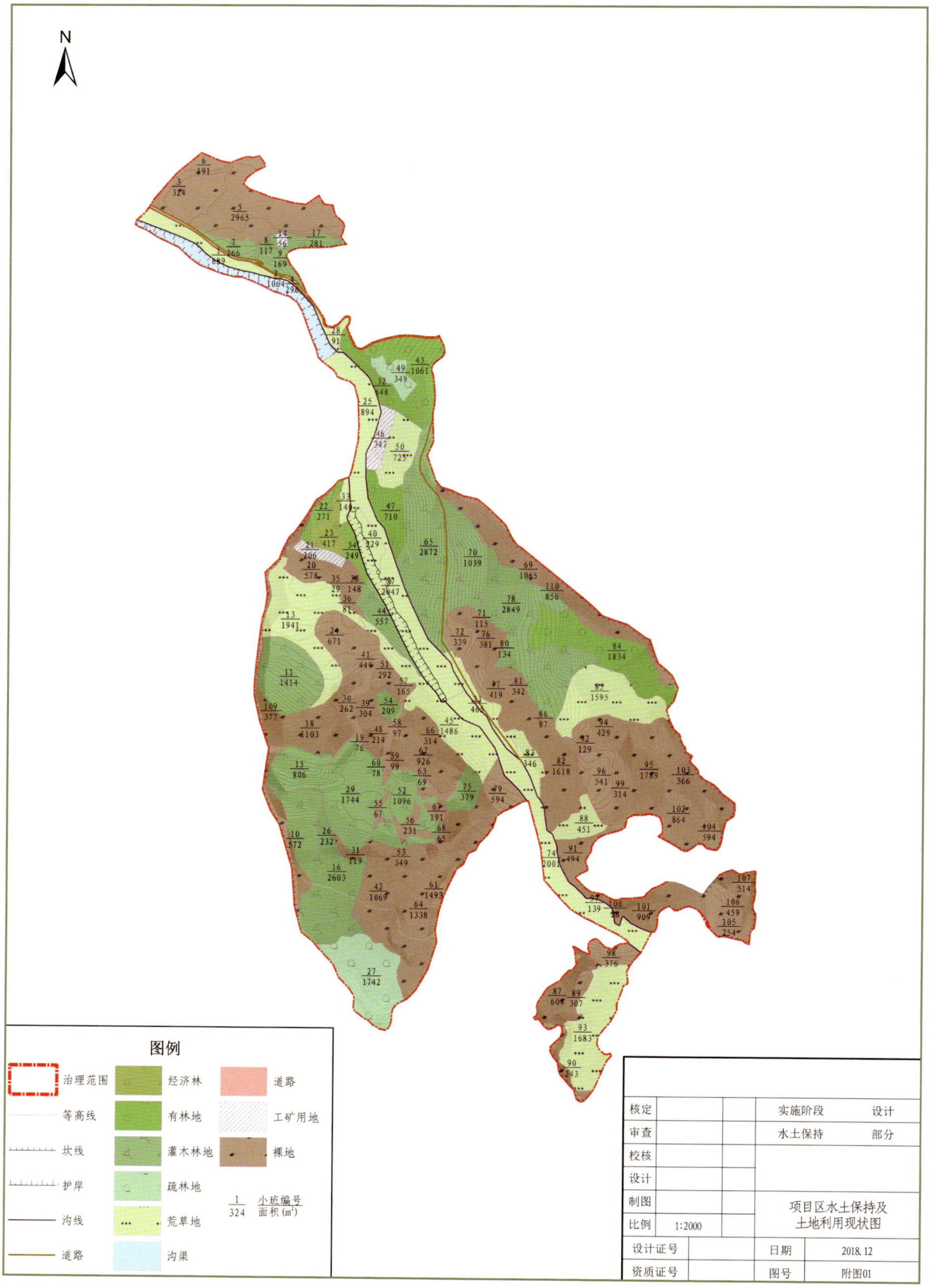

图4.2.2 项目区水土保持及土地利用现状

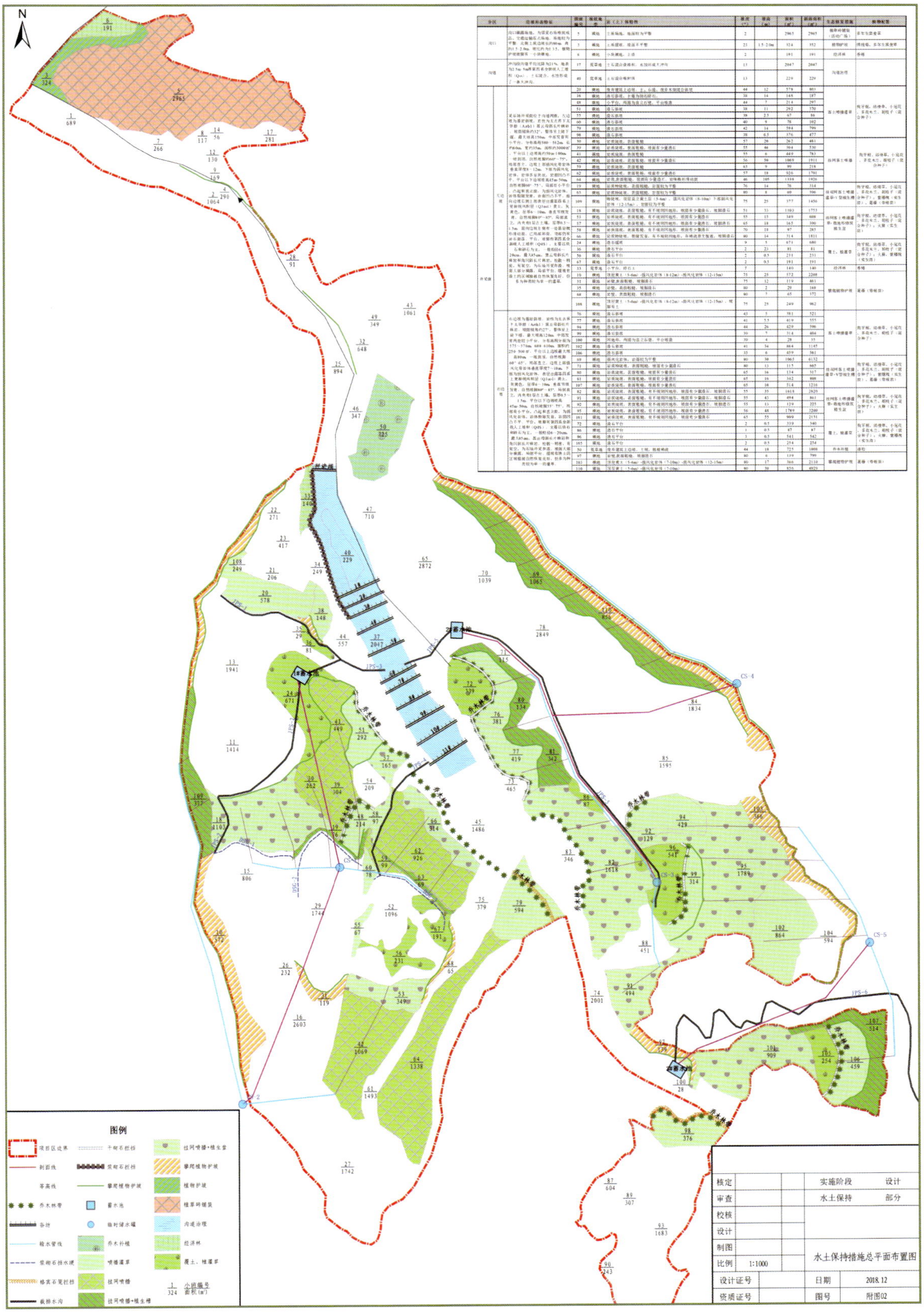

图4.2.3　项目区措施总平面布置

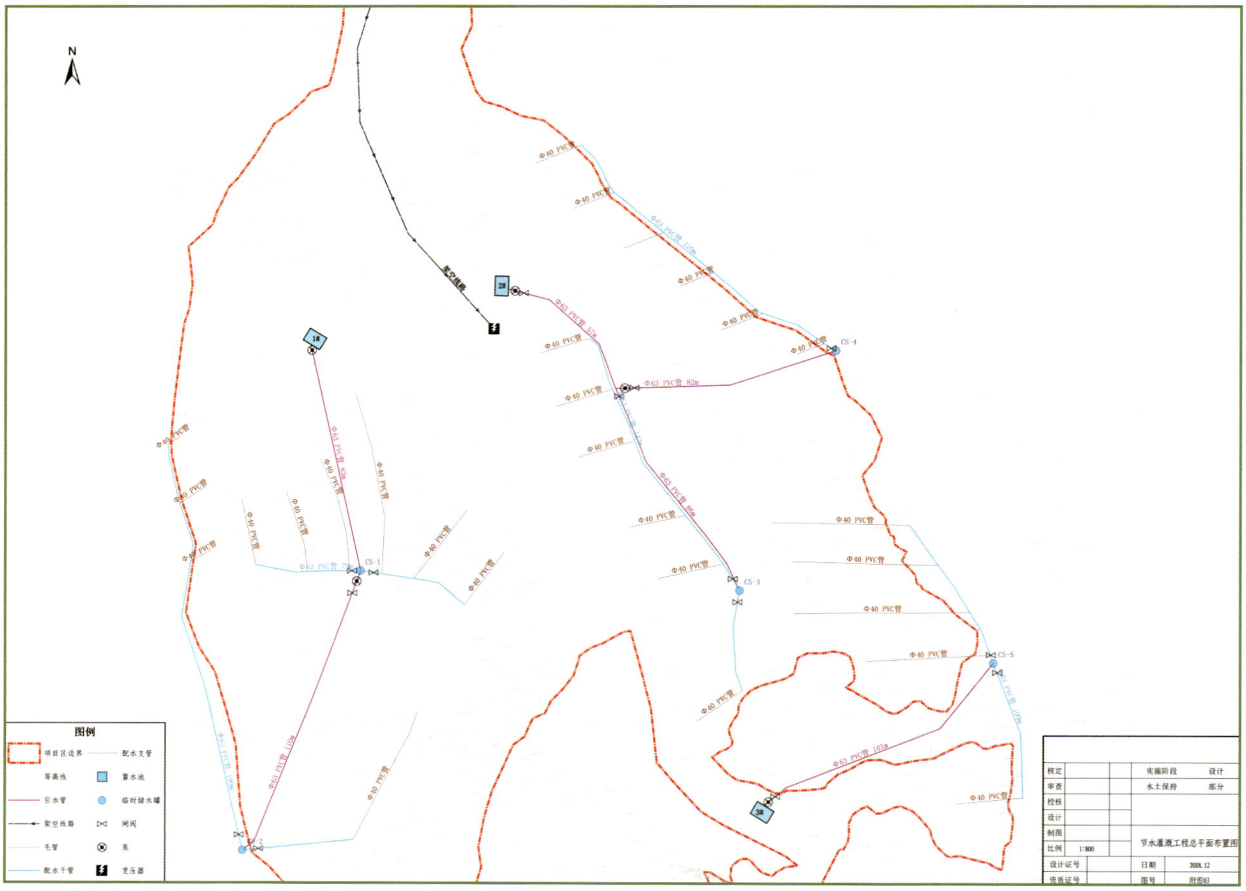

图4.2.4 项目区养护浇灌设施布置

2m，主辅锚杆梅花形交替排列；锚杆头设90°弯钩。

③挂网：镀锌铁丝波纹网，铁丝直径2.8mm，网眼50mm×50mm。挂网时自上而下铺放，相邻两卷网搭接10cm，用铁丝绑扎连接。网用铁线与锚杆弯头绑扎固定。

④网铺好后，沿坡面竖向每隔2m设一条直径8mm钢筋，与主、辅锚杆绑扎相连，以增强镀锌网与铺杆的连接。

⑤喷客土层：用湿喷机喷射，喷敷厚度10cm。

⑥ 在客土层上喷播植草，种子配比：草本选择狗牙根、多年生黑麦草、小冠花（配比5∶3∶2），混种量为10g/m^2；灌木种子选择多花木蓝、胡枝子（配比5∶5），混种量为20g/m^2。

⑦喷播后及时覆盖透气无纺布，以防雨水冲刷；根据施工季节特点做好养护，要求成活率不低于90%。

⑧坡顶开口线设置倒角，并采用绿化代替圬工锁边，边缘保持原生态植被。

2．植生盆

利用微凹地形建造植生盆。植生盆直径＞50cm，深度＞50cm。植生盆主要包括边墙、种植土、植物三部分。边墙：采用C20混凝土现浇，厚度为15cm，高50cm。挡土墙底部通过预先打入石壁的锚杆与岩体结合，锚杆打入岩体深度为60cm，深入挡土墙深度为30cm。锚杆取直径12mm的螺纹钢，钻孔后打入岩体。种植土：植生盆内回填3/4体积的有机种植土，种植土成分包括客土、有机肥、复合肥、保水剂等。植物：在每个植生盆内栽植1～2株火棘（苗高80cm，冠幅50～60cm）。

3．“V”形槽

沿等高线水平布设“V”形槽，上下层间距2m。由锚板、锚筋、拉锚、排水孔、种植土、植物组成。锚板：采用C20现浇混凝土板，板内主筋、构造筋交错布置，深入岩体。锚筋：主筋采用Ⅲ级螺纹钢，钢筋直径22mm，长度1.5m，间距1m，深入岩体1m。构造筋采用Ⅲ级螺纹钢，钢筋直径18mm，长度1.0m，间距1m，与主筋间隔配置，深入岩体0.5m。分布筋采用圆钢，直径8mm，均布三排，间距为20cm。排水孔：布设在锚板底部，布设间距为2m，孔径2cm，采用直径20mmPVC管预埋，排水孔顶部盖土工布。

钻孔：边坡清理危石、浮石后，沿石壁按设计间距钻孔，方向与立面约呈45°夹角。主筋钻孔孔径38mm，构造筋与主筋间隔配置，构造筋钻孔孔径34mm，孔内M30水泥砂浆灌注。

模板：模板底板夹挂在锚杆上。“V”形槽采用C20混凝土现浇，厚度10cm，宽度为0.5m，水平方向连续浇筑，每2m预留一个排水孔。

回填种植土：将土壤加有机肥、长效肥、保水剂混合后填入“V”形槽内，沉降后低于种植槽3cm。种植：槽内按种植图栽植植物。植物配置选择当地适生、耐旱、耐瘠薄的灌木和藤本，攀爬植物选择葛藤（2年生带根苗），栽植间距为0.3m，灌木选择紫穗槐（苗高50～60cm），栽植间距为0.5m。槽内表面撒播草籽。种植完成后，做好水肥养护。

“V”形槽间坡面采用双网喷混植生的方式进行复绿。

4．浆砌石挡墙

砌筑石料利用采石场现有剩余石料。项目区岩石为片麻岩，属于硬质岩，极限抗压强度＞60MPa，遇水软化系数Kr＞0.85，为良好的砌筑石料。浆砌石挡墙高3.0m，顶宽1.0m，背坡垂直，面坡倾斜，坡比为1∶0.25，基础埋深1.0m。墙趾宽0.5m、高0.5m，墙踵宽0.5m、高0.5m。采用M7.5砂浆砌筑，墙内埋设管径为50mm的PVC排水管，从墙后至墙前设5%纵坡。排水管沿墙体布置，间距1.0m，墙背后设置反滤包。挡墙每隔10m设置一道伸缩缝。

5．格宾石笼挡墙

石笼挡墙高2m，顶宽1m，底宽2m，埋深0.5m。石笼为低碳钢丝机编六边形双绞合网面组装而成的工程构件，内部填充石料。石料要求为坚硬、不易风化和水解的块石，粒径为100～300mm；填充后孔隙率不大于35%；挡墙下需要铺设一层无纺土工布作为反滤层；回填采用原土回填，压实度不小于90%。

6．干砌石挡墙

挡墙高1.5m，基础埋深0.3m，顶宽0.8m，面坡坡比1∶0.4，背坡垂直。挡墙基础采用M10浆砌石，干砌石背坡后设土工布。

7．沟道拦蓄工程

项目区沟道长3.33km，平均比降为21%，且堆渣量较大，本方案设计对其进行分段沟床整治，并在靠近沟口处布设一座浆砌石拦渣坝，沟道冲沟段布设11座格宾石笼谷坊。有效固定和抬高支沟、毛沟侵蚀基准面，防止沟道沟床下切，稳定坡面坡脚，拦蓄泥沙，减缓沟道纵坡，减小山洪流速，减轻山洪或泥石流危害，同时为沟道植被生长创造良好的生长环境。

8．截排水及雨水集蓄工程

在边坡坡顶、坡脚设截排水沟。硬质岩区排水沟直接开槽，土质区采用浆砌石矩形排水沟，硬质岩区截水采用浆砌石挡水埂形式。根据校核计算，排水沟断面尺寸取0.4m×0.4m，衬砌厚度为0.3m，采用M10浆砌石。挡水埂高度取0.4m，基础埋深0.2m，采用M10浆砌石砌筑。浆砌石排水沟、挡水埂每隔10m设一条伸缩缝。

在边坡坡脚地势平缓处修建蓄水池，共布设3座100m^3蓄水池，蓄水池来水为截排水沟汇集的径流。干旱期通过拉水泵入蓄水池解决浇灌用水问题。

9．边坡滴灌

本项目设计养护期为3年，由于项目区地形复杂，高差变化大，基本为坡面植被的养护。本项目设置边坡滴灌，水源为项目区内的蓄水池，以及通过水泵将水抽至坡顶的临时储水罐，自流滴灌。布设5座临时成品PE储水罐，容积为15m^3，配备提水水泵、输配水管道、用电线路等必要设施。

管网分为输水管网和配水管网，输水管采用PVC管，通过水泵加压，将沟底蓄水池中的水输送至坡顶临时储水罐，配水管网分为3级，即为干管和支管、毛管，干管采用PVC管，支管、毛管采用PE管。干管从临时储水罐接出，通过配水管网自流滴灌，支管垂直干管布设，布设间距约20m，毛管垂直于支管布设，布设间距为2m。水泵的选型根据设计工况需要的扬程和流量确定，本系统蓄水池处选用潜水泵，压力不足时采用管道泵加压。

为满足采石场灌溉养护用电需求，项目区架设1km线路，用电从10kV高压线路接入，配套一台变压器，一次电压为10kV，二次电压为380V。

10．高边坡安全施工注意事项

本项目存在较多的高陡裸露边坡，施工前，应认真检查作业区及周边边坡的稳定情况，排除危石及障碍物，确保在安全的状态下进行边坡施工。施工中对边坡的稳定性进行监测，发现异常变化立即报告处理。

清理浮石、危石应从上而下顺序进行。严禁在危石下方作业、休息和存放机具。严禁站在易滑坡落石下方撬挖，严禁同一断面上下同时挖掘。

高边坡施工应设置安全通道，开挖工作面应与装运作业面相互错开，严禁上下交叉作业。设置安全防护栏杆和明显的安全警示标志，并派专人在现场监护。

施工作业人员必须戴好安全帽，系好安全带，绑挂安全带的绳索牢固地拴在可靠的安全桩上，绳索应垂直，不得在同一个安全桩拴2根绳，不得在一根安全绳上拴2个人。

在工作面打孔、安装锚杆等作业时，要严格执行高空作业的各项安全规定。作业所用材料要堆放平稳，工具应随手放入工具袋内，上下传递物件不得抛掷。

遇有大雨、大雪、大雾及六级（含六级）以上大风等恶劣天气时，应停止作业。高边坡路堤下方有道路的，施工时应设置警示标志。

从事高边坡作业人员应定期体检，患有不适于高空作业疾病的人员不得从事高边坡作业。

（五）工程量统计

项目区总面积7.16hm^2，综合治理面积为6.12hm^2，其中边坡治理面积3.29hm^2。

1. 工程措施

拦挡工程：517.2m，包含干砌石挡墙348.0m，浆砌石挡墙82.8m，格宾石笼挡墙86.4m。

沟道治理工程：包含沟床整治2276.47m^2，拦渣坝1座，格宾石笼谷坊11座。

截排水及雨水集蓄工程：包含截排水沟824.4m，挡水埂132m，蓄水池3座，沉砂池3座。

节水灌溉工程：包含储水罐5座，输水管网678m，配水管1975m，滴灌管15236m，潜水泵3台，立式离心泵3套，变压器1台，架空线路1km。

2. 复绿措施

边坡治理工程：综合措施复绿面积32957m^2，包括喷混植生7549m^2，“喷混植生+植生盆”14104m^2，“‘V’形槽+双网喷混植生”11304m^2。其中，“V”形槽5652m（紫穗槐11304株，葛藤18840株），植生盆882个（火棘882株），客土喷播6937m^2。

平台植灌草2404m^2（火棘4790株，紫穗槐4790株），渣坡坡脚植乔木435m（刺槐218株），活动广场植物护坡352m^2（绣线菊1410株），攀爬植物护坡1836m（爬山虎313株），乔木补植1007m^2（油松89株），经济林330m^2（香椿147株），养护期3年。

3. 其他措施

包含建筑垃圾清理1086m^3，植草砖铺装2964m^2，宣传牌1个。

（六）初步设计图

（1）典型边坡断面：图4.2.5

（2）45°以下渣石坡复绿（一）：图4.2.6

（3）45°以下渣石坡复绿（二）：图4.2.7

（4）挂网客土喷播（喷混植生）大样：图4.2.8

（5）“V”形槽大样：图4.2.9

（6）沟道治理工程措施断面：图4.2.10

（7）拦渣坝典型断面：图4.2.11

（8）格宾谷坊典型断面：图4.2.12

（9）石笼及浆砌石挡墙典型断面：图4.2.13

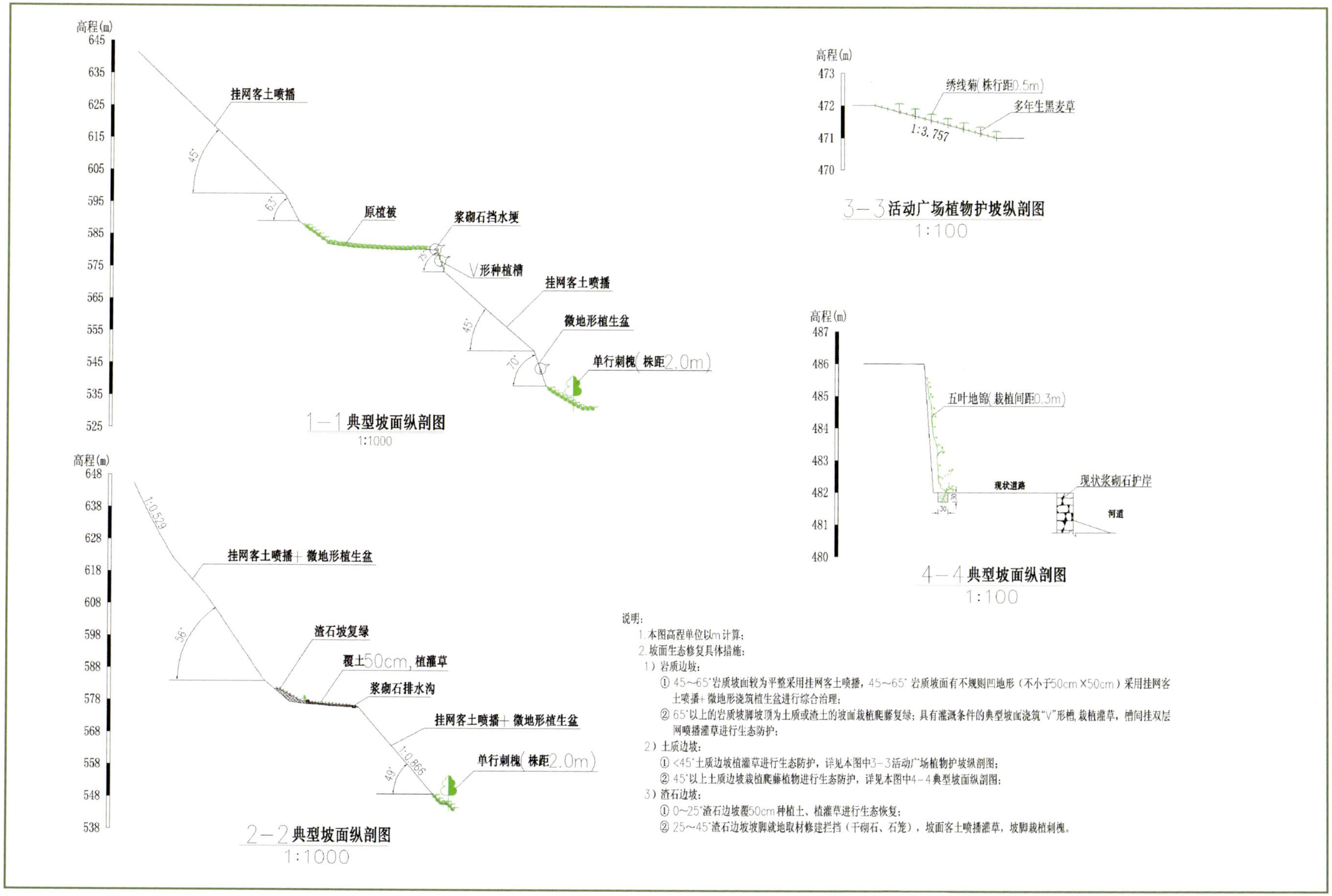
高程(m)
645
635
625
615
605
595
585
575
565
555
545
535
525
挂网客土喷播
45°
63°
原植被
浆砌石挡水埂
V形种植槽
挂网客土喷播
45°
70°
微地形植生盆
单行刺槐(株距2.0m)
1—1典型坡面纵剖图
1:1000
高程(m)
648
638
628
618
608
598
588
578
568
558
548
538
1:0.529
挂网客土喷播+微地形植生盆
56°
渣石坡复绿
覆土50cm,植灌草
浆砌石排水沟
挂网客土喷播+微地形植生盆
1:0.866
49°
单行刺槐(株距2.0m)
2—2典型坡面纵剖图
1:1000
高程(m)
473
472
471
470
绣线菊(株行距0.5m)
多年生黑麦草
1:3.757
3—3活动广场植物护坡纵剖图
1:100
高程(m)
487
486
485
484
483
482
481
480
五叶地锦(栽植间距0.3m)
现状道路
现状浆砌石护岸
河道
4—4典型坡面纵剖图
1:100
说明:
1.本图高程单位以m计算;
2.坡面生态修复具体措施:
1)岩质边坡:
①45~65°岩质坡面较为平整采用挂网客土喷播,45~65°岩质坡面有不规则凹地形(不小于50cm×50cm)采用挂网客土喷播+微地形浇筑植生盆进行综合治理;
②65°以上的岩质坡脚坡顶为土质或渣土的坡面栽植爬藤复绿;具有灌溉条件的典型坡面浇筑"V"形槽,栽植灌草,槽间挂双层网喷播灌草进行生态防护;
2)土质边坡:
①<45°土质边坡植灌草进行生态防护,详见本图中3—3活动广场植物护坡纵剖图;
②45°以上土质边坡栽植爬藤植物进行生态防护,详见本图中4—4典型坡面纵剖图;
3)渣石边坡:
①0~25°渣石边坡覆50cm种植土、植灌草进行生态恢复;
②25~45°渣石边坡坡脚就地取材修建拦挡(干砌石、石笼),坡面客土喷播灌草,坡脚栽植刺槐。

图4.2.5 典型边坡断面

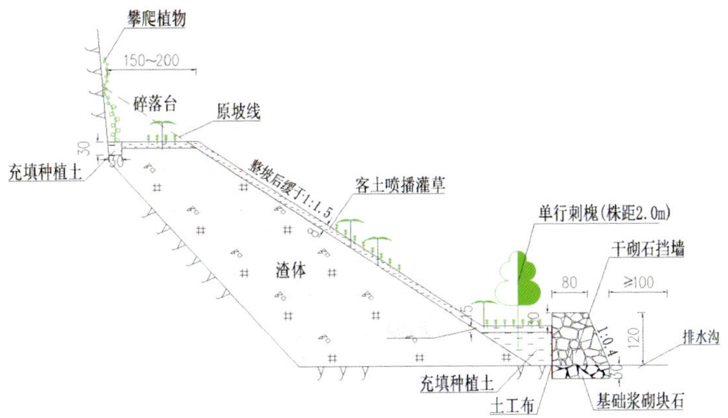

渣石坡(25～45°)复绿典型纵剖图(一)

1:100

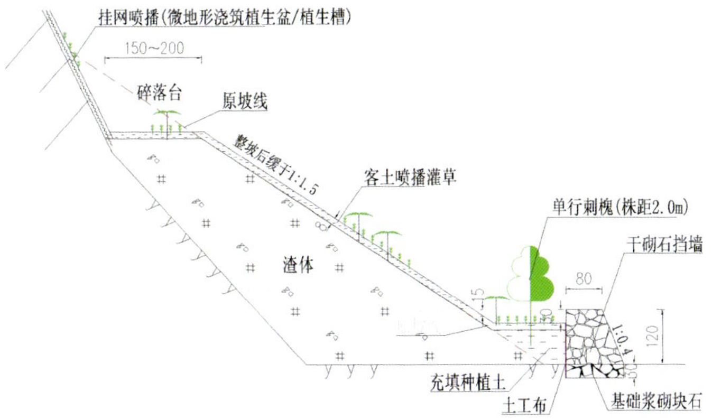

渣石坡(25～45°)复绿典型纵剖图(二)

1:100

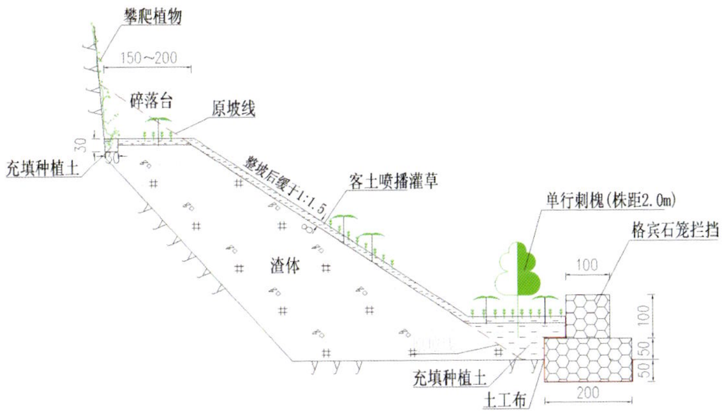

渣石坡(25～45°)复绿典型纵剖图(三)

1:100

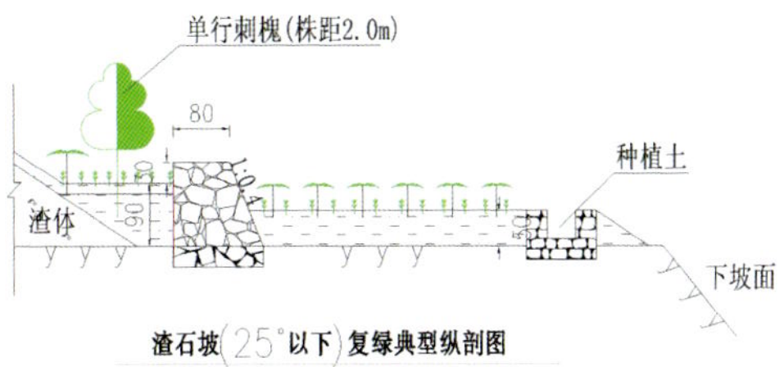

渣石坡(25°以下)复绿典型纵剖图

1:100

说明:

1.除特别说明外，本图单位以cm计算。

2.本图适用于坡度为0～45°的渣石坡面。

3.进行生态恢复前先对渣石坡进行修整，渣顶卸载，设宽1.5～2.0m碎落台，坡面进行平整，清理垃圾、大石，并在坡脚设干砌石或格宾石笼拦挡，干砌石拦挡石料就地取材。

4.上坡面岩坡根据相关复绿设计进行复绿,具体分为以下两种情况:

A-上坡面为直立岩壁，采用攀爬植物（葛藤）进行垂直复绿；

B-上坡面岩坡坡度为45～65°，挂网客土喷播，并根据微地形因地制宜浇筑植生盆。

5.坡脚根据具体位置因地制宜采用干砌石拦挡或格宾石笼拦挡，具体分为以下两种情况:

A-坡脚不受水流冲刷处采用干砌石拦挡;

B-沟底坡脚会受水流冲刷处采用格宾石笼拦挡。

6.植物措施设计详见相关附图。

图4.2.6　45°以下渣石坡复绿（一）

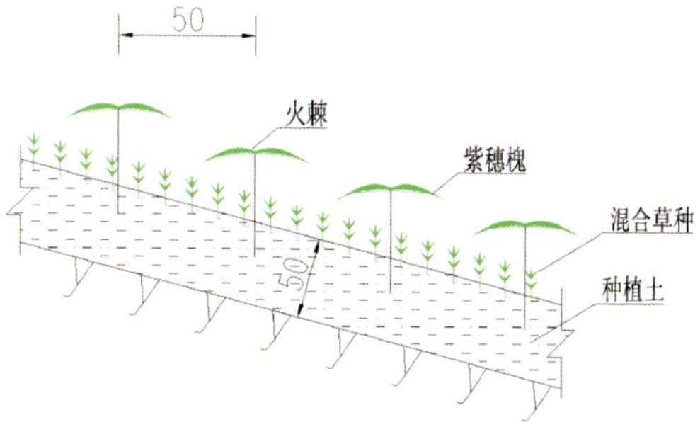

25°渣石坡复绿典型剖面图
1:25

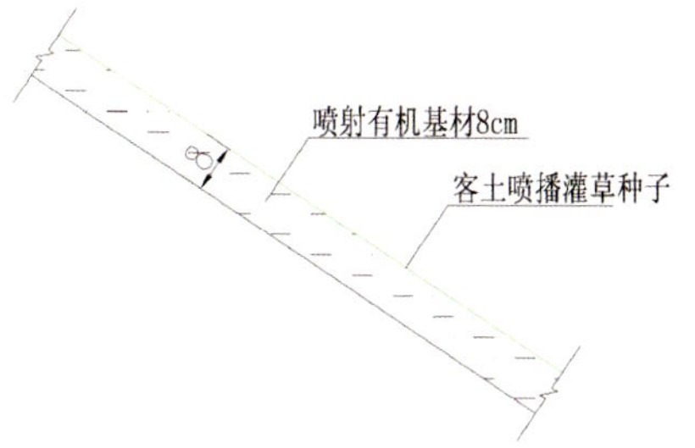

25～45°渣石坡复绿典型剖面图
1:25

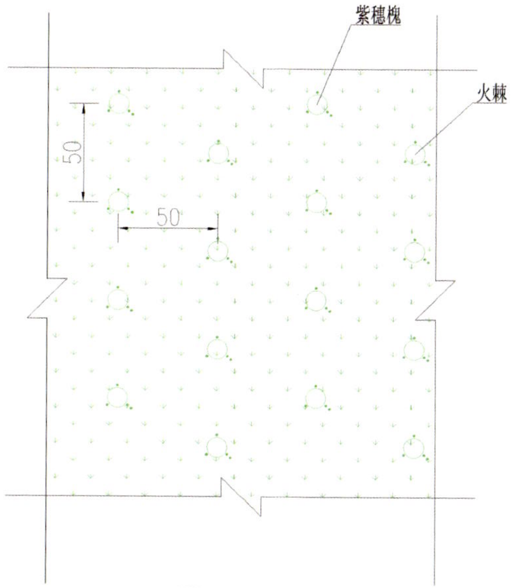

15°渣石坡平面图
1:25

苗木栽植密度

类型	种植模式	树种	株距	行距	种植密度	规　格	种植方法
灌木林	混交林	火　棘	0.5m	0.5m	4000株/hm^2	苗高50～60cm	植苗造林
		紫穗槐	0.5m	0.5m	4000株/hm^2	苗高1.0m，冠幅60～80m	植苗造林

种植技术及要求

项目	时　间	方　式	规格与要求
种植	春秋季	植苗	
抚育	栽植后	浇水除草	浇水2次，除草1次

说明：

1.本图单位以cm计算。

2.0～15°渣石坡覆种植土后栽植火棘、紫穗槐，林下撒播混合草种进行生态恢复，草种选择狗牙根、多年生黑麦草、小冠花（配比5：3：2），灌木种子选择多花木蓝、胡枝子（配比5:5），混种量为10g/m^2。

3.喷播草种选择狗牙根、多年生黑麦草、小冠花（配比5：3：2），混种量为10g/m^2，灌木种子选择多花木蓝、胡枝子（配比5:5），混种量为20g/m^2。

图4.2.7　45°以下渣石坡复绿（二）

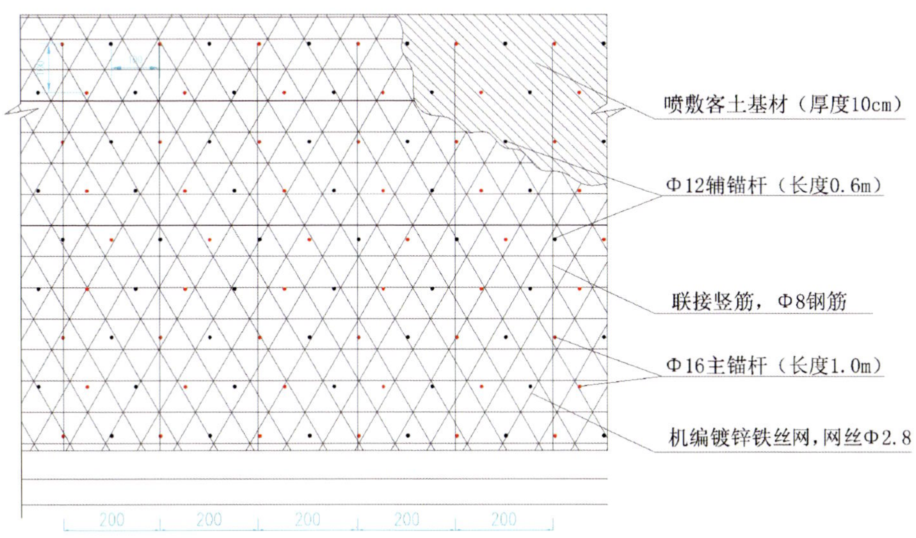

喷混植生平面布置图

1:100

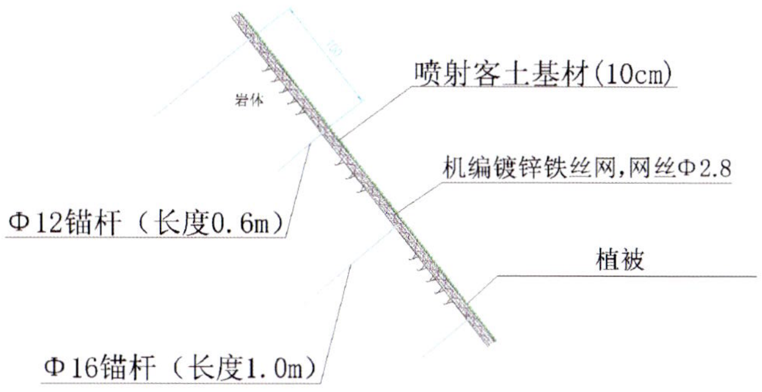

喷混植生纵剖图

1:50

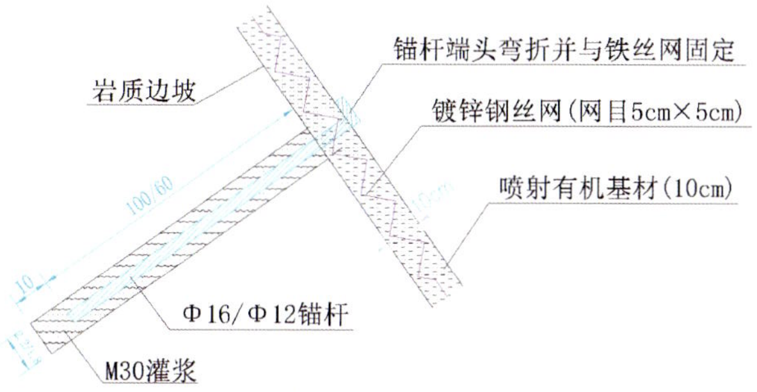

锚杆大样图

说明：

1. 本图单位以cm计算,钢筋单位以mm计。
2. 适用于45～65° 岩质坡面，坡面有凹陷微地形（不小于50cm×50cm）时浇筑植生盆进行绿化。
3. 岩质边坡进行生态防护之前，首先清理危石、浮石、浮渣，对局部陡峭部位进行削方去除。
4. 锚杆：主锚杆Φ16钢筋，长1m，间距2m，辅锚杆Φ12钢筋，长0.6m，间距2m，主辅锚杆梅花形交替排列；锚杆头设90° 弯钩。坡面钻孔后放入锚杆，M30水泥砂浆灌注。
5. 挂网：采用机编镀锌铁丝网，线径Φ2.8mm，网孔5cm×5cm。网在坡顶反折50cm埋压，网间搭接不小于10cm，用细铁丝绑扎，网用铁线与锚杆弯头绑扎固定。
6. 网铺好后，沿坡面竖向每隔2m设一条Φ8钢筋，与主、辅锚杆绑扎相连，以增强镀锌网与锚杆的链接。
7. 喷客土层：用湿喷机喷射，喷敷厚度10cm。
8. 在客土层上喷播植草，种子配比：草种选择狗牙根、多年生黑麦草、小冠花（配比5:3:2），混种量为10g/m^2，灌木种子选择多花木蓝、胡枝子（配比5:5），混种量为20g/m^2。
9. 喷播后及时覆盖无纺布，以防雨水冲刷；根据施工季节特点做好养护，要求成活率不低于90%。

图4.2.8　挂网客土喷播（喷混植生）大样

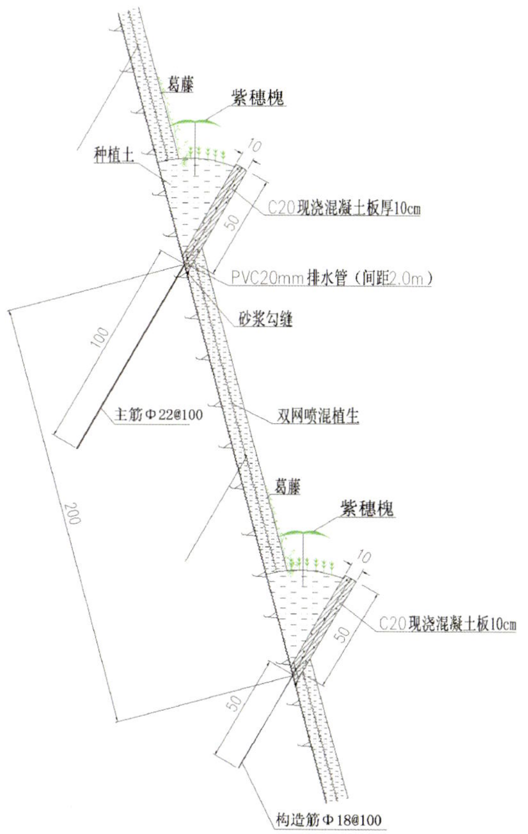

“V”形槽复绿横断面图

1:20

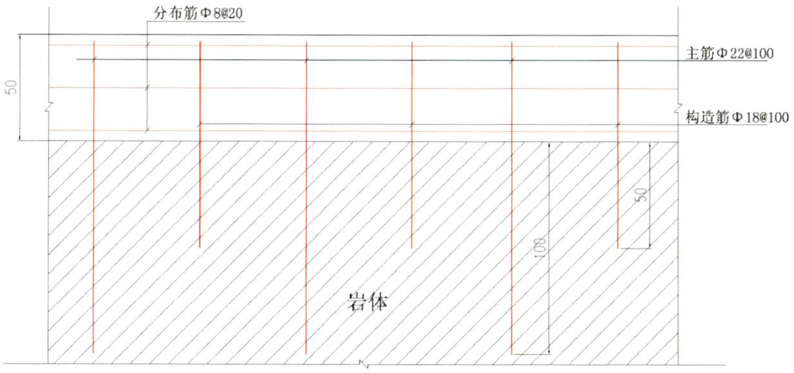

种植槽板配筋图

1:20

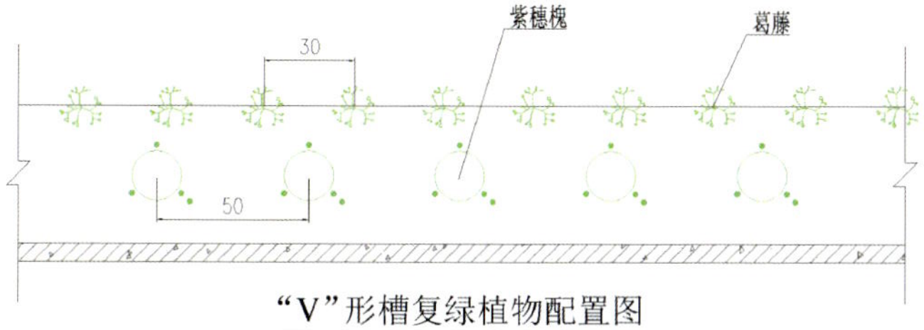

“V”形槽复绿植物配置图

1:20

说明：

1. 本图单位以cm计算，钢筋单位以mm计。

2. 沿等高线水平布设V形槽，上下层间距2m。锚板：采用C20现浇混凝土板，板内主筋、构造筋交错布置，深入岩体。锚筋：主筋采用III级螺纹钢，钢筋Φ22mm，长度1.5m，间距1m，深入岩体1m。构造筋Φ18mm，长度1.0m，间距1m，与主筋间隔配置，深入岩体0.5m。分布筋采用圆钢，直径Φ8mm，均布三排，间距为20cm。排水孔：布设在锚板底部，布设间距为2m，孔径2cm，采用Φ20mmPVC管预埋，排水孔顶部盖土工布。

3. 钻孔：边坡清理危石、浮石后，沿石壁按设计间距钻孔，方向与立面约呈45°夹角。主筋钻孔孔径38mm，构造筋与主筋间隔配置，构造筋钻孔孔径34mm，孔内M30水泥砂浆灌注。

4. 模板：模板底板夹挂在锚杆上。V形槽采用C20混凝土现浇，厚度10cm，宽度为0.5m，水平方向连续浇筑，每2米预留一排水孔。

5. 槽内回填种植土：将土壤加有机肥、长效肥、保水剂混合后填入V形槽内，沉降后低于种植槽3cm。种植：槽内按种植图栽植植物。爬藤选择葛藤（2年生带根苗），栽植间距为0.3m，灌木选择紫穗槐（苗高50～60cm），栽植间距为0.5m。槽内表面撒播草籽。

6. 种植完成后，做好水肥养护。

图4.2.9 “V”形槽大样

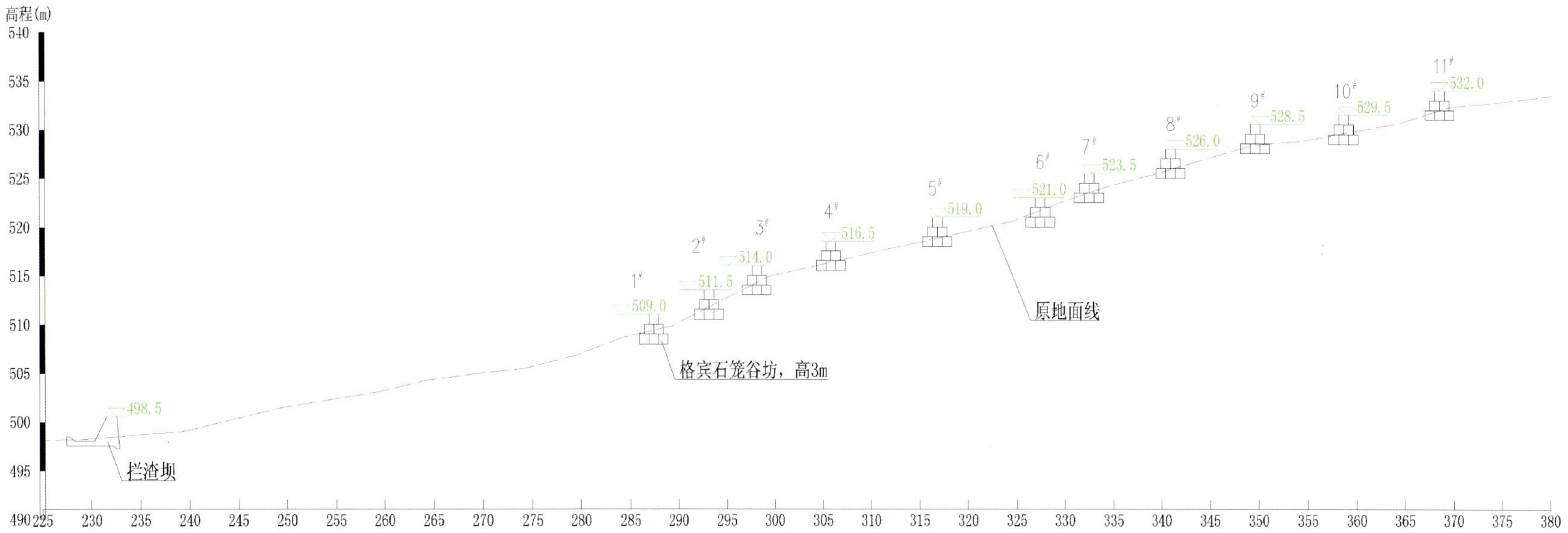

沟道治理工程纵断面图

1:500

说明：

1. 图中单位为m。
2. 在桩号为GD0+232m处布设一座高3m的浆砌石拦渣坝，在桩号为GD0+288～GD0+369处布设11座格宾石笼谷坊，高3m。

图4.2.10　沟道治理工程措施断面

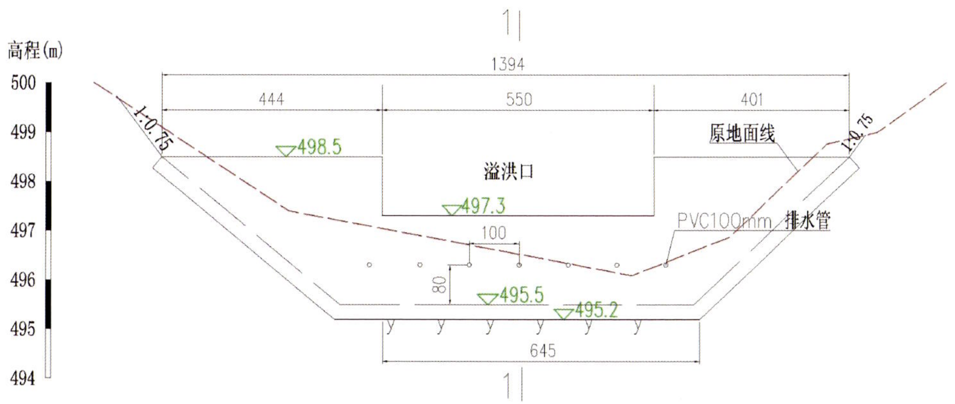

拦渣坝立面图

1:100

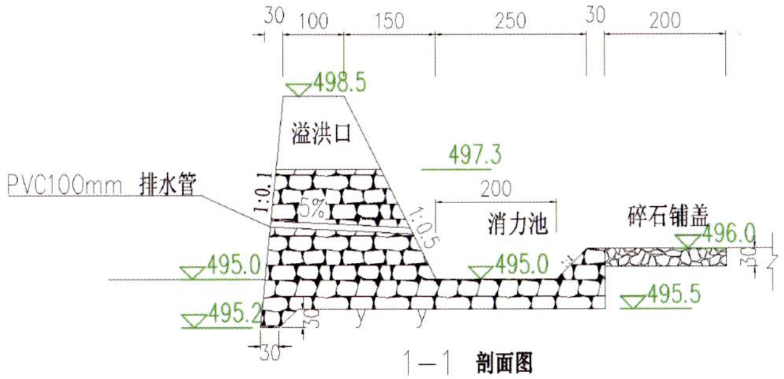

1—1 剖面图

1:100

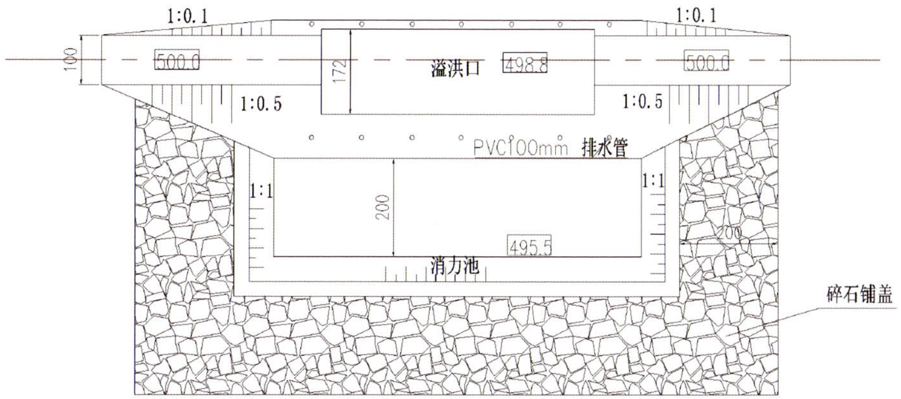

拦渣坝平面图

1:100

说明：

1.图中高程单位为m,其他尺寸标注单位均为cm。

2.施工前按照相关技术要求进行清基，基础开挖至岩基。因有测量误差，基础开挖深度、坝肩放坡坡比以及消力池的宽度根据实际地形确定。

3.砌筑石料质地坚硬、均匀、无风化，石料厚度不小于30cm，接缝宽度不大于2.5cm。

4.排水管采用Φ100mmPVC管，石料砌筑前预埋。

图4.2.11　拦渣坝典型断面

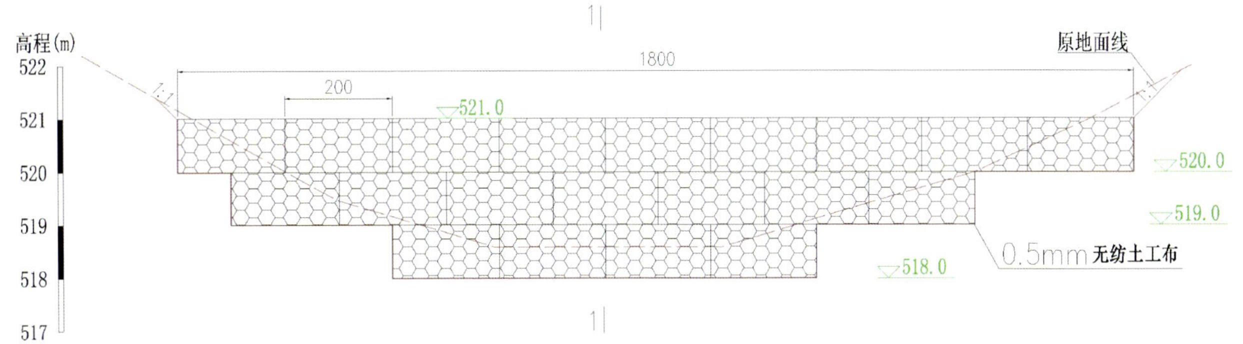

6# 格宾石笼谷坊立面图

1:100

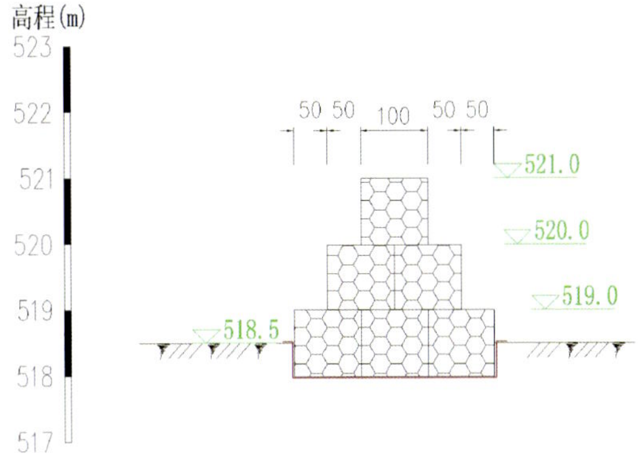

1—1 剖面图

1:100

格宾石笼谷坊设计参数及工程量表

编号	长度（m）	高度（m）	顶部高程（m）	底部高程（m）	土方开挖（m³）	土方回填（m³）	土工布（m²）	格宾石笼（m³）
1#	15.6	3	509	506	23.77	18.73	41.21	58.09
2#	16.3	3	511.5	508.5	24.84	19.57	43.06	60.69
3#	17	3	514	511	25.91	20.41	44.91	63.30
4#	18.1	3	516.5	513.5	27.58	21.73	47.82	67.39
5#	17.7	3	519	516	26.97	21.25	46.76	65.90
6#	18.8	3	521	518	28.65	22.58	49.67	70.00
7#	18.8	3	523.5	520.5	28.65	22.58	49.67	70.00
8#	18.9	3	526	523	28.80	22.70	49.93	70.37
9#	18.7	3	528.5	525.5	28.50	22.45	49.40	69.63
10#	16.9	3	529	526	25.75	20.29	44.65	62.93
11#	22.9	3	532	529	34.90	27.50	60.50	85.27
合计	199.7	/	/	/	304.33	239.80	527.56	743.56

说明：

1. 图中尺寸单位为cm，高程单位为m。
2. 本项目共布设11座格宾石笼谷坊，采用相同横断面尺寸，高3m，长度根据具体地形确定.本项目以6#谷坊为典型进行设计。
3. 格宾内部填充石料要求为坚硬、不易风化和水解的卵石或者块石，粒径为100～300mm；填充后孔隙率不大于35%。
4. 格宾采用热厚镀锌并且覆塑的方式作为防腐镀层。

图4.2.12　格宾谷坊典型断面

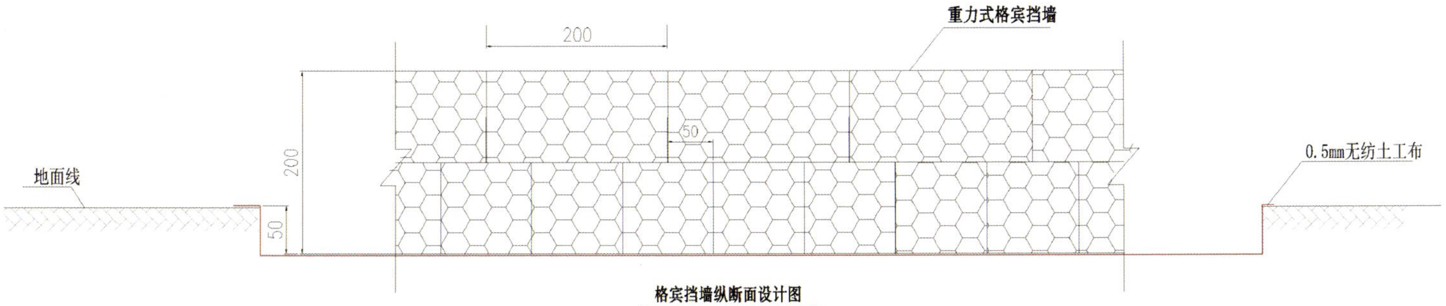

格宾挡墙纵断面设计图
1:50

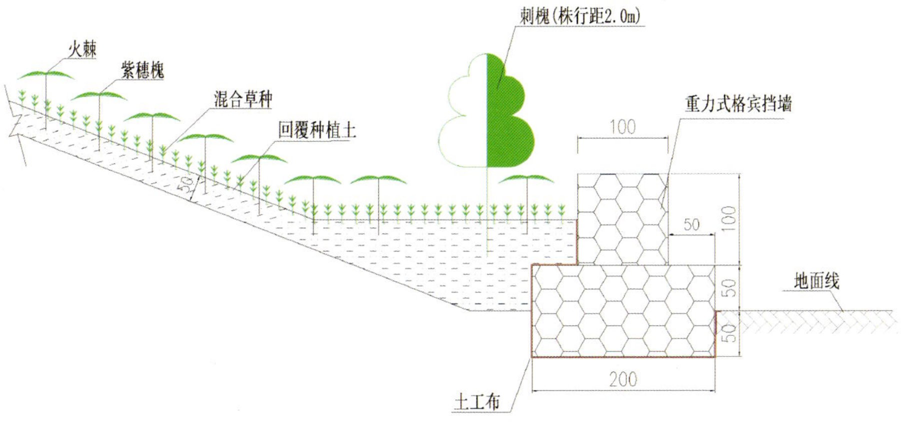

堆渣体格宾挡墙及坡面复绿剖面图
1:50

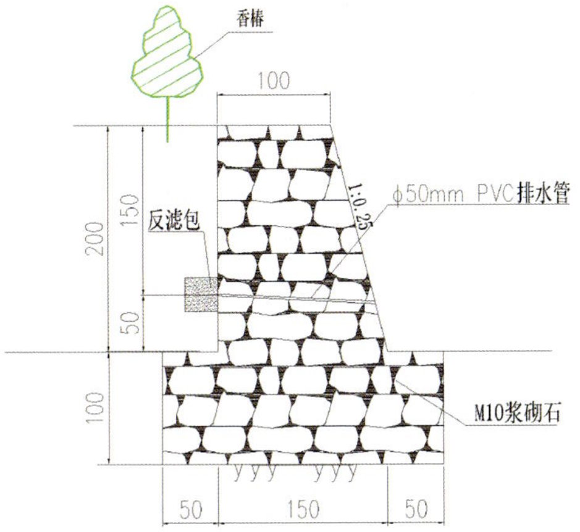

浆砌石挡墙典型横断面图
1:50

说明：
1. 图中尺寸单位均为cm。
2. 格宾内部填充石料要求为坚硬、不易风化和水解的块石，粒径为100~300mm；填充后孔隙率不大于35%。
3. 格宾采用热厚镀锌并且覆塑的方式作为防腐镀层。
4. 浆石挡墙按修整后的沟道走向布设，每隔10m设一条伸缩缝。
5. 挡土墙排水管采用φ50mmPVC管，布设间距为1.0m。

图4.2.13　石笼及浆砌石挡墙典型断面

二、大水坑东信石场山体裸露边坡复绿工程

（一）项目概况

深圳大水坑原东信石场位于深圳市盐田港黄金海岸与三洲田风景区交汇处沿海高速公路的北侧。根据1998年交通部和广东省批准的《深圳港总体布局规划》，盐田港东港区规划港界内的临海山地属建港开挖范围，由东信石场为盐田港码头建设提供专用骨料，开采期限于2001年11月30日到期。经过多年的无序开采，东信石场所形成的裸露山体缺口边坡十分陡峭、凌乱，对景观也造成了严重的破坏，一度成为人们关注的焦点。

为保护深圳东部海岸自然景观，2001年盐田港集团对盐田港区东港区规划进行重大调整，将东港区港界向海域前移，以避免对临海山体的大规模开挖。因盐田港码头工程（三期）建设对石料的需要，结合码头工程建设对大水坑原东信石场裸露边坡进行综合整治，此举既可解决东港区建设的石料短缺问题，又可为政府节约巨额的整治费用。2002年5月底，深圳市政府与盐田港集团签订了《关于治理严重影响城市景观的裸露山体缺口目标责任书》，内容包括大水坑综合整治和盐田港（九径口）边坡整治。2003年5月至12月，先后开展了林木砍伐证办理、工程地质灾害评估、爆破震动对周边影响分析、环境监察与审核等工作，2004年1月，市公安局批准了爆破施工方案。

大水坑整治方案总需开挖土石方565万m^3，全部用于盐田港三期填海工程。整治开采自上而下分台阶剥离开挖，终了台阶坡面角70°，终了边坡角45°，形成28级安全台阶，台阶平均高度7.5m，平台宽度分别为4m、8m，终了场地标高为65m，坡顶标高278m，最大边坡高度达213m。

大水坑原东信石场生态治理工程分为三期。一期位于山顶，由于砍伐林木，造成裸露边坡面积2.2万㎡，为土质和土加石边坡，已于2004—2005年完成恢复。二期为山体中部岩质边坡（标高125m，第20级台阶以上），高差135m，总复绿面积20.28万m^2（坡面面积10.78万㎡、平台面积7.90万m^2、乱掘地面积1.61万m^2），已于2012年完成。

三期生态治理工程（大水坑东信石场裸露边坡复绿工程，2013年）位于山体下部，为遗留的80～125m标高（6级）裸露边坡，治理面积3.87万m^2，其中标高80～125m岩质边坡（20级台阶以下）绿化面积2万m^2，平台种植绿化1.87万m^2，由深圳市北林苑景观及建筑规划设计院有限公司设计，于2015年完成施工。

治理内容为设计红线范围内岩质边坡复绿、级间平台挡墙与回填种植土种植绿化。坡体边坡分为4～6级岩质边坡，坡高30～45m，每级边坡高7～9m，坡度60～70°，坡间平台宽1～8m，坡底为采石后遗留的沟道。

边坡地质状况为爆破开采后形成的裸露花岗岩边坡，坡面大部分裸露，与周边自然景观形成强烈反差，特别是雨季水土流失严重，严重影响周边的环境质量和盐三公路沿线的景观，同时，还存在塌方、滚石等安全隐患。

治理难点：坡体陡峭，岩石裸露，风化较为严重，松动的石块较多，缺乏植物生长所必需的土壤，土层难固定，易受暴雨危害，边坡整体缺水缺肥，水土流失严重，施工机械设备难于布置，施工

和人工养护困难。

图4.2.14　大水坑山体岩质裸露边坡治理前原貌（三期）

（二）设计依据与目标原则

1．设计依据

1）深圳市、盐田区政府相关部门对该项目建设的相关批文

2）大水坑裸露边坡复绿工程实测地形图

3）项目开采整治设计资料

4）项目开采整治水土保持方案设计资料

5）《深圳经济特区水土保持条例》，1997年3月

6）《边坡生态防护技术指南》（SZDB/Z 31—2010）

7）《水土保持综合治理技术规范》（GB/T 16453.1～16453.6—2008）

8）《水土保持综合治理验收规范》（GB/T 15773—2008）

9）深圳市农业地方标准《园林绿化施工规范》（DB440300/T 8—1999）

10）国家、地方及行业相关规范、规程及技术标准

2．设计目标原则

1）设计目标

整治后生态环境步入良性循环，景观得到显著改善。

2）设计原则

因地制宜、生态优先、经济合理、安全有效、可操作性强。

3）验收标准及要求

边坡生态防护基础工程验收标准应符合SL 386—2007和GB 50330—2002的要求；边坡生态防护工程验收程序及相关管理应符合GB/T 15773—2008的要求；边坡生态防护植被恢复工程验收及评价标准应满足下列要求：

①草本长势正常，生长量接近邻近山坡地草本的平均年生长量，1年后覆盖率达喷播面积的95%以上，3年后保存率90%以上。

②藤本长势正常，生长量接近平均年生长量，1年后成活率达95%以上，攀缘长度150cm以上；3年后保存率90%以上，攀缘长度300cm以上，植被覆盖率达85%以上。

③灌木长势正常，生长量接近邻近山坡灌木的平均年生长量85%，1年后保存率达95%以上，大灌木高度80cm以上，小灌木高度40cm以上，冠幅30cm以上；3年后保存率75%以上，高度150cm以上，植被覆盖率达85%以上。

④乔木长势正常，生长量接近邻近山坡乔木的平均年生长量65%以上，1年后保存率达95%以上，小苗高度100cm以上，冠幅60cm以上；大苗高度180cm以上，冠幅120cm以上；3年后乔木保存率75%以上，小苗高度250cm以上，大苗高度350cm以上，植被覆盖率达75%以上。

（三）总体方案

1．治理区划分

根据场地情况，本设计分为边坡区和平台迹地区（包括平台区和裸露缓坡及台地），具体分区情况参见表4.2.2。

2．排水系统

①排水系统组成：本设计在原设计（现状）排水的基础上完善排水系统，主要分为：坡顶截水沟、平台排水沟、坡面跌水槽、消力井、坡脚与原排水系统相连接排水设施等。

②设计标准：根据《水土保持综合治理技术规范》的有关规定，结合本项目工程特点，项目区内的临时排水采用10年一遇暴雨标准设计，永久性排水设施按照50年一遇进行设计。另外，对项目区雨水排入市政排洪渠按100年一遇进行校核。

③排水设施布置：坡顶截水沟修建在边坡开挖线上部，距开挖线3m以外视现状地形布置，边坡雨水汇流处及适当位置布置泄水槽进行分流排放（兼顾与现状排水系统连接）；为适应边坡施工条件，平台排水沟采用钢筋混凝土预制构件，平台排水沟与种植槽结合修建，平台排水沟平面布置根据平台宽带大小分别为：B≤3m安放在坡脚处、B＞3m安放在平台外侧，一般排水坡率不小于0.01；坡面跌水槽与平台排水沟接合处布置消力井，同时也兼作消力池使用。

3．平台植生槽及挡土墙

①平台植生槽布置：沿现有开挖平台水平方向布置平台植生槽，平台外侧设置挡土墙形成植生槽，槽内回填种植土种植乔、灌、藤绿化。

②挡土墙设计：挡土墙在坡底采用浆砌石结构，边坡以上平台考虑运输及安全等因素均采用锚固钢筋混凝土结构挡土墙。

4．生态复绿措施

1）边坡区

现状石质边坡坡度多为55～80°，生态环境十分脆弱，采用挂网喷混植生复绿，营造植物生长基础，植生层平均厚度不小于120mm，草种选择狗牙根和百喜草等；灌木选择银合欢、多花木蓝和山毛豆等。

2）平台迹地区

①平台区绿化措施：现状平台宽度多为4～8m，是改善和营造环境条件的重点之一，对拦截坡面水流冲刷、增强水土保持功能、营造良性生态环境的基础条件具有重要作用，同时对坡面碎石下落的拦截发挥防护功能，种植槽修建方法为在平台外侧修筑挡墙，墙后空间回填种植土，槽内外侧种植灌木，内侧根据平台宽度种植乔木，坡脚种爬藤。乔木选用小叶榕、小叶相思、马占相思、木麻黄、铁刀木、木荷、洋紫荆、枫香、红楠、阴香、高山榕、黄槿、海南蒲桃、黎蒴、凤凰木等，乔木种植间距2m；灌木选用簕杜鹃、红绒球、夹竹桃、茶条木、五色梅、红叶石楠、桃金娘、黄蝉、紫薇等，种植间距1m；爬藤选用爬山虎、薜荔、油麻藤、炮仗花、葛藤等，爬藤种植间距25cm。

②裸露缓坡地及台地绿化：现状裸露缓坡地表层土均被挖除，且多为石质或石渣堆体，采用回填种植土+人工播灌草+种植乔灌木+植爬藤进行绿化。乔木选择小叶相思、小叶榕、凤凰木、洋紫荆等，灌木选择夹竹桃、桃金娘、红绒球等。乔木种植密度约1.5m×1.5m，灌木密度约1.0m×1.0m，进行组团混交（8～12棵），爬藤选用爬山虎、薜荔、油麻藤、炮仗花、葛藤等，爬藤种植间距25cm。

5．灌溉措施布置

本工程开挖边坡多为石质，坡度陡，易缺水，坡面绿化工程养护难度大，为保证整治效果及后期生态环境的良性恢复，在原有泵站的基础上，新建两个蓄水池，通过压力泵将水源从泵站提升至蓄水池，利用蓄水池（高程30～75m）水压由干管输水至平台支管，支管（间距6m）安装取水器结合人工进行浇灌。灌溉系统主要由水源、控制系统、输水管道三部分组成。

表4.2.2　项目分区及治理措施汇总表

<table>
<tr><th colspan="2">分区</th><th>投影面积（$\times10^4m^2$）</th><th>治理措施</th></tr>
<tr><td colspan="2">边坡区</td><td>1.82</td><td>沿边坡修建跌水槽，并设置灌溉系统，边坡采取喷混植生复绿</td></tr>
<tr><td rowspan="2">平台迹地区</td><td>坡间平台区</td><td>1.66</td><td>沿平台外侧修建锚固钢筋混凝土挡墙，在靠近挡土墙内侧设置截水沟，外侧种植灌木一排，内侧根据平台宽度种植多排乔木，坡底种爬藤一排</td></tr>
<tr><td>裸露缓坡及台地</td><td>0.32</td><td>沿迹地设置排水沟和消力池，修筑浆砌石挡土墙，并采取人工植草+种植乔灌木+植爬藤绿化措施</td></tr>
<tr><td colspan="2">合计</td><td>3.80</td><td></td></tr>
</table>

（四）技术工艺

1．边坡喷混植生

①坡面清理：在边坡稳定的基础上进行，清理施工应自上而下、分区进行，清除坡面浮石、修填凹槽，局部危石必要时采用静力爆破清除，同时做好安全防护措施（无法满足安全稳定要求坡体请专业部门进行加固处理）。

②锚杆施工：锚杆布置视边坡地质条件而定，经清理处理后坡面的锚杆直径14～18mm，长度800～1500mm（长、短锚杆间隔布置），锚孔深度在60～120cm，锚杆入孔后采用灌注M10水泥砂浆固定，铁丝网与坡面通过U形支架固定（保证铁丝网与坡面间距不小于100mm），锚杆及U形支架与铁丝网

采用16#铁丝绑扎固定。

③挂网选用过塑铁丝网，铁丝直径3.6mm，网孔规格50mm×50mm。铺设时将铁丝网沿坡面顺势铺下，铺整平顺后拉紧用锚杆及U形支架自上而下固定，确保铁丝网与岩质坡面的间距不小于100mm，铁丝网搭接处宽度不小于300mm，坡顶铺网应超出坡顶延伸1200mm以上埋入土中以保证其整体稳定可靠。

④喷混分两次喷射，第一次喷射基材平均厚度约9cm（最薄处7.5cm以上）大致将网基本覆盖，第二次喷射混有草籽和灌木种的混合基材1.5～2.5cm，混合基材（土壤、黏结剂、改良剂、有机肥、植物纤维、保水剂等）必须满足边坡植物初期发育及后期生长环境可持续发展的要求。

⑤喷播植物种子选择。草本：狗牙根（百慕大）$2g/m^2$，百喜草$1g/m^2$，糖蜜草$0.1g/m^2$；灌木：银合欢$5g/m^2$，山毛豆$5g/m^2$，木豆$5g/m^2$，野牡丹$1g/m^2$，多花木蓝$3g/m^2$，胡枝子$5g/m^2$。

⑥ 喷混后盖无纺布防晒及雨水冲刷，同时适时浇水养护，确保植物正常生长。

⑦喷混植生植物养护。盖好无纺布，用竹筷每隔30cm插牢固定，以防被风掀起，导致雨水对植生层和种子的冲刷；充分利用灌溉系统进行喷水，初期每天早晚各一次；施工15～20d后，草种子萌发后，揭去无纺布，促进生长；保持基质层湿润，保证种子发芽、成坪和苗木生长所需要的水分，同时定期进行施肥、补植及病虫害防治工作；在旱季视天气情况及时浇水和养护，使其逐步过渡到自然生长状态。

2．平台及缓坡台地植物配置

乔木：地径≥0.8cm，高≥80cm，种植间距150cm；灌木：地径≥0.6cm，高≥60cm，种植间距100cm；爬藤，地径≥0.2cm，高≥40cm，种植间距25cm。种类及数量见表4.2.3。

表4.2.3　平台迹地区种植苗木种类及数量

乔木				灌木		藤本	
凤凰木	350株	小叶相思	717株	桃金娘	170株	爬山虎	2098株
阴　香	350株	马占相思	717株	茶条木	170株	薜　荔	2098株
海南蒲桃	665株	木麻黄	717株	五色梅	170株	油麻藤	2098株
高山榕	629株	木　荷	108株	红叶石楠	577株	炮仗花	2098株
洋紫荆	665株	红　楠	108株	夹竹桃	577株	葛　藤	2098株
黄　槿	665株	枫　香	108株	红绒球	577株		
铁刀木	925株			簕杜鹃	367株		
黎　蒴	925株			紫　薇	367株		
小叶榕	610株			黄　蝉	367株		

平台种植及配置示意如图4.2.15所示。

3．种植土

①土质基本要求：pH值5.5～7.5，疏松，如果土壤黏性过高，建议加20%细沙改造，混合均匀，

以利于透气与排水。

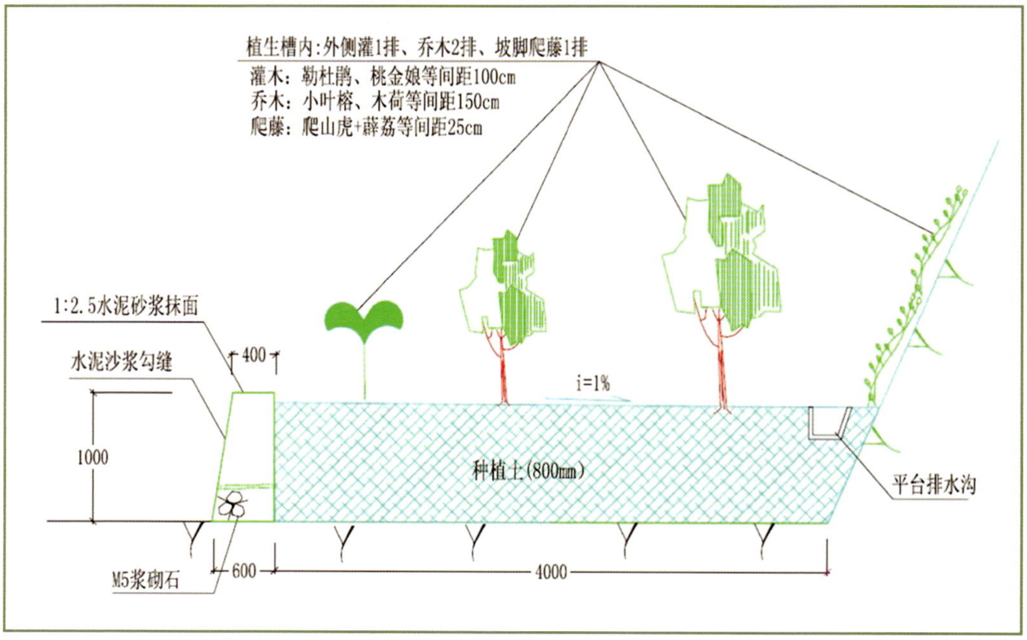

图4.2.15　平台植生槽绿化断面

②回填种植土质量可参照深圳市农业地方标准《园林绿化种植土质量》（DB440300/T 34—2008）相对应的质量参数要求。

③现场土质不符合规范要求时，应根据土质化验结果重新进行配置，以达到《园林绿化种植土质量》的要求。

4．苗木种植

1）基肥

基肥采用堆沤蘑菇肥或堆肥，蘑菇肥或堆肥+3%过磷酸钙+4%尿素进行堆沤后使用，基肥施用时按种植用量与泥土充分拌匀。

2）挖坑

栽植坑（穴）位置确定后，根据树种根系（或土球）大小确定挖坑（穴）的规格，一般要求比根幅或土球大20～30cm，坑（穴）上下口大小应一致。

3）苗木选择

要求根系发达，生长健壮，干粗壮通直，枝叶丰满，无病虫害和机械损伤，胸径、高度、冠幅达到设计要求，种植苗木带土球或为容器苗（袋苗），不可用裸根苗种植。

4）种植时间

以阴天无风天气最佳，晴天宜上午11时前或下午3时以后为好。

5）种植方法

先挖取适合苗木种植的坑穴，把苗木置于坑穴中放平扶正（若根系有塑料袋包扎，放置前应剪开包装袋，去除不易降解的材料），回填种植土，用木棍将土球四周捣实，填至满穴并踩实。

6）苗木养护

新植苗木在当日浇透第一遍定根水，以后应根据当地天气情况及时补水；遇干旱天气时，应增加浇水次数，在干热季节，应对新发芽放叶的树冠喷雾；浇水时应防止因水流过急冲刷根系，造成跑漏水；浇水后出现土壤沉陷，致使树木倾斜时，应及时扶正、培土。

施工完工初验后，后期养护期2年。要求如下：①根据墒情适时浇水，干旱季节应及时浇水。②补植补种：检查植物生长情况，发现死苗要及时补植。补植的苗木要求与原来植株规格相同，并进行追肥，保证植物达到验收标准的要求。③病虫害防治：根据树种和植被的特点，观察地块内病虫害情况，特别是5—9月病虫害易发阶段，应密切监视病虫害发生情况，一旦发生，及时喷洒对症药物消灭病虫，并结合冬季修剪，剪除病虫枝运离绿化区销毁。尽量采用生物防治办法，以减少对环境的污染，用化学方法防治时，药物及用量应符合环保的要求和标准。④台风暴雨前要对排水设施系统进行全面排查与疏通，发现问题及时处理，大风、暴雨过后，要对植物进行全面检查，对支撑木棍进行加固，修复倒伏的植株。⑤追肥：追施氮肥和复合肥，草坪按50g/m^2（分2～3次）进行尿素追肥，花木和乔灌木施用复合肥，灌木每株25g，乔木每株50g。⑥其他：清理杂物，除杂草，排渍除涝等。

5．施工安全防护措施

高边坡施工必须遵守下列规定：

①施工前完善及疏通坡顶原有的截水沟、平台排水沟，确保截排水通畅。

②严禁上下层交叉作业，施工人员必须系安全绳、戴安全帽，下方危险区域设置警示标志牌。

③机械在危险地段作业时，必须设置明显的安全警示标志，并设专人在操作人员能看清的地方指挥。

④施工过程中遇山洪暴发、土体滑动（裂缝）、坡体坍塌等地质灾害时，应立即停工，人机撤至安全地点，及时报告相关部门处理。

边坡施工安全措施：

①边坡作业：按高空作业相关安全规范，搭设施工作业安全脚手架及安全防护栏（防护网），所用工具必须牢固可靠。

②施工机械设备安全措施：机电设备布设合理，配备安全防护装置，严格遵守安全操作规程，操作前要对设备进行全面的安全检查，严禁带故障运行。推土机、装载机和挖掘机作业时，应设专人指挥和导向，以防伤人等；对施工机械和电力设备进行定期检查及保养，凡是不符合要求的严禁使用。

③防坠落、物体打击措施：边坡作业容易造成施工人员坠落及坡面危石对施工人员的打击，因此施工过程中必须穿戴好安全防护用品，作业人员必须系安全绳，针对上下运送材料人员，运送通道应设安全防护网。所有进入工地人员必须佩戴安全帽，听从指挥，加强安全保卫工作，禁止闲杂人员进入施工现场；对坡面危岩和松动的岩石及时清除，并由专人进行指挥。

④安全教育：对于每个进场的人员进行安全教育，并做好相关记录。

（五）工程量统计

大水坑东信石场裸露边坡复绿工程量统计见表4.2.4。

表4.2.4　工程量统计

名称	特征描述	单位	工程量
一、边坡清理及回填种植土			
1．边坡危石清理	危石静力爆破、人工清理	m^2	3195
2．种植槽回填种植土	按深圳市农业地方标准、人工搬运	m^3	18662
二、平台挡土墙	高1000mm	m	3138
1．挡墙1	M7.5浆砌石	m	842
2．挡墙2	C25钢筋混凝土	m	2296
三、排水设施			
1．平台排水沟	预制构件现场安装	m	3238
2．跌水沟	现场浇筑施工	m	111
3．消力井	现场浇筑施工	m	38.80
四、给水设施			
1．水泵	75TSWA×9	台	1
2．输水主管	DN80镀锌钢管	m	696
3．输水干管	DN63镀锌钢管	m	228
4．输水支管	DN25镀锌钢管	m	3138
5．蓄水池	砖混结构，规格3000mm×2500mm	座	2
6．DN80阀门	型号Z41T-16	个	8
7．DN63阀门	镀锌合金材料	个	4
8．DN25阀门	镀锌合金材料	个	24
9．DN20取水器	镀锌合金材料	个	530
10．DN63放空阀	镀锌合金材料	个	2
11．DN63减压阀	镀锌合金材料	个	2
12．异径四通	DN63～DN25镀锌钢管	个	12
13．异径三通	DN25～DN20镀锌钢管	个	530
14．过滤器	YTJX－1200	台	2
15．自动控制系统	RHFA－01－C－4－D－600－A－2	套	1
16．防水套管制作、安装	①类型：防水柔性套管制作与安装 ②型号、规格：DN65	个	2
17．防水套管制作、安装	①类型：防水柔性套管制作与安装 ②型号、规格：DN80	个	4
18．防水套管制作、安装	①类型：防水柔性套管制作与安装 ②型号、规格：DN125	个	2
19．倒流防止器安装	①类型：倒流防止器 ②型号、规格：DN80	个	1
五、种植绿化工程			
1．岩质边坡绿化	喷混植生：加灌草种子	m^2	31945
2．平台种植绿化	种植乔、灌、藤	m^2	18662

（a）大水坑采石场治理前原貌（三期，下部，2013年）

（b）挂网锚固

（c）加挂植生条

（d）1～2期复绿效果（中上部，2006—2012年）

（e）大水坑采石场1～3期整体恢复效果（底部为在建坪盐隧道工程，2016年）

图4.2.16 大水坑东信石场裸露边坡复绿过程

（六）初步设计图

（1）整治范围及分区：图4.2.17

（2）给排水措施平面布置：图4.2.18

（3）给排水设施大样：图4.2.19

（4）挡土墙大样：图4.2.20

（5）复绿措施平面布置：图4.2.21

（6）典型断面：图4.2.22

（7）复绿措施大样（一）：图4.2.23

（8）复绿措施大样（二）——喷混植生：图4.2.24

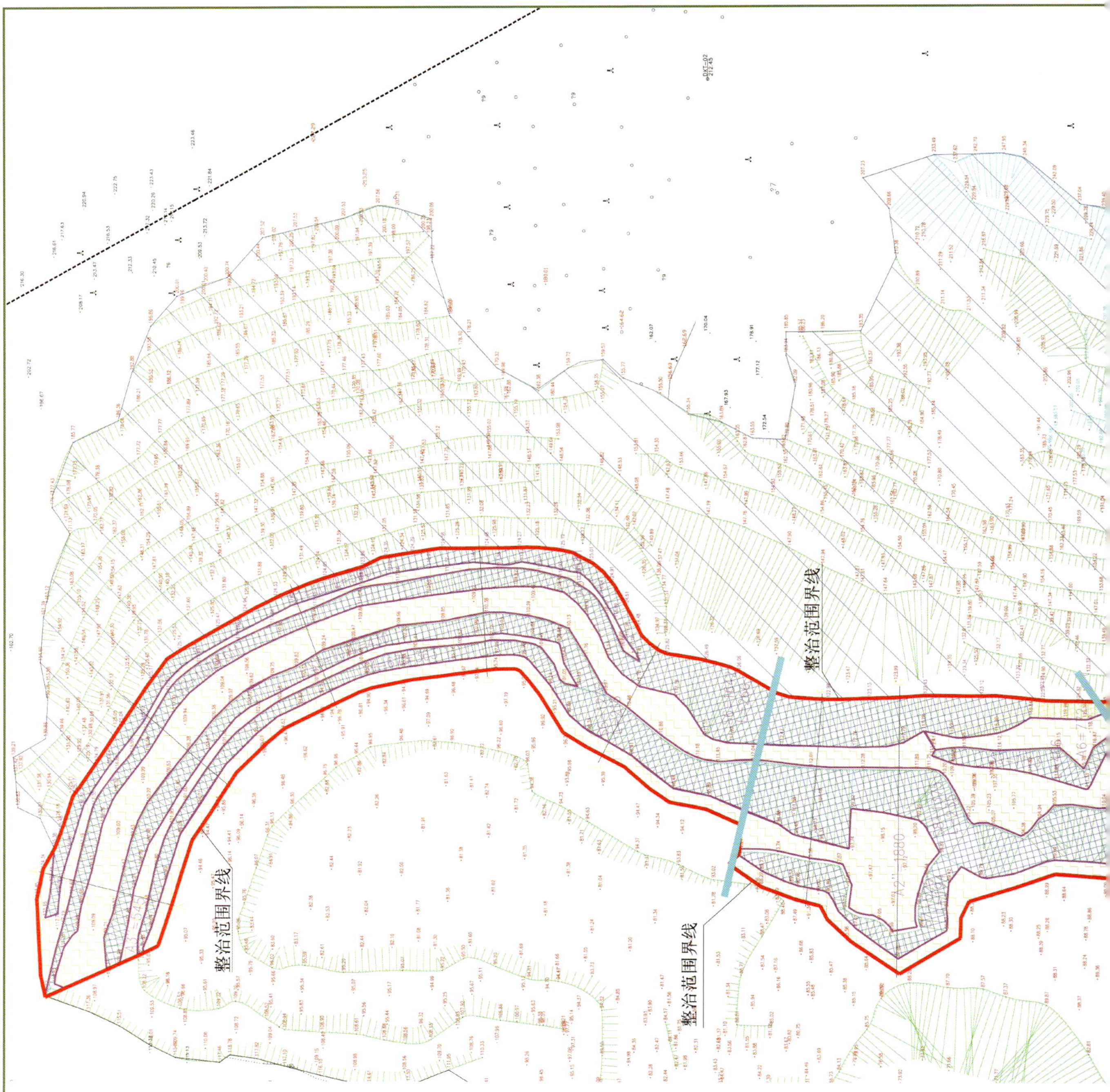

说明：

1. 本图采用深圳独立坐标、黄海高程系，图中单位为m。
2. 本项目分为边坡区和平台迹地区域，复绿范围总面积为3.8万m²，边坡投影面积为1.82万m²(斜坡面积为3.2万m²)，平台投影面积为1.98万m²。
3. 整治范围线上方（标高125m以上）为已治理区域，面积约12万m²。
4. 未尽事宜参照相关技术规范执行。

图4.2.17　整治范围

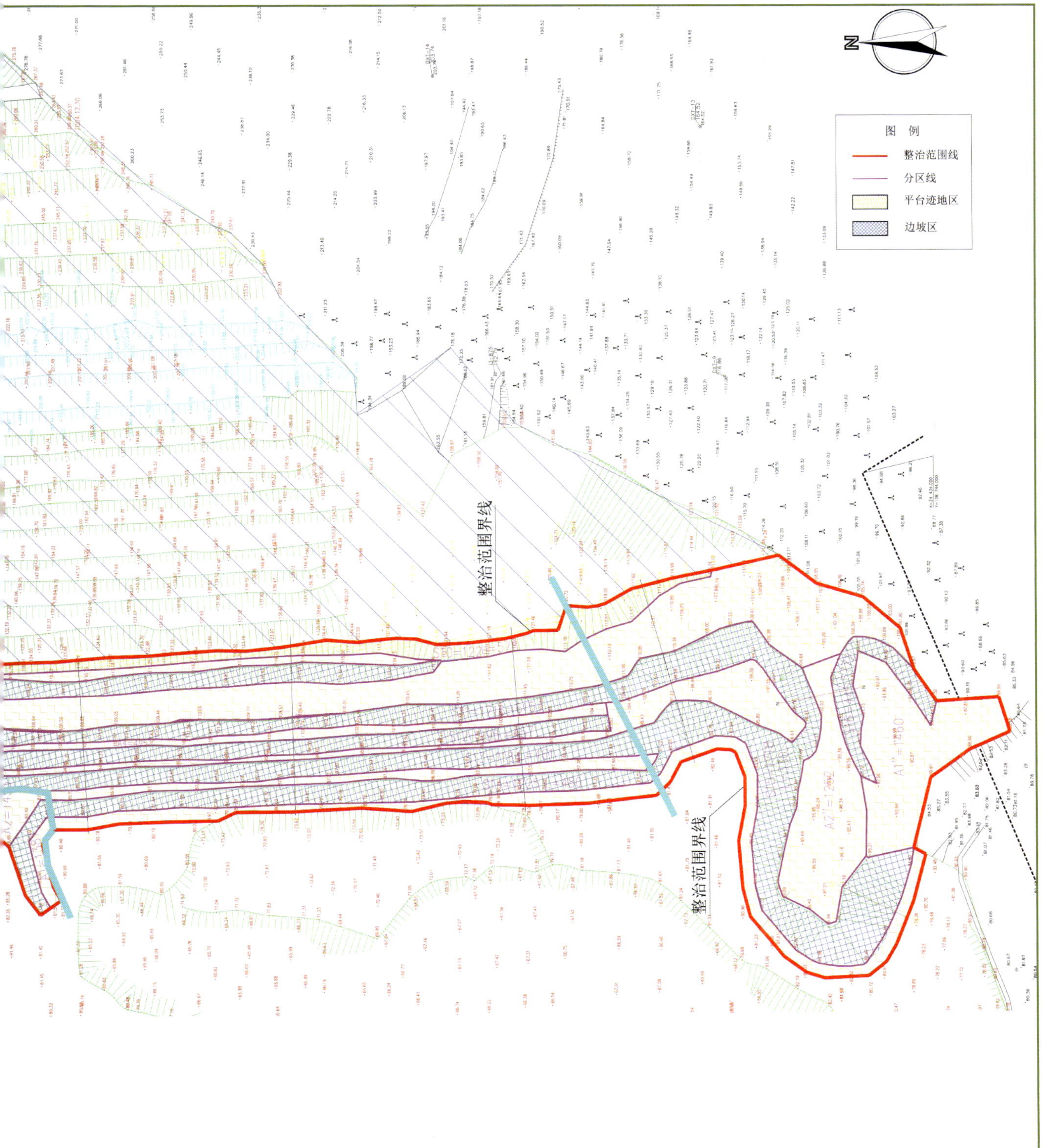

及分区

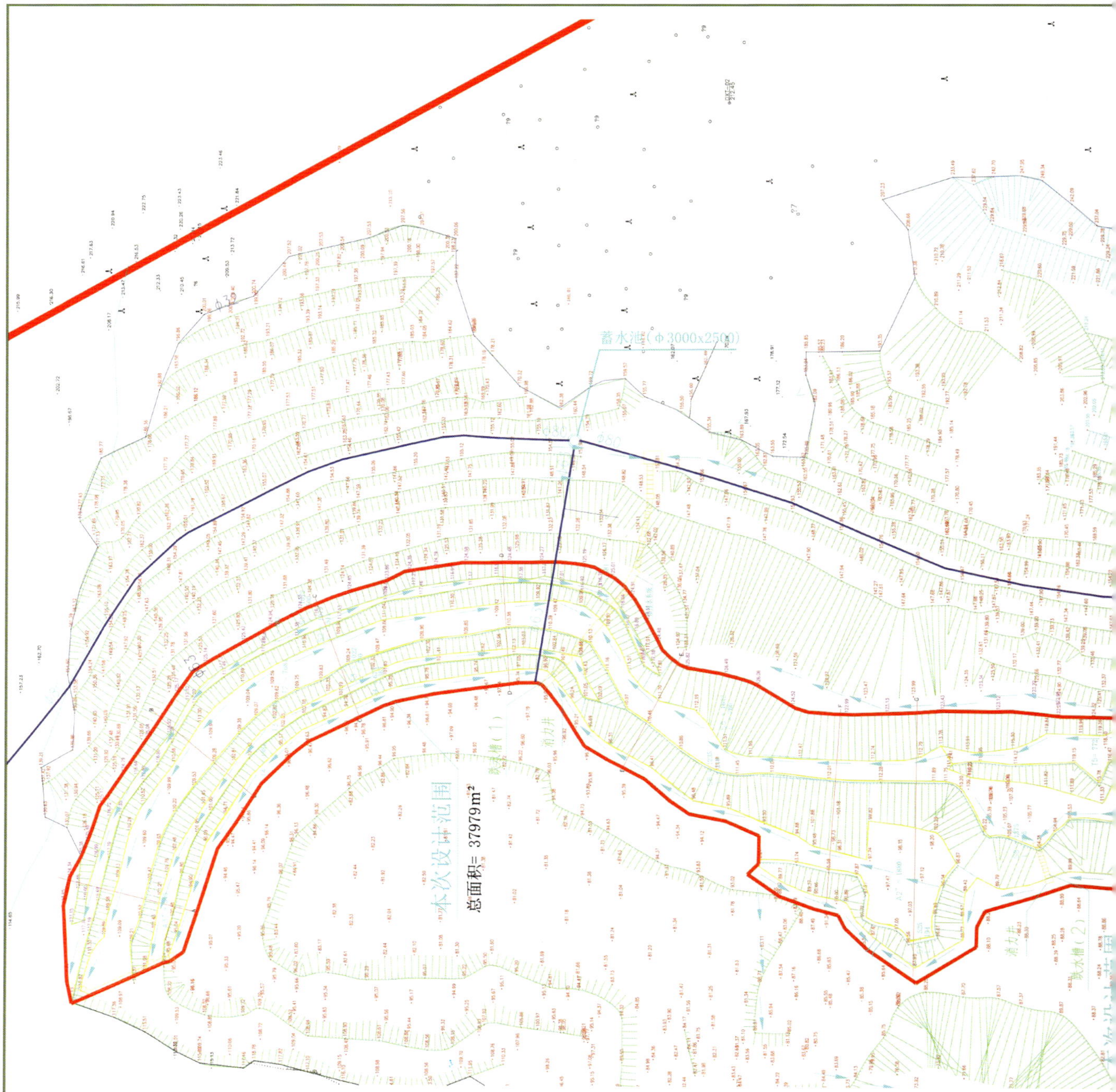

说明：

1. 本图坐标系统为深圳独立坐标系，高程为黄海高程系，标高以m计，其他尺寸均为mm。
2. 水泵房至蓄水池输水采用直径80mm的镀锌管，输水主管为直径63mm的镀锌管，支管沿平台布置直径25mm的镀锌管。
3. 主管首端设置控制阀门一个，末端安装减压阀及放空阀各一个，沿平台支管每间隔6m设置一个取水阀门。
4. 由于地形条件复杂，施工时平面布置可根据现场情况进行适当调整。
5. 其他详见设计大样图。

图4.2.18　给排水措施

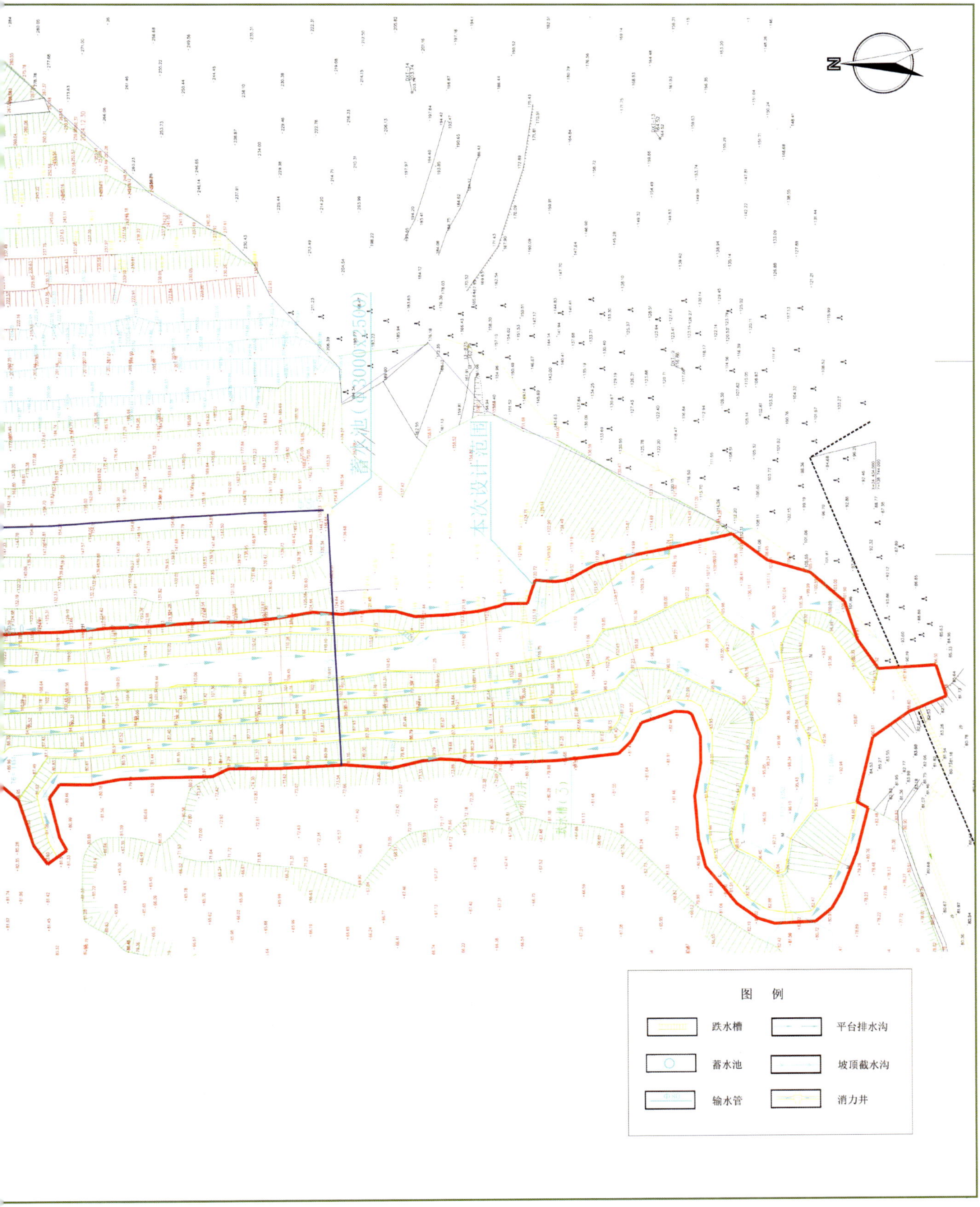

平面布置

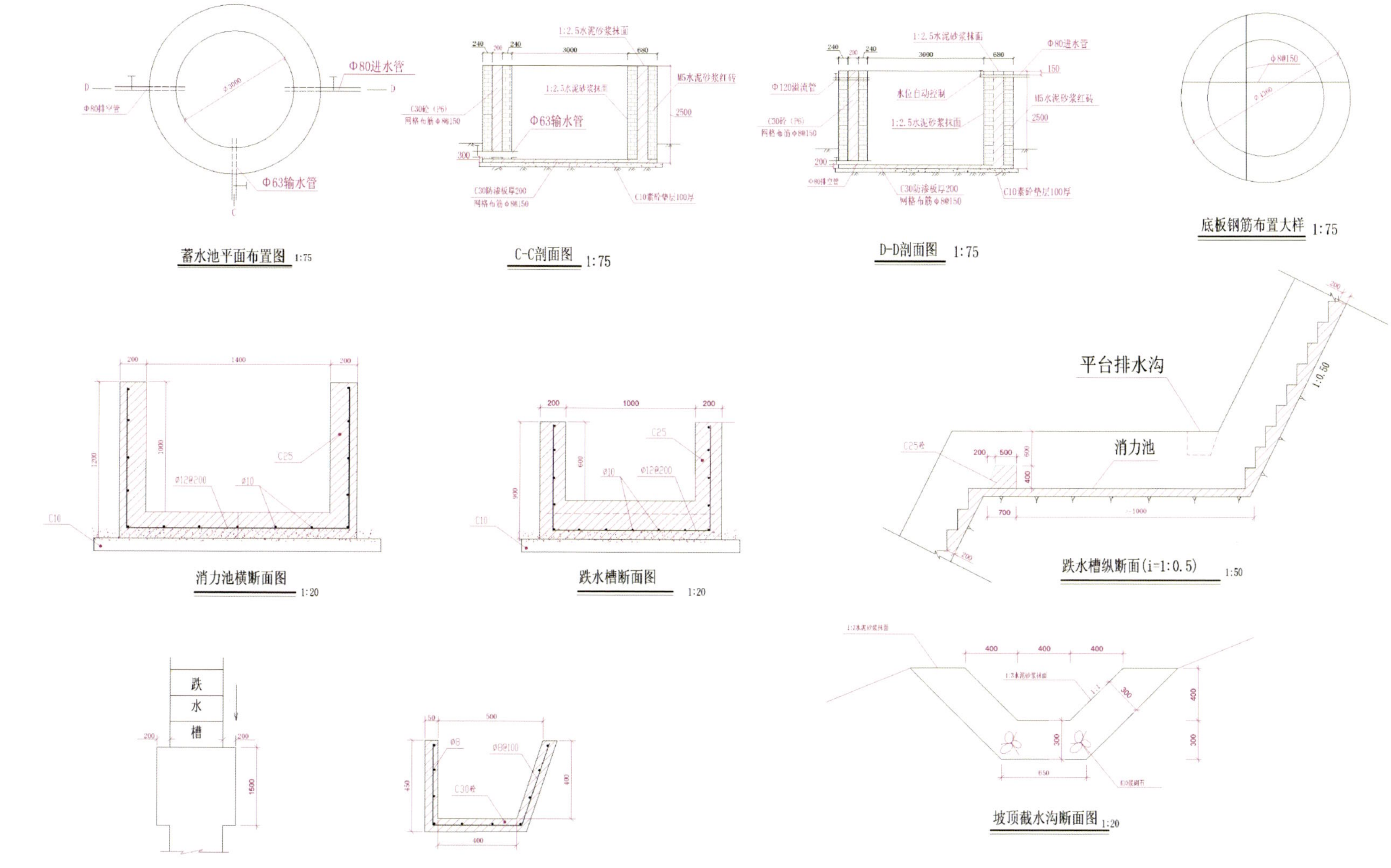

说明：1. 本图尺寸除注明外均为mm，图中尺寸以标注为准，不可比例测量。

2. 砖墙面水泥砂浆抹面厚为20mm，毛石墙抹面厚为30mm，蓄水池防渗标号为P6。

3. 土质基础密实度大于95%，岩质基础要清除表层浮石并分段用同标号水泥砂浆找平。

图4.2.19 给排水设施大样

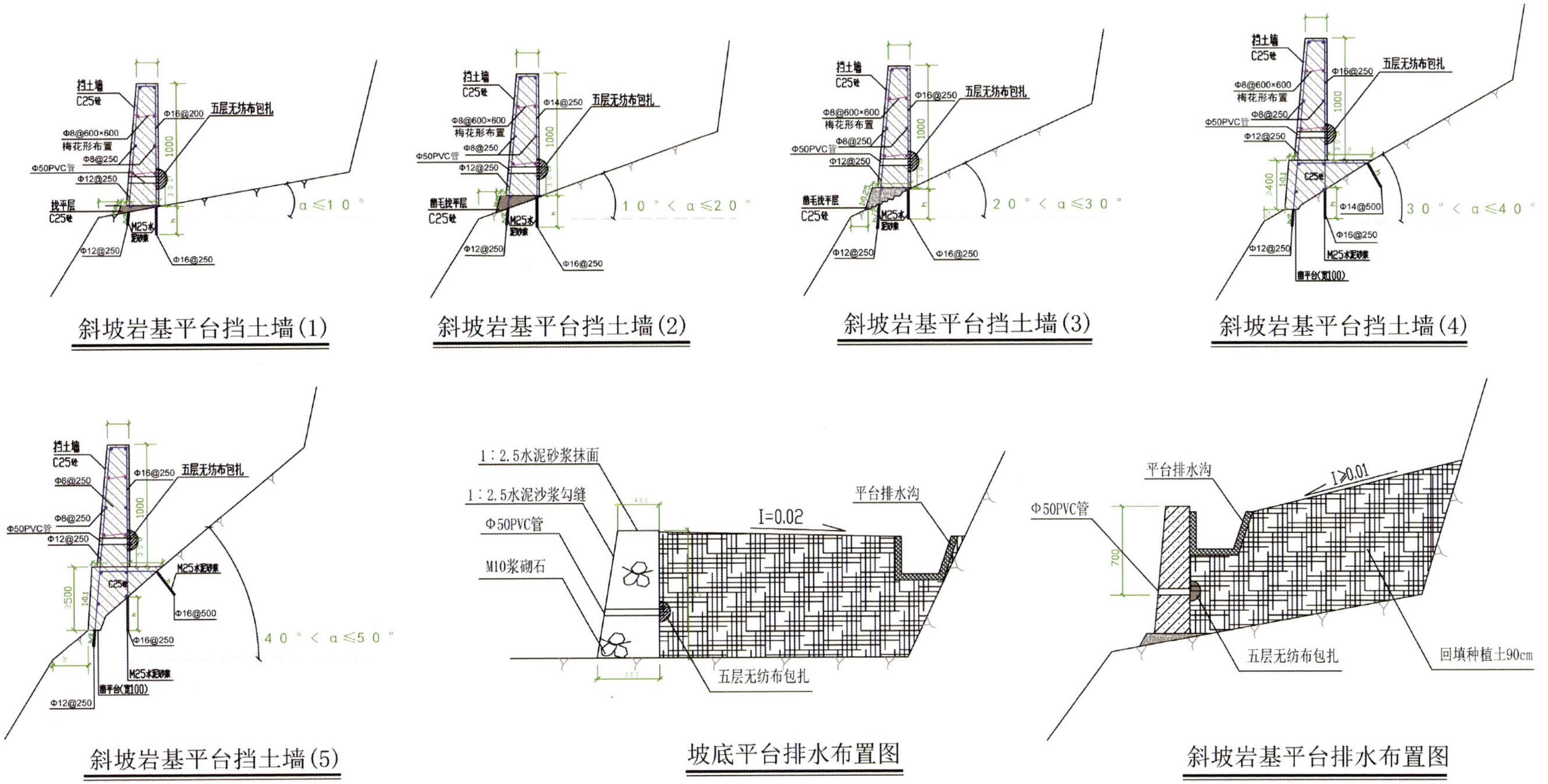

说明：

1. 除特别注明外，图中尺寸均为mm。
2. 本图为开挖后的斜坡岩基平台种植槽挡土墙结构布置，种植槽宽度一般控制在1500mm左右，特殊情况下不小于800mm。
3. 挡土墙沿纵向20～25m设伸缩缝（宽10mm、缝内塞沥青麻纱条），在地质环境变化或断面突变处设沉降缝。
4. 锚筋孔应大于钢筋直径30～40mm，成孔后先灌入膨胀水泥砂浆（M25）至1/4孔深后再植入钢筋，同时打入钢筋达到设计深度至水泥砂浆饱满密实。
5. h为植入岩基内深度，微风化（h1≥600mm）、中风化（h2≥1000mm）、强风化（h3≥1500mm），如遇破碎区视现场情况进行加固处理。
6. 搅捣混凝土前应将岩基地面用同标号混凝土或混凝土砂浆找平凝固后立模，混凝土浇筑后加盖塑料薄膜养护，拆模后如出现表面蜂窝应及时修补确保钢筋保护层不小于25mm。
7. 挡土墙排水孔为Φ50PVC管，布置间距2～3m，排水孔向外坡度为5%，排水孔布置距底板高300mm，反滤层用5层无纺布包扎；平台排水沟依据平台宽度及横向坡度选择布置形式，排水沟沿排水方向坡度≥0.2%。

图4.2.20　挡土墙大样

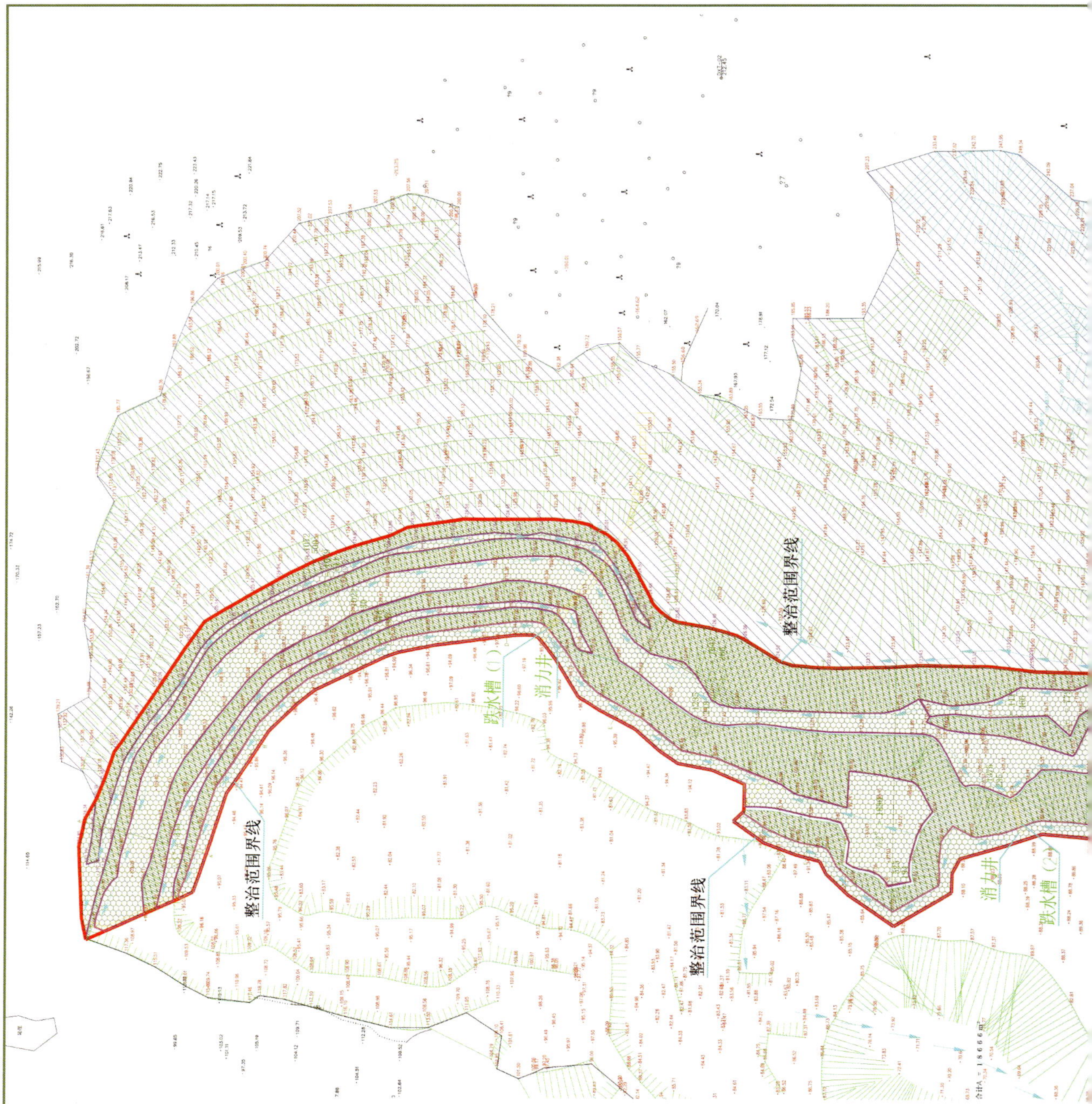

说明：

1. 平台外侧修建挡墙形成种植槽，槽内回填种植土，种植乔灌木及爬藤，种植品种详见绿化大样图及设计说明植物配置表。
2. 种植土质量执行深圳市农业地方标准《园林绿化种植土质量》(DB440300/T 34—2008)相对应的质量参数要求；如外运客土达不到相对应的质量参数要求，参照配比如下：每m³客土加配有机肥（腐殖土或厩圈肥）350kg，复合肥25kg，经充分拌匀堆沤后备用。
3. 岩质坡面采用挂网喷混植生绿化，喷混植生基层平均厚度不小于100mm，混播选择狗牙根、百喜草、银合欢、多花木蓝、山毛豆等。
4. 喷混后盖无纺布防晒、防雨水冲刷，同时适时浇水养护，确保植物正常生长。
5. 挡土墙、种植土、挂网喷混植生等技术标准及要求详见相关设计说明。

图4.2.21　复绿

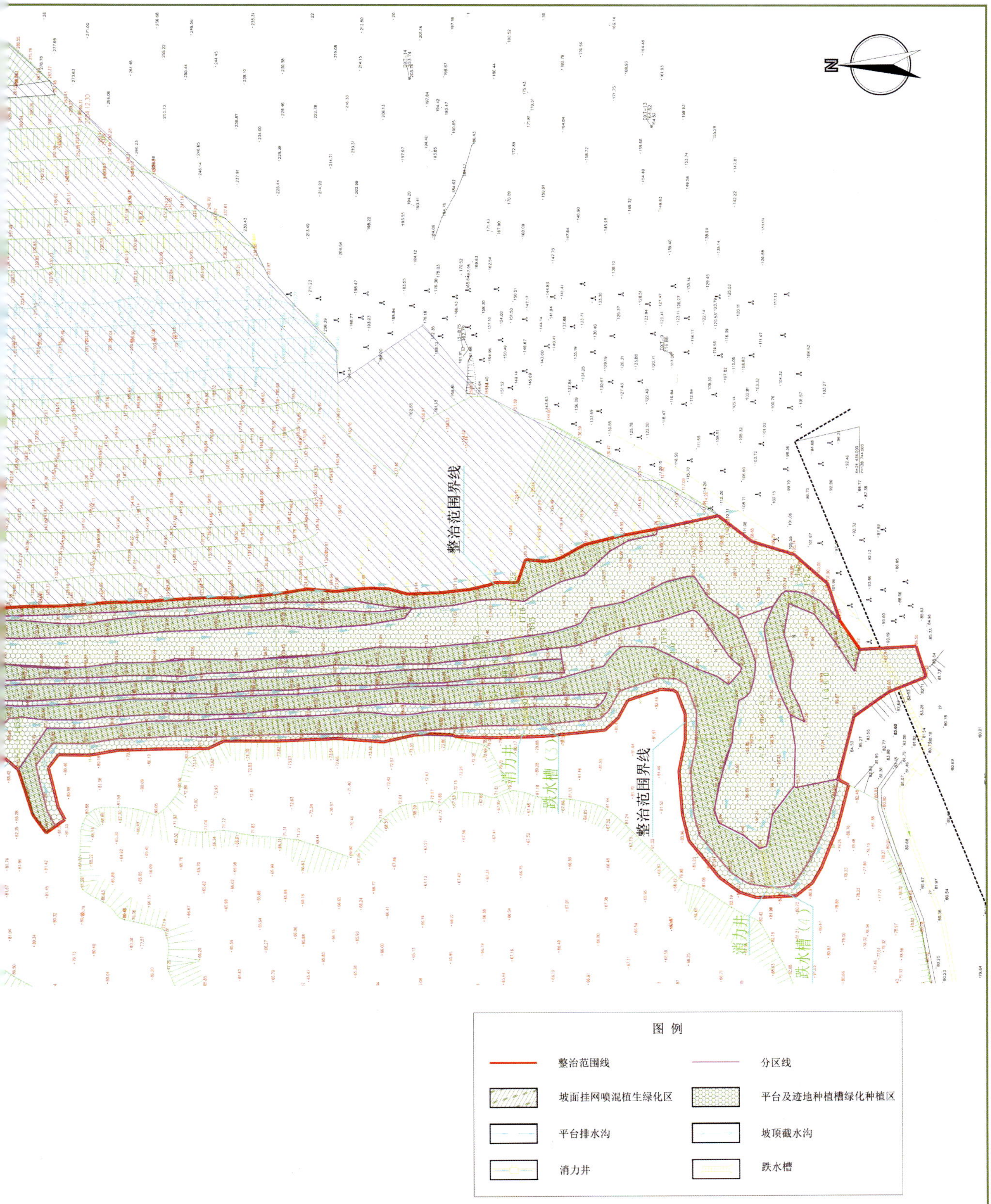
整治范围界线
整治范围界线
消力井
跌水槽（3）
消力井
跌水槽（4）
N
图例
整治范围线
分区线
坡面挂网喷混植生绿化区
平台及迹地种植槽绿化种植区
平台排水沟
坡顶截水沟
消力井
跌水槽

措施平面布置

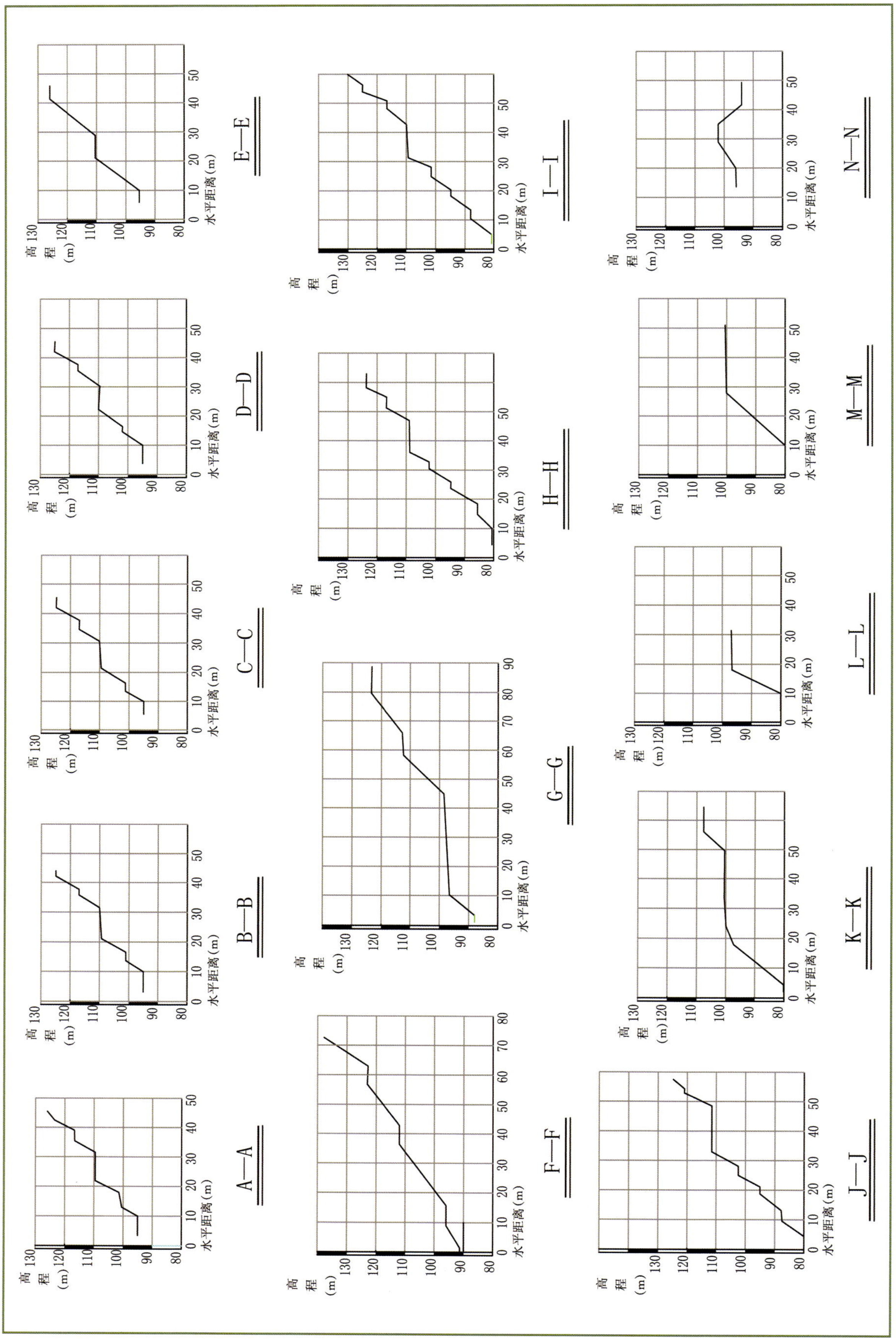

图4.2.22 典型断面

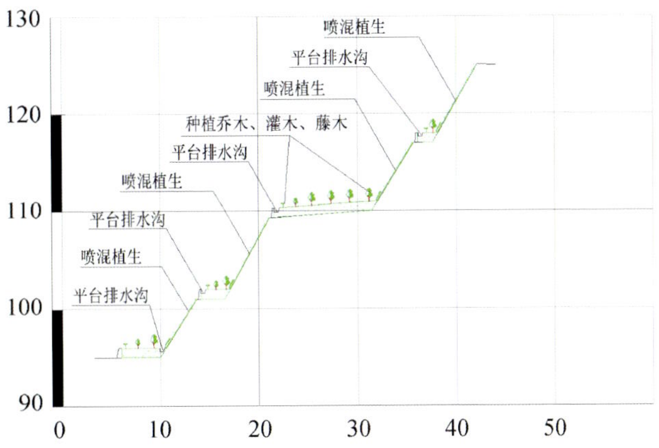

B—B

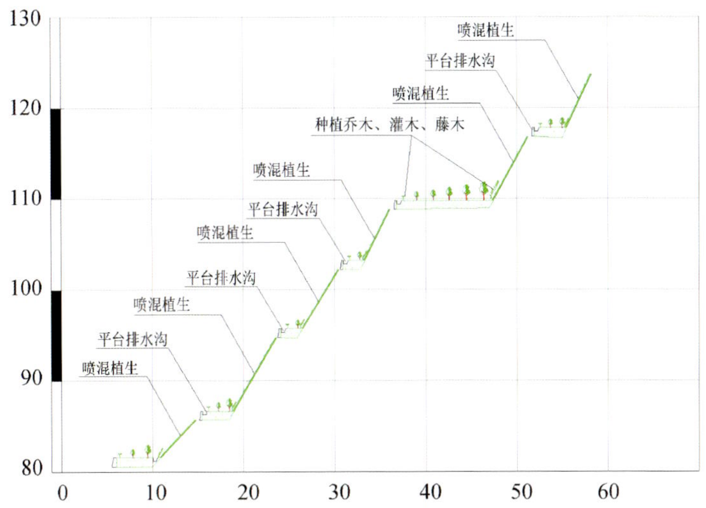

H—H

说明：

1. 图中尺寸除注明外均为mm。
2. 坡底植生槽挡墙采用浆砌石结构，基础密实度大于94%。
3. 边坡上部平台挡墙为钢筋混凝土结构，详见相关设计大样图。
4. 岩质边坡采用挂网喷混植生复绿措施，喷混植生平均厚度不小于100mm。
5. 植生槽内回填种植土执行深圳市农业地方标准（DB440300/T34—2008）要求。

图4.2.23　复绿措施大样（一）

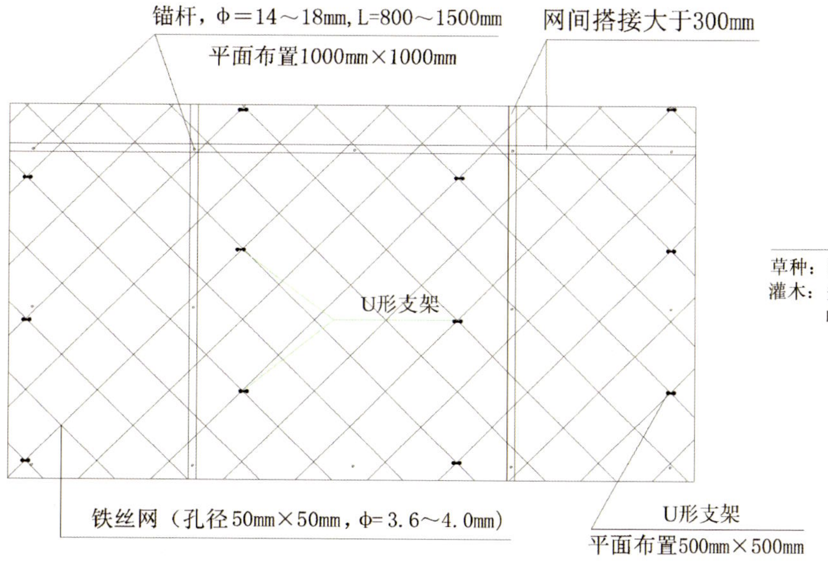

喷混植生平面图

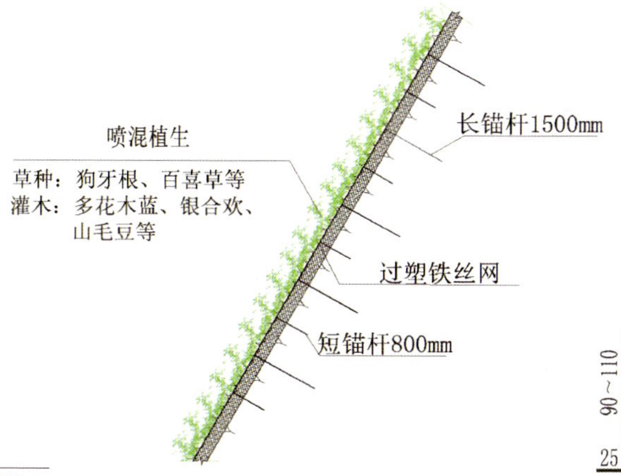

喷混植生断面图

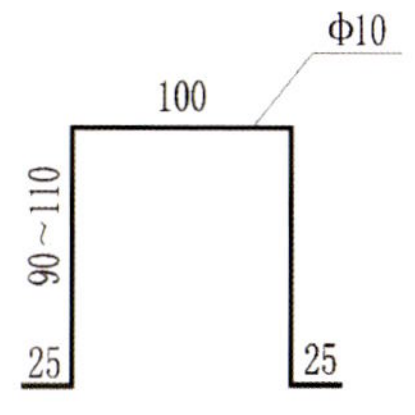

U形支架大样图

单位：mm

说明：

1.坡面清理

在边坡稳定的基础上进行，清理施工应自上而下、分区进行，清除坡面浮石、修填凹槽，局部危石必要时采用静力爆破清除，同时做好安全防护措施(无法满足安全稳定要求坡体请专业部门进行加固处理)。

2.锚杆施工

锚杆布置视边坡地质条件而定，经清理处理后坡面的锚杆直径14～18mm，长度800～1500mm（长、短锚杆间隔布置），锚孔深度在60～120cm，锚杆入孔后采用灌注M10水泥砂浆固定，铁丝网与坡面通过U形支架固定（保证铁丝网与坡面间距不小于100mm），锚杆及U形支架与铁丝网采用16#铁丝绑扎固定。

3.挂网

选用过塑铁丝网，铁丝直径3.6mm，网孔规格50mm×50mm。铺设时将铁丝网沿坡面顺势铺下，铺整平顺后拉紧用锚杆及U形支架自上而下固定，确保铁丝网与岩质坡面的间距不小于100mm，铁丝网搭接处宽度不小于300mm，坡顶铺网应超出坡顶延伸1200mm以上埋入土中以保证其整体稳定可靠。

4.喷混

分两次喷射，第一次喷射混合基材平均厚度约90mm（最薄处75mm以上）大致将网基本覆盖，第二次喷射混有草籽和灌木种的混合基材15～25mm，混合基材（土壤、黏结剂、改良剂、有机肥、植物纤维、保水剂等）必须满足边坡植物初期发育及后期生长环境可持续发展的要求。

5.喷播植物种子配置

草本：狗牙根（百慕大）2g/m²，百喜草1g/m²，糖蜜草0.1g/m²；灌木：银合欢5g/m²，山毛豆5g/m²，木豆5g/m²，野牡丹1g/m²，多花木蓝3g/m²，胡枝子5g/m²。

6.覆盖

喷混后盖无纺布防晒及雨水冲刷，同时适时浇水养护，确保植物正常生长。

图4.2.24　复绿措施大样（二）——喷混植生

三、泾阳县废弃矿山生态修复与开发利用

（一）项目概况

陕西省咸阳市泾阳县北部山区，因多年开采石灰石，导致环境破坏严重，周边由矿坑矿井产生的沉陷区严重影响城区建设和市民的生产生活环境。为打造绿色、环保的宜居城镇，急需进行综合治理和环境恢复。按照国家加强生态文明建设及《关于加强矿山地质环境恢复和综合治理的指导意见》的要求，结合矿区地质灾害治理的实际情况，按照“变废为宝，还地于城”的治理理念，决定对泾阳县北部矿山区域进行生态修复与开发利用，满足城市居民户外活动的需求，同时维持生态环境的可持续发展。

为改善当地生态环境，提高人民生活的环境质量，打造西安北部生态屏障，2019年年初，泾阳县农业农村局委托国家林业和草原局西北调查规划设计院承担该项目的方案设计。

1．自然条件

泾阳县地处关中平原中部，泾河下游。县境介于东经108°29′40″～108°58′23″，北纬34°26′37″～34°44′57″。东与三原、高陵交界，南与咸阳市渭城区接壤，西隔泾河与礼泉县相望，北依北仲山、嵯峨山与淳化、三原县毗邻。县城位于西安市北偏西54km，咸阳市北偏东28km。

项目区域位于泾阳县北部北仲山、嵯峨山山脉沿线一带，当地称其为北山。北山是陕北黄土高原与关中渭河平原的分界岭，属高原丘陵沟壑区。从宏观上看，该区域山脉文化资源丰富，其中唐十八陵均分布于山脉沿线，是世界罕见的中华“金字塔”集群。

泾阳县属暖温带季风气候，四季冷暖、干湿分明。年平均气温13℃，冬季（1月）最冷为－20.8℃，夏季最热（7月）为41.4℃。年均降水量548.7mm，最多降水量829.7mm，最少为349.2mm。日照时数年平均为2195.2h，最多（8月）为241.6h，最少（2月）为146.2h，无霜期年均213d。

山区天然灌木草本植被覆盖度为40%～90%，主要灌木有酸枣、黄刺玫、六道木等，草本植物以白草、黄菅草、茵陈蒿为主。山前主要树种有刺槐、刺柏、油松、国槐、杨树、核桃、杏、柿子、葡萄、花椒等。

泾阳自然条件优越。泾河孕育了泾阳这片美丽富饶的土地。这里地势平坦，渠井双灌，土肥水美，是华夏灌溉农业的发祥地。同时，这里也是西北地区最大的蔬菜生产基地、全国牛奶生产强县，北部沿山地区被誉为“世界十大酿酒葡萄优生区之一”，有“中国丝绸之路上的神秘之茶，生命之茶”美称的泾阳茯砖茶发源于此。

境内矿产主要分布在北部山区，有石灰石、黏土、铁矿、大理岩矿、白云岩矿、石英砂岩矿和泾河沿岸的砂砾石矿，其中石灰石藏量最为丰富，发展前景广阔，已探明储量599亿m^3，大理石岩矿总储量为52万t、耐火黏土总储量为242.68万t，且易开采，发展前景广阔。

2．项目区现状

项目区现状山体破坏程度严重，亟须生态修复，修复后需长期保育，恢复山林生态圈。

1）坡度

北部山区、河道两侧、沟壑区坡度大，多在45°以上，南部平原区地势平坦，坡度在6°以下。沟

壑纵横，山体破碎，水土流失和地质灾害风险高。坡度变化较大，山体陡坡区面积比例高，修复难度大。陡坡修复应充分考虑周边环境及坡面条件，合理开发，避免造成工程浪费。

2）坡向

南向坡面较多，坡面受日照影响大。沟壑纵横，山体破碎，坡面坡向复杂。植物配置应充分考虑坡面坡向因素，宜采用耐旱喜光的植物恢复山体植被。

3）高程

地处渭北高原向关中平原过渡地带，整体呈北高南低的趋势。海拔在418.8～1443m，落差1000m以上，平原区有沟壑分布，落差在30～50m。地形地貌多样，区域高差较大，可视范围也参差不齐，规划设计中，应充分考虑可视性区域的重点修复，开发过程中需注意工程量分配与重要山体的保护。

4）水土流失

北部矿山植被覆盖率低，涵养水分差，生态环境脆弱，加之矿产资源的开发加剧了水土流失，水土流失严重。区域内已发生侵蚀的区域为高度侵蚀风险区。现状水资源比较短缺，基本供需平衡，无多余可供水量。根据土壤侵蚀风险评估，确定重点沟壑生态修复区域，并根据不同的发育状况，制定不同的沟壑生态修复方案。

5）文化资源与利用情况

文化资源丰富，但文化资源保护利用不足，唐陵文化目前仅限于陵园观光和文物展示，对帝陵主人、陵寝文化、陪葬文化、民俗文化等内容挖掘不足，并且缺乏互动性和体验性旅游项目，产品单一，资源优势并未转化为产品优势。

对泾河文化资源挖掘不足，利用不足。泾河是黄河第一大支流渭河的第一大支流，泾河龙王、柳毅传书等经典民间传说，未得到深入挖掘和利用。

与秦岭相对比，区域内自然资源相对较弱，而文化资源则更为充足，利用现有文化资源打造西安北山文化旅游胜地，从而同秦岭形成差异性旅游体，与秦岭共同形成大西安山脉旅游集群，带动周边县镇经济发展。

3．项目范围

该方案范围位于泾阳县北部北仲山、嵯峨山山脉沿线一带，涉及泾阳县的安吴镇、口镇、兴隆镇和王桥镇四个乡镇，矿区范围面积817.69hm^2，矿产资源主要有混凝土用灰岩和建筑石料用灰岩等。北山是陕北黄土高原与关中渭河平原的分界岭，属高原丘陵沟壑区。该区域山脉文化资源丰富，唐十八陵分布于山脉沿线，方案规划总面积60.92km^2。本次红线范围是根据山脊线、主要路网，并参考区域等高线确定的，项目区矿点分布见图4.2.25。

（二）设计依据与目标原则

1．设计依据

1）国家及地方有关法律、法规和文件

（1）《中华人民共和国矿产资源法》（2009年8月27日）

（2）《中华人民共和国环境保护法》（2015年1月1日）

（3）《中华人民共和国文物保护法》（2017年11月5日）

矿点编号	1	2	3	4	5	6	7	8	9	10	11	12
矿点名称	绿宝建材	吉祥石料	盛秦昌泰	咸阳德龙	山联·成发	泾阳兴隆徐家山	冀东海德堡	兴隆联合	盛发建材	陕西安达众鑫	吊庄采石场	泾阳县水泥厂
矿区面积（km²）	0.53	0.08	0.2	0.25	0.27	0.18	0.62	0.13	0.53	0.71	0.27	0.24

矿点编号	13	14	15	16	17	18	19	20	21	22	23
矿点名称	咸阳菊花水泥	述堂建材	声威水泥	鑫安建材	全辉建材	四星友谊	汇通建筑建材	和平惠达	岩实破石	兴辉建材	宏兴建材
矿区面积（km²）	0.21	0.2	0.95	0.18	0.14	0.42	0.28	0.13	0.18	0.3	0.25

图4.2.25　泾阳县废弃矿山项目区矿点分布

（4）《中华人民共和国水土保持法》（2011年3月1日）

（5）《中华人民共和国土地管理法》（2004年8月28日）

（6）《中华人民共和国森林法》（2019年12月28日）

（7）《地质灾害防治条例》（国务院令第394号）（2004年3月1日）

（8）《中华人民共和国自然保护区条例》（国务院令第167号）（1994年12月1日）

（9）《中国农村扶贫开发纲要（2011—2020年）》（2011年12月）

（10）《陕西省矿产资源管理条例》（2004年8月3日）

（11）《陕西省旅游发展总体规划（2006—2020）》（2010年9月20日）

（12）《陕西省人民政府办公厅关于深入开展开山采石专项整治切实加强采石场管理的通知》（陕政办发〔2015〕4号）（2015年1月15日）

（13）《陕西省汉唐陵旅游专项建设规划（2014—2020）》（2014年11月6日）

（14）《咸阳市城市总体规划（2006—2020）》（2008年）

（15）《咸阳市国民经济和社会发展“十三五”规划》（2016年2月29日）

（16）《咸阳市环境保护“十三五”规划》（2016年12月5日）

（17）《咸阳市旅游发展总体规划（2000—2020）》（2007年12月）

（18）《咸阳市历史文化名城保护规划》（2018年11月14日）

（19）《咸阳市域产业发展与布局规划》（2008年12月）

（20）《咸阳市中部“旱腰带”地区开山采石专项整治和环境治理恢复规划》（2014年11月7日）

（21）《咸阳市人民政府办公室关于印发〈咸阳市中部“旱腰带”地区开山采石专项整治和环境

治理恢复工作方案〉的通知》（2014年11月7日）

（22）《唐昭陵旅游区旅游发展总体规划》（2012年2月28日）

（23）《泾阳县国民经济和社会发展第十三个五年规划纲要》（2016年3月22日）

（24）《泾阳县土地利用总体规划（2006—2020年）》（2012年8月）

2）技术依据

（1）《矿山生态环境保护与恢复治理技术规范（试行）》（HJ 651—2013）（2013年7月23日）

（2）《矿山生态环境保护与恢复治理方案（规划）编制规范（试行）》（HJ 652—2013）（2013年7月23日）

（3）《矿山废弃地植被恢复技术规程》（LY/T 2356—2014）（2014年12月1日）

2. 设计目标和原则

矿山生态修复不仅关系到土地的再利用，也关系到当地经济发展、社会发展以及生态环境优化等诸多方面。矿山生态修复应坚持生态优先综合治理、坚持水土流失防治与环境绿化美化相结合、注重生态环境的保护和改善。矿山环境治理是一项服务当代、造福子孙的公益性事业，其最终成果表现为环境、社会和经济相统一的综合效益。

1）设计目标

（1）总体目标

重塑关中北部第一生态屏障；坚持山体生态修复第一、生态优先、传承历史、突出文化、还山于民、为民谋利。①生态修复：破除山体绿化与当地岩溶山体特殊地质条件的矛盾，通过景观提升，提高山体价值，将其和谐融入周边环境；尊重自然、师法自然、统筹规划、分步实施，重现和谐人山关系，打造“生态北山”。②景观建设：避免大规模的开山、挖湖等土石方建设工程，尽可能运用现有地形地貌、水力资源，通过植被构建形成自然式优美景观，部分重点区域可点缀景石、凉亭、摩崖石刻等景观小品提升整体景观的灵动性，打造“魅力北山”。③产业开发：充分开发周边产业资源及旅游资源，大力发展“黑、红、白、绿”四大产业，着力构建汽车制造、茯茶加工、绿色食品、新型建材、安防技防等五大产业集群，打造“智慧北山”。此外，要保护郑国渠、唐建陵、唐昭陵、唐贞陵、唐崇陵等文化遗迹，并开发旅游资源，打造“文化北山”。

（2）分期目标

紧紧围绕“停产、整合、严查、修复、规范”的“十字”方针，铁腕整治，五位一体，全面推进矿山整治整合和环境治理恢复工作，加快实现“一年打基础、二年初见绿、三年变面貌”的总目标，努力把“旱腰带”地区打造成风景秀丽的“绿腰带”、强县富民的“金腰带”，初步形成“四区四园”的战略布局。①泾河生态治理和开发利用片区：主要是在泾河沿岸，重点布局现代高端农业、户外运动休闲、度假旅游产业。②高新技术产业区：主要是在西咸北环线两侧约30km^{2}的区域布局高新技术产业项目。③泾阳新区：主要是依托阎良—机场城际铁路（泾阳站）。④嵯峨山生态治理和旅游开发片区：主要是沿嵯峨山、北仲山南麓区域，近期规划10km^2，远期规划10010km^2，吸引社会资本参与北部矿山生态修复，重点布局养老服务、影视文化、旅游观光、户外运动等产业。

2）设计原则

（1）因地制宜

本着“宜建则建、宜林则林、宜农则农、宜景则景”的原则，坚持废弃矿山综合整治与生态修复、土地复垦、产业发展、城市建设相结合，按生态修复、土地复耕、矿产资源开发、土地开发利用、项目建设等类别进行分类整治。

（2）重点突出

科学规划、分步实施、先易后难、重点突出、循序渐进，率先治理高速铁路、高速公路等主要交通干线可视范围内、城区及周边对人民群众生命和财产造成严重安全隐患的废弃矿山，还城市美好形象，还人民宜居环境。

（3）综合施策

废弃矿山综合整治是一项艰巨而复杂的系统工程，涉及防灾减灾、工程建设、环境保护、园林绿化等多个领域，治理难度大、投资成本高、成效显现慢。充分利用土地、林业、财政、金融等相关政策，多措并举、齐抓共管，形成废弃矿山综合整治工作的合力。

（三）总体方案

1．项目分区

1）分区原则

按照“综合整治+生态修复+旅游开发+产业导入”思路，解决在生态、生产、生活上相互冲突及部分区段由于矿产开采而造成的山体严重破坏问题，修复与维护区域整体生态景观，一、二、三产业联动升级，更好地引导区域开发建设活动。从地质灾害治理到景观再造，以实现区域原生到新生的蜕变。场地内文化资源丰富，类型多样，以口镇为发展门户，沿着扶贫路形成一条生态屏障，充分利用历史人文、非物质遗产、农业、饮食文化等资源形成具有地方特色的旅游环线。具体如下：①统筹规划：将项目纳入大西安布局，综合南秦岭、北嵯峨，统筹规划；②地灾治理：针对不同山体创面特点，制定不同治理方案；③水土保持：有效整理山体汇水面线，编制水土保持方案；④植被恢复：选取乡土树种，构建新的植物群落结构；⑤土地整理：整理山底可利用耕地，提升耕地质量；⑥道路规划：合理规划交通路网，与现有高速道路贯通。

2）分区方案

三产联动，构建“一轴、三产、七区”的结构布局，分别为活力康养区（包括矿点1、矿点2）、公益林区（包括矿点3、矿点4）、遗迹保护区（包括矿点9）、智慧旅游区、绿色光伏区（包括矿点11～14、矿点16～18）、文化传承区（包括矿点19～21、矿点23）、生态畜牧区（包括矿点22）。项目区域内，由于一些企业尚在有效的开采期内，方案将在采的区域（矿点5～8、矿点10、矿点15）列为矿山开采保留范围，待企业开采期满闭矿后再进行治理。项目区分区及功能定位见图4.2.26。

2．方案设计

1）活力康养区——郑国渠渠首地质公园

（1）自然及人文资源分析

泾阳被誉为“泾水明珠”，是陕西省36个文物大县之一，有中国第一点——大地原点，第一渠——

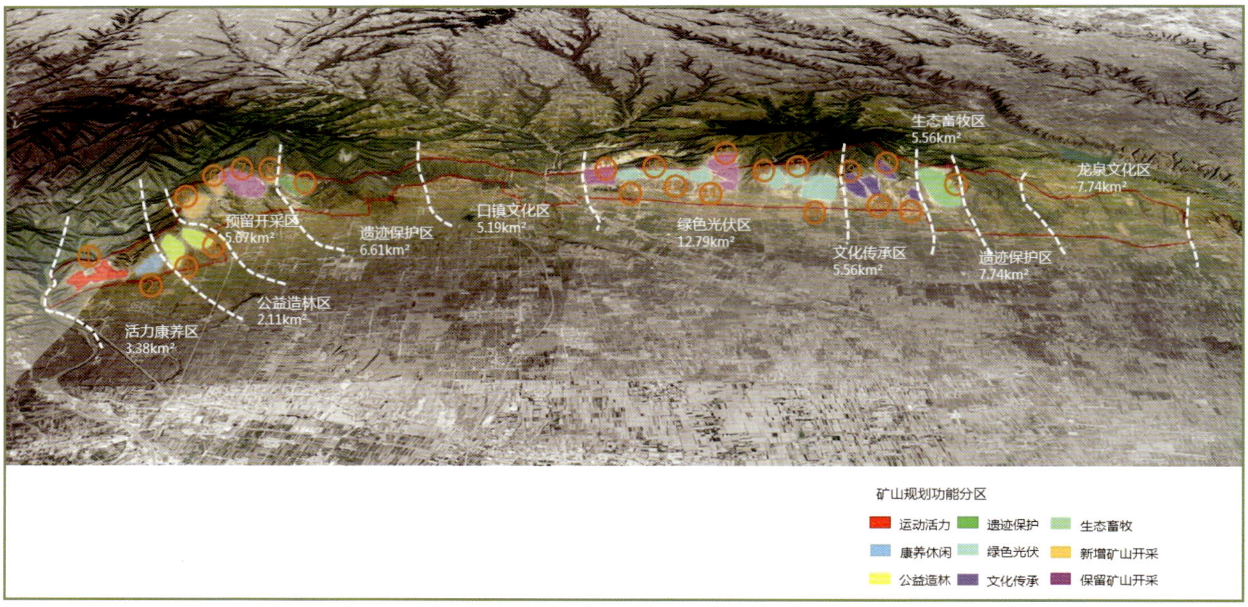

图4.2.26　项目分区与功能定位

郑国渠首遗址，第一塔——崇文砖塔，第一班——安吴青训班，有着规模宏大的汉阳陵，古色古香的关中民居建筑群。泾河文化中还有不少民间传说，最为著名的是与梁祝、天仙配、白蛇传并称为中国民间四大神话传奇故事的柳毅传书。

秦国在此引泾上原，历经10年修成郑国渠，使万亩（1亩≈666.67m^2）贫瘠的土地得到了改良。郑国渠与四川的都江堰、广西的灵渠并称为我国秦代著名的三大水利工程。郑国渠一共有八景，被誉为“关中第一大峡谷”的泾河大峡谷，崖壁现状良好，保护较为完整，地形适宜打造攀岩探险体验，石窟现状保护完整且面积较大，适合打造康养民宿休憩地。

利用郑国渠文化，深入挖掘文化内涵，打造集秦文化、水利文化、关中农耕文化为一身的郑国渠文化景区，大力发展周边活力康养产业。

（2）方案内容

挖掘郑国渠潜力，延续景区山水休闲意境，乡村景观经过悠久的历史演变，山、水、地质资源等风光展现了“天人合一”的精神本质，和谐的景观给人以美的享受，使人心灵上受到美的熏陶，产生与自然融为一体的感觉，进而沉淀浮躁与喧嚣，释放郁闷与压抑，起到康养、保健作用。

打造一种新的旅游体验生态，构建自然生态体验与活力康养为一体的生态游憩区。

根据周边用地性质，本着功能需求先行的原则打造动静结合的“一心一环两带三区”空间结构。“一心”：景观核心；“一环”：红色文化传承环；“两带”：矿山探险体验带、康养风情观赏带；“三区”：地质观赏区、山地休闲体验区、康养休憩区。

渠首地质公园交通规划：设计车行环线，满足主要景观节点的车行交通可达性；丰富人行路系统，满足不同人群需要；游步道贯通所有景观节点，局部设置人行桥加强景观场地的可达性。

渠首地质公园功能分区规划为：山地探险体验区、康养民宿区、地质观赏区、风光展示区、卡丁车体验区、入口服务区、农田观赏区。

活力康养区——郑国渠渠首地质公园平面设计见图4.2.27。

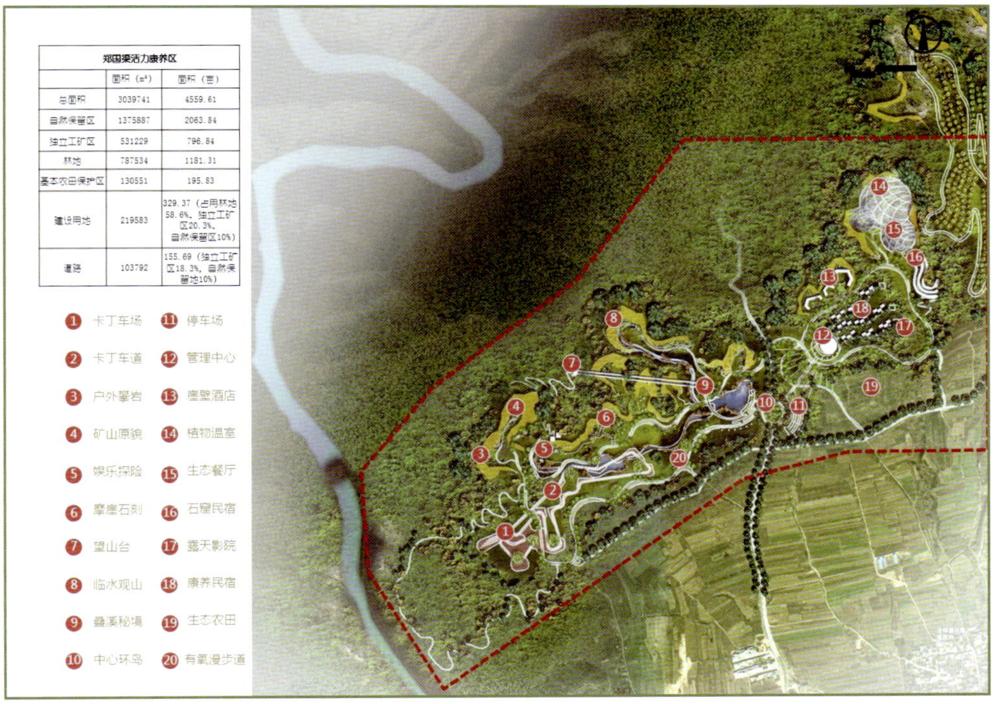

图4.2.27　活力康养区——郑国渠渠首地质公园平面

2）公益林区

（1）自然及人文资源分析

公益林是指为维护和改善生态环境，保持生态平衡，保护生物多样性等，以满足人类社会的生态、社会需求和可持续发展为主体功能，主要提供公益性、社会性产品或服务的森林。其目的是更加有效地发挥森林生态功能，实现可持续发展；在不破坏原有农林生态群落的前提下，达到生态和经济双赢。

公益林区域现状分析：郑国渠风景区旅游资源丰富；附近村落分布较多；植物品种丰富，生长条件良好。规划区域自然风貌以山体为主，周边地面大部分裸露，缺少绿化，现状路网模糊，道路等级不明确，与周边城区没有贯通，缺乏联系。

（2）方案内容

打造泾阳万亩生态公益林。积极鼓励与生态公益林主导功能密切的利用方式，如科学考察、定位观察、试验研究、科普教育、种质标本采集、生态旅游、物种与遗传基因保存和自然遗产留存等；有条件的区域允许利用林下进行非木质植物资源开发；严格控制对公益林的采伐更新，禁止以获取木材为目的的采伐、抚育和改造活动；对公益林的利用以及在公益林区进行的工程建设，必须进行可行性研究并同步进行环境影响评价。公益造林方案设计见图4.2.28。

3）遗迹保护区——唐贞陵遗址地质公园

（1）自然及人文资源分析

遗迹保护区位于泾阳县白王镇崔黄村东北，北仲山南麓。唐宣宗李忱逝后葬于贞陵，是陕西省重

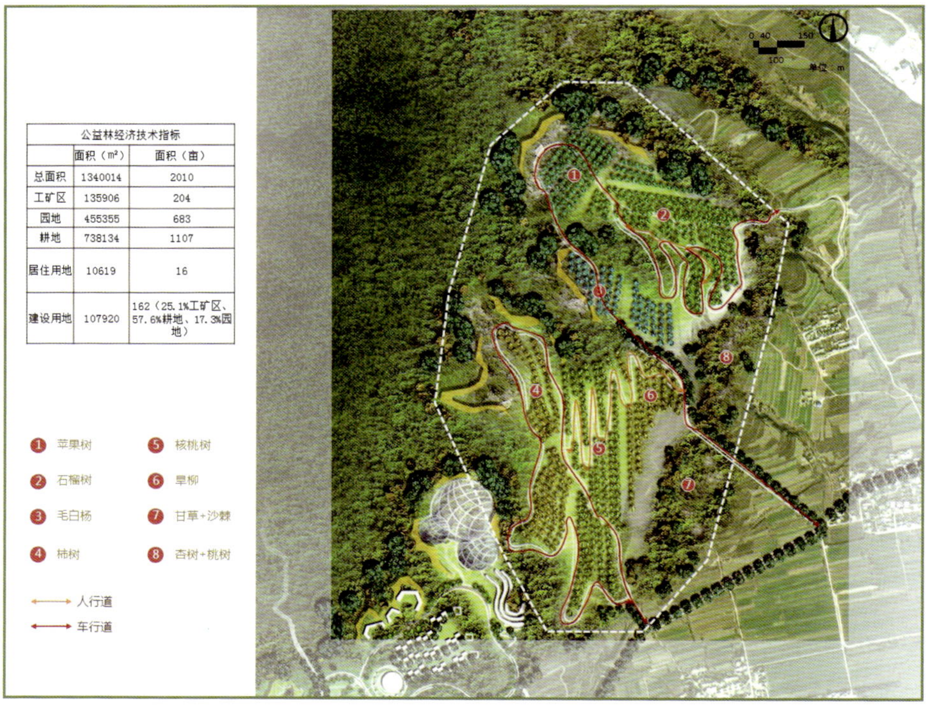

公益林经济技术指标		
	面积（m²）	面积（亩）
总面积	1340014	2010
工矿区	135906	204
园地	455355	683
耕地	738134	1107
居住用地	10619	16
建设用地	107920	162（25.1%工矿区、57.6%耕地、17.3%园地）

图4.2.28 公益造林平面

点文物保护单位，被国务院公布为全国第五批重点文物保护单位。

唐陵的特点是“依山为陵”，不像秦汉陵墓那样采用人工修筑的封土高坟，开“山陵”之先河。利用天然山丘，建筑在山岭的顶峰之下，居高临下，形成“南面而立，北向为朝”的态势。

贞陵陵园面积近同于唐太宗昭陵。陵园东、西二神门外两对阙址分别位于仲山东西两座山的峰巅之上，形势壮观。但随着自然变迁，这些景观现已不复存在。现存石刻有华表1对、翼马1对、鸵鸟1只、石马5对、石狮4对、石人13尊，皆破损残缺。玄宫凿于山南麓。陵园为夯土城垣，东西窄，南北宽，平面略呈不规则矩形。陵园四面各辟一门，以四神命名，门外各置石狮一对，筑阙台一对，陵园四隅建有角楼。

山体崖壁现状良好，保护较为完整，地形适宜打造探险体验项目；现状矿山破坏严重，裸露山体较多，生态功能差；贞陵内部农业基础良好，但部分山体遭到破坏，需要生态修复，区域内村镇依托贞陵正计划建设博物馆及特色小镇；唐贞陵入口不完整，依托其文化特点，打造入口神道；山麓处为梯状农田，连接龙泉山庄游览点。

（2）方案内容

从唐历史传统思想中提取精华融入景观设计中，结合地方特色及矿山地貌，为人们提供一个生态休憩、体验自然、感悟传统的景观环境。将山、水、茶、衣、商“五大文化”根植于全域旅游发展之中。

修复唐贞陵遗址周边被破坏的山体，恢复原本的风水景观结构。打造地方特色生态农业与休闲、娱乐、体验于一体的乡村旅游项目。

根据周边用地性质，本着功能需求先行的原则打造“一心一轴三区”的空间结构。“一心”：景观核心；“一轴”：贞陵文化轴；“三区”：风水展示区、农田观光区、民宿休憩区。遗迹保护区

——唐贞陵遗址分区设计见图4.2.29。

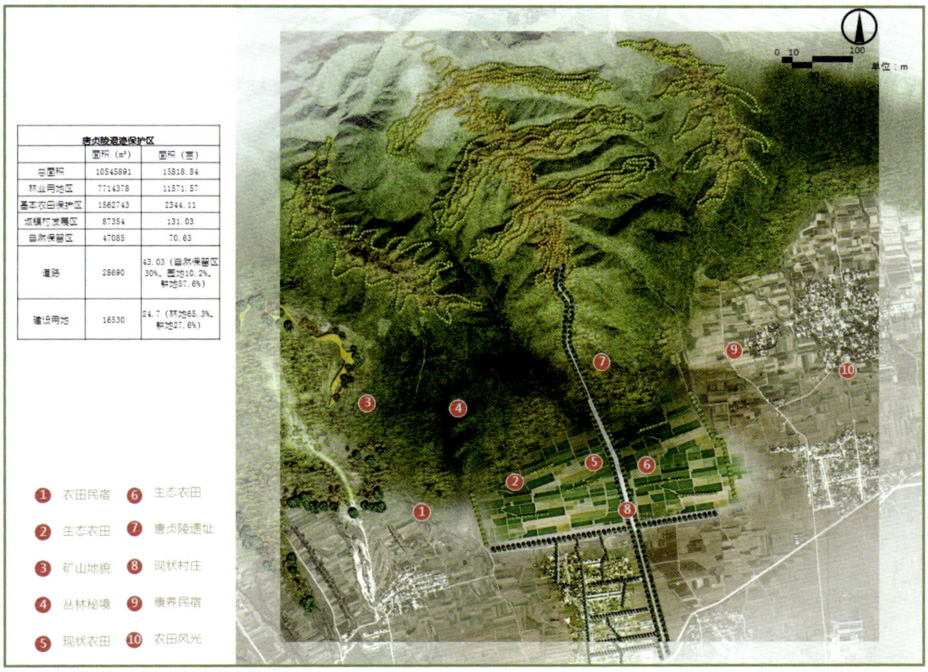

图4.2.29　遗迹保护区——唐贞陵遗址分区平面

4）智慧旅游区——谷口特色小镇

（1）自然及人文资源分析

嵯峨山属六盘山之余脉，山峦重叠，山峰突兀，是口镇北部的天然屏障。嵯峨山主峰海拔1423m，主峰左右两侧奇峰竞秀，壁立千仞，常有云雾缭绕，奇丽壮观，是史称“泾阳八景”之一的“嵯峨凌云”。口镇特有的地理环境，有山有水，山环水绕，山川秀美。壮丽的嵯峨山屹立镇北，将镇区拢入自己的怀抱，素有“文川秀色”之美称。在北仲山东端、嵯峨山西端，两山交汇的冶峪河出山口，南有贾河滩坝像一块明镜镶嵌城下，中有谷口寒门，再向里有响龙潭、络络潭、东风渡、漫潭、纪念亭、省战备电台等有名景致。

口镇位于泾阳县北部，东接蒋路乡，南连兴隆镇、云阳镇，西邻白王镇，北靠嵯峨山。口镇是泾阳闻名省内外的千年古镇，也是泾阳的北大门。地处巍巍嵯峨山麓，依山傍水，景色秀丽，交通便利，物产丰富。

口镇有着丰富的文化遗产。春秋战国中期，纵横家王禅（鬼谷子）及其弟子苏秦、张仪、孙膑、庞涓等曾在此建寨、教学、练兵，智壳寨遗址至今尚存。秦朝东扩时曾在此建都，建谷口宫。唐女皇武则天曾在此设鼎州府。唐代佛教大师悟空曾在口镇生活传教，官道村尚有悟空庙遗址，且庙会至今还在举行。北魏时期建的清凉寺遗址至今尚存。

（2）方案内容

打造泾阳生态旅游小镇新形象，治理河道，重现涓涓溪流、鸟语花香。

本区域定位为以绿色生态人居环境为基底，重点对原河道进行修复治理，打造成自然景观独特、服务设施先进、地域文化浓厚的亲近自然、放松身心的度假小镇，着重给人一种童年家乡印象的亲切感。

根据本区域的文化特征，着重打造佛文化主题园区，倾力建设“一水两岸三心四区”的观赏性线路。“一水”：生态修复水系；“两岸”：水系两岸景观；“三心”：生态小镇、旅游观赏、商业旅游；“四区”：自然观赏区、生态修复区、生态小镇示范区、旅游体验区。

谷口小镇交通规划：设计车行环线，满足主要景观节点的车行交通可达性；丰富人行路系统，满足不同人群需要；增加自行车道的设计，丰富人们的游览方式；游步道贯通所有景观节点，局部设置人行桥加强景观场地的可达性。

谷口小镇功能分区为：山林探险区、生态保护区、水体修复区、生态文化展示区、摄影交流区、滨水景观区、商业建筑群、康养休憩区、生态小镇示范区，见图4.2.30和图4.2.31。

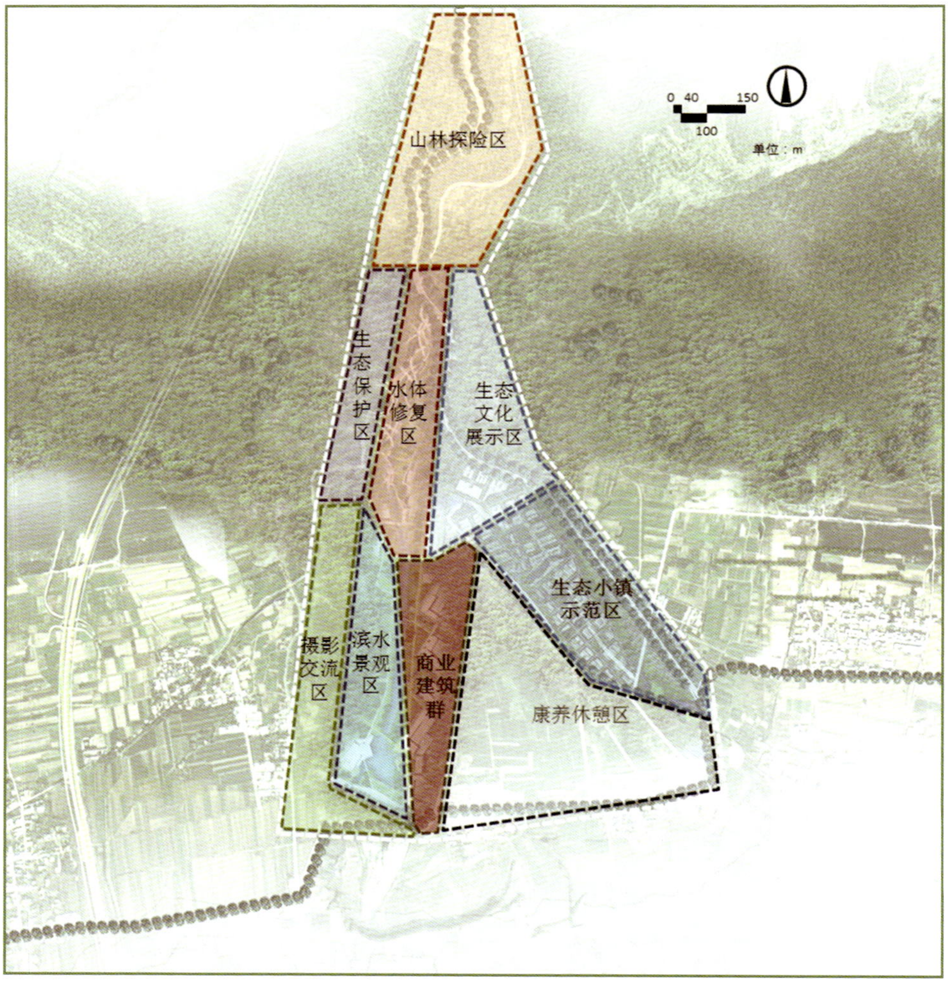

图4.2.30　谷口特色小镇功能分区

5）绿色光伏区

（1）光伏产业区现状分析

口镇发展迅速，未来有望成为泾阳经济文化中心，因此生态建设迫在眉睫。光伏产业的发展既有利于带动当地经济发展，同时也为本地的发展提供保障。区域内部分边坡坡度较大，岩石完整性差，

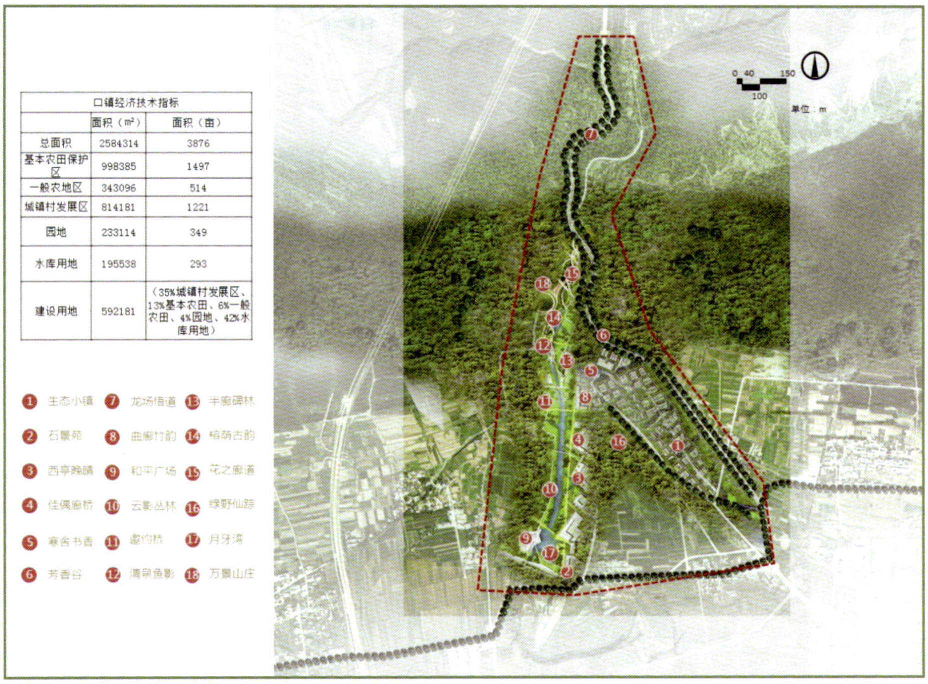

图4.2.31　谷口特色小镇景观规划

边坡存在崩塌、落石等地质灾害隐患，山体植被较好，创面无植被，周边植被被扰动，矿区内土壤资源少，山体太阳光照充足。

（2）方案内容

打造泾阳生态光伏产业示范基地。利用泾阳的光热资源和矿山的空间优势，发展光伏清洁能源，创新实施“发电+种植+养殖”特色生态光伏产业，实现规划区生产绿色能源、创造绿色岗位的多重效益。据测算，建设200MW生态光伏，与同容量燃煤发电厂相比（300g/kWh计），每年可节约标准煤约9.3万t，减排二氧化碳25万t、二氧化硫0.93万t、氮氧化物约0.4万t、粉尘约7.6万t，生态效益十分显著。

绿色光伏产业分区见图4.2.32。

6）文化传承区——嵯峨石窟地质景区

（1）自然及人文资源分析

嵯峨山，山高、险峻，山势虽高却易攀登。从二台山峰起以五条主要山梁向东北方向延伸，形成以东北坡为主的扇形地貌；五峰为五条山梁的最高点，峰的南坡陡峭，势如刀劈斧砍。登顶嵯峨山南眺，泾渭分明，关中平原尽收眼底。相传老子有两个讲经处，一个是周至县的楼观台，另一个就是嵯峨山头台。山上现存唐振锡寺遗迹、大唐悟空禅师塔、唐德宗李适陵等名胜古迹。

悟空禅师塔为纪念唐代悟空禅师而修建，始建于唐大中十四年（公元860年），明嘉靖二十年（公元1541年）重修，为六角五层楼阁式砖石塔，残高13.30m，底层每边长2m。塔基和塔身一、二层为石砌，以上为青砖砌筑。

石窟是以中国佛教文化为特色的巨型石窟艺术景观，是中国古代汉文化的艺术瑰宝。中国石窟具有极高的艺术文化价值，陕西作为汉唐文化的发源地及佛教的传承地，应发展石窟文化。

绿色光伏经济技术指标		
	面积（m²）	面积（亩）
总面积	4744404	7116
工矿区	424920	637
园地	3243535	4865
耕地	927847	1392
居住用地	148102	222
建设用地	1305991	1959（3.7%工矿区、68.7%园地、27.6耕地）

图4.2.32　绿色光伏产业分区平面

嵯峨石窟现状分析：嵯峨山山势挺拔、风景秀丽、环境优美，是著名的道教和佛教两大宗教名山；悟净堂是佛家圣地，前来朝拜进香的人络绎不绝，香火旺盛；崖壁现状平整且面积较大，适合大面积连贯性的石窟创作；悟空塔位于嵯峨山的最高峰，是整个片区的景观视线焦点和极佳的登高观景平台。

（2）方案内容

打造泾阳新形象，将佛文化融入自然生态，创造一片心灵净土。

人文资源主要为佛学经典，充分利用现有的历史人文资源，在保护的同时做到传承，此处的传承不是简单地将遗迹原址维修，而是将遗迹所蕴含的佛教文化渗入整个旅游景点中，打造一处以佛学为主导的集旅游、观赏、生态休闲为一体的心灵净土。

嵯峨石窟交通规划：设计车行环线，满足主要景观节点的车行交通可达性；丰富人行路系统，满足不同人群需要；增加自行车道的设计，丰富人们的游览方式。

根据本区域的文化特性，着重打造佛文化主题园区，倾力建设“一轴两心四个片区”的观赏性线路。“一轴”：景观轴线；“两心”：悟净堂、悟空塔（振锡寺）；“四个片区”：摩崖石窟展示区、佛文化展示区、生态河道修复区、石窟技艺传承与体验区。

嵯峨石窟功能分区为悟空塔景区、自驾游览区、冥想体验区、摩崖石窟经文雕刻区、山林修复区、私人定制区、丛林探险区、水体修复区、礼佛区、大型石窟观赏区、矿山改造展示区、传统工艺传授区、佛经文化学习区、生态文化村示范区，见图4.2.33。

7）生态畜牧区

（1）现状分析

嵯峨山森林植物较多，有300多种，山上部有天然生长的栎、山杨、山杏、油松、白榆、刺槐及

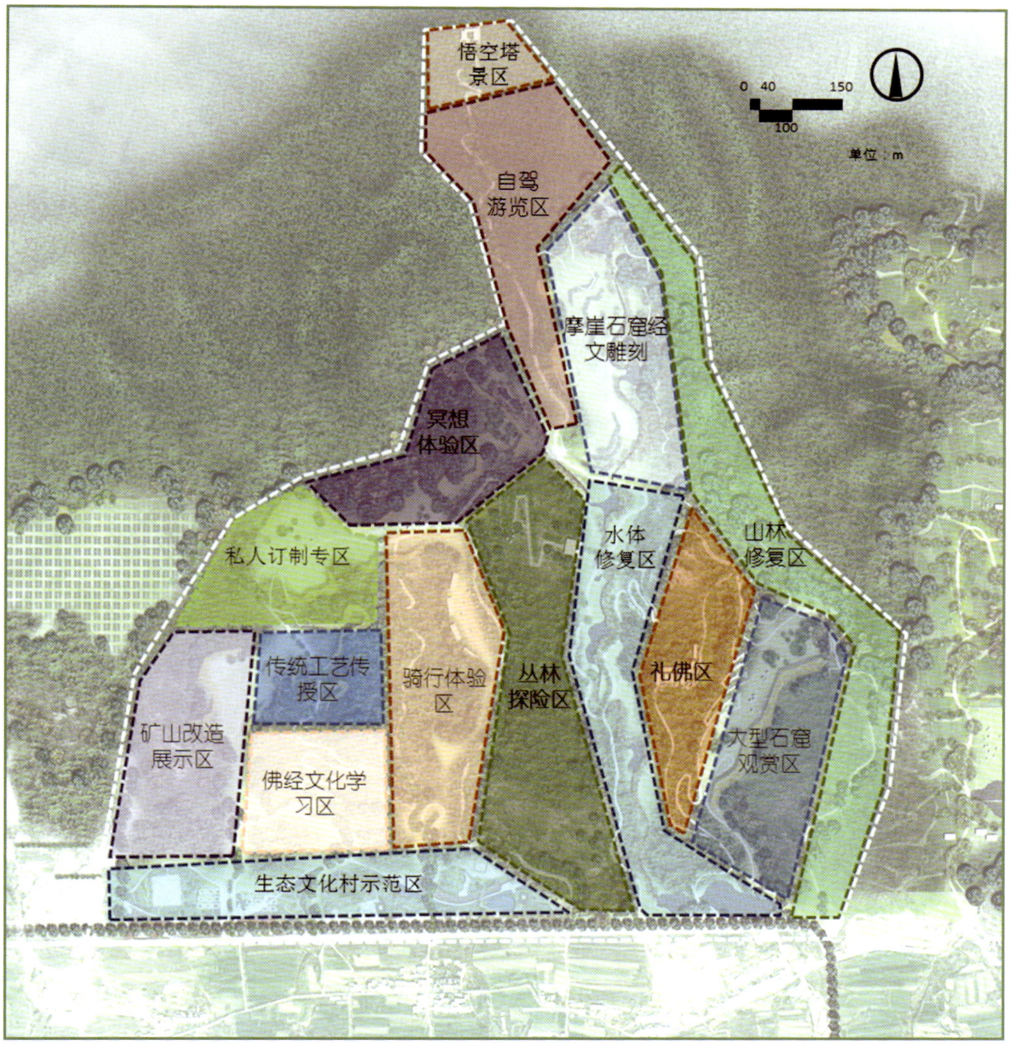

图4.2.33 文化传承区分区平面

果树；山间小路纵横交错，四通八达，但是缺乏主要指引性道路，且现状道路路况较差，导致此区域交通极为不便，阻碍与外界的交流；此区为嵯峨山山谷区域，植被丰富，雨水丰沛，为畜牧养殖提供了天然的优势。

（2）方案内容

打造泾阳生态畜牧养殖基地。本区域的总体规划定位为以绿色生态养殖为主业，打造集饲料种植加工、养殖、特色品种培育、互动休闲、农产品加工为一体的畜牧养殖综合体，通过畜牧养殖带动区域经济发展，同时为游客提供亲近自然、感受农家生活的机会与场所，生态畜牧区分区见图4.2.34。

（四）技术工艺

1．山体边坡修复措施

1）峭坡区修复

（1）80°以上破碎坡体

坡面清理+坡顶截水+坡脚挡墙+坡体锚固+植生盆复绿+藤本护坡+高次团粒喷播复绿（30%）。

畜牧养殖区经济技术指标		
	面积（m^2）	面积（亩）
总面积	2257135	3385
工矿区	335733	503
园地	1387257	2081
耕地	534145	801
建设用地	24252	36（26.6%工矿区、73.4%园地）

图4.2.34　生态畜牧区分区

（2）陡峭板岩坡体

坡面清理+坡顶截水+坡脚挡墙+坡体锚固+坡面绘制图案+飘窗平台绿化+藤本护坡。

2）陡坡区修复

（1）60～80°破碎坡体

削坡垫脚+坡面清理+坡顶截水+坡脚挡墙+坡体锚固+高次团粒喷播复绿（50%）+植生盆复绿。

（2）45～60°破碎坡体

坡面清理+坡顶截水+坡脚挡墙+坡体锚固+高次团粒喷播复绿+植生毯护坡+生态袋垫脚。

（3）废渣石堆场坡体

地形整理，无网客土喷播绿化。

3）缓坡及堆石场修复

（1）25～45°以下破碎坡体

坡面清理+坡顶截水+坡脚挡墙+高次团粒植生毯护坡+部分坡面组团种植。

（2）25°以下破碎坡体

坡面清理+土壤改良+节水种植。

（3）稍缓板岩坡体

坡面清理+坡顶截水+生态袋复绿。

2. 分区治理措施

1）活力康养区

（1）矿区矿点

表4.2.5 活力康养区矿点

分区类型	矿点编号	矿点名称	矿区平面面积（km^2）	分区平面面积（km^2）
活力康养区	1	绿宝建材	0.53	3.38
	2	吉祥石料	0.08	

（2）矿点现状

区域边坡高陡，岩质坡面，坡面较完整，坡下场地微地形起伏开阔，场地植被破坏严重。

（3）区位特点

区域紧邻郑国渠景区，交通便利，结合现状适合开发旅游产品。

（4）治理策略

坡面完整而高陡，岩性坚硬，针对这一特点，将山体加固后与攀岩、膜结构等旅游产品融合，在保障游客安全的同时，充分发挥场地价值。场地内低缓区域采用削坡清除危石，回填土方，整理微地形，采用生态袋、植生毯等形式进行植被恢复。活力康养区节点修复见图4.2.35。

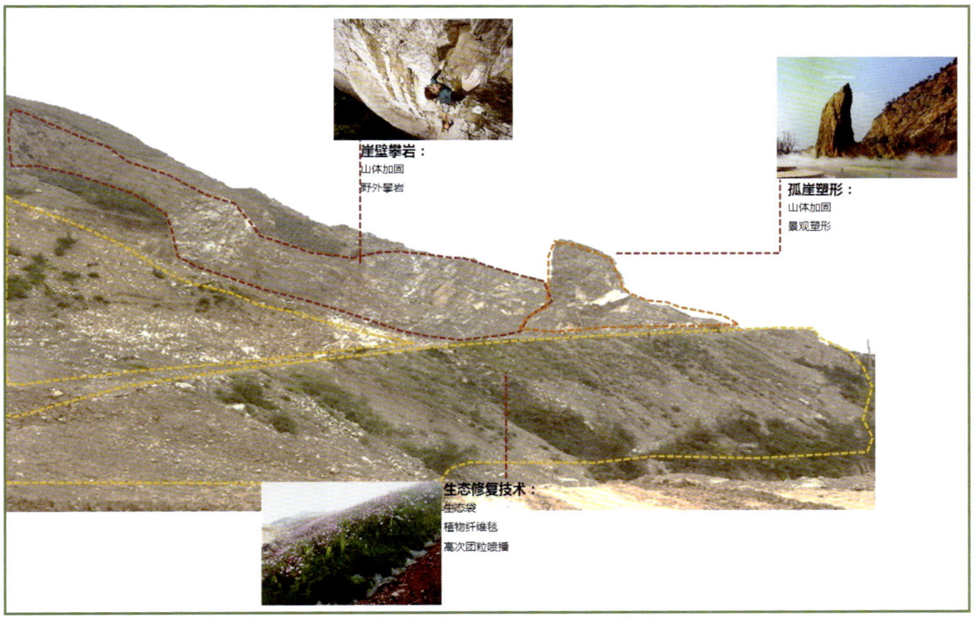

图4.2.35 活力康养区节点修复示意

2）公益林区

（1）区域矿点

表4.2.6 公益林区矿点

分区类型	矿点编号	矿点名称	矿区平面面积（km^2）	分区平面面积（km^2）
公益造林区	3	盛秦昌泰	0.20	2.11
	4	咸阳德龙	0.25	

（2）矿点现状

区域边坡坡度较缓，边坡分级，坡面结构较为稳定，道路蜿蜒而上，形成带状边坡和多个小型平台。

（3）区位特点

区域生态基底良好，现有的层级台地有利于降水的积蓄。

（4）治理策略

对区域的小平台进行土方整理，铺设客土后可作为公益造林用地，对场地内的较为高陡的坡面进行加固和生态修复，台地边坡种植爬山虎、凌霄等攀缘植物，上垂下爬修复坡面，打造公益林营造的良好立地条件，后续栽植刺槐、侧柏、油松等生态乡土树种。公益林区节点修复见图4.2.36。

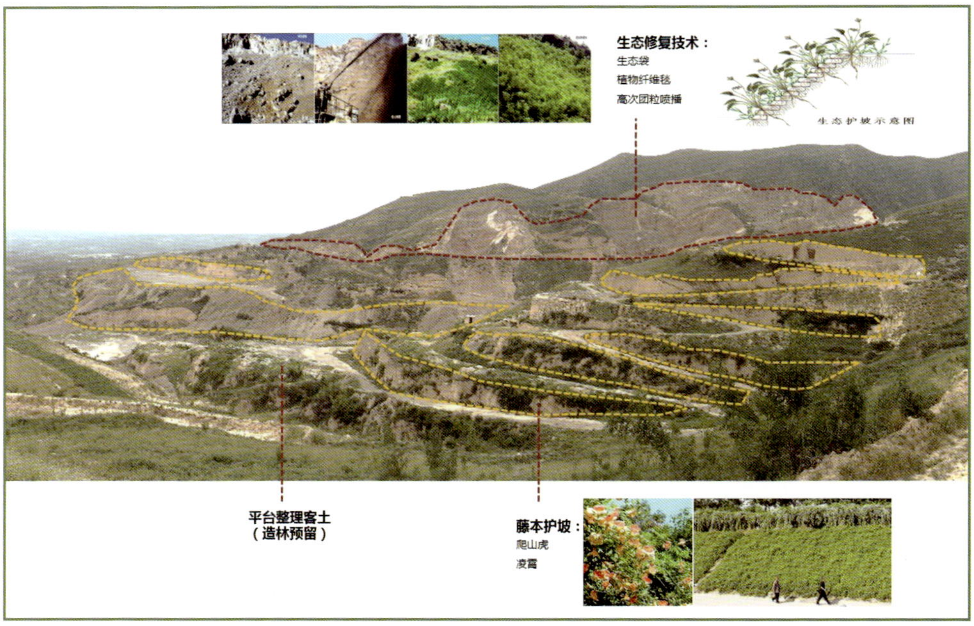

图4.2.36　公益林区节点修复示意

3）遗迹保护区

（1）区域矿点

表4.2.7　遗迹保护区矿点

分区类型	矿点编号	矿点名称	矿区平面面积（km^2）	分区平面面积（km^2）
遗迹保护区	9	盛发建材	0.53	6.61

（2）矿点现状

区域边坡较高，崖壁创面较大，坡度上陡下缓，坡面较为完整。

（3）区位特点

该区域紧邻唐贞陵，对陵区环境影响较大。

（4）治理策略

针对遗迹保护区的特点，本区域矿山修复以恢复区域生态、保护区域山水为主。对于宕口创面，主要措施有：清理坡面浮石，宕口下部采用生态袋反压坡脚放缓边坡，中部采用高次团粒喷播恢复植被，坡顶采用植物飘台、藤本绿化等措施实现绿化，矿区低缓边坡修复采用植生毯绿化、藤本绿化等措施。遗迹保护区节点修复见图4.2.37。

图4.2.37　遗迹保护区节点修复示意

4）绿色光伏区

（1）区域矿点

表4.2.8　绿色光伏区矿点

分区类型	矿点编号	矿点名称	矿区平面面积（km²）	分区平面面积（km²）
绿色光伏区	11	吊庄采石场	0.27	4.55
	12	泾阳县水泥厂	0.24	
	13	咸阳菊花水泥厂	0.21	
	14	述堂建材	0.2	
	16	鑫安建材	0.18	6.04
	17	金辉建材	0.14	
	18	四星友谊	0.42	

（2）矿点现状

区域边坡高陡，各矿点位置集中连成一线，坡面较为完整。

（3）区位特点

区域交通便利，破坏开采面多为阳坡，采光良好。

（4）治理策略

对局部不稳定坡面进行加固，结合坡面光伏产业，重点对坡下进行生态修复，提高植被盖度，抑制扬尘，减少环境对光伏的不良影响，崖壁配合光伏配置进行生态修复。绿色光伏区节点修复见图4.2.38。

图4.2.38　绿色光伏区节点修复示意

5）文化传承区

（1）区域矿点

表4.2.9　文化传承区矿点

分区类型	矿点编号	矿点名称	矿区平面面积（km^2）	分区平面面积（km^2）
文化传承区	19	汇通建筑材料	0.28	5.56
	20	和平惠达	0.13	
	21	岩实破石	0.18	
	23	宏兴建材	0.3	

（2）矿点现状

区域边坡高陡，坡面完整，生态修复难度大。

（3）区位特点

区域内包含悟空禅寺、悟净堂等宗庙，文化底蕴深厚。

（4）治理策略

结合区域宗庙文化，高陡边坡采用摩崖石刻的形式进行崖面景观修复，将边坡景观与区域文化相融合。文化传承区节点修复见图4.2.39。

6）生态畜牧区

（1）区域矿点

图4.2.39　文化传承区节点修复示意

表4.2.10　生态畜牧区矿点

分区类型	矿点编号	矿点名称	矿区平面面积（km^2）	分区平面面积（km^2）
生态畜牧区	22	兴辉建材	0.25	3.59

（2）矿点现状

该矿点场地内石渣堆积体体量较大，堆积体结构松散，水土流失严重。

（3）区位特点

区域山下紧邻畜牧基地，交通便利。

（4）治理策略

利用场地内石渣，进行区域土方整理，利用土壤配比、微生物菌剂等措施改良石渣土壤，种植苜蓿、构树等畜牧植物，修复区域生态，发展生态畜牧。

（5）生态畜牧新模式——构树种植

构树为落叶乔木，具有速生、适应性强、分布广、易繁殖、热量高、轮伐期短等特点。构树叶是很好的牲畜饲料，嫩叶可喂猪、牛、羊；利用生物技术发酵生产的构树饲料具有独特的清香，消化率达80%以上；构树饲料草粉蛋白含量高达26%，可替代苜蓿、豆粕等。

构树每年能收割3～4茬，每亩年生产饲料4～6t。其根和种子均可入药，具有补肾、利尿、强筋骨等功效，树汁液可治皮肤病，树皮纤维是造纸高级原料，经济价值很高。

农户种植效益分析：

①构树每亩按种植300株计算，投资苗木款为1200元。第一年每亩收入1070元，第二年可收入2200元，第三年收入3250元，可连续收获至少8年。三年累计每亩6520元，除去每亩苗款1200元和600元管护费（200元/年），每亩收益4720元。如种植2万亩，第三年种植效益累计为9440万元。如果政府或企业补助苗款，农户种植效益会更高。

②构树叶饲料效益。三年种植期内可生产复合饲料2万t，按2200元/t计算，产值4400万元。扣除

土地、房屋、设备、生产资料等后，企业饲料收益近2000万元。

③养殖业综合效益。构树饲料林基地建成后每年可养生猪4万头，按每头640元计算，养殖产值达2560万元，利润1000万元。

④构树皮加工纤维效益。风干构树皮价格按每亩年收益1800元计算，收入相当可观。生态畜牧区节点修复见图4.2.40。

图4.2.40　生态畜牧区节点修复示意

（五）工程量及投资估算

根据总体规划，该项目规划分期为建设期3年（2020—2023年），经营期20年（2023—2043年）。共分为5项，总投资390479万元，其中地质环境治理工程94626万元，水土保持工程19755万元，景观打造及旅游开发建设工程214885万元，产业开发57713万元，旅游开发配套工程3500万元，项目投资估算见表4.2.11。

表4.2.11　泾阳县废弃矿山生态修复与开发利用项目投资估算

序号	专项工程类别		建设面积（km^2）	单价（万元/km^2）	投资（万元）	主要工程内容	备注
1	地质环境治理工程	地质灾害隐患治理工程	7.902	7000	55314	山体清理、截排水工程、护坡工程及地形整理等	其中治理矿山数量为23处，治理面积7.25km^2
		矿山生态修复工程	4.914	8000	39312	喷播复绿、飘窗复绿、生态袋复绿、植生毯（带）复绿、三维网（加筋麦克垫）复绿、种植土换填、苗木栽植（含播种）、养护系统等	
2	水土保持工程		6.585	3000	19755	地形整理、水土流失防治、谷坊建设及生态蓄水等	水土流失治理示范区总面积2.16km^2

（续表）

<table>
<tr><th>序号</th><th colspan="2">专项工程类别</th><th>建设面积（km²）</th><th>单价（万元/km²）</th><th>投资（万元）</th><th>主要工程内容</th><th>备注</th></tr>
<tr><td rowspan="5">3</td><td rowspan="5">景观打造及旅游开发建设工程</td><td>活力康养区</td><td>3.38</td><td>18000</td><td>60840</td><td>郑国渠渠首公园景观建设与开发工程、景观农田建设工程及相关配套工程等</td><td>总面积3.38km²</td></tr>
<tr><td>公益林区</td><td>2.11</td><td>5000</td><td>10550</td><td>公益林建设工程</td><td>总面积2.11km²</td></tr>
<tr><td>遗迹保护区</td><td>14.35</td><td>700</td><td>10045</td><td>唐贞陵遗迹保护与开发工程、唐崇陵遗迹保护与开发工程及相关配套工程等</td><td>总面积14.35km²</td></tr>
<tr><td>口镇文化区</td><td>5.19</td><td>15000</td><td>77850</td><td>小城镇建设工程及相关配套设施建设工程、水生态修复工程等</td><td>总面积5.19km²</td></tr>
<tr><td>嵯峨石窟展示区</td><td>5.56</td><td>10000</td><td>55600</td><td>嵯峨石窟建设与开发工程、悟空塔与悟净堂保护与开发工程及佛文化体验建设工程等</td><td>总面积5.56km²</td></tr>
<tr><td rowspan="2">4</td><td rowspan="2">产业开发</td><td>畜牧养殖工程</td><td>5.56</td><td>2000</td><td>11120</td><td>地形整理，牧草、构树等饲料原材料的种植、加工建设及畜牧产品的养殖、生产及销售等配套设施建设等</td><td>总面积5.56km²</td></tr>
<tr><td>光伏工程</td><td>2.79</td><td>16700</td><td>46593</td><td>光伏建设</td><td>总面积12.79km²</td></tr>
<tr><td rowspan="3">5</td><td rowspan="3">旅游开发配套工程</td><td>旅游城市品牌建设</td><td>/</td><td>/</td><td>1000</td><td rowspan="3">旅游品牌宣传及旅游服务配套工程</td><td rowspan="3"></td></tr>
<tr><td>旅游形象建设</td><td>/</td><td>/</td><td>1000</td></tr>
<tr><td>旅游商品体系建设</td><td>/</td><td>/</td><td>1500</td></tr>
<tr><td colspan="3">合计</td><td></td><td></td><td>390479</td><td></td><td></td></tr>
</table>

第三节　山体地质灾害隐患边坡

本节以黄竹山地质灾害隐患治理工程为例，介绍山体地质灾害隐患边坡生态修复工程。

一、工程概况

黄竹山位于广东省珠海市金湾区三灶镇北部，为20世纪90年代采石后遗留的山体破碎带。由于不规范开采，现状地形凌乱，残留众多高陡边坡和危岩体。岩土体裸露，存在严重的地质和水土流失隐患。为了加快项目区周边新能源产业园用地需求，消除黄竹山石场地质隐患，2018年7月，开展地质工程治理和生态修复。

黄竹山山脊线以北东向展布，最高处海拔278m，属低丘陡坡地貌，局部受断裂构造影响，岩土体节理裂隙发育。无序采掘作业伴随不稳定结构体的崩塌，形成了众多高矮不一的开采面陡坡。

黄竹山地层为泥盆系中统桂头组上段，岩性主要有千枚状粉砂质页岩、千枚状砂质石英粉砂岩、长石石英粉砂岩和细粒石英砂岩等，岩层厚度大于1552m。边坡中下部主要由中风化砂岩组成，岩体节理裂隙发育，节理互相切割。雨季基岩裂隙水顺节理裂隙流出，降水主要以面流的形式直接顺山坡而下，冲刷和侵蚀流经地段，对边坡的整体稳定性产生不利的影响。

场地不良地质作用主要为崩塌及危岩。区内已发生崩塌5处，潜在崩塌有6处，坡体沿线存在一定数量的危岩。

石场边坡及周围没有区域性断裂构造发育，风化程度由上到下逐渐减弱，坡体主要由中等至微风化岩构成，坡底为较坚硬的微风化岩。边坡虽然高度大，坡角陡，但不存在整体性潜在滑移面，整体稳定。受节理裂隙及爆破裂隙影响，局部边坡和坡上部残积土稳定性较差，存在一定的安全隐患。

项目区山体破碎带长度1300m，开挖坡顶线自东向西呈蜿蜒曲折状展布，边坡裸露、陡峭，山体坡顶植被保存良好。沿线边坡高差15～90m，最高达160m，坡度50～85°，中上部修筑有平台，山体东侧与西侧有施工便道通向山腰。20m标高以下为乱掘区，地形凌乱，废弃土石堆遍布，局部分布有陡坎，植被遭到破坏，自西向东划分为5个区段，见图4.3.1。

（一）AB 段边坡

该段为机械开挖形成，坡顶开挖线标高70～120m，西端高，东端低，长496m。20m标高以上有分级放坡，台阶高度和宽度不规则，宽5～20m不等，单级边坡高度10～40m不等，坡向为西－北西向，坡度40～70°，20m标高以下为乱掘区。边坡岩土体为强风化—中风化砂岩，坡面岩土裸露，为开挖岩质陡坡，见图4.3.2。

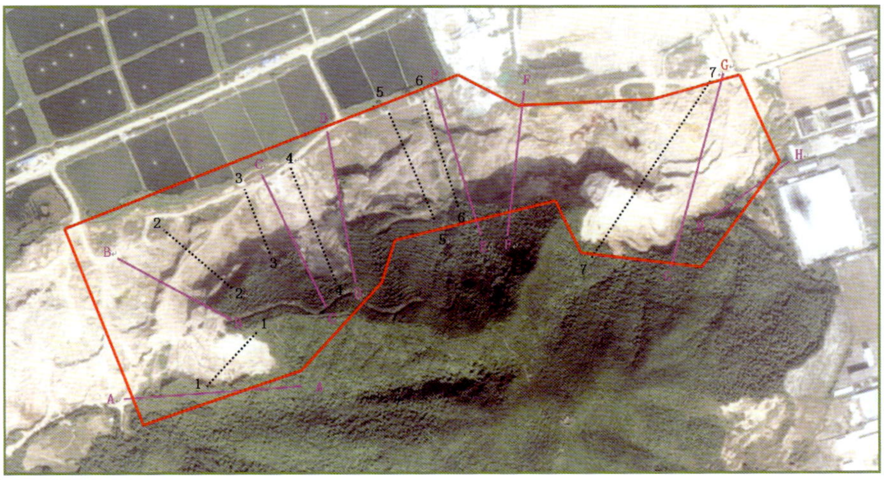

图4.3.1　黄竹山遗留石场破碎带分区及断面位置

（a）AB 段　　　　（b）BC 段

图4.3.2　黄竹山遗留石场破碎带原貌（AB—BC区段）

（二）BC 段边坡

该段为机械开挖形成，坡顶线标高90m，西低东高，分三级放坡，台阶高度和宽度不规则，宽度20～50m不等，单级边坡高度10～40m不等，坡向西，坡度40～70°，边坡岩土体为强风化—中风化砂岩。

（三）CD 段边坡

坡顶开挖线标高160m，中间高，两端低，长130m。自5m标高以上形成单级陡坡，高度70～150m，坡向为北西向，坡度50～55°，边坡岩土体为强风化—中风化砂岩，属于开挖岩质陡坡，见图4.3.3。

（四）DEF 段边坡

坡顶开挖线标高70～100m，长215m。50m标高以下坡间有分级平台，宽20～30m不等，东端标高22～40m，西端43～50m，单级边坡高5～35m不等，坡向北西向，坡度50～55°，岩土体以中风化砂岩为主。50m标高以上分两级放坡，台阶宽5～15m，单级边坡高10～35m，坡向近北向，坡度50～60°，岩土体以强风化砂岩为主，见图4.3.3。

（五）FGH 段边坡

FG段坡顶开挖线标高75～150m，东高西低，长300m。西段20～25m标高处有一大平台，平台西

（a）CD 段

（b）DEF 段

图4.3.3　黄竹山遗留石场破碎带原貌（CD—DEF区段）

侧为一20m高的陡坡与另一平台衔接，平台东侧为乱掘区，地形凌乱，陡坎高5～15m，岩土体以中风化砂岩为主；25m标高以上为单级高陡边坡，高度50～140m不等，坡向近北向，坡度60～80°，岩土体为强风化—中风化砂岩。

GH段坡顶开挖线标高50～140m，东低西高，长190m。有分级放坡，不规则，局部台阶不连续，台阶宽5～8m，单级边坡高5～20m，顶部一级达40m，坡向东，坡度45～55°，岩土体为强风化—中风化砂岩，见图4.3.4。

（a）FGH 段

（b）坡底

图4.3.4　黄竹山遗留石场破碎带原貌（FGH—坡底区段）

二、设计目标原则

（一）安全性

边坡稳定是工程治理和生态恢复的基础。黄竹山北侧遗留的人工边坡最大高度达160m，岩土裸露，岩土体以风化砂岩为主。本次边坡治理根据场地规划、现状及地质勘察情况，确定合理的放坡坡率，避免大挖大填，高边坡的整体稳定依靠分级放缓进行卸载来实现，浅层滑坡以及局部结构体的稳定依托工程措施提高安全系数，再配套截水排水设施。

（二）生态景观

黄竹山东侧为珠海市机场北路，是进入三灶镇区的主要干道，山体以北为开阔的平原地带，是规划的航空城和西部中心城区。因此，边坡工程治理同时应充分考虑生态景观的要求，采取生物和工程措施相结合的办法进行综合治理。

（三）技术工艺可行性

超高边坡坡度陡，施工难度大。因此，治理技术应在保证安全的前提下，充分考虑降低施工难度。

（四）动态跟踪

本工程山坡地质现有资料不够充分，准确性有限。随着勘察的深入和对边坡岩土条件的不断揭示，根据施工情况、变形和监测信息反馈，及时核实与论证，对设计进行补充和完善。

三、总体方案

对山体上部陡峭、有爆破裂隙、坡面不规则、稳定性差的坡段采用分级放坡的方式进行卸载，放坡后坡高13～20m，坡间马道（平台）依地段和地形设置，宽3～20m；对强风化、中风化的坡面采用锚杆格构处理，微风化坡面采用随机锚杆处理，以加固危石。

沿山体坡脚，距项目红线15m处设置4m高被动防护网。

对坡脚至项目红线的平缓区域进行平整与绿化。

设置截排水体系。

沿项目红线设置安全围挡。

边坡及平台全面复绿，恢复植被。

设计参数：永久性边坡工程安全等级一级，重要性系数1.35，边坡工程重要性系数1.1，永久性环境边坡设计基准期50年，抗震设防烈度Ⅶ度，植被覆盖率≥95%。

山体复绿及坡底绿化总平面布局见图4.3.13 。

四、技术工艺

（一）地质灾害隐患治理工程部分

地质灾害治理措施包括：①对上部不稳定的陡峭岩质边坡采用分级放坡，坡度40～65°（1∶1.20～1∶0.5），顶部2～3级格构支护，坡间设马道，宽6～30m，下部边坡布设随机锚杆；②沿线在坡脚外围设置一道被动防护网；③底部缓坡及凌乱地带挖填修整，局部陡峭边坡按不陡于30°放坡。

1．西区A—B段（1—1剖面）

沿标高（68m—45m—77m—63m—60m—70m）一线上方，顶部陡峭边坡分三级放坡，坡高15～20m，马道宽3～18m，上部1～2级边坡坡面节理裂隙发育，采用锚杆格构梁支护，格构梁间距2.5m，节点打设锚杆；下部节理裂隙不发育区域采用随机锚杆支护。底部第1级放坡坡度36～39°，第2级65°，第3级65°。随机锚杆采用直径28mm钢筋，锚杆打设角15°，长9m，格构锚杆采用直径28mm钢筋，长12m，格构顶设压顶梁，梁底设置格构底梁。标高（68m—45m—77m—63m—60m—70m）一线下方的缓坡进行挖填修整，局部陡峭边坡按不陡于30°修坡，坡脚外侧布设被动防护网，见图4.3.5。

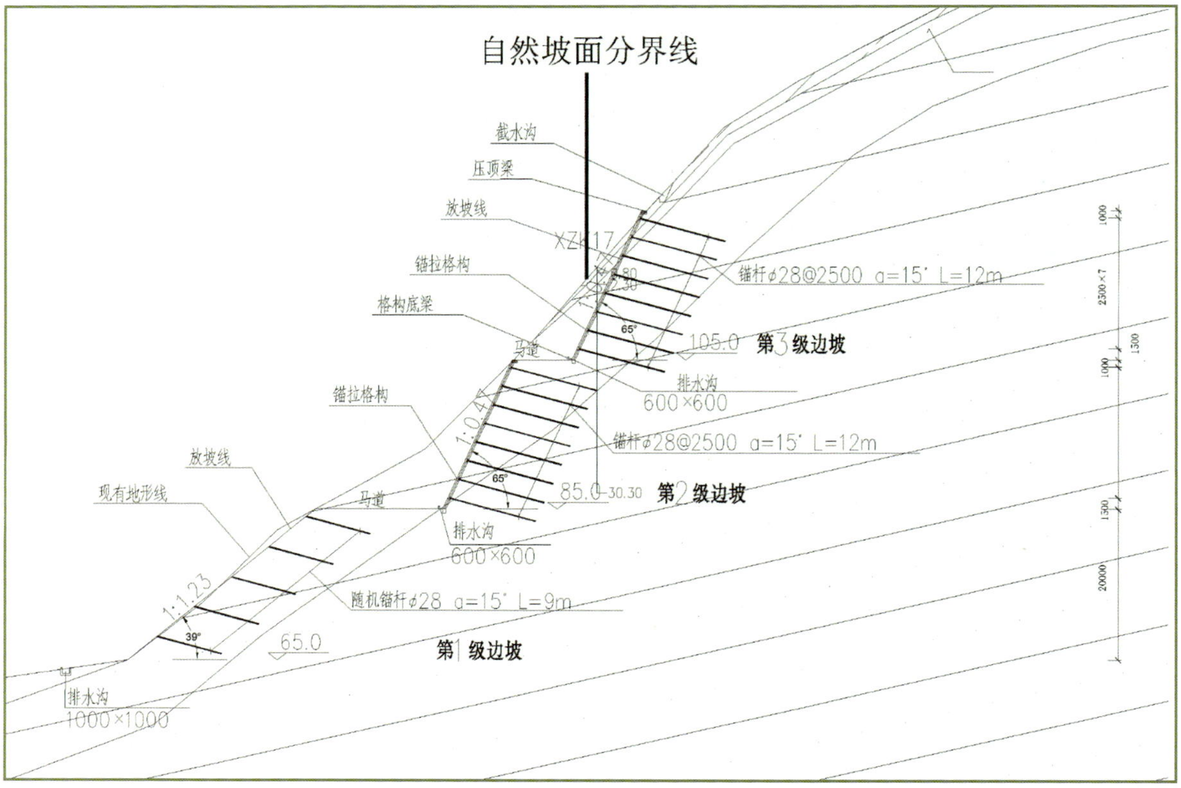

图4.3.5 西区A—B段（1—1剖面）工程措施布局

2．西区B—C段（2—2、3—3剖面）

沿标高（30m—20m—35m）一线上方，采用六级放坡，坡高为7.4～20m，马道宽度7.4～19m，上部三级边坡采用锚杆格构梁进行支护，格构梁间距2.5m，节点打设锚杆，下部三级边坡采用随机锚杆支护。顶部第6级放坡坡度为50°，其余级放坡坡度均为65°，锚杆采用直径28mm钢筋，锚杆打设角15°，格构锚杆长度12m，随机锚杆长度9m，格构顶设置压顶梁，梁底设置格构底梁。标高（30m—20m—35m）一线下方区域的缓坡挖高补低，进行修整，局部陡峭边坡按不陡于30°修坡，坡脚外侧布设被动防护网，见图4.3.6～图4.3.7。

3．中区C—D 段（4—4剖面）

该区段岩体整体结构完整，坡面光面，稳定。岩质边坡高70～150m，坡度50～55°，底部平缓，坡面设主动防护网，坡脚外侧设置被动防护网，见图4.3.8。

4．中区D—E段（5—5、6—6剖面）

5—5剖面段采用四级放坡，坡高15～35m，马道宽为3～21m。第1级放坡坡度为38～46°，第2、3级放坡坡度38°，第4级放坡坡度60°，第1～3级边坡采用随机锚杆支护，第4级边坡采用锚杆格构梁支护，锚杆采用直径28mm钢筋，锚杆打设角15°。坡脚缓坡进行修整，挖高填低，局部陡峭边坡按不陡于30°进行修整，坡脚下均布设被动防护网。

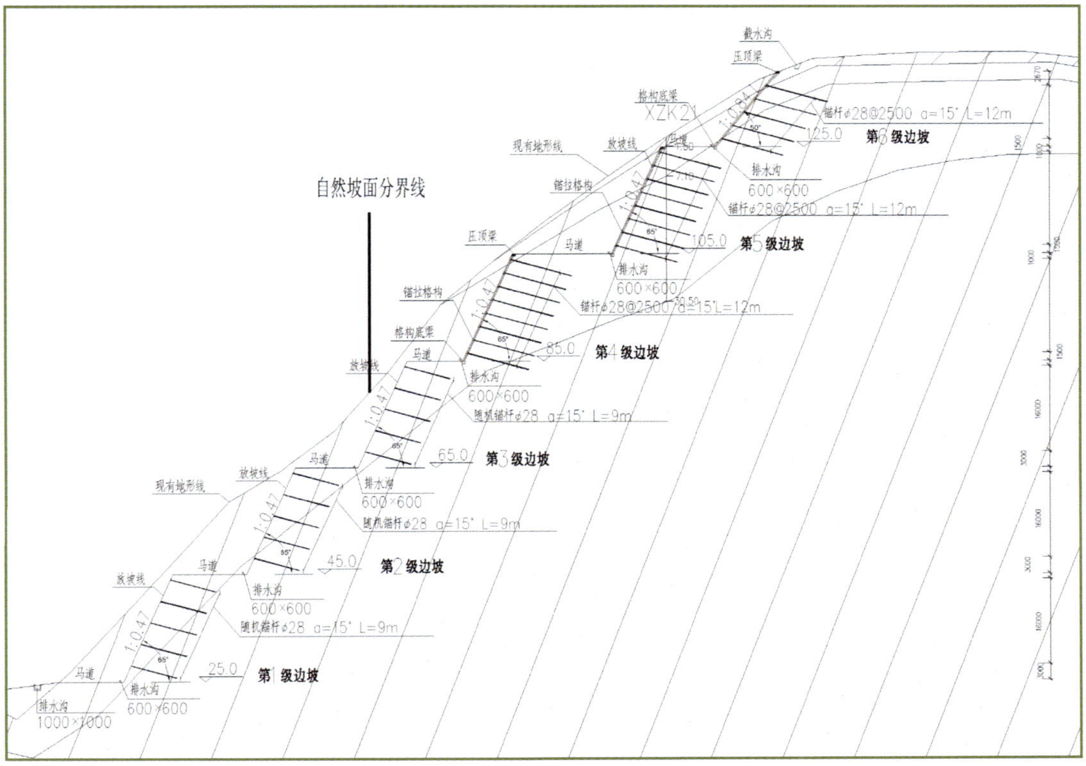

图4.3.6　西区B—C段（2—2剖面）工程措施布局

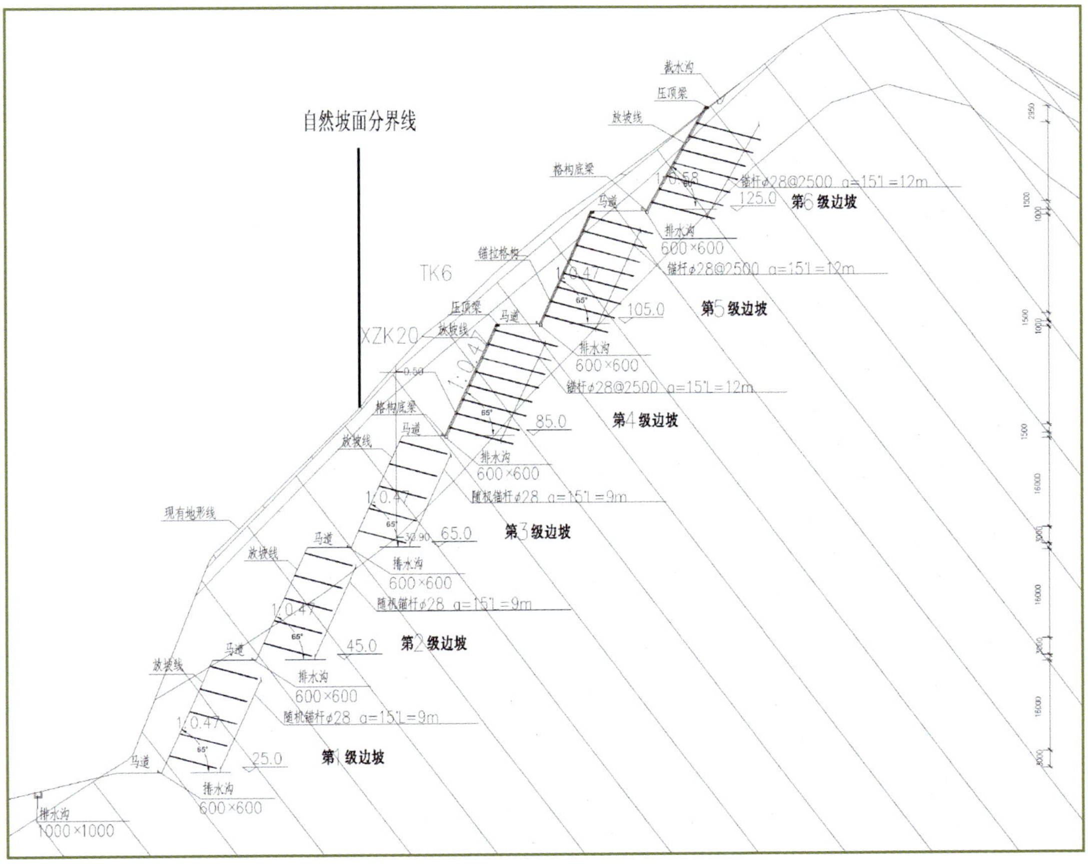

图4.3.7　西区B—C段（3—3剖面）工程措施布局

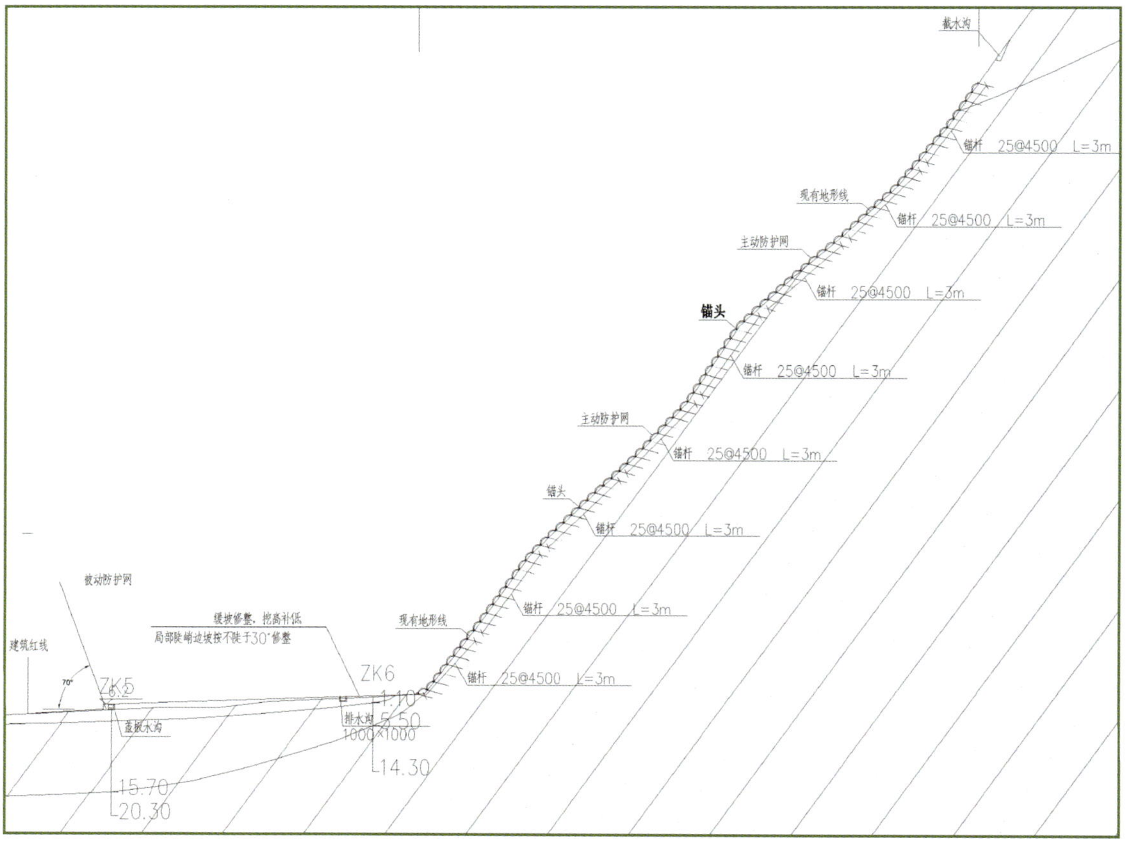

图4.3.8 中区C—D段（4—4剖面）工程措施布局

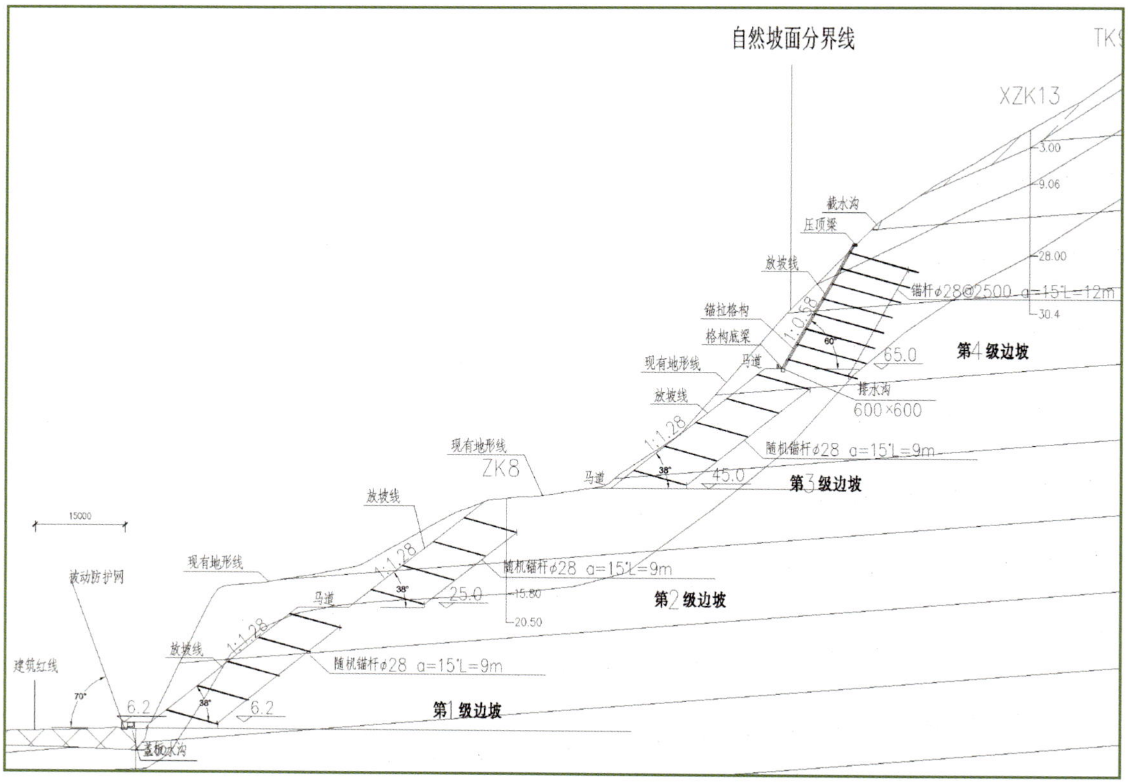

图4.3.9 中区D—E段（5—5剖面）工程措施布局

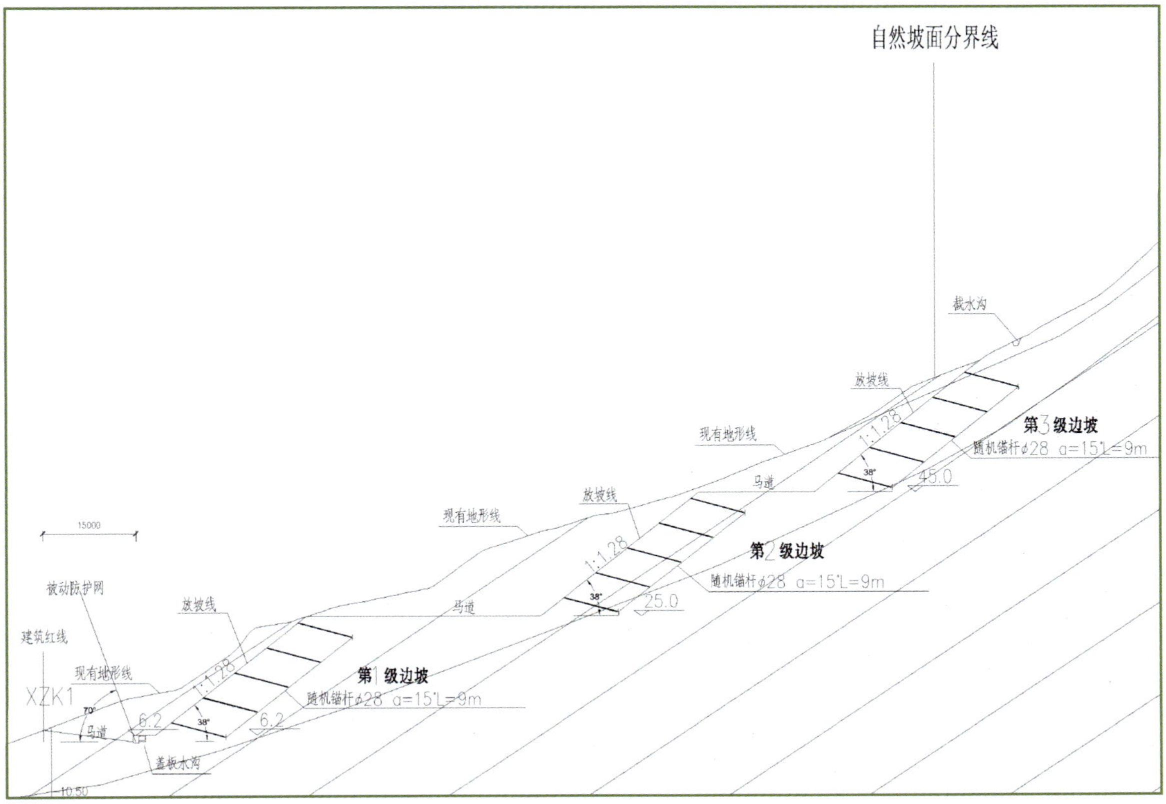

图4.3.10　中区D—E段（6—6剖面）工程措施布局

6—6剖面段为山体自然形成的排水冲沟，汇水排至坡底排洪沟。为了便于排水，结合两侧边坡情况，采用三级放坡，坡高10～35m，马道宽18～38m，在坡面节理裂隙不发育区域采用随机锚杆支护。第1、2级放坡坡度为38°，第3级放坡坡度38°，锚杆采用直径28mm钢筋，锚杆打设角15°，随机锚杆长9m。放坡后，沿现状冲沟修筑排水沟，连接坡脚排水沟。坡脚缓坡进行修整，局部陡峭边坡按不陡于30°修坡，坡脚外侧布设被动防护网，与两侧坡段衔接，见图4.3.9和图4.3.10。

5．东区E—F—G—H段（7—7剖面）

自东向西沿标高（40m—30m—15m—10m—5m—1m—20m—30m—50m）一线以上整体为光面高陡岩质边坡，结构完整、坡面规则、节理不发育，岩体稳定。主体部分高差80～120m，坡度60～70°，坡面设主动防护网。下方缓坡区域挖高填低，局部陡峭边坡按不陡于30°修整，设被动防护网，见图4.3.11。

6．格构梁

采用“井”字格构，便于保土和复绿施工。格构梁尺寸0.4m×0.4m，水平间距2.5m，竖向间距2.5m，格构梁嵌入边坡岩体20cm，底梁尺寸0.6m×0.6m。

7．排水系统设置

坡顶设置钢筋混凝土截水沟，马道平台设置浆砌石排水沟，坡脚设置钢筋混凝土排水沟，外围在被动防护网前设置砖砌坡底盖板水沟，坡面设置跌水踏步，跌水台阶与平台排水沟交界处设置消能池，汇水经跌水至消能池后排入坡脚水沟，坡底盖板水沟收集底部平缓区域的汇水经沉砂后排入黄竹山排洪渠。

排水按永久山洪设防标准P=50年计算。坡顶截水沟及坡脚排水沟、马道水沟及坡底盖板水沟均为矩形断面；坡顶截水沟及坡脚排水沟断面为宽1.0m×深1.0m，马道水沟为宽0.6m×深0.6m，盖板水沟断面为宽1.2m×深1.4m。砖砌排水沟粗糙系数取0.015，混凝土粗糙系数取0.012。

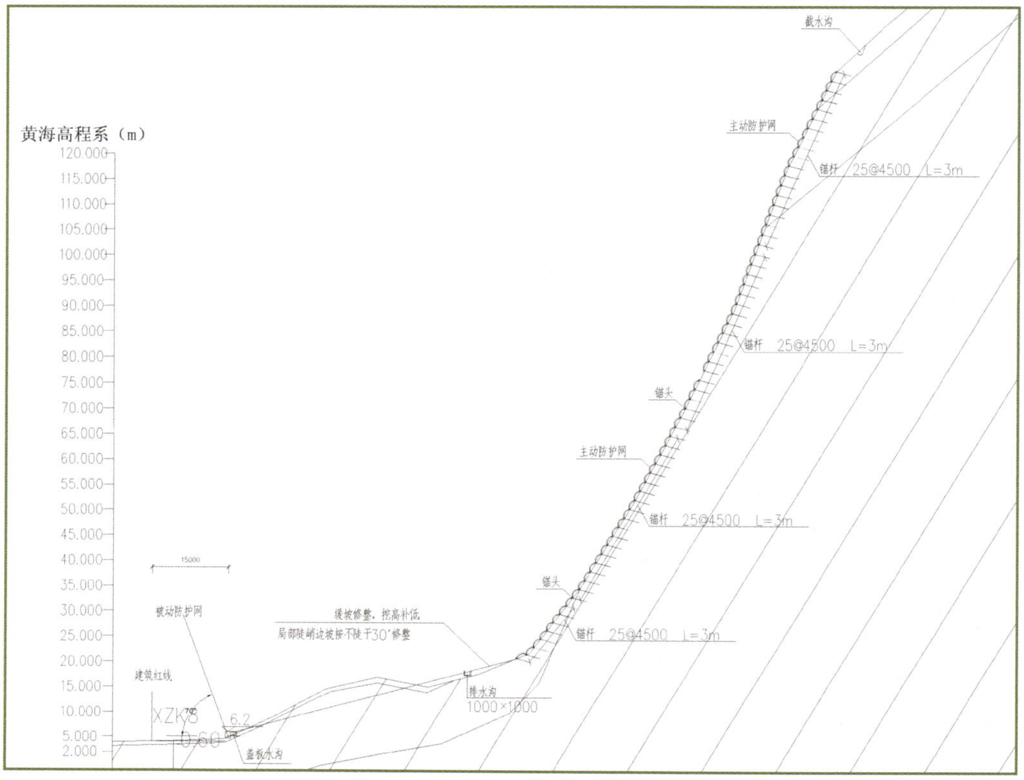

图4.3.11　东区E—F—G—H段（7—7剖面）工程措施布局

8．施工技术要求

边坡地质工程治理及截排水工程，包括削坡、光面爆破、锚杆及安装、格构梁、主动防护网、脚手架等，设计与施工参照《建筑边坡工程技术规范》（GB 50330—2013）执行。

主动防护网施工工艺及要点：

①采用SPIDER-S/250型钢绞索网，规格3.5m×10m，包括高强度钢绞线螺旋网片、预应力钢筋锚杆、专用锚垫板；破断拉力195～220kN/m，菱形网孔292mm×500mm，钢丝直径3.0mm，单丝强度不小于1770N/mm^2，绞线结构1×3，锌层重量不少于150g/m^2。

②清坡，规整边坡界线，清除浮石，必要时回填凹坑。

③锚杆采用直径25mm钢筋，间距4.5m，深度2～8m；锚杆与网用锚垫板连接，锚杆的分布可疏可密，长度可长可短，使得坡面加固力学指标具有多样性。以坡脚为基准线放线布置锚杆孔位，宜设于天然凹坑处，但间距不应大于设计值的10%。

④自上而下按设计深度钻凿锚孔并清孔，孔径不应小于42mm，在确保锚杆与水平面的夹角不小于15°的前提下应尽可能垂直于坡面；当局部孔位处因地层松散或破碎而不能成孔时，可以采用断面

尺寸不小于0.4m×0.4m的C15混凝土基础置换不能成孔的岩土段。

⑤安装锚杆并注浆，清理锚杆头并使其裸露长度为10～18cm；浆体应采用强度等级不低于M20的水泥砂浆或水泥浆（水灰比0.45～0.55，灰砂比1.0～2.0），确保浆液饱满，在进行下一道工序前注浆体养护不少于3d。

⑥从上向下铺设SPIDER网，相邻网片的边沿网孔间用Φ8钢丝绳或卸扣缝合连接，缝合绳缝合方式为从相邻网孔间直接穿过或缠绕，缝合绳端头用两个绳卡紧固，绳卡间距为钢丝绳直径的6～7倍，U形螺栓应位于尾绳段一侧。

⑦将边界绳从SPIDER网边沿网孔穿过至两端钢丝绳锚杆，拉紧后用4个绳卡紧固。

⑧安装锚垫板并拧紧螺母施加预应力，使SPIDER网张紧并紧贴坡面，上边界及侧边界绳应卡压在锚杆外侧，下边界绳交替卡压在锚杆的上侧与下侧，尤其是非直线延伸或地形复杂时，侧边界绳亦可采用这种交替卡压方式。

⑨选择性步骤：检查SPIDER网与坡面的贴紧情况（一般连续悬空面积不得大于5m^2），根据需要布置安装辅助锚杆。

（二）山体复绿工程部分

山体复绿工程措施包括：喷混植生、飘台种植槽+双网喷混植生、格构内填生态袋+双网喷混植生、客土喷播、马道（平台）和坡底绿化种植、边坡滴灌等。

1．整体光面边坡

包括东区F—G—H段上部（7—7剖面）和中区C—D段（4—4剖面）结构完整、节理不发育的稳定岩体高陡边坡。其中东区F—G—H段主体部分坡度60～70°，高差80～120m，中区C—D段坡度50～55°，高差70～150m。

复绿方案：采用浇筑飘台种植槽+双网喷混植生的方式复绿。沿山体等高线水平布设飘台种植槽，间距4.5m；飘台种植槽内回填种植土，植小乔木（细叶榕，地径2～3cm，高80～100cm）、灌木（簕杜鹃，高80～90cm，冠幅50～60cm）和撒播草灌籽绿化；飘台种植槽之间的边坡区域采用双网喷混植生复绿。

2．分级放坡区域

包括中区D—E段（5—5、6—6剖面），采取1∶1.28和1∶0.58放坡，3～4级边坡，坡间设马道，马道宽18～30m不等；西区A—B—C段（1—1、2—2、3—3剖面），上部高陡岩质边坡分级放坡，B—C段6级边坡，坡度50～65°，顶部三级边坡格构支护，坡间设马道平台，马道宽8～20m不等；A—B段，3级边坡，坡度36～65°，顶部二级边坡格构支护，坡间设有马道平台，宽6～20m不等。

复绿方案：下部放坡边坡（无格构）采用喷混植生方式复绿。喷播种子按照（狗牙根1g+百喜草1g+山毛豆5g+银合欢8g+木豆3g+糖蜜草0.01g）/m^{2}配置。上部格构边坡采用格构内填生态袋+双网喷混植生的方式复绿。马道外侧设置矮挡土墙，挡土墙高70cm，内侧至坡脚回填种植土厚50cm，种植木麻黄，平面撒播灌草籽绿化，由于马道宽度在不同区域差异较大，木麻黄按株行距2m×2m种植，苗木规格高1.6～1.8m，地径2～3cm。

3．下部缓坡地带

该部分位于山体坡脚以上至标高10m之间的缓坡过渡区域，经挖高填低修整，局部陡峭边坡刷坡后不陡于30°。边坡表层以渣石为主，采用客土喷播花草和灌木的方式进行复绿。喷播种子按照（狗牙根1g+波斯菊3g+金鸡菊3g+银合欢5g+山毛豆3g）/m^{2}配置。客土采用有机基材，喷射厚度5cm，喷后用无纺布覆盖，洒水养护。

4．坡底平地

坡脚以外至项目红线为平整区域，标高5m左右。区域内地下水位较高，易积水，以砂土为主，土壤贫瘠。东区位于水泥厂旁边，局部有碱性渣石堆积，西部有水塘分布。土壤需经换填种植土和增施有机肥改良（种植土厚10cm，树池换填种植土0.5m^3），然后种植乔木（小叶榕、凤凰木、秋枫，株距3m，行距4m），苗木高4～5m，胸径8～10cm，带土球，地面撒播草籽绿化（狗牙根种子，5g/m^2）。

5．边坡滴灌系统

高陡岩质边坡缺水缺肥，复绿时需保持植生层湿润。山体上部高陡岩质边坡采用边坡滴灌进行养护，下部缓坡过渡地带用水车洒水养护。

在上部飘台种植槽区域、放坡边坡（格构、无格构）布设边坡滴灌。滴灌系统由水源、输水管网和泵房组成。在坡顶布设蓄水池，为滴灌系统供水，用多级泵从山脚抽水提升至蓄水池，坡顶共设置100m^{3}蓄水池3座，间隔布设。

水池连接滴灌主管、支管、毛管、微喷头和闸阀，支管接主管，毛管接支管，水在重力作用下，通过连接在毛管上的微喷头释放至边坡飘台种植槽、槽间边坡以及放坡边坡的复绿区域。

坡面毛管安装按照间距2.5m水平布设。滴灌安装后进行分段调试，排出管内空气，放水，分段检查。滴灌技术参数：主管（DN65）、支管（DN50）为PVC管，黏胶连接。毛管每4m设置一个微喷头，微喷头型号XS-360TS-SPYK，q=65.48L/h，工作压力0.15MPa。配备25kW额定扬程160m的多级泵一台；水从坡底水塘抽取，用电从项目区旁水泥厂接驳。

6．边坡复绿施工技术要求

本工程边坡坡体以强、中及微风化砂岩为主，本次采用喷混植生、飘台种植槽、格构填生态袋、双网喷混植生、平台（马道）种植、客土喷播、边坡滴灌、苗木种植等组合技术，相关边坡复绿技术及要求参见第一章“山体植被护坡技术”中的相关内容。

五、工程量统计

黄竹山地质灾害隐患治理工程量统计见表4.3.1。

表4.3.1　黄竹山地质灾害隐患治理工程量

序号	项目名称	单位	工程量	备注
A	地质灾害隐患治理工程			
A-1	土石方			
1	边坡石方开挖及外运	m^3	583359	光面爆破
2	缓坡区域平整石方开挖	m^3	126737	
3	土石方回填夯实	m^3	126737	

（续表）

序号	项目名称	单位	工程量	备注
A-2	锚杆			
1	格构锚杆	m	40944	直径28mm钢筋，长12m/根
2	随机锚杆	m	29268	直径28mm钢筋，长9m/根
A-3	格构梁			
1	钢筋混凝土格构梁	m	17060	0.4m×0.4m，间距2.5m
2	格构底梁	m	1272	0.6m×0.6m
3	压顶梁	m	1104	0.6m×0.4m
A-4	防护网			
1	主动防护网	m^2	68000	S/250钢绞索网，规格3.5m×10m
2	被动防护网	m^2	7540	网高4m
3	被动防护网基础（C30混凝土）	m^3	2262	支柱、基础
A-5	坡面脚手架	m^2	57130	
A-6	截排水			
1	平台排水沟	m	2390	浆砌石0.6m×0.6m
2	坡顶截水沟	m	1930	钢筋混凝土现浇1m×1m
3	坡脚排水沟	m	2390	钢筋混凝土现浇1m×1m
4	坡底盖板水沟	m	2185	1.2m×1.4m（宽×深），砖砌加盖板
5	沉砂池	座	5	3.5m×1.5m浆砌石三级沉砂池
6	跌水台阶	m	700	钢筋混凝土0.8m×0.6m，跌水坎0.3m×0.3m
A-7	水平沉降监测点	个	80	
B	复绿工程			
B-1	放坡边坡（无格构）			
1	喷混植生	m^2	39000	坡面面积
	中区D—E段	m^2	24177	
	西区A—B—C段	m^2	14823	
B-2	格构边坡	m^2	22000	
1	生态袋	m^2	15400	
2	双网喷混植生	m^2	22000	
B-3	整体光面边坡	m^2	68000	
1	双网喷混植生	m^2	68000	飘台种植槽间边坡

（续表）

序号	项目名称	单位	工程量	备注
2	飘台种植槽	m	29784	
3	簕杜鹃	株	29784	高80～90cm，冠幅50～60cm
4	细叶榕	株	29784	高0.8～1.0m，地径2～3cm
5	撒播灌草籽	m^2	14892	
6	种植土	m^3	8935	
B-4	马道	m^2	25733	
1	种植土	m^3	12867	
2	木麻黄	株	12867	高1.6～1.8m，地径2～3cm
3	撒播灌草籽	m^2	25733	
4	钢筋混凝土矮挡墙	m	2468	高70cm
B-5	缓坡过渡地带			
1	客土喷播	m^2	85472	客土层厚5cm
B-6	坡底平地			
1	撒播草籽	m^2	100122	
2	小叶榕	株	4954	高4～5m，胸径8～10cm
3	凤凰木	株	9907	高4～5m，胸径8～10cm
4	秋枫	株	9907	高4～5m，胸径8～10cm
5	种植土	m^3	22396	
B-7	边坡滴灌系统	m^2	77076	
B-8	蓄水池	座	3	容积100m^3，钢筋混凝土浇筑

六、初步设计图

山体复绿部分初步设计如下：

（1）项目区位置：见图4.3.12

（2）绿化设计总平面：见图4.3.13

（3）马道（平台）绿化大样：见图4.3.14

（4）坡底种植绿化大样：见图4.3.15

（5）喷混植生复绿大样：见图3.3.6

（6）双网喷混植生复绿大样：见图3.3.7

（7）飘台种植槽构造：见图3.3.9

（8）飘台种植槽绿化大样：见图3.3.10

（9）格构填生态袋+双网喷混植生复绿大样：见图3.3.13

三灶青湾新能源产业园区控制性详细规划及城市设计
道路交通规划图
东咀山
水禾坑山
大岭山
西湖
甲洲山
黄竹山
项目区
图例
城市快速路
主干道
次干道
支路
社会停车场用地
水域
公共绿地
防护绿地
林地
规划范围

图4.3.12　项目区位置

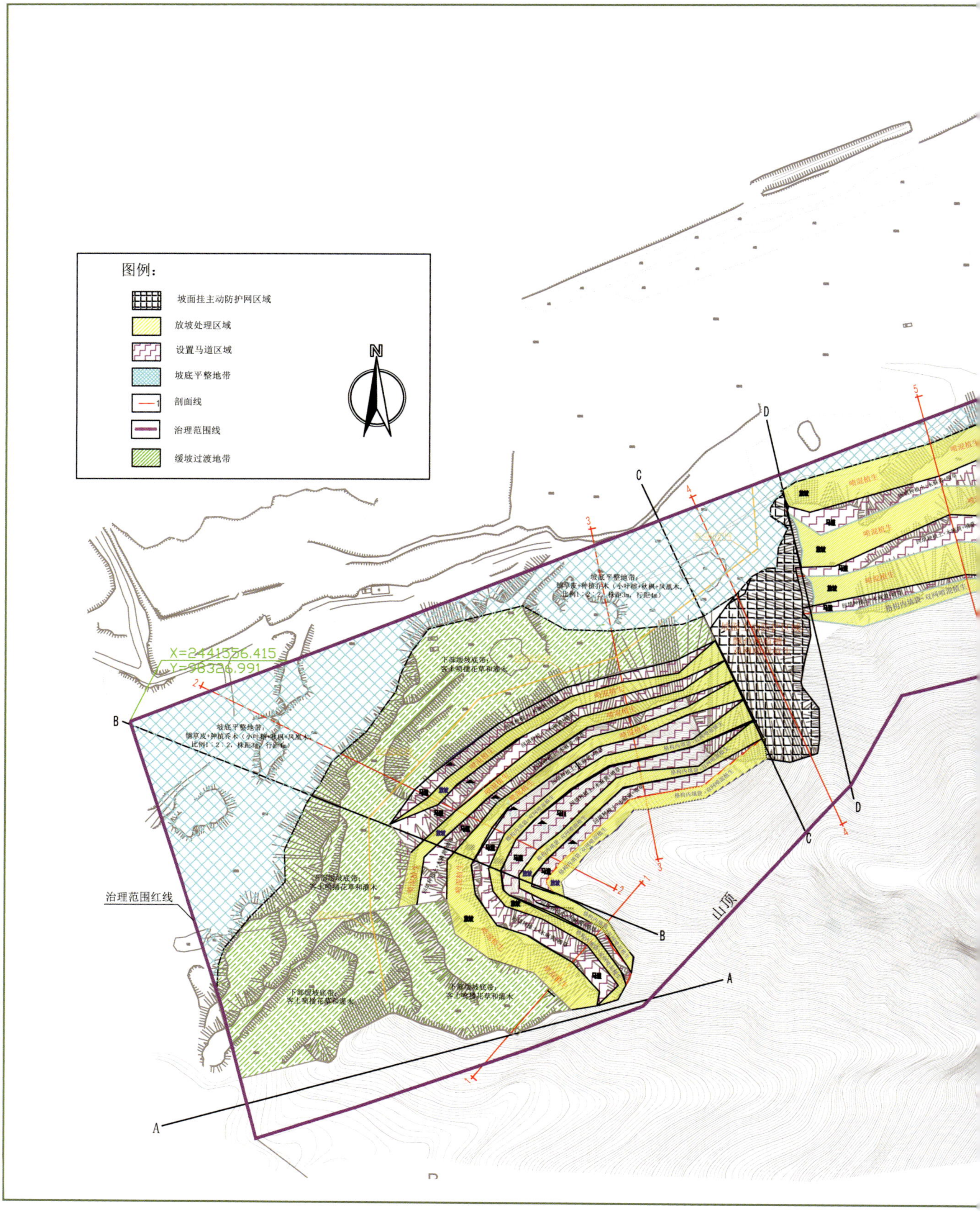

图例：
坡面挂主动防护网区域
放坡处理区域
设置马道区域
坡底平整地带
剖面线
治理范围线
缓坡过渡地带
N
X=2441556.415
Y=98326.991
坡底平整地带：
铺草皮+种植乔木（小叶榕+秋枫+凤凰木，
比例1：2：2，株距3m，行距4m）
下部缓坡底带：
客土喷播花草和灌木
喷混植生
治理范围红线
山顶
A
B
C
D

图4.3.13　绿化

说明：

1. 整体光面边坡区域，包括东区F—G—H段上部（7—7剖面）和中区C—D段（4—4剖面）的上部高陡岩质边坡，采用浇筑飘台种植槽+喷混植生的方式复绿。飘台种植槽沿山体等高线水平布设，飘台种植槽间距4.5m；槽内回填种植土，植小乔木、灌木和撒播草灌籽绿化；飘台种植槽之间的边坡区域采用双网喷混植生复绿。
2. 分级放坡区域，下部放坡边坡（无格构）采用喷混植生方式复绿，上部格构边坡采用格构内填袋+双网喷混植生的方式复绿。
3. 马道平台，马道外侧设置矮挡土墙，挡土墙高70cm，内侧回填种植土厚50cm，种植木麻黄，平面撒播灌草籽绿化。
4. 下部缓坡地带，采用客土喷播进行复绿。喷播种子按照（狗牙根1g+波斯菊3g+金鸡菊3g+银合欢5g+山毛豆3g）/m²配置。客土采用有机基材，喷射厚度5cm，喷后用无纺布覆盖，洒水养护。
5. 坡底平地，土壤经改良后，采取撒播草籽+种植乔木（小叶榕、凤凰木、秋枫，株距3m，行距4m）的方式绿化。
6. 蓄水池，在山顶修建容积100m³的蓄水池3个，钢筋混凝土浇筑。
7. 边坡滴灌系统，在上部岩质边坡及飘台种植槽区段布设边坡滴灌进行浇水养护。

设计总平面

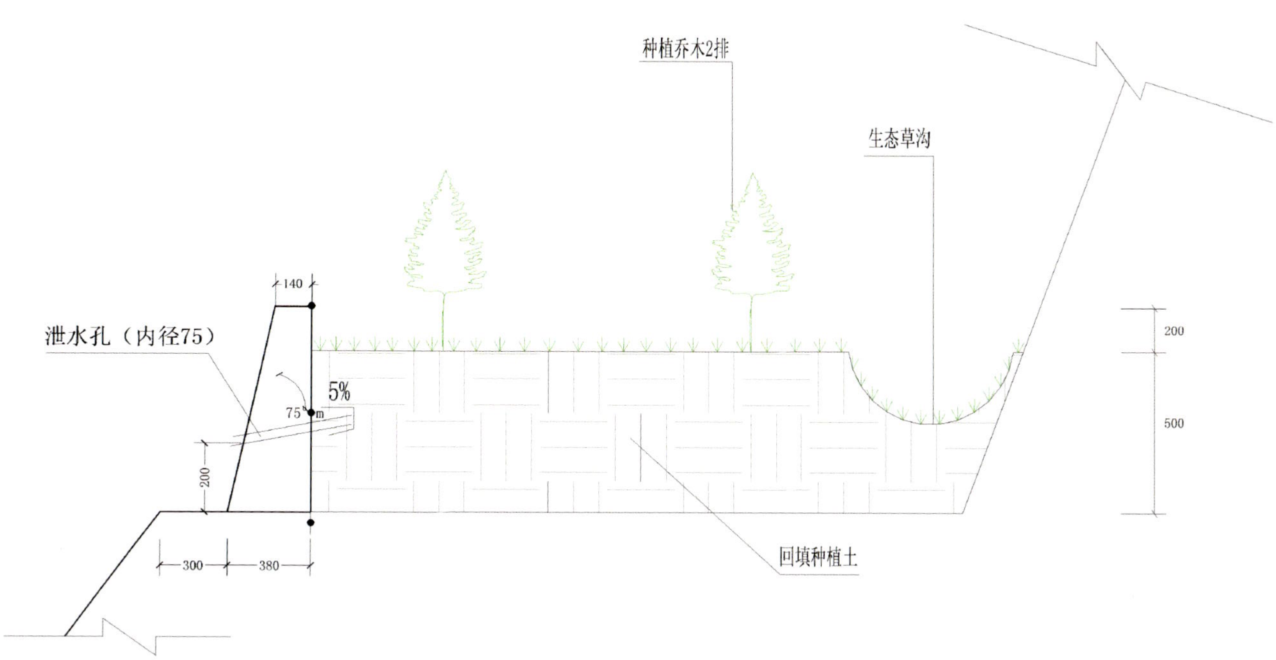

马道（平台）布局大样图

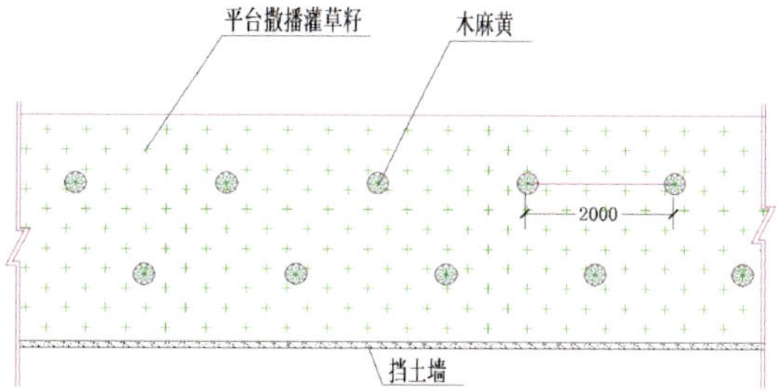

马道（平台）绿化平面图

马道（平台）绿化工程量

项目	单位	数量	备注
回填种植土	m^3	1.5/m	压实系数0.8
木麻黄	棵	10/10m	地径2～3cm，高1.6～1.8m

1. 本图适用于边坡马道，宽度3m；
2. 每级马道平台外缘浇筑钢筋混凝土矮挡墙，与内侧构成平台种植槽；
3. 平台种植槽内回填营养种植土，回填种植土厚50cm；
4. 马道平台种植速生见效快的木麻黄，平面撒播灌草籽绿化（狗牙根、银合欢、山毛豆、木豆）；
5. 由于马道宽度在不同区域差异很大，宽6～30m，木麻黄按株行距2m×2m种植；
6. 苗木规格：地径2～3cm，高1.6～1.8m。

图4.3.14 马道（平台）绿化大样

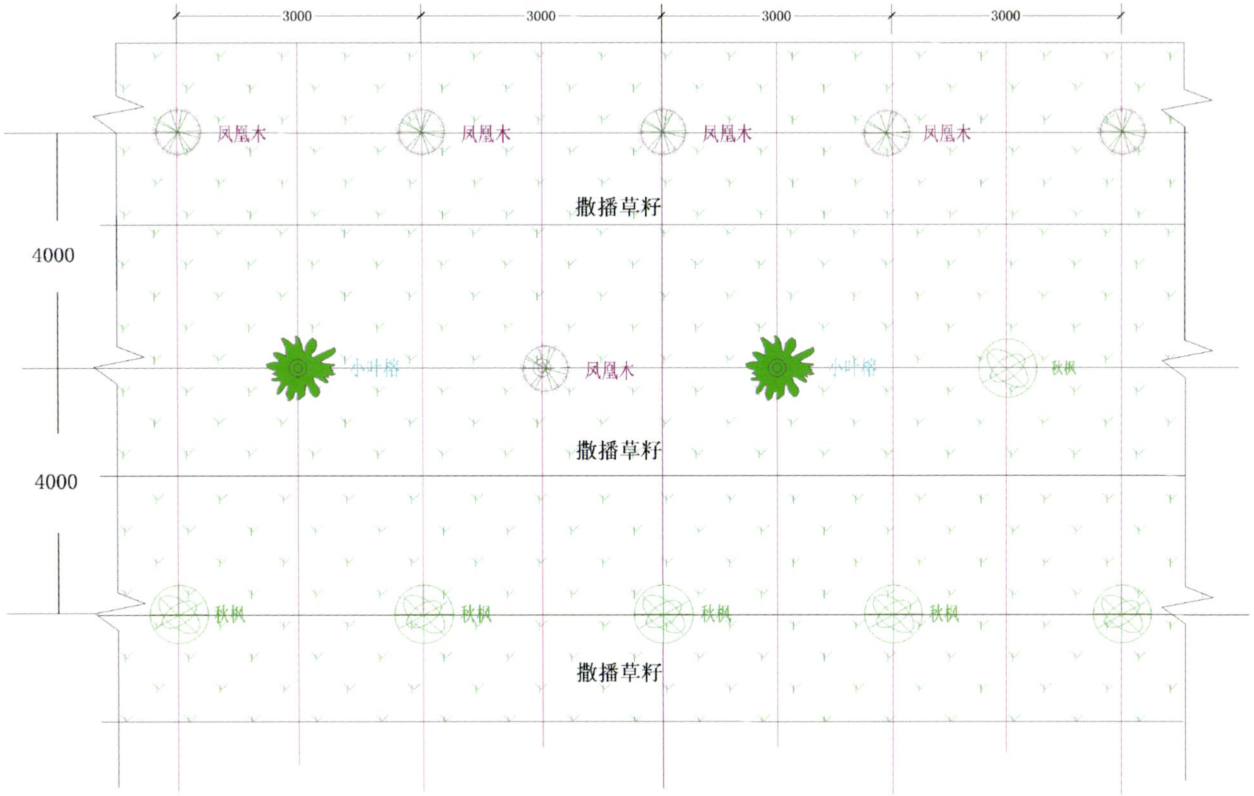

坡底平地绿化种植大样图

每亩（667m²）工程量

项目	单位	数量
凤凰木	棵	66
小叶榕	棵	33
秋枫	棵	66
狗牙根种子	kg	3.33
种植土	m³	149

说明：

1. 图中尺寸除特殊表明外，均以mm计；
2. 苗木规格：高4～5m，胸径8～10cm，带土球；
3. 土壤改良：平铺10cm种植土，树穴换填0.5m³种植土；
4. 撒播草籽：狗牙根种子5g/m²。

图4.3.15　坡底种植绿化大样

第四节　房地产项目周边山体

本节以中山市观山水房地产项目为例，介绍房地产项目周边山体生态修复工程。

一、项目概况

中山市观山水房地产项目（二期）后山开挖形成3551.70m^{2}的母质边坡，主体设计了“井”字形格构、“人”字形格构支护，边坡分布及数量见表4.4.1。

表4.4.1　观山水项目（二期）后山开挖边坡区段

边坡区段		坡级	坡比	工程防护	投影面积（m^2）	边坡面积（m^2）
1—1剖面	A—B段	一级	1：0.4	井字格构	181.25	195.21
		二级	1：0.5		95.36	106.61
	A′—A段	一级	1：0.5	锚喷，过渡边坡	93.76	104.82
2—2剖面	B—C段	一级	1：0.5	井字格构	73.07	81.69
3—3剖面	D—E段	一级	1：0.5	临时边坡		
4—4剖面	F—G段	一级	1：0.5	井字格构	224.75	251.27
		二级	1：1	人字梁	332.23	469.84
		三级	1：1		174.24	246.41
		四级	1：1		24.00	33.94
5—5剖面	G—H段	三级	1：1		562.97	796.15
		四级	1：1		328.89	465.12
6—6剖面	H—J—K—L段	二级	1：1(J—J′)		126.67	179.14
			1：0.7(J′—L)		45.96	56.1
7—7剖面	M—N段	一级	1：2	母质边坡		382.85
8—8剖面	N—O段	一级	1：1	母质边坡	61.20	86.55
9—9剖面	O—P段	一级	1：0.5	人字梁	85.87	96.00
合计						3551.70

（a）1—1 位置格构边坡

（b）2—2 位置格构边坡

（c）4—4 位置边坡

（d）5—5 位置边坡

图4.4.1 观山水项目（二期）后山开挖边坡原貌

二、总体方案

在边坡稳定的前提下，主体已设计边坡截排水系统。通过生态修复，恢复开挖山体的植被，改善景观，创建宜居环境，实现人与自然的和谐相处。

各区段边坡复绿方案见表4.4.2。

表4.4.2 观山水项目（二期）后山开挖边坡分区段复绿方案

区段		坡级	支护方式	复绿工艺
1—1剖面	A—B	一级	井字格构	格构内填袋+双网喷混植生10cm
		二级		
	A′—A	一级	锚喷	假草皮（过渡边坡）
2—2剖面	B—C	一级	井字格构	格构内填袋+双网喷混植生10cm
3—3剖面	D—E	一级	下边坡，无支护	临时边坡，不作修复
4—4剖面	F—G	一级	井字格构	格构内填袋+双网喷混植生10cm
		二级	人字梁	
		三级		
		四级		

（续表）

区段		坡级	支护方式	复绿工艺
5—5剖面	G—H	三级	人字梁	格构内填袋+双网喷混植生10cm
		四级		
6—6剖面	H—J—K—L	二级		
7—7剖面	M—N	一级	母质边坡	喷混植生10cm
8—8剖面	N—O	一级	母质边坡	喷混植生10cm
9—9剖面	O—P	一级	人字梁	格构内填袋+双网喷混植生10cm
1—1～9—9坡面	A—P			边坡喷灌

三、技术工艺

（一）喷混植生

工序：边坡清理→打锚杆→挂过塑铁丝网→喷客土层（10cm）→喷播种子→覆盖无纺布→喷灌养护。

技术参数：锚杆，直径12mm螺纹钢，长50cm，密度1根/m^2；过塑铁丝网，网孔5cm×5cm，铁丝直径3.6mm，网间搭接10cm；种子配方为（狗牙根1g+宽叶草1g+山毛豆3g+银合欢3g+波斯菊1g+醉蝶花1g）/m^2。

（二）格构填袋+双网喷混植生

1．填袋

格构梁40cm×40cm，格构内码填植生袋，使整个格构边坡处于一个平面，再在平面上挂双层网喷混植生。植生袋规格：长×宽×厚（充填后）=60cm×40cm×15cm，在格构内叠铺，植生袋用锚筋和抓钩系统固定。

2．双网喷混植生施工流程

清坡→打锚杆→挂铁丝网→挂植生条袋→挂过塑铁丝网→配制有机基材→喷射基材→喷播草灌种子→无纺布覆盖→喷灌养护。

3．技术参数及材料要求

①基材配方（每m^2边坡用量）：种植土140kg、有机菌肥3kg、复合肥0.5kg、泥炭土3kg、黏结剂2kg、保水剂2kg。

②锚杆：直径12～14mm螺纹钢，密度1根/m^2，长锚杆60～70cm，用在格构内，钻孔（与锚杆直径一致）穿过填袋后入岩10～20cm，锚杆打入锚孔，外露12cm，短锚杆长30cm，用在格构梁上，钻孔打入梁内18cm，外露12cm。

③第一层网：在斜坡坡面上布设，采用机编镀锌铁丝网，网孔50mm× 50mm，铁丝直径2.4mm，用细铁丝绑扎固定在锚杆上。

④植生条袋：第一层铁丝网挂完后挂植生条袋（直径80mm，长1000mm），3条/m^2，植生条袋由100g/m^2的无纺布加工而成，植生袋内填充种植土及草灌木种子等，将植生条袋用细铁丝绑扎固定在

铁丝网和锚杆上。

⑤ 第二层网：植生条袋安装完后挂第二层网，采用机编过塑铁丝网，孔径规格50mm×50mm，过塑铁线直径3.6mm，用细铁丝绑扎固定在锚杆上。

⑥ 喷混：用湿喷机分两次喷射。第一次喷射有机基材植生层厚8～9cm，第二次喷射混有草种和灌木种子的轻质基质1～2cm。

⑦ 种子配方：（狗牙根1g+宽叶草1g+山毛豆3g+银合欢3g+波斯菊1g+醉蝶花1g）/m^2。

（三）边坡喷灌

喷灌管路和喷头绑扎固定在锚杆上，配置接电箱1个，管道泵1台，管路由闸阀分段控制，水电就近接驳。喷灌布局与安装参见图1.5.5和第一章第六节种植毯袋中喷灌的内容。

（a）人字格构内填植生袋

（b）井字格构内填植生袋

（c）填袋后坡面双网喷混植生

（d）灌木草本复绿

（e）山毛豆

（f）醉蝶花

图4.4.2　观山水项目（二期）山体边坡复绿（2018年）

四、初步设计图

（1）总平面布置：见图4.4.4

（2）分断面措施：见图4.4.5

（3）喷混植生10cm大样：见图3.3.6［适用于（7—7）、（8—8）剖面区段边坡复绿］

（4）格构梁内填袋+双网喷混植生大样：见图3.3.13［适用于（1—1）、（2—2）、（4—4）、（5—5）、（6—6）、（9—9）剖面区段边坡复绿］

（a）边坡原貌　　（b）边坡复绿效果

图4.4.3　深圳星河丹堤小区后山边坡原貌及复绿效果（2010年）

图4.4.4　中山观山水项目（二期）山体边坡复绿平面

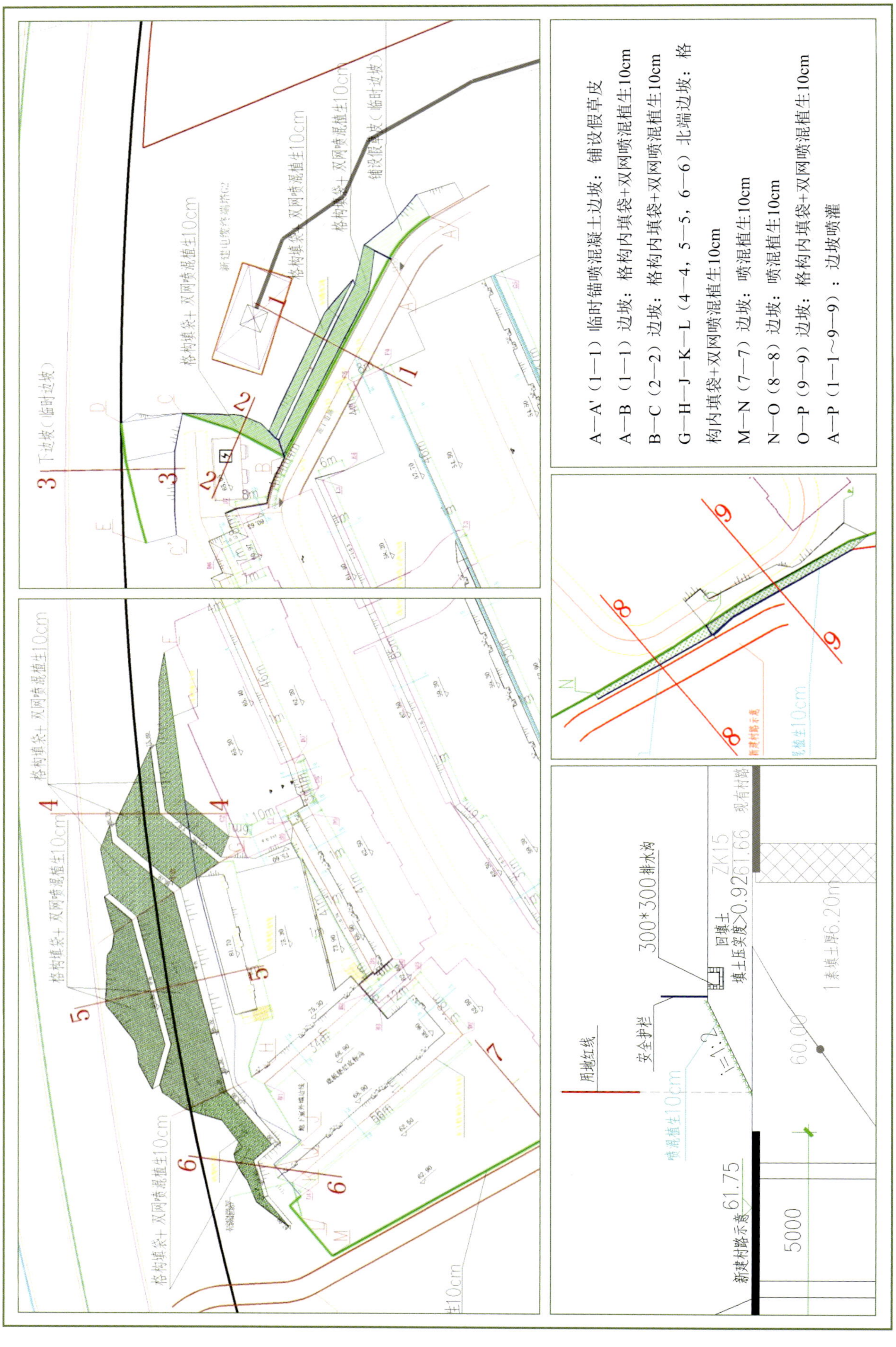

图4.4.5 中山观山水项目（二期）山体边坡复绿分断面措施

第五节　铁　路

2000年10月，国务院下发了《关于进一步推进全国绿色通道建设的通知》，要求加强对公路、铁路、河渠、堤坝沿线进行绿化与美化，加强边坡防护，控制水土流失，减轻生态灾害，改善沿线生态环境。为落实铁路绿色通道建设的要求，中国铁路总公司委托中铁第四勘察设计院编制了《铁路工程绿色通道建设指南》，于2013年6月发布实施 。指南中明确了铁路绿色通道建设应对路基、桥梁、隧道洞口、站区及其他有关场地进行绿化，绿化应与路基防护，桥台锥坡及隧道洞口边、仰坡加固设计等相结合，兼顾美观效果；毗邻自然保护区、风景名胜区或城镇规划区内的铁路，绿色通道设计还应与当地的自然及人文环境相协调，并考虑自然条件、乡土植物生态习性、干旱半干旱地区的养护浇灌条件和当地的绿化技术经验。指南在路基生态防护中推荐了喷播植草、客土植生、生态袋和喷混植生等边坡复绿技术。本节以大同—西安铁路客运专线工程为例，介绍铁路路基生态修复工程。

一、工程概况

大同－西安高速铁路客运专线北起山西大同市，经朔州、忻州、太原、晋中、临汾、运城、渭南等9市31县（区）至陕西西安市，大同至原平西利用在建的北同蒲铁路三、四线，新建线路从原平西至西安北，全长859km，设计行车速度250km/h，预留350km/h提速条件。 2009年12月3日，项目开工建设，2014年7月1日，太原南至西安北区段正式投入运营；2016年8月12日，大同南至原平西区段投入建设，2018年9月28日，原平西至太原南区段正式投入运营。 原平西至怀仁东2019年5月1日通车，先期利用韩原线。

新建线路自山西省原平西站至陕西省西安北站。正线全长678km，其中，山西省境内529km，陕西省境内149km。工程正线路基128km，占线路长度的19%，桥梁110座，485km，占线路全长的71.6%，双线隧道23座64km，占线路全长的9.4%；全线设车站24个，山西境内21个。大西铁路客运专线纵贯山西省经济最为发达、人口最为密集、旅游资源丰富的7市24县（区），包括太原和大部分重要地市，在山西形成“双大运”路网格局。通过与石太客运专线、太原至中卫（银川）铁路、陇海客运专线、西成客运专线的有效衔接，形成连接山西、陕西两省及华北、西北、西南的一条重要的城际高速铁路，对促进区域经济和社会的协调可持续发展发挥重要作用。

高速铁路在促进地区经济发展和物质文明建设的同时，生态文明建设是不容忽视的内容，因此高速铁路沿线景观建设越来越受到人们的重视。

（一）沿线自然条件

1．地貌

大西铁路是在地质、地貌较为复杂的山区、丘陵和黄土高原上修建的一条客运专线，沿线穿越一连串的盆地，盆地之间有山相隔，东西两翼群山环抱，河流绕行其中。

所经地区地层出露较齐全，太古界、元古界、古生界、中生界和新生界均有分布，以中、新生代板内造山带为主体，西与鄂尔多斯板内拗陷带相连，东与华北平原接壤，南北界位于秦岭、阴山造山带之间。沿线分布有区域活动性断裂带30余条，其中霍山断裂带控制线路有岩溶、松软土、盐渍土分布其间。

沿线地势北高南低。北部大同海拔800～1200m，中部太原海拔700～800m，南部运城海拔400～600m，西南部最低，海拔350～450m。沿途所经的恒山、五台山、磨盘山、绵山、霍山、雪花山和华山均为名山，山势险要，群山耸立，形成连绵起伏的山体景观。

2．气候

恒山以北为中温带半干旱大陆性气候，终年少雨，年均温6～8℃，年均降水量350～400mm；原平以南至临汾段为暖温带亚湿润大陆性气候，年均温9～13℃，年均降水量400～500mm，春季干旱多风，夏季盛行东南风，降水主要集中在7—9月，秋季降水减少，气温骤降，冬季雨雪稀少；运城至西安段属于暖温带半湿润大陆性季风气候，四季分明，年均温13～14℃，年均降水量500～600mm，降水季节分布不均，多集中在7—8月，每年的10月下旬至翌年2月为降雪期；沿线夏季多南风，冬季以北风和西北风为主。

3．植被

沿线植被稀疏，草地资源丰富。原平以南至临汾段植被以暖温带稍林区为主，多为杨柳科植物；运城至西安段为典型的暖温带阔叶林区，秋季层林尽染，色彩分明，冬季落叶。沿线森林植被主要分布于中高山区，该区域也是山西省森林重点保护区之一。低山丘陵和平原区，恒山以北属于中温带半干旱区，常绿乔木主要有樟子松、油松、侧柏等，常见的落叶树种有新疆杨、青杨、旱柳、榆等，灌木有沙地柏、柠条、沙棘、紫穗槐等；原平以南的晋中、晋南以及陕西关中地区属于暖温带半湿润区，常绿乔木主要有油松、白皮松、华山松、云杉、杜松、桧柏、女贞等，落叶树种有国槐、欧美杨、垂柳、刺槐、椿树等，灌木有龙柏、火棘、紫穗槐、胡枝子、欧李、黄荆、狼牙刺等。

4．水文

沿线主要河流有流经大同盆地的桑干河，忻定盆地的滹沱河、忻河，太原和临汾盆地的汾河，运城盆地的涑水河，晋陕交界的黄河，关中平原的渭河等。其中，桑干河、滹沱河流域属海河水系，汾河、涑水河和渭河及其支流属黄河水系。在晋中地区，线路大部分行走于汾河两岸台地的山前缓坡，形成了以汾河、黄河、渭河及其支流为主体的水系流域景观。

（二）沿线自然及人文景观

1．“两山夹一川”的地貌特点和山环水绕的生态格局

大西铁路穿越五盆地（大同盆地、忻定盆地、太原盆地、临汾盆地、运城盆地）、三山脉（恒山、系舟山、太岳山余脉）、两台塬（黄河东、西两岸台塬）与一平原（关中平原），东依太行山，西临云中山和吕梁山，南靠中条山和秦岭，自北向南沿桑干河、滹沱河、汾河和涑水河绕行，跨越黄河后滨渭河西行。沿线山环水绕，田园秀丽，尤以太岳山（韩信岭）和黄河湿地为代表的山水景观最为突出。

2．自然与文化的完美融合

沿线五台山与佛教的融合、宗教与建筑的组合、民俗与古城的结合都堪称完美。其间由田园山水、自然保护区、河流、泉域构成的大地自然景观与由众多的古文化遗址、寺庙和民居组成的人文景观交相辉映，层次起伏，交替上映，秀丽的山水田园风光与深厚的文化底蕴交织在一起，形成了特色鲜明的生态与文化交融的景观，这也是大西铁路的一大亮点。

（a）自然山体与佛教寺庙的融合　　（b）高铁与大地景观的融合

图4.5.1　大（同）—西（安）铁路沿线景观

二、设计依据与目标原则

（一）设计依据

1．《国务院关于进一步推进全国绿色通道建设的通知》（国发〔2000〕31号）

2．《关于铁路工程建设中推进绿色通道建设有关工作的通知》（建技〔2000〕133号）

3．《铁路路基边坡绿色防护技术暂行规定》（建技〔2003〕7号）

4．《铁路绿色通道设计暂行规定》（铁建设函〔2004〕551号）

5．《客运专线铁路建设用地宽度》（铁建设函〔2006〕246号）

6．《铁路绿色通道建设实施指导意见》（铁建设函〔2007〕472号）

7．《关于进一步做好铁路绿色通道建设工作的通知》（建技〔2008〕27号）

8．《铁路林业技术管理规则》（铁运〔2008〕208号）

9．《关于进一步做好客运专线铁路绿色通道建设及防护栅栏接触网支柱设置等工作的通知》（铁建设函〔2009〕941号）

10．《关于严格执行铁路工程设计施工有关标准的通知》（铁建设函〔2010〕161号）

（二）设计目标原则

1．结合地域特点，恢复路域生态

生态目标是沿线边坡、隧道口100%恢复植被；施工时间较长的取土场、弃渣场及时采取植草绿化或其他措施，有效控制水土流失；施工场区、临时场所、道路加强绿化措施。施工过程中，最大限度地减少对自然植被的破坏，保护野生动植物资源。

2．彰显山水田园景观，构建自然景观长廊

高速铁路给人留下深刻印象的往往是沿途的无限风光。铁路客运专线以250km/h的速度行驶，远处的山体、河流、田野、村庄构成自然景观的主体。沿线东依太行山，西临云中山和吕梁山，南靠中条山和秦岭，所经的恒山、五台山、磨盘山、绵山、霍山、雪花山和华山均为名山，山势险要，群山耸立，形成连绵起伏的山体景观；沿途自北向南有桑干河、滹沱河、汾河、涑水河、黄河和渭河穿梭其中，形成山环水绕，田园秀丽的自然山水景观长廊。通过景观规划，沿线显山露水，让大地山水景观成为大西铁路的名片，使大西铁路成为人们观赏晋秦山水、感受古老文化和体验晋陕风俗民情的景观廊道。

三、总体方案

按照总体景观规划的思路，典型设计本着因地制宜、生态恢复与景观营造相结合、兼顾隔离作用的原则，力求主次分明、重点突出，充分营造具有温带植物景观特色和晋陕文化气息的铁路绿色通道。

沿线绿化要求有开挖或动土的地方恢复或重建植被，在表现形式上，路基边坡、隧道口进行植被护坡，路侧设绿化带，平原区3m及以下高的桥下进行灌草绿化。

沿线新建车站19座（不含太原南站和西安北站），包括原平西、忻州西、阳曲西、晋中、太谷西、祁县东、平遥东、介休东、灵石东、霍州东、洪洞西、临汾西、襄汾西、侯马西、闻喜西、运城北、永济北、大荔、渭南北，其中山西境内17个、陕西境内2个。车站绿化设计兼顾景观和人文特色，绿化区域面积83万㎡。

四、技术工艺

（一）路堤路段——边坡及两侧

拱形格构内六菱砖中空处种植紫穗槐（山西段）、爬地柏（陕西段）小苗，穴播草种；路堤两侧采用“内灌外乔”的方式进行绿化，即自坡脚至防护栅栏依次种植1行灌木、1行花灌木、1行乔木。黄河以南，常绿乔木选择女贞，落叶乔木选择红叶李，灌木选择金叶女贞球、大叶黄杨球、木槿和榆叶梅；黄河以北乔木选择樟子松、侧柏、杨树和柳树，灌木选择木槿、紫薇、月季和红叶小檗。常绿和落叶品种分段种植，乔木株距2m，灌木株距1m，见图4.5.2和图3.3.2。

（二）路堑路段——边坡及坡顶两侧

拱形格构内六菱砖中空处种植紫穗槐（山西段）、爬地柏（陕西段）小苗，穴播草种；坡顶两侧自堑顶至防护栅栏依次种植1行灌木、1行花灌木、1行乔木。乔木株距2m，灌木株距1m，植物种类选择同路堤段，见图4.5.3和图3.3.3。

（三）隧道口

新建线路隧道22座，总长度63.84km。隧道口44个，其中岩质洞口8个（青阡洼、韩信岭、乔家山、李家峰隧道），土质洞口36个。绿化方式：洞口仰坡空心砖内种植铺地柏，穴播草种；仰坡平台植灌木（独杆大叶黄杨球），平面撒播草籽，见图4.5.4。

（a）拱形格构六菱砖护坡

（b）格构六菱砖内植紫穗槐效果示意

图4.5.2　大（同）—西（安）铁路路堤边坡

（a）路堑格构高边坡

（b）六菱砖内植紫穗槐

（c）六菱砖内植铺地柏

图4.5.3　大（同）—西（安）铁路路堑边坡

（四）桥下绿化（桥高3m以下）

桥下采用喷播植草绿化，种子配比（狗牙根1g+红三叶3g+多年生黑麦草2g）/m^2，见图4.5.5。

（五）车站绿化（以平遥东站为例）

平遥古城具有2800多年的历史文化，是晋商发源地之一，也是一座以整座古城申报世界文化遗产获得成功的古城，旅游资源包括平遥城墙、日升昌、城隍庙、镇国寺、双林寺、钱庄博物馆、点将台等，民俗风情有秧歌、手工布鞋、推光漆器等。

平遥东站站房中心位置DK379+250，建筑面积4999m^2。景观绿化设计内容包括广场壁墙、雕塑、藤廊、花坛、树池、绿篱及绿化种植等，树种选择国槐、白皮松、三角枫、红叶李等，见图4.5.6。

五、工程量统计

新建线路路基边坡总面积64.68万m^2，其中山西境内40.93万m^2、陕西境内23.75万m^2；路基两侧总长度80.92km，其中山西境内64.93km、陕西境内15.99km；高架桥（桥高3m以下）110座，总长度485.65km，去掉跨山涧、跨沟谷、跨河流特大桥和跨高速公路、铁路的立交桥，剩余平地高架桥35座，长度136.51km，桥下喷播植草绿化面积30万m^2；隧道口44个，洞口仰坡面积14.04万m^2，见表4.5.1。

表4.5.1 绿化工程量

项目			内容	规格	单位	数量
路基（含路堤、路堑）	边坡		紫穗槐（山西段） 爬地柏（陕西段）	高30～40cm	m^2	646869
			植草（点播多年生黑麦草）		m^2	646869
	两侧	山西段	樟子松	高1.5m	株	21641
			侧柏	高1m	株	21641
			速生杨	高1.5m	株	10820
			旱柳	高1.5m	株	10820
			大叶黄杨球	冠径30cm	株	64923
			金叶女贞球	冠径30cm	株	64923
			木槿	高1m	株	64923
			榆叶梅	高1m	株	64923
		陕西段	大叶女贞	高1.5m	株	7996
			红叶李	高1.5m	株	7996
			紫薇	高1.5m	株	15992
			红叶小檗	高30cm，多分枝	株	15992
			木槿	高1m	株	15992
			月季	高30cm，多分枝	株	15992
桥下	桥高≤3m		喷播植草		m^2	300000
隧道口	洞口仰坡		铺地柏	高50cm	m^2	140400
			植草（点播多年生黑麦草）		m^2	140400
			独杆大叶黄杨球	高60cm，径50cm	株	1760
			撒播草籽（撒播多年生黑麦草）		m^2	7040

（续表）

项目		内容	规格	单位	数量
车站	平遥东	壁墙（晋商文化、古城古建）	高3m，长16m	块	4
		雕塑（日升昌票号、算盘）	高2m	个	1
		雕塑一组（民俗风情）	高1.6m	组	8
		仿古石立柱	高2.5m，径60cm	个	6
		廊架	宽3m，高2.5m，长66m	个	2
		六角亭	边长3m，高3.5m	个	4
		六边形树池	边长6m，池围宽30cm	个	1
		矩形树池	长8m，宽5m	个	4
		矩形树池	长2.5m，宽2m	个	67
		方形树池	边长2m，池围宽30cm	个	42
		花池	长8m，宽5m	个	2
		花坛	直径8m	个	1
		油松	高16～18m，胸径25cm	株	1
		女贞	胸径15m，高8～10m	株	150
		国槐	胸径15cm，高8～10m	株	67
		三角枫	胸径12cm，高7～8m	株	102
		红叶李	胸径12cm，高6～8m	株	46
		白皮松	胸径15cm，高8～10m	株	46
		桧柏	胸径15cm，高2.5m	株	10
		龙柏（盆树）	高1.8m，冠幅1.6m	株	14
		绿篱（黄杨）	宽80cm，高60cm	m	815
		紫藤	根茎粗5cm	株	66
		金叶女贞球	高60cm，径50cm	株	200
		万寿菊	高20cm	m^2	80
		一串红	高15cm	m^2	120
		矮牵牛	高10cm	m^2	60

六、初步设计图

（1）路堤段绿化大样（见图3.3.2）　（2）路堑段绿化大样（见图3.3.3）

（3）隧道口绿化大样（见图4.5.4）　（4）桥下绿化（桥高3m以下）大样（见图4.5.5）

（5）平遥东站绿化效果（见图4.5.6）

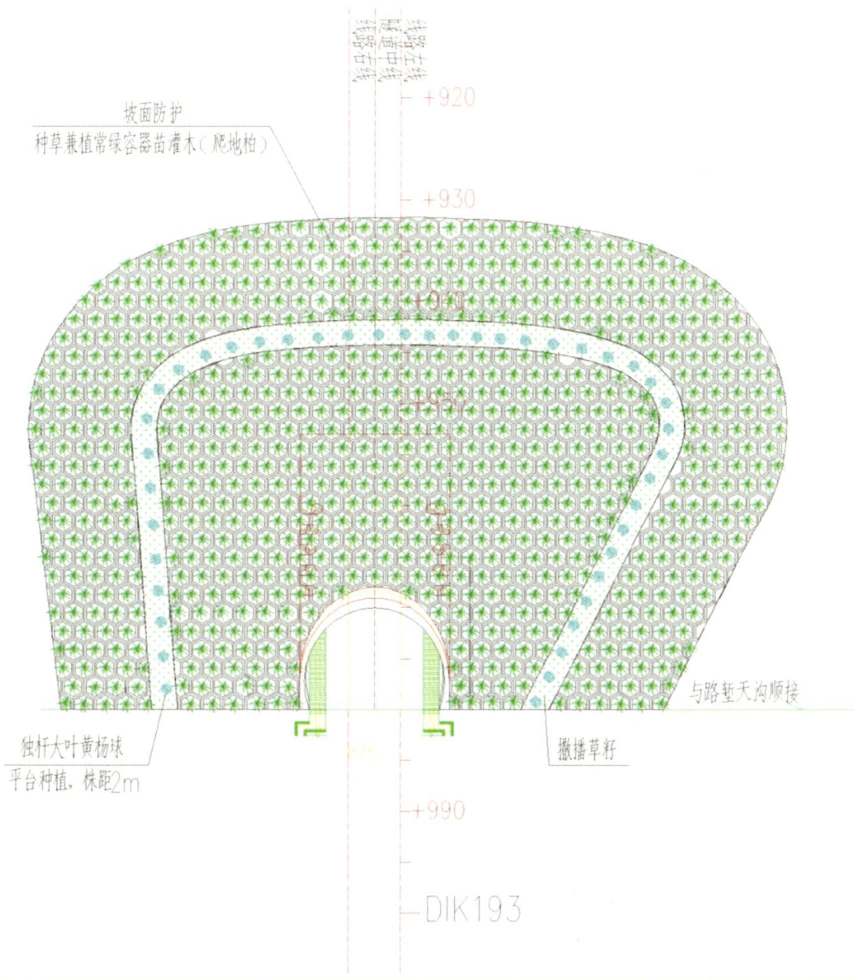

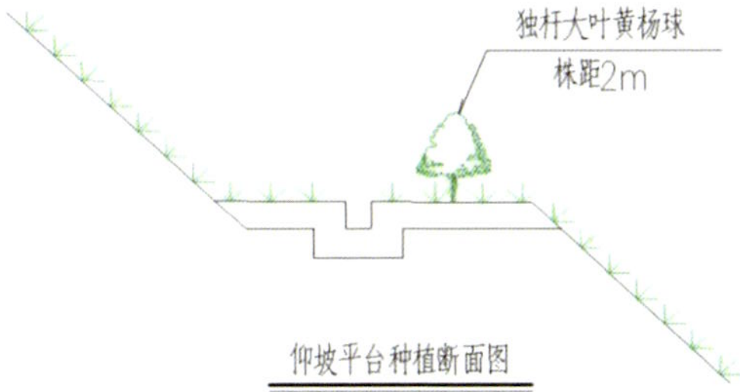

仰坡平台种植断面图

说明：

1. 本图单位以m计。
2. 隧道洞口仰坡在混凝土空心砖内种草兼植灌木，每空心砖内种植1株常绿容器苗灌木（爬地柏）。
3. 仰坡平台预留种植槽，种植一行独杆大叶黄杨球，株距2m，平面撒播草籽。
4. 具体布置形式如图所示。

图4.5.4 隧道口绿化

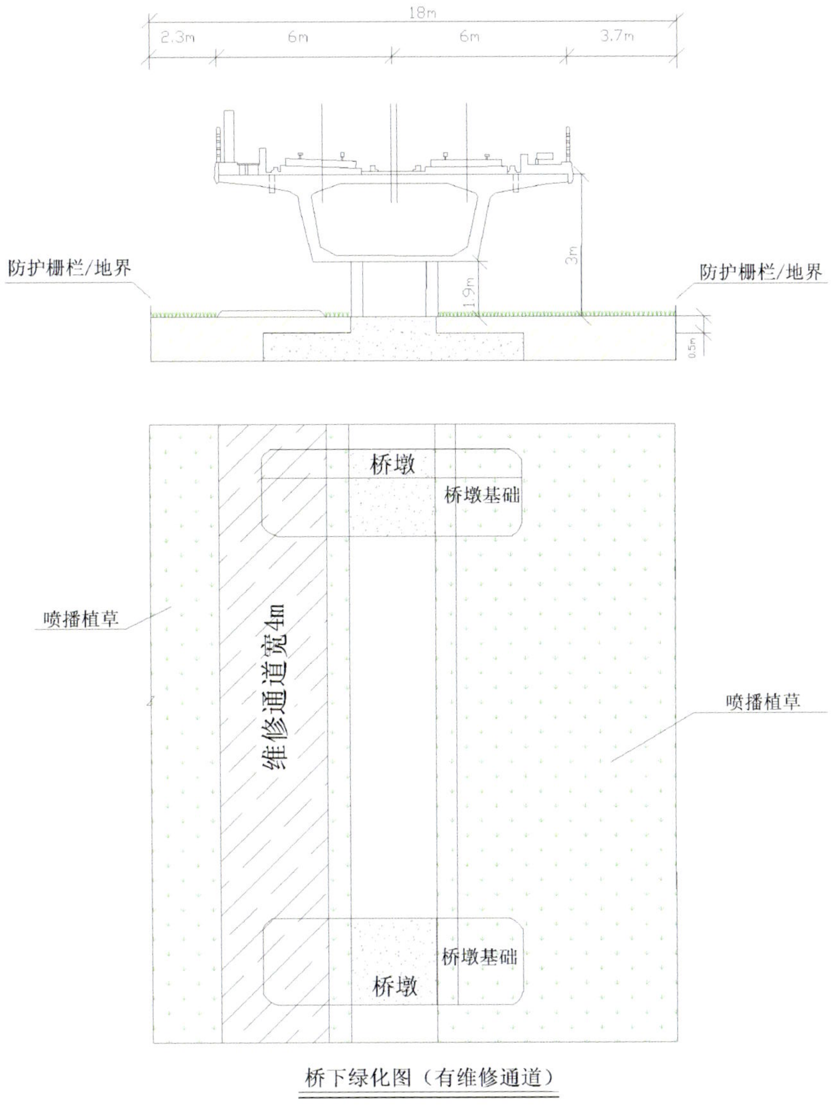

图4.5.5　桥下绿化（桥高3m以下）

图4.5.6 平遥东站绿化效果图

第六节 山体受损林草地

本节以阿尔泰山富蕴国有林地生态修复项目为例，介绍山体受损林草地生态修复工程。

一、项目概况

为进一步落实国务院、新疆维吾尔自治区关于生态保护的精神，阿尔泰山国有林管理局富蕴分局组织天然林资源保护、森林资源管理和国有苗圃等相关部门与国家林业和草原局西北调查规划院，根据阿尔泰山国有林管理局富蕴分局林区实际情况，编制了《阿尔泰山国有林管理局富蕴分局生态修复项目实施方案》。本实施方案首先回顾和总结了阿尔泰山国有林管理局富蕴分局林区近年来生态修复工作的成效与不足，分析了生态环境现状、存在的主要问题、面临的挑战与机遇；其次根据国家林业和草原局、新疆维吾尔自治区、阿尔泰山国有林管理局对2023年中央财政天然林保护管理资金生态修复项目工作的总体要求，提出了生态修复的指导思想、基本原则、总体目标和分项指标；围绕生态核心问题，明确了本次生态修复的建设内容（包括退化林修复、低质低效林封山育林、废弃矿山修复、侵蚀沟治理等）、建设规模、技术方案、工程量和项目实施计划、投资概算与资金筹措以及项目组织管理，分析了项目实施预期取得的绩效、效益和保障措施等。

本实施方案充分应用了国土“三调”成果、最新森林资源规划设计调查成果，实施范围覆盖阿尔泰山国有林管理局富蕴分局林区。本方案达到了作业设计的要求，方案的实施为推进阿尔泰山国有林管理局富蕴分局林区生态修复工作发挥重要作用，是开展重点项目前期工作、安排相关领域支持政策资金、项目施工的重要依据。

本项目建设规模包括退化林修复面积1241.40亩，涉及1个林班、3个小班；封山育林4个林班、13个小班，面积3080.40亩；废弃矿山修复15处，面积75337m^2；侵蚀沟治理12条，长度7450m，面积29692m^2。总投资资金规模903.30万元，全部为中央财政天然林保护管理资金，建设周期为2023—2024年。

通过对退化林地、废弃矿山、侵蚀沟的生态修复，扭转林地退化趋势，改善林地生态环境，恢复林区内长久以来由于过度放牧、过度采挖、自然灾害等导致的对地质地貌和地表生态环境的破坏，消除地质灾害隐患，提高林草覆盖度，使受损区域生态环境与周边自然生态相协调，实现构建“山水林田湖草生命共同体”的目标。

（一）自然条件

1．地理位置

阿尔泰山国有林管理局富蕴分局林区位于富蕴县北部山区，地处阿尔泰山中东段，中蒙界山的西南坡。北、东北部与蒙古国接壤，西部以卓路特河为界与阿尔泰山国有林管理局福海分局相连，东南部与阿尔泰山国有林管理局青河分局相邻，南部与富蕴县吐尔洪乡、库尔图乡、可可托海镇、铁买克乡农区接壤。地理坐标介于东经88°30′～90°05′、北纬47°00′～48°00′之间，东西长约124.90km，南北宽约112.50km。

2．地形地貌

阿尔泰山在地质构造上属褶皱断块山。山体呈西北－东南走向，山势由西北向东南逐渐降低，分水岭主要山峰海拔均在3000m以上，尚有现代冰川活动。阿尔泰山由于地质构造发展过程和外营力的作用，形成了阿尔泰山阶梯状地貌垂直分布带。这种发育明显的阶梯状地貌，对生物－气候－土壤垂直带的形成具有很大影响。阿尔泰山国有林管理局富蕴分局林区最高海拔3863m，最低海拔1027m。

3．气候

富蕴分局林区主要分布于北部中高山气候带，海拔1200m以上。其特征是：降水多，温差大。降水随着海拔的升高而递增，气温随着海拔的升高而递减。海拔3200m以上终年积雪；海拔2400～3200m热量不足，无四季之分，只有冷暖之别；海拔1400～2400m为中山区，气候凉爽，降水充沛，无霜期短，年平均气温在－2℃以下，最热月（7月）平均气温在16.00℃以下，年降水量在300mm以上；海拔900～1400m为干旱半干旱地区，年平均气温－2～2℃，1月平均气温－22.10℃，7月平均气温21.30℃，无霜期不足140d，年降水量150～300mm。

4．水文

富蕴县境内有额尔齐斯河、乌伦古河两大水系。阿尔泰山国有林管理局富蕴分局林区是额尔齐斯河发源地，额尔齐斯河是我国唯一流入北冰洋的外流河，在县境内河长230km，正常流量107.31m^3/s，年平均流量33.90亿m^3，集水面12800hm^2，占全县总水量的62%。其主要支流有喀依尔特河、大胡斯特河、吐尔洪河、库尔特河、苏普特河、喀拉通河、克河、喀拉额尔齐斯河。

5．土壤

富蕴分局林区土壤有明显的地带性，其垂直带谱自上而下可分为高山草甸土、山地灰色森林土、山地栗钙土、山地棕钙土等土类。其垂直带谱为：800～1100m为山地棕钙土，1100～1800m为山地栗钙土，1400～2400m为山地灰色森林土，2300m以上为高山草甸土。

6．植被

富蕴分局林区为寒温带半湿润森林草原，植被发育完整。乔木树种主要有西伯利亚落叶松、西伯利亚云杉及少量的白桦、欧洲山杨、苦杨等阔叶树种。西伯利亚落叶松分布较广，西伯利亚云杉主要分布于山坡中、下位置及谷地。乔木树种主要分布在海拔1000～2400m的阴坡和半阴坡，呈块状和带状与山地草原相间分布。灌木树种主要有叉子圆柏、金丝桃叶绣线菊、圆叶桦、忍冬、蔷薇等相间混交，呈带状或块状分布在林中、河谷与草地中。草本植物以禾本科、豆科、菊科、莎草科、蕨类植物为主，另有一些名贵的中草药，如冬虫夏草、贝母、柴胡等，主要分布于阳坡、半阳坡及海拔较高的区域。林区森林建群树种主要是西伯利亚落叶松，其次是西伯利亚云杉、杨树、桦树。因东西水热条件的差异，林区植被垂直结构带及各带的范围略有差异。

7．土地利用状况

根据第三次全国国土调查成果，富蕴分局林区总面积284947.79hm^2。其中，林地面积133157.43 hm^2

（乔木林地106449.26hm^2、灌木林地4979.87hm^2、其他林地21728.30hm^2），草地面积145848.87hm^2，工矿用地面积116.98hm^2，水域及水利设施用地面积923.86hm^2，其他用地面积4900.65hm^2。

8．矿产资源

富蕴县因“天富蕴藏”而得名，矿产资源丰富，蕴藏量大，具有多期性、多源性、多样性的特点。稀有金属、白云母闻名于世，有色金属为全疆之首、居全国第二。金属矿产主要有铜、镍、铅、钼、钨、锡等；贵金属矿产有金、银、铂、铯、锇等；稀有金属矿产有锂、铍、铌、钴、铷、铯等；非金属矿产主要有硅石、云母、石灰石、大理石、花岗岩、石榴石、蛇纹岩等；宝石矿产主要有海蓝宝石、碧玺、紫牙乌、水晶等。

9．生态主体功能定位

富蕴分局林区与蒙古国接壤，是我国西北边陲的天然屏障，对我国国防建设、国家安全具有十分重要的战略地位。林区有林地面积、蓄积量约占阿尔泰山区有林地面积、蓄积量的36%和39%，是阿尔泰山区国有林的重要组成部分，也是新疆林业“三大体系”建设的重要物质基础。林区内河流众多，为额尔齐斯河上游水源发源地，生态地位极其重要，不仅是当地社会经济发展重要的水源涵养林区，而且是新疆北水南调工程的重要水源地，对新疆社会经济可持续发展意义重大。林区内丰富的生物资源也是一个巨大而宝贵的生物基因库，被列入《濒危野生动植物种国际贸易公约》的就有雪豹、棕熊、金雕、苍鹰等十多种，其生物多样性和原始基因库在生物资源研究和开发领域具有极高的科学价值。

根据《国家林业局　财政部国家级公益林区划界定办法》（林资发〔2017〕34号）规定，富蕴分局林区相应区域分属江河两岸、边境地区陆路接壤的国境线以内10km、荒漠化和水土流失严重区域3个生态区位。

（二）社会经济状况

1．林区经营状况

根据森林资源的分布情况及地理条件，富蕴分局从有利于天然林资源保护责任的落实、便于森林资源的组织管护等诸多因素，在林区内设立了9个森林资源管护所、20个管护站，涉及吐尔洪营林区、神钟山营林区、阿拉尔营林区、喀依尔特营林区、沙库尔布拉克营林区、巴拉艾尔特斯营林区、卡拉依格尔东营林区、库木阿拉散营林区8个营林区。

2．人员状况

2020年年底，阿尔泰山国有林管理局富蕴分局有职工261人。其中，在职职工135人（直接管护人员96人，间接管护人员39人），离退休职工126名。2020年度在职职工工资总额1133.6万元，聘用人员工资总额476.4万元。

3．交通条件

目前，阿尔泰山国有林管理局富蕴分局内有林区公路约361km，林区便道80km，建设标准低，养护能力低下，通车能力差，需升级改造。

4．通信状况

富蕴分局局址及少数管护所（站）已接入程控电话，中国移动、中国联通等无线通信网络也实现了覆盖，但多数管护所（站）地处林区深处，与外界通信困难。

5．水电状况

富蕴分局林区内部分所（站）已接入地方电网，其他各所（站）生活用电均采用柴油发电机或小型太阳能电池板供电。除总站接市政自来水供水外，其他各所（站）为河沟、小溪等地表水。

（三）存在的主要生态问题

1．森林、灌丛生态系统质量不高，退化较为严重

阿尔泰山国有林管理局富蕴分局林区乔木林中，近、成、过熟林比重大，林龄结构不合理。特别是成、过熟林中，落叶松心腐极为严重，林内枯立木及倒木较多，成为诱发森林病虫害及森林火灾的重大隐患。叉子圆柏（爬地柏）、圆叶桦、金丝桃叶绣线菊、蔷薇等灌木林多数与牧草地交错分布，受放牧、旅游等人为活动及干旱自然因素影响，灌木生长不良，严重制约着灌木林地生态效益的充分发挥。

2．矿山开采使山体生态环境受损，部分区域地质灾害多发

富蕴分局林区矿产资源丰富，是新疆黑色金属、有色金属、稀有金属和非金属的重要矿产地，林区以铜、镍、铅、锌、铁、锰、金、云母等黑色、有色稀有和特种非金属矿产为主，属多金属矿区。

（a）挖矿形成的采坑　（b）裸露边坡

（c）矿渣边坡　（d）侵蚀沟

图4.6.1　阿尔泰山富蕴国有林区受损林草地（2022年）

矿产资源开发对生态环境的影响主要表现在：占用林地草地、污染环境和对生态环境的破坏等方面。废弃矿山生态景观破坏严重，地质灾害隐患仍然存在。

3．部分区域水土流失较为严重

富蕴分局林区地处阿尔泰山中东部，属国家重点生态功能区之阿尔泰山地森林草原生态功能区，生态区位非常重要。林区是额尔齐斯河的源头区，区内丰富的森林资源、良好的森林生态系统，在水土保持、湿地保护、调节气候等方面发挥着巨大的作用。但多年来，由于受以往森林采伐、过度放牧、矿产资源开发等因素的影响，造成部分区域土壤侵蚀严重、水土流失加剧。

4．林牧矛盾突出，影响生态修复成效

受水热条件限制，乔木林及灌木林等多分布于阴坡、半阴坡及半阳坡，阳坡多为牧草地，林地和牧地在空间上呈插花分布，灌木林地、草地又是哈萨克族牧民传统放牧区，林牧争地现象普遍，林牧矛盾十分突出，牲畜啃食和踩踏幼苗、幼树现象严重，因此，对生态修复成效带来较大的不利影响。

二、设计目标和原则

（一）设计目标

把出现退化和遭受破坏的生态系统作为一个整体，依据周边区域生态系统功能重要性、人居环境与经济社会发展状况，综合考虑自然条件、地形地貌条件、生态问题及其危害程度等，坚持山水林田湖草沙一体化保护修复的理念，依靠自然恢复能力，结合必要的人工修复措施，进行生态修复与综合治理，有效地恢复或改善生态系统功能。通过实施退化林修复及低质低效林封山育林项目，改善林分结构，提高森林质量，增加生物多样性；通过实施废弃矿山修复、侵蚀沟治理项目，消除地质安全隐患，改善水土环境，恢复植被生态系统，增强水土保持、水源涵养等生态功能。

（二）设计原则

1．尊重自然，保护自然，促进人与自然和谐共生

以全面提升生态安全屏障质量、促进生态系统良性循环和永续利用为目标，以山水林田湖草沙一体化保护和修复为主线，保护优先、自然恢复与人工修复相结合、降低成本与提高效率相结合，科学布局和组织实施生态修复工程。

2．尊重科学，顺应自然

尊重生态系统演替规律，自然恢复与人工修复相结合，人工修复为自然恢复创造条件，最大限度发挥自然修复能力。

3．整体保护，系统修复，综合治理

统筹考虑生态系统所处区域生态功能以及各生态要素相互依存、相互影响、相互制约等特点，统筹兼顾，系统设计，逐步恢复山体受损林草地的生态功能。

4．因地制宜，分类施策

统筹考虑生态系统生态问题的多样性、复杂性、多因性和地域性特征，合理划分生态修复类型，分类采取相应的生态修复措施，解决存在的突出问题。

5. 经济合理，技术可行，注重成效

按照财力可及、技术可行的原则，合理确定生态修复方向、方式和措施，提高投入产出效率，最大程度地发挥生态修复项目实施后的长期效益。

三、总体方案

（一）退化林修复

通过补植补造等修复措施，完成退化林修复面积1241.40亩。退化林修复区域分布在库依营林区狼沟，涉及林班1个、小班3个。

（二）封山育林

通过人工撒播等措施，完成封山育林面积3080.40亩。封山育林区域分布在库依营林区狼沟及四八零沟，涉及林班4个、小班13个。

（三）废弃矿山修复

通过地形整理、土壤修复及植被恢复等措施，完成矿山修复面积75337m^2。废弃矿山修复区域分布在库依营林区，共15处，见表4.6.1。

（四）侵蚀沟治理

通过“石笼挡墙+麻袋+造林”“石笼挡墙+造林”治理模式，完成侵蚀沟治理面积29692m^2。侵蚀沟治理区域分布在喀依尔特营林区及库依营林区，其中喀依尔特营林区3条、长度3641m，面积11290m^2，库依营林区9条、长度3809m，面积18402m^2，见表4.6.2。

表4.6.1　库依营林区废弃矿点统计

营林区	序号	编号	类型	面积（m^2）	中心地理坐标点	
					经度	纬度
合计				75337		
库依营林区	1	FQ1	云母矿	3798	E89°21'46"	N47°26'33"
	2	FQ2	云母矿	3399	E89°21'55"	N47°26'36"
	3	FQ3	云母矿	1755	E89°22'25"	N47°26'14"
	4	FQ4	云母矿	3727	E89°23'03"	N47°26'03"
	5	FQ5	云母矿	1177	E89°25'11"	N47°25'46"
	6	FQ6	云母矿	2280	E89°30'08"	N47°24'44"
	7	FQ7	云母矿	3244	E89°30'01"	N47°24'34"
	8	FQ8	云母矿	6094	E89°30'07"	N47°24'33"
	9	FQ9	云母矿	5390	E89°28'43"	N47°24'07"
	10	FQ10	云母矿	18448	E89°29'25"	N47°24'00"

（续表）

营林区	序号	编号	类型	面积（m^2）	中心地理坐标点	
					经度	纬度
库依营林区	11	FQ11	云母矿	4649	E89°30'20"	N47°23'24"
	12	FQ12	云母矿	4338	E89°23'07"	N47°22'23"
	13	FQ13	云母矿	14444	E89°33'10"	N47°21'55"
	14	FQ14	云母矿	1530	E89°33'19"	N47°21'55"
	15	FQ15	云母矿	1064	E89°30'58"	N47°18'12"

表4.6.2 侵蚀沟治理规模

营林区	序号	编号	长度（m）	面积（m^2）	中心地理坐标点	
					经度	纬度
合计			7450	29692		
喀依尔特营林区	小计		3641	11290		
	1	G1	1015	3830	E89°47'00"	N47°16'26"
	2	G2	728	1177	E89°46'07"	N47°16'33"
	3	G3	1898	6283	E89°44'16"	N47°16'35"
库依营林区	小计		3809	18402		
	4	G4	303	961	E89°32'46"	N47°18'18"
	5	G5	478	3215	E89°34'15"	N47°18'34"
	6	G6	1231	7975	E89°36'14"	N47°18'23"
	7	G7	185	491	E89°39'08"	N47°21'12"
	8	G8	189	343	E89°39'02"	N47°21'15"
	9	G9	319	1213	E89°23'29"	N47°22'04"
	10	G10	135	346	E89°26'19"	N47°24'50"
	11	G11	224	441	E89°22'45"	N47°26'28"
	12	G12	745	3417	E89°23'57"	N47°26'47"

四、技术工艺

（一）退化林修复

1．范围及对象

退化林修复任务面积1241.40亩，作业区集中在林分退化较为严重的小班，共涉及1个林班、3个小班。分别为58号林班6、7、8小班，见表4.6.3。

表4.6.3 退化林修复小班基本情况

营林区	林班号	小班号	面积（亩）	地类	郁闭度	权属	优势树种
库依营林区	58	6	190.05	乔木林	0.30	国有	西伯利亚落叶松
库依营林区	58	7	666.00	乔木林	0.35	国有	西伯利亚落叶松
库依营林区	58	8	385.35	乔木林	0.35	国有	西伯利亚落叶松

2．林区现状

修复区域内，森林群落结构单一，林分林相差、分布不均、防护功能较低，林内灌丛、灌草盖度低。区域内落叶松风倒木、枯死木较多，缺少优良母树，天然更新不佳，幼树幼苗受到牲畜啃食等影响难以成林，导致林分郁闭度均低于0.40，造成防护林林分质量下降，森林生态防护功能不断下降。

3．退化类型及成因

作业区林分退化类型属于自然退化，造成退化的原因主要有以下两个方面：一是由于风沙、暴雪天气频繁，造成区域内有大量的风倒木、枯死木；二是牲畜啃食、践踏幼树幼苗，造成幼树幼苗无法正常生长，难以郁闭成林。

4．修复方式

为恢复森林生态功能，对退化的落叶松林采取综合方式进行生态修复，重构功能完善的防护林体系。主要修复措施为补植补造、封山育林，见表4.6.4。

表4.6.4 退化林小班及修复方式

营林区	林班号	小班号	小班面积（亩）	修复面积（亩）	退化程度	修复方式
库依营林区	58	6	190.05	190.05	重度退化	补植补造+封山育林
库依营林区	58	7	666.00	666.00	中度退化	补植补造+封山育林
库依营林区	58	8	385.35	385.35	中度退化	补植补造+封山育林

5．技术措施

1）补植补造

对密度较低、林中或林缘地段的空地采取补植补造措施，面积合计523.95亩。补植补造的技术措施主要包括树种选择、整地、挖穴栽植和管护等，见表4.6.5。

表4.6.5 退化林修复小班补植补造面积

营林区	林班号	小班号	补植补造面积（亩）
库依营林区	58	6	190.05
库依营林区	58	7	285.45
库依营林区	58	8	48.45

（1）确定树种及造林密度

选择的补植补造树种应与林分现有树种在生物学特性与生态习性方面共生相容，能够形成结构稳定的林分。根据区域现状，选择优良乡土树种西伯利亚落叶松为造林树种，依据造林地立地条件、树种特性、培育目的、施工方法等因素，按照造林类型，确定造林株行距和密度分别为3m×4m、55株/亩，苗木规格为2～3年生袋苗，苗高20～30cm。

（2）整地

造林整地尽量采用鱼鳞坑等对地表植被破坏少的整地方式，整地规格为40cm×40cm×30cm。严格限制使用大型机械整地，减少施工机械对原生植被和土壤反复碾压造成的破坏，造林整地应尽量避免造成新的水土流失。

（3）苗木栽植

苗木栽植最佳时间春季为4月底至6月初，秋季在9月底、10月初大雪覆盖地面前，根据小班区域积雪消融情况和土壤墒情，选择时机进行栽植。

（4）幼林抚育

幼林抚育包括浇水、松土扩穴、追肥等措施。造林后连续抚育2年，每年抚育1～2次。

2）封山育林

为确保补植补造、天然更新区域幼苗幼树生长效果，需对1241.40亩退化林修复小班采取封山育林措施。

（1）封育对象：郁闭度＜0.40的乔木林地。

（2）封育目标：乔木型。

（3）封育方式：全封。

（4）封育期限：5年。

（5）封育措施：在小班沿线布设围栏7644m，设置标志牌1块。

（二）封山育林

1．范围及对象

封山育林任务面积3080.40亩，共涉及4个林班、13个小班，见表4.6.6。

表4.6.6 封山育林小班基本情况

营林区	林班号	小班号	作业面（亩）	地类	郁闭度	权属	树种
库依营林区	20	4	70.50	疏林地	0.10	国有	落叶松、云杉
	20	5	55.50	乔木林地	0.30	国有	落叶松、云杉
	20	8	355.50	乔木林地	0.20	国有	落叶松、云杉
	20	9	469.50	乔木林地	0.30	国有	云杉、落叶松
	48	29	65.85	乔木林地	0.20	国有	落叶松、云杉
	48	31	61.05	乔木林地	0.20	国有	落叶松、云杉
	48	34	437.40	乔木林地	0.30	国有	云杉、落叶松

（续表）

营林区	林班号	小班号	作业面（亩）	地类	郁闭度	权属	树种
库依营林区	60	8	493.20	乔木林地	0.30	国有	落叶松、云杉
	61	17	151.50	乔木林地	0.30	国有	落叶松、云杉
	61	23	196.80	乔木林地	0.30	国有	落叶松、云杉
	61	26	192.90	乔木林地	0.20	国有	落叶松、云杉
	61	28	355.20	乔木林地	0.30	国有	落叶松、云杉
	61	29	175.50	乔木林地	0.20	国有	落叶松、云杉

2．林区现状

封育区内，小班坡度较陡，土层瘠薄，立地条件差，林分自然更新受牲畜啃食、践踏影响严重，成林困难。通过对作业区林地实施封禁，保留目的树种幼苗、幼树，并充分利用生态系统的自我修复能力提高林分质量。

3．封育类型及方式

区域内主要树种为落叶松及云杉，本次封育树种类型为乔木型。根据现地调查及走访周围牧民，封育方式以半封闭为宜。

4．技术措施

封山育林面积3080.40亩，林间空地采取人工撒播，其他区域采用天然下种的方式，见表4.6.7。

表4.6.7　封山育林封育措施

营林区	林班号	小班号	作业面积（亩）	地类	措施	封山育林面积（亩）	人工撒播面积（亩）
库依营林区	20	4	70.50	疏林地	天然下种+围网	70.50	
	20	5	55.50	乔木林	天然下种+围网	55.50	
	20	8	355.50	乔木林	人工撒播+天然下种+围网	355.50	174.00
	20	9	469.50	乔木林	人工撒播+天然下种+围网	469.50	89.70
	48	29	65.85	乔木林	人工撒播+天然下种+围网	65.85	8.25
	48	31	61.05	乔木林	人工撒播+天然下种+围网	61.05	61.05
	48	34	437.40	乔木林	天然下种+围网	437.40	
	60	8	493.20	乔木林	人工撒播+天然下种+围网	493.20	29.70
	61	17	151.50	乔木林	天然下种+围网	151.50	
	61	23	196.80	乔木林	天然下种+围网	196.80	
	61	26	192.90	乔木林	人工撒播+天然下种+围网	192.90	9.75
	61	28	355.20	乔木林	天然下种+围网	355.20	
	61	29	175.50	乔木林	人工撒播+天然下种+围网	175.50	16.20

1）播区地面整理

需进行人工播种的面积388.65亩，根据小班灌木覆盖度、地形、立地条件，需清理地表及灌木丛中的枯枝和叶片等，确保种子与土壤密接，人工撒播云杉、落叶松种子。

2）种子及物资准备

根据当地历年人工撒播经验及现地调查，单位播种量按照1300g/hm^{2}计算，此次人工播种共需要种子34kg，西伯利亚落叶松与西伯利亚云杉种子按1∶1混合。云杉种子需用0.3%硫酸铜浸泡2h。

3）布设围栏

为了保证封山育林成效不受牲畜危害，项目区采用刺丝围栏和网片围栏进行双层围护，确保封山育林质量。设置围栏长度共计26889m，见表4.6.8。

表4.6.8 封山育林围栏长度统计

营林区	林班号	小班号	小班面积（亩）	作业面积（亩）	机械围栏（m）
库依营林区	20	4	85.20	70.50	690
	20	5	55.50	55.50	252
	20	8	355.50	355.50	1904
	20	9	608.25	469.50	3914
	48	29	65.85	65.85	483
	48	31	61.05	61.05	825
	48	34	437.40	437.40	4925
	60	8	493.20	493.20	4099
	61	17	151.50	151.50	1497
	61	23	196.80	196.80	1934
	61	26	192.90	192.90	1866
	61	28	355.20	355.20	2884
	61	29	175.50	175.50	1616

4）宣传标志牌

在作业区周界明显处设置宣传标志牌3块。宣传标志牌选用钢架结构，牌面选用双面铁皮包裹。宣传标志牌规格1.25m×2.50m，两侧牌面分别标明工程名称、面积、责任人等内容。

5）病虫害防治

对区域内林木生长情况进行定期观测调查，对发生的病虫害积极进行治理。

（三）废弃矿山修复

1．方案设计

1）范围及类型

本次需要进行生态修复的废弃矿区15个，均分布于库依营林区，面积75337m^2，为云母石废弃矿。

2）修复方式选择

结合资金投入情况及以往矿山生态修复成效，本次修复方式以自然恢复为主、辅以人工干预，尽量减少对原始地形和植被的二次破坏。

3）修复措施

（1）工程措施

① 地形平整：遵循“因地制宜、随坡就势”的原则，采用人工、机械相结合的方式对地形起伏较大地块进行地形整理。利用推土机、挖掘机等机械将大块砾石搬离拟恢复区域，并将细小碎石推平压实。施工过程中，保留车辙、铲勾痕迹等微地形，以利于集水和植被幼苗的生长。过程中尽量不占或少占未破坏或已经能大量生长植物的地表，有幼苗、牧草生长的原始地面一定要尽量保留。

② 土壤修复：土壤修复是废弃矿山治理的重要环节之一，常用的方式为覆土及喷泥浆（客土喷播、喷播植草）。采用覆土技术，覆土的厚度以2～5cm为宜，土源选择当地开采时遗留下的废土方，减少取土造成的二次破坏（土壤缺乏时则以牛羊粪替代）。采用喷泥浆技术，将细土、长效有机肥、牛羊粪、保水剂、黏合剂、灌草种子（3～5kg/亩）加入水中搅拌均匀，利用喷播机均匀喷洒到需要修复的区域，构建一个具有自生长能力的生态系统。根据现地调查，项目区宜采用喷泥浆方式进行土壤修复。

（2）植被恢复措施

土地破坏后，原生植被也遭到破坏，自然条件下恢复植被困难且周期较长，在选择植物种类时要综合考虑植被性能。

①树种选择：选择的树种应与矿区周边林分现有树种在生物学特性与生态习性方面共生相容，并能形成结构稳定的林分。根据项目区现状，遵循因地制宜、适地适树的原则，选用一定量当地先锋树种。项目区选择西伯利亚云杉（2～3年生袋苗，高20～30cm）、金丝桃叶绣线菊（兔儿条）作为恢复植物种类。

②加植苗木：依据林地立地条件、树种特性、施工方法等因素，在恢复区栽植云杉和金丝桃叶绣线菊苗木，云杉栽植株行距和密度分别为2m×3m、111株/亩，金丝桃叶绣线菊为2m×2m、166株/亩。

③灌水管理：确保治理效果，保证苗木成活和生长，需要对栽植苗木进行灌溉。对临近河流，能保证稳定自然水源的林班，采用临时管道引水，自压或泵灌加压灌水。对缺乏稳定自然水源的林班，可利用原矿区地形，设置简单蓄水池。

采用临时管道引水的，引水管线采用PN≥0.8MPa的DN80（上部）和DN65（下部）加厚消防水带，要求顺坡铺设，出水处设置水阀（DN50），要求取水点和末端高差不超过80m。

蓄水池设计可根据现地地形采用以下方法。一是在现有汇水地形的基础上人工开挖形成蓄水坑，再结合土工材料进行防渗处理，形成有效的蓄水空间；二是对露天开采形成的采坑进行处理，蓄积疏干水、汇集地表径流。

（3）围栏设计

因矿区周边大多有牧场，牛羊等牲畜多，为减少牲畜对恢复区植被的破坏，区域沿线布设围栏对其进行封育保护。

（4）管护措施

对项目区进行3年管护，并对成活率达不到标准的地块进行补植补种，同时对围栏进行定期维修以确保其维护效果，及时对项目区进行病虫害防治。

2．各废弃矿点作业设计

通过现地踏查，结合无人机采集数据生成的正射影像、三维模型，根据破坏区域的分布情况，以“尽量减少二次破坏，治理效益最大化”为原则，划定各区域的治理范围。

1）库依营林区治理区1（FQ1）

（1）治理区基本情况

①治理区现状：该治理区位于库依营林区12林班5小班，治理区中心地理坐标为东经89º21'46"、北纬47º26'33"，为云母石矿废弃地，距治理区400m处有一处牧区。

②治理对象特征：治理区总面积3798m^2，由露天开采云母石矿而造成的挖损地、采矿过程中废弃矿渣压占林地而形成的占压地组成，其中挖损地面积1154m^2，长115m，宽12m；占压地面积2644m^2，占压地区域内直径大于30cm的石块含量较多。治理区位于乔木林地内，挖损地区域因土壤贫瘠、土层薄（平均厚度约20cm），植被更新差，仅分布有少量云杉幼苗；占压地区域内云杉幼苗更新较好，并有少量禾草呈不均匀分布。

（2）具体施工设计

治理区主要破坏形式为挖损地和占压地造成植被更新缓慢，本次治理时需人工将占压地区域内直径大于30cm的石块堆放至挖损地区域内填埋，为植被恢复提供有利环境；同时，对该治理区采取微地形营造、喷泥浆措施。

（3）工程量

通过计算可知，治理区内需清理石方量为12.18m^3，微地形营造、喷泥浆3798m^2，布设宣传标志牌1块。

（4）植被恢复

原生植被：西伯利亚落叶松、西伯利亚云杉、金丝桃叶绣线菊、禾草等。

生态恢复措施：治理区位于林地内，但植被更新缓慢，需补植云杉和金丝桃叶绣线菊苗木，促进治理区植被恢复，挖损地补植比例为80%，压占地补植比例为40%；为减少治理区牲畜破坏植被，在治理区外围1m处设置围栏，围栏长度435m。

2）库依营林区治理区2（FQ2）

（1）治理区基本情况

①治理区现状：该治理区位于库依营林区12林班2小班与6小班内，治理区中心地理坐标为东经89º21'55"、北纬47º26'36"，为云母石矿废弃地，距车辆可通行距离370m，治理区旁有一条小水沟。

②治理对象特征：治理区总面积3399m²，由挖损地和占压地组成。其中，挖损地共有两处，面积合计144m²。挖损地1面积98m²，长14m，宽9m，深10m，挖损地2狭长，面积46m²，长24m，宽2m，深2～3m；占压地面积3255m²，占压地区域内直径大于30cm的石块含量较多。治理区位于乔木林地内，挖损地1区域土地破坏严重，采坑内石块多，并有积水，无植被更新，挖损地2区域云杉幼苗更新较好，禾草分布也较多；占压地部分区域内云杉幼苗更新较好，呈块状分布，并有少量禾草呈不均匀分布。

（2）具体施工设计

治理区主要破坏形式为挖损地和占压地造成植被更新缓慢，植被分布不均匀，本次治理时需人工将占压地区域内直径大于30cm的石块堆放至挖损地区域内，为植被恢复提供有利环境；同时，对该治理区进行微地形营造，用喷播机将含有有机质、长效肥、速效肥、保水剂、种子的基材，加水搅拌均匀，喷射到治理区内。

（3）工程量

清理石方量为25.06m³，微地形营造、喷泥浆3399m²，布设宣传标志牌1块。

（4）植被恢复

原生植被：西伯利亚落叶松、西伯利亚云杉、金丝桃叶绣线菊、禾草等。

生态恢复措施：治理区位于林地内，但植被更新缓慢，需补植云杉促进治理区植被恢复，挖损地1补植比例为100%，挖损地2补植比例为40%，占压地补植比例为60%；为减少治理区牲畜破坏植被，在治理区外围1m处设置围栏，围栏长度308m。

3）库依营林区治理区3（FQ3）

（1）治理区基本情况

①治理区现状：该治理区位于库依营林区13林班12小班内，治理区中心地理坐标为东经89°22'25"、北纬47°26'14"，为云母石矿废弃地，距可通行道路、水源地约900m，治理区旁有牧场。

②治理对象特征：治理区总面积1755m²，由挖损地、占压地、排水沟组成。其中，挖损地共2处，面积合计80m²；占压地面积1591m²，占压地区域直径大于30cm的石块含量较多；排水沟面积84m²。治理区位于乔木林地内，挖损地区域因石块分布多，植被更新差；占压地区域内有少量落叶松分布，并有少量落叶松、云杉幼苗更新，禾草呈不均匀分布。

（2）具体施工设计

治理区主要破坏形式为挖损地和占压地造成植被更新缓慢，本次治理时需人工将占压地区域内直径大于30cm的石块堆放至挖损地区域内，为植被恢复提供有利环境；同时，对该治理区进行微地形营造，用喷播机将含有土壤、有机质、长效肥、速效肥、保水剂、种子的有机基材，加水搅拌均匀，喷射到治理区内，因治理区浇水困难，根据地形，需建造简易蓄水池。

（3）工程量

清理石方量为15.74m³，微地形营造、喷泥浆1755m²，修建简易蓄水池1个，布设宣传标志牌1块。

（4）植被恢复

原生植被：西伯利亚落叶松、西伯利亚云杉、禾草等。

生态恢复措施：治理区位于林地内，但植被更新缓慢，需补植云杉促进治理区植被恢复，挖损地补植比例为70%，占压地补植比例为60%，排水沟补植比例为80%；为减少治理区牲畜破坏植被，在治理区外围1m处设置围栏，围栏长度459m。

4）库依营林区治理区4（FQ4）

（1）治理区基本情况

①治理区现状：该治理区位于库依营林区13林班20小班，治理区中心地理坐标为东经89º23'03"、北纬47º26'03"，为云母石矿废弃地，距可通行道路及水源地距离1200m，治理区旁有牧区。

②治理对象特征：治理区总面积3727m^2，由挖损地、占压地组成。其中，挖损地面积682m^2，长80m，宽8m；占压地面积3045m^2，占压地区域渣石含量较多，厚度70cm左右，不利于植被幼苗更新。治理区位于乔木林地内，挖损地区域因土壤破坏严重、土层薄（平均厚度约10cm），植被更新差；占压地区域内云杉幼苗更新较少，有少量禾草分布。

（2）具体施工设计

治理区主要破坏形式为挖损地和占压地造成植被更新缓慢，本次治理时需人工将占压地区域内直径大于30cm的石块及堆积较厚的废料堆清理至挖损地区域内，为植被恢复提供有利环境；同时，对该治理区进行微地形营造，用喷播机将含有有机质、长效肥、速效肥、保水剂、种子的基材，加水搅拌均匀，喷射到治理区内。因治理区浇水困难，根据地形，需建造简易蓄水池。

（3）工程量

清理废料量1153m^3，微地形营造、喷泥浆3727m^2，修建简易蓄水池1个，布设宣传标志牌1块。

（4）植被恢复

原生植被：疣枝桦、西伯利亚云杉、禾草等。

生态恢复措施：治理区位于林缘处，植被更新缓慢，需进行补植促进治理区植被恢复，挖损地补植比例为100%，占压地补植比例为90%；为减少治理区牲畜破坏植被，在治理区外围1m处设置围栏，围栏长度406m。

5）库依营林区治理区5（FQ5）

（1）治理区基本情况

①治理区现状：该治理区位于库依营林区2141林班10小班，治理区中心地理坐标为东经89º25'11"、北纬47º25'46"，为云母石矿废弃地，距可通行道路530m、距河流550m。

②治理对象特征：治理区总面积1177m^2，由挖损地、占压地组成。其中，挖损地狭长，面积107m^2，长32m，宽3m；占压地面积1070m^2。治理区位于乔木林地林缘处，挖损地区域因土壤贫瘠、土层薄，植被更新差，仅分布有少量云杉幼苗；占压地区域内云杉幼苗更新较好，并有少量禾草呈不均匀分布。

（2）具体施工设计

治理区主要破坏形式为挖损地和占压地造成植被更新缓慢，本次治理时需人工将占压地区域内直径大于30cm的石块及厚度大的废料堆清理至挖损地区域内，为植被恢复提供有利环境；同时，对该治理区进行微地形营造，用喷播机将含有有机质、长效肥、速效肥、保水剂、种子的基材，加水搅拌均匀，喷射到治理区内。因治理区浇水困难，根据地形，需建造简易蓄水池。

（3）工程量

清理废料量为481.59m^3，微地形营造、喷泥浆1177m^2，修建简易蓄水池1个，布设宣传标志牌1块。

（4）植被恢复

原生植被：疣枝桦、西伯利亚落叶松、西伯利亚云杉、禾草等。

生态恢复措施：治理区位于林地内，但植被更新缓慢，需补植云杉促进治理区植被恢复，挖损地、占压地补植比例均为60%；为减少治理区牲畜破坏植被，在治理区外围1m处设置围栏，围栏长度164m。

6）库依营林区治理区6（FQ6）

（1）治理区基本情况

①治理区现状：该治理区位于库依营林区19林班25、28小班内，治理区中心地理坐标为东经89º30'07"、北纬47º24'44"，为云母石矿废弃地，距车辆可通行道路30m，距溪流135m。

②治理对象特征：治理区总面积2280m^2，由挖损地、占压地组成。其中，挖损地面积356m^2；占压地面积1924m^2。治理区位于乔木林地内，挖损地区域因土壤贫瘠、土层薄（平均厚度约20cm），植被更新差，仅分布有少量云杉幼苗；占压地区域内云杉幼苗更新较好，并有少量禾草呈不均匀分布。

（2）具体施工设计

治理区主要破坏形式为挖损地和占压地造成区域土壤贫瘠，植被更新缓慢，本次治理是对该治理区采取微地形营造、喷泥浆措施。

（3）工程量

微地形营造、喷泥浆2280m^2，布设宣传标志牌1块。

（4）植被恢复

原生植被：西伯利亚落叶松、禾草等。

生态恢复措施：治理区位于林地内，但植被更新缓慢，需补植云杉促进治理区植被恢复，挖损地补植比例为85%，占压地补植比例为70%；为减少治理区牲畜破坏植被，在治理区外围1m处设置围栏，围栏长度243m。

7）库依营林区治理区7（FQ7）

（1）治理区基本情况

①治理区现状：该治理区位于库依营林区20林班15小班内，治理区中心地理坐标为东经89º30'01"、北纬47º24'34"，为云母石矿废弃地，距车辆可通行道路30m，距溪流20m。

②治理对象特征：治理区总面积3244m^2，由挖损地、占压地组成。其中，挖损地面积205m^2，长18m，宽13m；占压地面积3039m^2，占压地区域直径大于30cm的石块含量较多。治理区位于乔木林地内，挖损地土壤平均厚度30cm左右（部分地块可达50cm），因此幼苗更新较好；占压地区域内因石块、废料较多，土壤贫瘠，云杉幼苗虽有更新，但长势较差，需对土壤进行改良。

（2）具体施工设计

治理区主要破坏形式为挖损地和占压地造成土壤贫瘠，植被更新缓慢，因挖损地位于山坡上部，植被更新较好，不需填埋措施，治理重点是为植被恢复提供有利环境，可通过对该治理区采取微地形营造、喷泥浆措施实现。

（3）工程量

微地形营造、喷泥浆3244m²，布设宣传标志牌1块。

（4）植被恢复

原生植被：西伯利亚落叶松、禾草等。

生态恢复措施：治理区位于林地内，但植被更新缓慢，需补植云杉促进治理区植被恢复，挖损地补植比例为40%，占压地补植比例为60%；为减少治理区牲畜破坏植被，在治理区外围1m处设置围栏，围栏长度388m。

8）库依营林区治理区8（FQ8）

（1）治理区基本情况

①治理区现状：该治理区位于库依营林区20林班10小班，治理区中心地理坐标为东经89°30'07"、北纬47°24'33"，为云母石矿废弃地，距车辆可通行道路100m，距溪流110m。

②治理对象特征：治理区总面积6094m²，由挖损地、占压地组成。其中，挖损地狭长，面积905m²，长65m，宽11m，深8m；占压地面积5189m²，占压地区域内直径大于30cm的石块含量较多。治理区位于乔木林地内，挖损地土壤平均厚度30cm左右（部分地块可达50cm），因此幼苗更新较好；占压地区域内因石块、废料较多，土壤贫瘠，云杉幼苗虽有更新，但长势较差，需对土壤进行改良。

（2）具体施工设计

治理区主要破坏形式为挖损地和占压地造成土壤贫瘠，植被更新缓慢，因挖损地位于山坡上部，植被更新较好，不需填埋措施，治理重点是为植被恢复提供有利环境，可通过对该治理区采取微地形营造、喷泥浆措施实现。

（3）工程量

微地形营造、喷泥浆6094m²，布设宣传标志牌1块。

（4）植被恢复

原生植被：西伯利亚落叶松、金丝桃叶绣线菊、禾草等。

生态恢复措施：治理区位于林地内，但植被更新缓慢，需补植云杉促进治理区植被恢复，挖损地补植比例为40%，占压地补植比例为50%；为减少治理区牲畜破坏植被，在治理区外围1m处设置围栏，围栏长度523m。

9）库依营林区治理区9（FQ9）

（1）治理区基本情况

①治理区现状：该治理区位于库依营林区26林班14小班内，治理区中心地理坐标为东经89°28'43"、北纬47°24'07"，为云母石矿废弃地，距车辆可通行道路130m，距河流20m。

②治理对象特征：治理区总面积5390m²，由挖损地、占压地组成，其中挖损地共有两处，挖损地1面积901m²，长50m，宽15m，挖损地2面积582m²，长34m，宽25m；占压地面积3907m²，占压地区域内直径大于30cm的石块含量较多，废料堆积较厚。治理区原地类为乔木林地，矿区东侧云杉幼苗较多，因矿区靠近路边及河流，牲畜活动频繁，苗木破坏严重，同时因废料、废石占压，苗木更新困难。

（2）具体施工设计

治理区主要破坏形式为挖损地和占压地造成植被更新缓慢，本次治理时需将占压地区域内废石、废料清理至挖损地区域内，为植被恢复提供有利环境；同时，对该治理区采取微地形营造、喷泥浆措施。

（3）工程量

清理废料量为4821m^3，微地形营造、喷泥浆5390m^2，布设宣传标志牌1块。

（4）植被恢复

原生植被：西伯利亚落叶松、西伯利亚云杉、禾草等。

生态恢复措施：治理区植被更新缓慢，需补植云杉促进治理区植被恢复，挖损地1补植比例为100%，挖损地2补植比例为70%，占压地补植比例为70%；为减少治理区牲畜破坏植被，在治理区外围1m处设置围栏，围栏长度508m。

10）库依营林区治理区10（FQ10）

（1）治理区基本情况

①治理区现状：该治理区位于库依营林区26林班1小班内，治理区中心地理坐标为东经89°29'25"、北纬47°23'59"，为云母石矿废弃地，距车辆可通行道路42m，距河流20m。

②治理对象特征：治理区总面积18448m^2，由挖损地、占压地组成。其中，挖损地共有两处，面积合计2232m^2，挖损地1狭长，面积1645m^2，长154m，宽9m，挖损地2面积582m^2，长64m，宽9m；占压地共有两处，面积合计16216m^2，占压地1面积10405m^2，占压地2面积5811m^2，占压地区域废料堆积较厚。治理区原地类为乔木林地，矿区云杉幼苗较多，因矿区靠近路边及河流，牲畜活动频繁，苗木破坏严重，同时因废料、废石占压，苗木更新困难。

（2）具体施工设计

治理区主要破坏形式为挖损地和占压地造成植被更新缓慢，本次治理时需将占压地区域内废料用机械填放至挖损地区域内，挖损地填满后，将剩余废料摊平，为植被恢复提供有利环境；同时，对该治理区采取微地形营造、喷泥浆措施。

（3）工程量

清理废料量为5930m^3，微地形营造、喷泥浆18448m^2，布设宣传标志牌1块。

（4）植被恢复

原生植被：西伯利亚落叶松、西伯利亚云杉、禾草等。

生态恢复措施：治理区植被更新缓慢，需补植云杉促进治理区植被恢复，挖损地补植比例均为40%，占压地1补植比例为50%，占压地2补植比例为60%；为减少治理区牲畜破坏植被，在治理区外围1m处设置围栏，围栏长度982m。

11）库依营林区治理区11（FQ11）

（1）治理区基本情况

①治理区现状：该治理区位于库依营林区29林班2小班内，治理区中心地理坐标为东经89°30'20"、北纬47°23'24"，为云母石矿废弃地，距车辆可通行道路22m，距河流10m。

②治理对象特征：治理区总面积4649m^2，由挖损地、占压地组成。其中，挖损地面积716m^2，

长32m，宽20m；占压地共有两处，面积合计3933m^2，占压地1面积3405m^2，坡度24°，占压地2面积528m^2，坡度8°，占压地区域废料堆积较厚。治理区原地类为乔木林地，矿区云杉幼苗较多，因矿区靠近路边及河流，牲畜活动频繁，苗木破坏严重，同时因废料、废石占压，苗木更新困难。

（2）具体施工设计

治理区主要破坏形式为挖损地和占压地造成植被更新缓慢，占压地2废料厚度约60cm，本次治理时需将占压地2区域内废料堆放至挖损地区域内，为植被恢复提供有利环境；同时，对该治理区采取微地形营造、喷泥浆措施。

（3）工程量

清理废料量为298.27m^3，微地形营造、喷泥浆4649m^2，布设宣传标志牌1块。

（4）植被恢复

原生植被：西伯利亚落叶松、西伯利亚云杉、禾草等。

生态恢复措施：治理区植被更新缓慢，需补植云杉促进治理区植被恢复，挖损地补植比例为100%，压占地1补植比例为60%，压占地2补植比例为100%；为减少治理区牲畜破坏植被，在治理区外围1m处设置围栏，围栏长度377m。

12）库依营林区治理区12（FQ12）

（1）治理区基本情况

①治理区现状：该治理区位于库依营林区24林班23小班内，治理区中心地理坐标为东经89º23'07"、北纬47º22'23"，为云母石矿废弃地，距车辆可通行道路62m，距河流300m。

②治理对象特征：治理区总面积4338m^2，由挖损地、占压地组成。其中，挖损地共有两处，面积合计589m^2，挖损地1狭长，面积424m^2，长53m，宽7m，挖损地2面积165m^2，长17m，宽10m；占压地面积3749m^2，占压地区域废料堆积较多，土壤贫瘠。治理区地类为乔木林地，矿区云杉幼苗较多，因矿区旁边有牧场，牲畜活动频繁，苗木破坏严重，同时因废料、废石占压，苗木更新困难。

（2）具体施工设计

治理区主要破坏形式为挖损地和占压地造成区内土壤贫瘠，植被更新缓慢，对该治理区采取微地形营造、喷泥浆措施。

（3）工程量

微地形营造、喷泥浆4338m^2，布设宣传标志牌1块。

（4）植被恢复

原生植被：西伯利亚落叶松、西伯利亚云杉、禾草等。

生态恢复措施：治理区植被更新缓慢，需补植云杉促进治理区植被恢复，挖损地、占压地补植比例均为40%；为减少治理区牲畜破坏植被，在治理区外围1m处设置围栏，围栏长度370m。

13）库依营林区治理区13（FQ13）

（1）治理区基本情况

①治理区现状：该治理区位于库依营林区41林班5小班内，治理区中心地理坐标为东经89º33'10"、北纬47º21'55"，为云母石矿废弃地，车辆可通行，距河流210m。

②治理对象特征：治理区总面积14444㎡，由挖损地、占压地组成。其中，挖损地共有两处，面积合计2314m²，挖损地1面积1654m²，长47m，宽44m，挖损地2面积660m²，长60m，宽9.5m；占压地面积12130m²，占压地区域废料堆积较多，土壤贫瘠。治理区地类为天然牧草地，因废料、废石占压，植被更新困难，矿区占压地内分布有少量疣枝桦、金丝桃叶绣线菊、叉子圆柏、禾草，呈块状分布，占压地有两处地形破坏较小，保留有原生植被。

（2）具体施工设计

治理区主要破坏形式为挖损地和占压地造成区内土壤贫瘠，废料废石压占严重，植被更新缓慢，对该治理区采取微地形营造、喷泥浆措施。因治理区浇水困难，根据地形，可利用挖损地2建造成简易蓄水池。

（3）工程量

清理石块量28.22m³，清理废渣量1865.29m³，微地形营造、喷泥浆13784m²，制作简易蓄水池1个，布设宣传标志牌1块。

（4）植被恢复

原生植被：疣枝桦、叉子圆柏、西伯利亚云杉、禾草等。

生态恢复措施：治理区植被更新缓慢，需补植金丝桃叶绣线菊促进治理区植被恢复，挖损地1补植比例为50%，挖损地2补植比例为100%，占压地补植比例为100%；为减少治理区牲畜破坏植被，在治理区外围1m处设置围栏，围栏长度583m。

14）库依营林区治理区14（FQ14）

（1）治理区基本情况

①治理区现状：该治理区位于库依营林区41林班5小班内，治理区中心地理坐标为东经89°33'19"、北纬47°21'55"，为云母石矿废弃地，车辆可通行，距溪流22m。

②治理对象特征：治理区总面积1530m²，由占压地、排水沟组成。占压地面积1474m²，废料堆积较多，土壤贫瘠；排水沟面积56m²。治理区地类为天然牧草地，同时因废料占压严重，植被更新困难，无植被分布。

（2）具体施工设计

治理区主要破坏形式为占压地造成区内土壤贫瘠，植被更新缓慢，治理时需将废料堆积严重地块推平，同时，对该治理区采取微地形营造、喷泥浆措施。

（3）工程量

清理废料量283.65m³，微地形营造、喷泥浆1530m²，布设宣传标志牌1块。

（4）植被恢复

原生植被：禾草。

生态恢复措施：治理区植被更新缓慢，需补植金丝桃叶绣线菊促进治理区植被恢复，占压地、排水沟补植比例均为100%；为减少治理区牲畜破坏植被，在治理区外围1m处设置围栏，围栏长度190m。

15）库依营林区治理区15（FQ15）

（1）治理区基本情况

①治理区现状：该治理区位于库依营林区47林班23小班内，治理区中心地理坐标为东经89°30'58"、北纬47°18'12"，为云母石矿废弃地，距车辆可通行道路240m，距溪流260m。

②治理对象特征：治理区总面积1064m²，由挖损地、占压地组成。挖损地面积287m²；占压地面积777m²，占压地废料堆积较多，土壤贫瘠。治理区地类为天然牧草地，因废料占压严重，植被更新困难。

（2）具体施工设计

治理区主要破坏形式为占压地造成区内土壤贫瘠，植被更新缓慢，治理时需将废料堆积严重地块推平，同时，对该治理区采取微地形营造、喷泥浆措施。因治理区浇水困难，根据地形，需建造简易蓄水池。

（3）工程量

清理废料量521.12m³，微地形营造、喷泥浆1064m²，建设简易蓄水池1个，布设宣传标志牌1块。

（4）植被恢复

原生植被：叉子圆柏、禾草。

生态恢复措施：治理区植被更新缓慢，需补植金丝桃叶绣线菊促进治理区植被恢复，挖损地补植比例为80%，占压地补植比例85%；为减少治理区牲畜破坏植被，在治理区外围1m处设置围栏，围栏长度164m。

库依营林区废弃矿山修复措施汇总见表4.6.9。

表4.6.9 库依营林区废弃矿山修复措施一览表

编号	分区	面积（m²）	坡度（°）	清理石块（m³）	清理渣土（m³）	灌溉措施	微地形营造（m²）	喷泥浆（m²）	植苗（株）	植物种类	围栏（m）	宣传牌（个）	施肥[g/（株·年）]
	总计	75337		81	15353		74677	74677	9414		6100	15	
FQ1	挖损地	1154	5				1154	1154	154	云杉	153		100
	占压地	2644	16	12			2644	2644	176	云杉	282	1	100
FQ2	挖损地1	98	5			抽水	98	98	16	云杉			100
	挖损地2	46	6			抽水	46	46	3	云杉			100
	占压地	3255	24	25		抽水	3255	3255	326	云杉	308	1	100
FQ3	排水沟	84	25	1		设计灌溉	84	84	11	云杉			100
	挖损地1	27	25			设计灌溉	27	27	3	云杉			100
	挖损地2	53	25			设计灌溉	53	53	6	云杉	205		100
	占压地1	1328	25	13		设计灌溉	1328	1328	111	云杉	205	1	100
	占压地2	263	25	2		设计灌溉	263	263	26	云杉	49		100
FQ4	挖损地	682	23			设计灌溉	682	682	114	云杉	114		100
	占压地	3045	23		1153	设计灌溉	3045	3045	457	云杉	292	1	100

（续表）

编号	分区	面积（m^2）	坡度（°）	清理石块（m^3）	清理渣土（m^3）	灌溉措施	微地形营造（m^2）	喷泥浆（m^2）	植苗（株）	植物种类	围栏（m）	宣传牌（个）	施肥[g/（株·年）]
FQ5	挖损地	107	13			设计灌溉	107	107	11	云杉			100
	占压地	1070	13		481	设计灌溉	1070	1070	107	云杉	164	1	100
FQ6	挖损地	356	20			抽水	356	356	50	云杉	52		100
	占压地	1924	20			抽水	1924	1924	224	云杉	191	1	100
FQ7	挖损地	205	20			抽水	205	205	14	云杉	34		100
	占压地	3039	23			抽水	3039	3039	304	云杉	354	1	100
FQ8	挖损地	905	22			抽水	905	905	60	云杉	112		100
	占压地	5189	22			抽水	5189	5189	432	云杉	411	1	100
FQ9	挖损地1	582	10			抽水	582	582	68	云杉	80		100
	挖损地2	901	10			抽水	901	901	150	云杉	103		100
	占压地	3907	5		4821	抽水	3907	3907	456	云杉	325	1	100
FQ10	挖损地1	1645	20			抽水	1645	1645	110	云杉	153		100
	挖损地2	587	11			抽水	587	587	39	云杉	21		100
	占压地1	10405	24		2980	抽水	10405	10405	867	云杉	420	1	100
	占压地2	5811	5		2950	抽水	5811	5811	581	云杉	388		100
FQ11	挖损地	716	10			抽水	716	716	119	云杉	109		100
FQ11	占压地1	3405	25			抽水	3405	3405	340	云杉	268	1	100
	占压地2	528	5		298	抽水	528	528	88	云杉			100
FQ12	挖损地1	424	16				424	424	28	云杉	72		100
	挖损地2	165	16				165	165	11	云杉	20		100
	占压地	3749	16				3749	3749	250	云杉	278	1	100
FQ13	挖损地1	1654	5			设计灌溉	1654	1654	414	绣线菊	79		50
	挖损地2	660	15								47		50
	占压地1	6781	35		1356	设计灌溉	6781	6781	1695	绣线菊	214		50
	占压地2	1486	5		297	设计灌溉	1486	1486	372	绣线菊	108	1	50
	占压地3	749	26			设计灌溉	749	749	94	绣线菊			50
	占压地4	1060	5		212	设计灌溉	1060	1060	265	绣线菊			50
	占压地5	2054	22	28		设计灌溉	2054	2054	257	绣线菊	135		50

（续表）

编号	分区	面积（m^2）	坡度（°）	清理石块（m^3）	清理渣土（m^3）	灌溉措施	微地形营造（m^2）	喷泥浆（m^2）	植苗（株）	植物种类	围栏（m）	宣传牌（个）	施肥[g/（株·年）]
FQ14	排水沟	56	10			抽水	56	56	14	绣线菊			50
	占压地1	1316	10		263	抽水	1316	1316	329	绣线菊	131	1	50
	占压地2	158	11		21	抽水	158	158	40	绣线菊	59		50
FQ15	挖损地	287	24			设计灌溉	287	287	57	绣线菊	38		50
	占压地	777	24		521	设计灌溉	777	777	165	绣线菊	126	1	50

注：管理养护，浇水80L/（株·次），每年浇水3次，施肥1次。

（四）侵蚀沟治理

1．方案设计

1）范围及类型

项目区侵蚀沟为林地沟及草地沟，根据实地勘察，项目区共有12条侵蚀沟道需要治理修复，长度7450m，面积29692m^2。各条侵蚀沟长度、面积及现状情况见表4.6.10。

表4.6.10 侵蚀沟规模统计

营林区	沟道编号	沟道长度（m）	沟道面积（m^2）	现状描述
喀依尔特营林区	G1	1015	3830	沟头侵蚀不明显，大部分沟道较浅，沟道坡度10～25°，沟口深度1.5m，宽度1～1.5m，石块含量少；沟内分布有少量禾草及落叶松幼苗
	G2	728	1177	沟头、沟口侵蚀不明显，侵蚀沟中段深1.3m、宽1.1m左右，沟道坡度5～25°，旁边有两处矿山废弃地；侵蚀沟内分布有少量禾草
	G3	1898	6283	沟头侵蚀不明显，深度0.1m、宽度0.2m左右，沟口侵蚀较大，深度1.5m，宽度1.2～2m，坡度2～24°，旁边山体侵蚀沟分支较多；沟内分布有少量刺玫、禾草
库依营林区	G4	303	961	沟头侵蚀不明显，沟口深度60cm、宽度0.9m，沟道坡度23°左右，沟道石块含量多；侵蚀沟沟头有少量禾草分布，中下段无明显植被分布
	G5	478	3215	沟头为林中湿地，草盖度60%左右，坡度平缓（5°左右），沟道中下部较陡（20～32°），侵蚀沟对原生植被破坏明显，深度1.5～2.3m，宽度2～2.5m；沟内分布有少量禾草和刺玫
	G6	1231	7975	侵蚀沟位于林地内，沟头侵蚀不明显，沟口深度1.2m、宽度2m左右，沟内石块含量较多；沟内云杉幼苗更新较好，植被盖度60%左右

（续表）

营林区	沟道编号	沟道长度（m）	沟道面积（m^2）	现状描述
库 依 营林区	G7	185	491	沟头侵蚀不明显，中段被新修道路隔开，新修道路已在路旁修筑排水沟，排水沟排水造成相连地块侵蚀严重，深度1m、宽度3m左右，石块含量大；沟内分布有少量禾草、绣线菊
	G8	189	343	沟头侵蚀不明显，被新修道路分割为三段，每段平均长度60m左右，每段上部侵蚀不明显，下部稍大，深度60cm、高度50cm左右，沟道质地为土质，坡度24°；沟内分布有少量禾草
	G9	319	1213	沟头连接石榴石矿区，深度60cm、高度80cm左右，沟口连接河道，深度30cm、宽度35cm左右，坡度18°，石块分布少；沟内分布有少量禾草及云杉幼苗
	G10	135	346	沟头侵蚀不明显，沟口深度45cm、宽度50cm左右，沟口连接河道，石块含量少，坡度20°；沟内分布有少量禾草
	G11	224	441	沟头侵蚀不明显，沟口深度45cm、宽度100cm左右，坡度20°，石块含量少；沟内分布有少量禾草
	G12	745	3417	沟头侵蚀不明显，沟口深度145cm、宽度200cm左右，坡度5～25°，石块含量少；沟内分布有少量禾草

2）治理模式

借鉴以往阿尔泰林区侵蚀沟治理成功案例，采取“石笼挡墙+麻袋+造林”和“石笼挡墙+造林”的治理方法。

3）工程措施

（1）石笼挡墙：根据现场勘查，对沟道中下游段可采用石笼挡墙的形式阻挡水流冲刷，削弱较大降雨后小股洪流冲刷能力，减少水土流失对植被的破坏。

石笼挡墙是由铁（铅）丝网制成的网箱结构。每层铅丝笼上下层之间错缝搭接。网箱铁丝主要由网面铁丝、边端铁丝组成，孔径60mm×80mm，网丝直径不小于3.4mm。

挡墙设置按照自下而上、呈阶梯状进行设计，具体布设时遵循就近取材原则。石笼挡墙设置为矩形结构，高度0.5m，宽度0.5m，上底与下底宽度根据现地勘察情况确定。

挡墙铺设时，挡墙前后（上下游）做基础保护，铺设厚度不小于0.1m的片石，长度1m，以防止上游掏底和下游下切侵蚀。具体设置时，挡墙两侧形状要依据坡型坡度依地势调整，要求略微深入土层，尽量减少两侧开挖，同时保证两侧和底部的密封性。

（2）麻袋包（堆）挡水：对于沟道上部侵蚀较轻、多土质地段，可以采用麻袋包方式控制下切侵蚀，一方面起到拦蓄作用，另一方面可以促进植被的恢复。麻袋采用加厚麻布袋（40cm×60cm），就近装土后码放堆积在沟道内。码放前要求先清理基础使平整，码放时原则上要求呈品字形、交错摆放。麻袋包设计在沟道最上部。

（3）围栏建设：围栏在项目区外围1m处布设，在有水源的地块布设围栏时，需要预留牲畜饮水场所。为保证效果，围栏采用刺丝和板网相结合的方式。

4）植被恢复措施

为了保证沟道治理修复效果，采用在挡墙前（上游）栽植毛柳、在麻袋包前（上游）栽植金丝桃叶绣线菊的方式对侵蚀沟进行植被恢复。

工程措施起效后栽植，如挡墙或者麻袋包上游部分淤积有泥沙，满足毛柳、金丝桃叶绣线菊栽植的基本条件，挡墙前种植毛柳5株，麻袋包前种植金丝桃叶绣线菊4株，栽植时间以5—6月为宜，栽植株行距50cm×50cm，栽植时采取反坡鱼鳞坑方式，保证埋土踏实，并略高于苗木根茎，注意苗木根系舒展，不窝根，栽植深浅适宜，严格遵循“三埋两踩一提苗”的方式栽植；同时有条件时可将有机肥和表土混合后放入穴底部，栽植后浇1次透水，适时补浇1～2次。

2．施工技术要求

1）石笼挡墙施工

施工步骤主要包括基础清理、铁丝石笼的组装及填充等。

基础清理：首先进行土方清基，清基范围包括坝基、坝坡上的砂石等杂物，清基边界应在设计基面线外10cm，清基完毕后，对清基后的基面进行平整及压实。

铁丝石笼组装及填充：石笼的连接应平整、均匀，接头连接整齐、坚固。螺旋连接线为与网箱相同材质的覆树脂膜钢丝。单元网箱之间的间隔网与网身呈90°相交，间隔网与网身四角对应的交接处各角双股连接线绑扎一道，连接线采用一孔绕一圈呈螺旋状穿孔绞绕连接的方式。石笼绑扎时每隔15～20cm绑扎嵌固。石笼中装入块石，块石较大而平的一面摆在笼子周围，使笼四周平直。避免出现凸凹现象。中间用颗粒较小的石块填塞紧密，笼四周石料不能小于网孔尺寸。石笼最上一层石块摆放时，应大面朝上。保证石笼的平整，最后封闭石笼盖子。笼之间不得连接，为相对独立体。

2）麻袋包施工

麻袋包要求袋口扎紧，不能装满，摆放面要求平整，交错叠放，平整稳固，不留有空隙。

3）苗木栽植

选择品种优良纯正的天然林地或管理水平高的人工造林地取苗，交通便利为宜，移苗于5—6月为宜。选用2～3年生苗，根幅40cm、深度30cm，做到苗根不撕不裂。运输苗木时，做到不露根、不伤皮、不碰顶芽。随起随栽，避免幼苗长时间暴露在外，以阴雨天栽植最好。栽植时，株行距50cm×50cm，栽植时要注意苗木根系舒展，不窝根，栽植深浅适宜，穴底垫部分表土，有条件可施入腐熟厩肥，再垫表土，扶正苗木踏实，栽后浇1次透水，新枝发出前保持土壤湿润，不可大量灌水。

栽植时间需在工程措施起效后，如：挡墙措施施工完成一年后，现场监测上游部分淤积有泥沙，满足毛柳栽植的基本条件，方可栽植。

为保证侵蚀沟治理效果，各项修复措施实施后，需对项目区进行管护，在融雪洪水多发季节或较大降雨后，应及时进行检查，如发现发生侵蚀时要及时采取措施给予修复。定期检查围栏完好程度和植被生长情况，定期维修及补植。

侵蚀沟治理措施及数量见表4.6.11。

表4.6.11　侵蚀沟治理措施及工程量一览表

营林区	沟道编号	沟道长度（m）	沟道面积（m²）	围栏长度（m）	石笼网挡墙		麻袋包（个）	毛柳栽植（株）	绣线菊栽植（株）	宣传牌（个）
					数量（个）	方量（m³）				
合计		7450	29692	16388	758	224.39	879	3790	1172	12
喀依尔特营林区	小计	3641	11290	8009	266	94.29	501	1330	668	3
	G1	1015	3830	2232	84	37.12	246	420	328	1
	G2	728	1177	1602	38	7.70	108	190	144	1
	G3	1898	6283	4175	144	49.47	147	720	196	1
库　依营林区	小计	3809	18402	8379	492	130.10	378	2460	504	9
	G4	303	961	667	32	6.38	27	160	36	1
	G5	478	3215	1051	59	12.24	0	295	0	1
	G6	1231	7975	2708	140	34.01	27	700	36	1
	G7	185	491	407	19	3.55	33	95	44	1
	G8	189	343	416	21	6.34	72	105	96	1
	G9	319	1213	702	56	11.08	0	280	0	1
	G10	135	346	296	15	3.11	60	75	80	1
	G11	224	441	493	29	5.84	63	145	84	1
	G12	745	3417	1639	121	47.55	96	605	128	1

五、工程量与投资概算

（一）概算依据

1．财政部、国土资源部《关于印发土地开发整理项目预算定额标准的通知》（财综〔2011〕128号）

2．财政部、国土资源部《土地开发整理项目预算定额》（2012年2月）

3．财政部、国土资源部《土地开发整理项目施工机械台班费定额》（2012年2月）

4．财政部、国土资源部《土地开发整理项目预算编制规定》（2012年2月）

5．国土资源部土地整理中心《土地复垦方案编制实务》（2011年）

6．《关于加强基本建设大中型项目概算中“价差预备费”管理的有关通知》（计投资〔1999〕1340号）

7．《水土保持业务经费定额标准（试行）》

8．《水土工程概算定额》（水利部水总〔2003〕67号）

9．《重点区域生态保护和修复项目投资估算指南（试行）》（2021年）

10．《防护林造林工程投资估算指标》（林规发〔2016〕58号）

11．《新疆维吾尔自治区公路工程基本建设项目概算预算编制办法补充规定》（新交造价〔2008〕2号）

12．《新疆维吾尔自治区水利水电工程设计概（估）预算编制规定》（新水建管〔2005〕108号）

13．新疆维吾尔自治区工程建设标准造价信息网发布的阿勒泰地区2019年5月份建设工程综合价格信息

14．市场调查的材料价格

（二）概算范围

概算范围包括工程施工费、工程建设其他费用、不可预见费用。

1．工程施工费

1）直接费：由直接工程费和措施费组成，费用依据财政部、国土资源部印发的《土地开发整理项目预算定额》（2012年2月）计取。

直接工程费：由人工费、材料费、施工机械使用费三部分组成。

措施费：指为完成工程项目施工，发生于该工程施工前和施工过程中非工程实体项目的费用，主要包括临时设施费、冬雨季施工增加费、夜间施工增加费、施工辅助费和特殊地区施工增加费、安全施工措施费。本项目措施费按直接工程费的2%计取，即措施费=直接工程费×2%。

2）间接费：包括企业管理费和规费。间接费可按直接工程费的5%计取，即间接费=直接工程费×5%。

3）利润：是指施工单位完成所承包工程获得的盈利。依据财政部、国土资源部《土地开发整理项目预算编制规定》（2012年2月），利润按照直接费和间接费之和的7%计取，即利润=（直接费+间接费）×7%。

4）税金：依据财政部、国土资源部《土地开发整理项目预算编制规定》（2012年2月），税金按营业税、城乡维护建设税和教育费附加之和计算。本项目税金按综合税率9%计取，计算基础为直接费、间接费和利润之和，即税金=（直接费+间接费+利润）×9%。

2．工程建设其他费用

1）前期费用：在工程施工前所发生的各项支出，包括土地清查费、项目可行性研究费、项目勘测费、项目设计与预算编制费、项目招标代理费、重大工程规划编制费。本项目涉及项目勘测费、项目设计与预算编制费、项目招标代理费。

项目勘测费、项目设计与预算编制费，采用固定价格计取，即60万元。

项目招标代理费，根据《土地开发整理项目预算编制规定》，依照工程施工费的1%计取，即项目招标代理费=工程施工费×1%。

2）工程监理费：按直接工程费的2.5%计取。

3）拆迁补偿费：本项目不涉及。

4）竣工验收费：指工程项目在竣工验收阶段所发生的各项支出，包括工程复核费、工程验收

费、项目决算编制和审计费。本项目涉及项目决算编制和审计费，按工程施工费的1%计取，即项目决算编制和审计费=工程施工费×1%。

5）业主管理费：本项目不涉及。

3．不可预见费用

不可预见费用又称为预备费，是指考虑建设期可能发生的风险而导致建设费用增加的部分，按照风险因素的性质划分，预备费包括基本预备费和涨价预备费。依照财政部、国土资源部《土地开发整理项目预算编制规定》（2012年2月），本项目不可预见费用按照工程施工费、其他费用之和的1.5%计取。

4．牧民补偿费

阿尔泰山是传统的牧区，项目实施会对牧区的正常生产造成一定的影响。按照阿尔泰山国有林管理局有关文件的精神，本项目对实施范围内的牧民给予相应的补偿。

（三）主要指标

1．人工费用指标

依照《重点区域生态保护和修复项目投资估算指南（试行）》（2021年）规定及市场询价，人工费用为300元/工日。

2．工程费用指标

1）场地平整：采用74kW推土机，平均运距50m（三类土），选用编号20275定额，经计算，综合单价为8.69元/m^3；人工挑抬运石渣，运距10～20m，选用编号20178定额，经计算，综合单价为152.35元/m^3。

2）微地形营造：参照编号10330定额，综合单价为1.57元/m^2。

3）喷泥浆：将配置好的泥浆均匀喷洒至修复区，参照编号08065定额，经计算，综合单价为19.56元/m^2。

4）石笼网工程：主要包括清理基础和边坡、人工就地采集石料、制作填充石笼、摆放基础保护石料等内容，综合单价为550.54元/m^3。

5）麻袋包：主要包括土方拉运、麻袋装土、麻袋包搬运、基础清理、麻袋包码放等内容，综合单价为21.42元/个。

6）简易蓄水池：修建简易蓄水池500元/1000m^2。

7）人工采集种子价格：采集云杉种子600元/kg、落叶松种子600元/kg。

3．植被恢复费用指标

1）苗木栽植：乔木栽植（云杉）综合单价为12.61元/株（含苗木价格、整地、定植、补植、苗木二次搬运费用）；灌木栽植综合单价为8.43元/株（含苗木价格、整地、定植、补植、苗木二次搬运费用）。

2）侵蚀沟植被恢复：种植毛柳综合单价为5.40元/株；栽植金丝桃叶绣线菊综合单价为6.68元/株。

3）浇水：综合单价为2.71元/株。

4）追肥：综合单价为4.24元/株（含有机料价格）。

5）围栏：围栏标准为6道钢丝网围栏，上下2条为光滑钢丝，中间4条为带倒刺钢丝，每隔5m设置一条立柱，综合单价为42元/m。

4．其他费用指标

1）宣传牌：制作安装宣传牌工作主要包括挖坑、制作混凝土基础、加工制作宣传牌、喷绘等内容，综合单价为4500元/个。

2）围栏管护及维护费：按照2元/（m・年），5年计算。

3）牧民补偿费：按50元/（亩・年），5年计算。

（四）投资概算

本项目投资总费用为903.30万元。其中，工程施工费691.92万元，占总投资的76.60%；工程建设其他费用87.70万元，占9.71%；不可预见费用11.70万元，占1.29%；牧民补偿费111.98万元，占12.40%，见表4.6.12、表4.6.13。

表4.6.12　阿尔泰山富蕴国有林地生态修复项目概算汇总

序号	工程或费用名称	概算金额（元）	占比（%）
总投资		**9032999.28**	**100**
一	**工程施工费**	**6919221.33**	**76.60**
（一）	直接费	5655400.18	62.61
1	直接工程费	5544509.98	
2	措施费	110890.20	
（二）	间接费	277225.50	3.07
（三）	利润	415283.80	4.60
（四）	税金	571311.85	6.32
二	**工程建设其他费用**	**876997.18**	**9.71**
（一）	前期费用	669192.21	7.41
1	勘察设计费	600000.00	
2	招标代理费	69192.21	
（二）	工程监理费	138612.75	1.53
（三）	竣工验收费	69192.21	0.77
三	**不可预见费用**	**116943.28**	**1.29**
四	**牧民补偿费**	**1119837.50**	**12.40**

注：措施费、间接费、利润、税金、招标代理费、工程监理费、竣工验收费（项目决算编制和审计费）、不可预见费用计算方法参见“（二）概算范围”小节。

表4.6.13 阿尔泰山富蕴国有林地生态修复项目直接费分项明细

序号	工程内容	单位	工程量	单价（元）	合价（元）
直接费					**5655400.18**
	直接工程费				5544509.98
	措施费				110890.20
一	退化林修复				
	直接费				692169.45
1	直接工程费				678597.50
1.1	苗木费				115272.00
1.1.1	落叶松（云杉）	株	28818	4	115272.00
1.2	人工整地	亩	523.95	240	125748.00
1.3	植苗	亩	523.95	105	55014.75
1.4	浇水	亩	523.95	75	39296.25
1.5	管护	亩	523.95	30	15718.50
1.6	运输	次			2000.00
1.7	围栏	m	7644	42	321048.00
1.8	宣传标志牌	块	1	4500	4500.00
2	措施费				13571.95
二	封山育林				
	直接费				1236055.64
1	直接工程费				1211819.25
1.1	人工采种		34		20400.00
1.1.1	云杉	kg	17	600	10200.00
1.1.2	落叶松	kg	17	600	10200.00
1.2	人工撒种	亩	388.65	20	7773.00
1.3	浇水	亩	388.65	75	29148.75
1.4	管护	亩	388.65	30	11659.50
1.5	围栏	m	26889	42	1129338.00
1.6	宣传标志牌	块	3	4500	13500.00
2	措施费				24236.39
三	矿山生态修复				
	直接费				2628805.83

（续表）

序号	工程内容	单位	工程量	单价（元）	合价（元）
1	直接工程费				2577260.62
1.1	工程措施				1723721.39
1.1.1	石块清理	m^3	81.2	152.35	12370.82
1.1.2	渣土清理	m^3	15353.92	8.69	133425.56
1.1.3	微地形营造	㎡	74677	1.57	117242.89
1.1.4	喷泥浆（喷播植草）	㎡	74677	19.56	1460682.12
1.2	植被恢复措施				108402.19
1.2.1	种植云杉	株	5998	12.61	75634.78
1.2.2	种植绣线菊	株	3887	8.43	32767.41
1.3	配套措施				267283.50
1.3.1	简易蓄水池	1000㎡	22167	500	11083.50
1.3.2	围栏	m	6100	42	256200.00
1.4	宣传标志牌	块	15	4500	67500.00
1.5	围栏维护	元/（m·年）	6100	2	61000.00
1.6	浇水	株	9414	2.71	229607.46
1.7	施肥	株	9414	4.24	119746.08
2	措施费				51545.21
四	**侵蚀沟生态修复**				
	直接费				1098369.26
1	直接工程费				1076832.61
1.1	挡墙	m^3	224.386	550.54	123533.47
1.2	麻袋包	个	879	21.42	18828.18
1.3	栽植毛柳	元/株	3790	5.4	20466.00
1.4	栽植绣线菊	元/株	1172	6.68	7828.96
1.5	围栏	m	16388	42	688296.00
1.6	宣传标志牌	块	12	4500	54000.00
1.7	围栏维护	元/（m·年）	16388	2	163880.00
2	措施费				21536.65

注：围栏维护暂按1年计。

第五章 金属矿山生态修复

第一节 矿山生态修复概况

一、矿区生态保护与治理现状

我国是世界上矿产资源丰富的国家之一，但是矿产资源的开发，尤其是金属矿山的开采，引发了环境问题，主要表现为占用土地和林地资源，破坏植被，水土流失加剧，土壤酸化（碱化）和重金属污染，地下水位降低，水环境污染，土壤退化，生物多样性减少等。据报道，目前全国矿业开发占用和损坏土地面积达200万hm^2。

2013年，环境保护部发布了《矿山生态环境保护与恢复治理技术规范》（HJ 651—2013）和《矿山生态环境保护与恢复治理方案（规划）编制规范（试行）》（HJ 652—2013），2014年发布了《污染场地土壤修复技术导则》（HJ 25.4—2014），2018年又发布了《污染地块风险管控与土壤修复效果评估技术导则》（HJ 25.5—2018），国家林业局也于2014年发布了《矿山废弃地植被恢复技术规程》（LY/T 2356—2014）。

2016年5月，国务院颁布了《土壤污染防治行动计划》（简称“土十条”），《土壤污染防治法》于2019年1月1日起实施。2017年以来，广西、广东、四川、云南、湖北、安徽、河北、河南、贵州、陕西等省（自治区）先后编制了中长期土壤污染治理与修复规划（方案），按照轻重缓急、项目成熟程度等原则分批安排了要治理的项目。

上述法律法规和技术规程的发布和实施，规范了矿产资源开发过程中生态环境的保护与恢复治理，是推进绿色矿山和矿区生态文明建设的重要保证。

二、矿山环境治理保证金制度与机制

2006年，财政部、国土资源部、国家环境保护总局联合发布了《关于逐步建立矿山环境治理和生

态恢复责任机制的指导意见》，提出了建立中国矿山环境恢复治理保证金制度。2007年，国土资源部提出“落实科学发展，推进绿色矿业”的倡议，《矿山地质环境保护规定》自2009年5月起实施，从2010年8月开始，我国全面启动绿色矿山的建设。2013年3月，财政部、国土资源部发布了《矿山地质环境恢复治理专项资金管理办法》，大部分省份也相继出台了矿山环境恢复治理保证金制度。2021年10月，财政部印发《重点生态保护修复治理资金管理办法》（财资环〔2021〕100号）。

矿山地质环境恢复治理的专项资金来源于国家收取的矿产资源费，主要用于国有矿山在计划经济时期形成的或责任人已经灭失的，因矿山开采活动造成地质环境破坏的恢复和治理，重点支持可以挖掘废弃工矿用地潜力，同时能够体现环境效益、社会效益的治理项目。该《办法》规定，专项资金支出包括矿山地质环境恢复治理工程及其他相关支出，工程支出包括矿山地质灾害治理、地形地貌景观破坏治理、矿区地下含水层破坏治理等。财政部、国土资源部每年对项目进行考核，对不合格的项目，暂停下一年度预算安排，并责令限期整改，经整改仍不符合要求的，取消支持并收回已拨付的资金。

从实践上来看，中国矿山环境恢复治理保证金制度尚处于起步阶段，还难以满足面大而广的矿山生态环境保护与恢复治理的资金需求。以目前矿山污染地修复100～200元/m^2的综合成本看，国家征收的矿山环境治理保证金不足10元/m^2，修复资金存在巨大缺口。加之我国在前期矿山生态治理方面历史欠账太多，修复资金缺乏依然是主要瓶颈。因此，仍需拓宽资金渠道来源，可考虑适当从资源税中划出一部分资金支持矿山生态环境的治理与恢复。当前，矿山环境治理的相关政策和机制仍在不断地完善，应推进政府、矿山企业、生态治理企业和社会资本多元化共同参与的模式，加快绿色矿山的建设。

由于一些地区生态系统受损退化问题突出，历史欠账较多，生态保护修复任务量大面广，需要动员全社会力量参与。2021年10月，国务院办公厅发布了《关于鼓励和支持社会资本参与生态保护修复的意见》（国办发〔2021〕40号），为进一步促进社会资本参与生态建设，加快推进山水林田湖草沙一体化保护和修复，国家鼓励和支持社会资本参与历史遗留矿山等重点领域的生态修复和综合治理，社会资本与采矿权人协商一致，可依法依规，参与矿山生态修复，并对修复投入及后续利益分配进行约定。

三、金属矿山环境存在的主要问题

（一）大量排土（渣）场形成废弃地，地表裸露，水土流失严重

我国矿产资源的特点是总量丰富，但贫矿多、伴生矿多。尤其是金属矿山露天开采时，随着矿物揭露和采坑挖掘，含有金属和矿物质的废土、废石排弃至废土场，形成大量裸露废弃地。矿山开采破坏了原生植被，改变了地形地貌和土地功能。排土场长期受降雨和径流冲刷影响，在坡面上部形成众多的“V”形冲沟，大量泥沙、渣土淤积坝区，影响库容。

（二）土壤酸化

金属矿区，尤其是硫铜矿，废弃地长期裸露，在空气、雨水及微生物的共同作用下，经氧化和淋溶，将矿渣中伴生的还原态硫带入土壤，导致土壤酸化，形成酸性废水和重金属复合污染。在适宜的

条件下，废石与周围环境通过一系列的化学反应及在微生物催化作用下，使释放的硫氧化形成酸（刘成，2001）。

①干燥环境下，硫化物与空气中氧气反应生成硫酸亚铁和二氧化硫，此过程中硫氧化铁杆菌及其他氧化菌起到了催化作用，加快了氧化速度：

$$FeS_2 + 3O_2 \rightarrow FeSO_4 + SO_2$$

②潮湿环境中（遇降水），硫化物与空气中的氧气、土壤中的水分共同作用生成硫酸亚铁和硫酸：

$$2FeS_2 + 7O_2 + 2H_2O \rightarrow 2FeSO_4 + 2H_2SO_4$$

③硫酸亚铁在酸性条件下，继续发生氧化作用，生成硫酸铁，此过程中氧化铁杆菌及其他氧化菌起到了催化作用，加快了反应过程：

$$4FeSO_4 + 2H_2SO_4 + O_2 \rightarrow 2Fe_2(SO_4)_3 + 2H_2O$$

④硫酸铁同时还可以与FeS_2及其他金属硫化矿物发生氧化反应，形成重金属硫酸盐，促使矿物中其他重金属的溶解：

$$7Fe_2(SO_4)_3 + FeS_2 + 8H_2O \rightarrow 15FeSO_4 + 8H_2SO_4$$

$$2Fe_2(SO_4)_3 + MS + 2H_2O + 3O_2 \rightarrow 2MSO_4 + 4FeSO_4 + 2H_2SO_4$$（M表示重金属离子）

其中，步骤③在整个反应中起加速作用，限制其反应有助于酸化的改善。

土壤酸化破坏了土壤微环境，对水资源及土地资源造成危害，若不及时治理，对矿区及周边生态

（a）硫铜矿排土场边坡上的矿物硫

（b）采场边坡析出的矿物硫

（c）排土场底部酸化渗滤液

（d）酸性测试（pH 值 2.4）

图5.1.1 硫铜矿污染边坡及渗滤液

和人居环境将产生极为不利的影响。

（三）重金属污染

20世纪50年代，日本富山县发生“骨痛病”事件。当地排放的废水在河流中积累重金属镉，长期饮此河水或食用河水浇灌的稻谷，引发镉中毒。此病潜伏期为2～8年，镉在人体内的生物半减期为16～33年，此病无特效疗法，死亡率高。

2000年1月，湖南郴州邓家塘乡因砷污染，导致600多亩稻田弃耕和2人死亡、400多人住院。2001年6月，广西环江县因洪水冲刷造成超过5000亩农田被污染，云南、广西有些地方也存在砷、铅、镉等多种重金属污染土壤问题，种植的蔬菜和粮食重金属超标。2013年5月，广州发生“镉大米”事件，抽查发现44%的大米镉超标。

重金属是反映环境和农产品污染的重要指标。重金属污染主要来源于采矿和冶炼企业的“三废”（废气、废水、固体废弃物）排放，磷肥的大量施用（磷矿粉中含镉），以及大气中污染颗粒的沉降等。土壤酸化直接影响重金属在土壤中的活性，使其更容易被吸收，从而加剧了重金属危害。重金属在植物根、茎、叶及籽粒中积累，通过食物链进入人体，其危害具有隐蔽性、不可逆性和长期性。因此，土壤污染治理的重要性与紧迫性更加凸显。

（四）土壤极度贫瘠

矿山排土场、废弃地土壤条件差，多以渣石为主，缺水缺肥，有机质含量低，土壤氮、磷、钾缺乏，极度贫瘠，自然恢复能力弱。

（五）裸露废弃地、采坑与周边绿色山体形成强烈反差，景观效果亟待改善

露采矿山因矿体剥离过程中，上部挖掘的废石和渣土转运后形成了废石场、排土场，堆积如山，与周边自然山体的背景形成强烈反差，不仅造成了严重的水土流失，而且对自然景观也产生了极为不利的影响。

（a）露采铜矿废弃排土场

（b）堆弃排土场与自然山体景观对比

图5.1.2　矿山废弃排土场

四、国内金属矿山生态修复研究与实践

（一）有色酸性污染场地

2008—2010年，北京矿冶研究总院周连碧、王琼、辜再元课题组承担国家“十一五”科技支撑计划重点项目“有色金属矿山废弃物堆场生态修复技术研究与示范”，在德兴铜矿水龙山酸性废渣堆开展生态修复与土地复垦试验研究，在近4hm^{2}边坡示范区内取得了良好的植物恢复效果，该课题于2011年通过验收。该项研究与示范通过营造绿色屏障、实施生态缓冲拦挡，采用“植被毯（中间填充蛭石、珍珠岩）+生态棒+挂网厚层基材喷播”“排水板+挂网厚层基材喷播”“高强度耐腐蚀高分子材料膨胀主锚杆与木桩辅锚固”，筛选出刺槐、盐肤木、紫穗槐、胡枝子、高羊茅、紫花苜蓿等具有良好生态适应性的植物，边坡采取栽植苗木与撒播灌草种子相结合，提高了坡面植被覆盖率，逐步形成稳定的灌草植被群落。课题组研发出了适合于酸性废石堆边坡的近自然生态恢复技术模式，实现了坡面表层稳定、景观有效改善，为同类边坡的生态修复和植被恢复提供借鉴。

2011年，中山大学束文圣、杨胜香课题组对广东大宝山多金属矿排土场酸性重金属污染土壤进行了生态修复试验。研究发现，在极端酸性的矿山土壤中，采用石灰、复合肥、磷肥和底泥联合改良剂是一种经济、有效的措施，联合添加石灰和底泥能够有效地抑制土壤酸化和再酸化，降低了重金属毒性，促进了植被恢复；联合添加石灰、氮磷钾复合肥、磷肥和底泥明显地降低了植物体内重金属的含量。

2013年，深圳如茵公司与江西永平铜矿承担了江铜集团“露采边坡植物护坡及植被恢复”项目，采用“酸性封闭隔离”“飘台植生槽+喷混植生”技术，在永平铜矿采坑建立了酸化高陡岩质边坡生态治理示范工程。结果表明，治理前边坡遗留的矽卡岩等硫化矿脉酸化严重，pH值为3～4，治理后经过3年的观察，酸化现象得到了有效控制，示范区植被得以恢复，环境与景观显著改善，为酸化露采岩质边坡植被恢复提供了可行模式。该项目于2016年6月通过验收并获得科学技术成果评审证书。

（a）试验区与周边露采边坡对比　　（b）植被恢复效果

图5.1.3　露采边坡植物护坡及植被恢复（永平铜矿，2013—2015年）

近年来，广东桃林生态、深圳如茵公司、中国瑞林工程技术等公司先后在江西铜业集团德兴铜矿、永平铜矿、城门山铜矿、银山铅锌矿、东乡铜矿等矿区的酸性排土场、废石场、采坑岩质边坡等矿区废弃地开展了生态环境治理和植被恢复工程，取得了良好的恢复效果。在实践中，研发出了“原位土壤改良和植苗与播种复绿”（深圳如茵公司）、“原位基质改良+人工植被”与“底泥掺混基质改良+机械湿喷泥浆”（广东桃林生态）等行之有效的综合治理技术，建立了松树、刺槐、苎麻、盐肤木等苗木基地，极大地推动了江铜集团及相关有色金属矿山生态修复产业和绿色矿山建设的发展。

（a）工程概貌

（b）排土场原貌（下部）

（c）排土场植被恢复

图5.1.4 德兴铜矿杨桃坞生态恢复工程（一期）（深圳如茵公司，2017—2018年）

（二）铝矿碱性赤泥堆场

赤泥是氧化铝工业生产过程中产生的高碱性废弃物，因其富含Fe_2O_3（20%～50%）呈红褐色而被称为赤泥。在氧化铝生产过程中，铝土矿中的Al_2O_3组分进入溶液，而SiO_2、Fe_2O_3、TiO_2等杂质矿物以及添加剂（石灰）通过反应以复杂化合物形式进入渣中形成赤泥，每生产1t氧化铝就会产生1～2t的赤泥。根据氧化铝生产工艺的不同，赤泥分为烧结法赤泥和拜耳法赤泥。拜尔法是氧化铝工业生产普遍采用的工艺，但是拜尔法赤泥碱性强、盐分含量高，综合利用难度大，大量赤泥外排以堆存的方式处置。我国氧化铝生产企业主要分布在广西、河南、山西、山东、贵州、云南等省份，赤泥堆存不仅

（a）废石场原貌（上部裸露部分）

（b）东区植被恢复状况

（c）西区植被恢复状况

图5.1.5　永平铜矿南部废石场生态恢复项目（深圳如茵公司，2017—2018年）

占用土地面积大，还因碱性强、盐分含量高、自然风化过程缓慢等原因使得场地生态恢复十分困难。

吴亚君、李小平等（2004）研究广西平果铝赤泥堆场的土壤改良与种植，发现有机与无机混合体改良剂对赤泥改良效果好，能使赤泥变成植物能够正常生长的基质，基质中氟石膏的加入起了重要作用，无机土壤改良剂虽然能够基本上满足植物生长的条件，但对赤泥的土壤改良效果不理想。中国铝业股份有限公司与北京矿冶研究总院（2005）共同申请发明的“拜尔法赤泥基质改良技术”专利（CN200510018271.0），采用氟石膏和泥炭对高碱性赤泥进行改良，使其成为适宜植物生长的“土壤”，利用该技术实现了赤泥堆场边坡的快速绿化。王国贞等（2010）研究发现添加生物质锯末能够改善土壤结构，磷石膏显著降低了赤泥pH值，有利于黑麦草的生长。张乐观等（2010）的研究发现，磷石膏可以降低赤泥中植物可利用性铝的含量，能够缓解铝的毒性，添加磷酸盐增溶剂后，赤泥pH值也明显降低。

从2006年开始，中铝广西公司、中南大学、北京矿冶研究总院与长沙有色冶金设计研究院合作，经过多年的努力，研发出了“喀斯特石漠化地区矿山生态重建技术与应用研究”科技成果。该成果针对喀斯特石漠化地区矿山开采和赤泥堆场出现的土地、生态、环境难题，对矿区复垦和生态系统重建进行了深入的研究，建立了“剥离－采矿－复垦－生态重建”一体化的工艺系统和作业模式，开发出

“絮凝浓缩—高压分离—滤饼复垦—滤液回用”尾矿干法处理新工艺，避免了铝矿洗矿排泥的污染，解决了复垦土源少的问题，并大量节约水资源，实现了赤泥堆场边坡的快速绿化，植被覆盖度达90%以上，该项成果被中铝广西分公司应用，产生了显著的经济效益和社会效益。

贵州铝厂在生产铝的过程中，在贵阳白云区形成了66万m^2的曹关赤泥堆场。2014年8月，氧化铝生产线停产，堆场不再接收赤泥，该堆场库容达2300万m^3，总坝高79m。2017年4月，启动了赤泥堆场闭库工程，包括库区整理、坝体整治、排洪系统整治、库区防渗系统建设、修建调节池等。经过调研，针对曹关赤泥堆场的具体情况，提出了通过原位土壤改良、有机肥改良、生物促进办法，利用磷石膏中和赤泥碱性，通过有机质缓冲、微生物激活、机械旋耕、喷播植草等方法，对矿区库进行生态修复和植被恢复。

第二节　金属矿山生态修复与植被恢复

一、酸性阻控隔离

（一）原理

通过在矿山污染地、渣土堆场边坡建立酸性阻控隔离结构层，利用其疏导和屏蔽作用，对酸性径流与渗流进行导流，从而阻止下层酸性物质和重金属离子向上溢流和反渗，防止下层硫化物进一步氧化和再酸化，之后，在阻控复合隔离层之上进行植生层和植被重建，适用于坡面平整的边坡布设。

（二）阻控隔离复合结构

阻控隔离复合结构层厚20～25cm，由导流层和沙石层叠加构成。阻控隔离复合结构能有效地引导含有重金属离子的酸水和渗流进入坡脚排水系统，阻止酸液向上反渗并屏蔽深层硫化物进一步氧化和再酸化；同时，阻控隔离层也阻止了酸性物质和重金属离子与上面重建的人工植生层和植物的接触，避免对植物根系造成毒害，见图5.2.1。

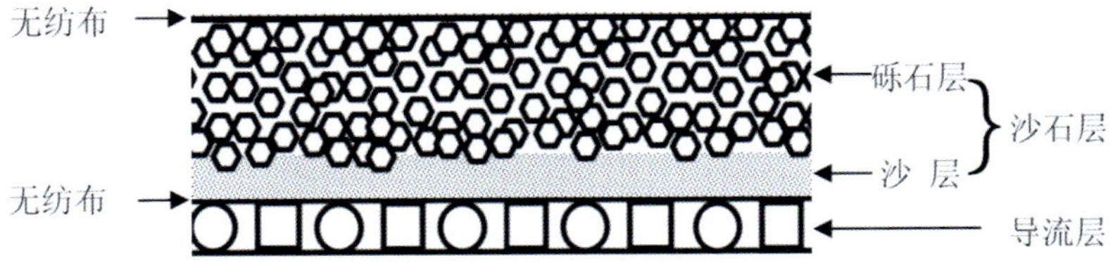

图5.2.1　阻控隔离复合结构示意图

导流层位于阻控隔离层的下部，由平铺的一层导流板组成；沙石层位于复合结构层的中部，由底层的沙层和上层的砾石层组成。导流层上面铺设有一层无纺布，防止沙粒进入导流板堵塞透水孔；沙石层上面也铺设有一层无纺布，保持阻控隔离层结构的完整。

遇降雨后，导流层的导流板对渣土堆场边坡下层反渗出来的酸性水起阻挡作用，并将其有序地疏导至边坡下方的排水沟中，再排入废水站进行无害化处理；沙石层对原来通过毛细管作用向上反渗的酸水进一步阻挡，使其难以到达边坡表面；植生层是通过在阻控隔离层上喷射有机基材，形成一层10cm厚的人工土壤层，在植生层上通过喷播草本和灌木种子，栽植苗木，经养护管理后，形成稳定的植物群落（深圳市如茵生态环境建设有限公司等，2017）。

（三）实施步骤

渣土堆场坡顶修建截水沟，坡间平台和坡脚修建排水沟，防止雨水对坡面的冲刷和周边酸水的侵入。

清理边坡：清理边坡表面，移除石块，平整局部凸起的部位，必要时采用机械刷坡使坡面趋缓和平整。

铺设导流层：将导流板铺设于渣土堆场边坡表面，板块之间尽量不留空隙，导流层上面平铺一层无纺布。

铺设沙石层：先在导流层上面打入竹板形成横向隔挡，竹板高度与沙石层厚度一致，竹板用钢筋固定，隔挡间距1～2m；将河沙平摊于隔挡内无纺布上，形成3cm厚的沙层，沙层之上铺设5cm厚的碎石层，碎石层之上覆盖一层无纺布。

重建植生层：利用湿喷机将有机基材喷敷于阻控隔离复合层之上，形成一层10cm厚的人工土壤层或覆10cm厚的种植土。

恢复植被：在植生层上喷播植物种子，种子选择耐酸、耐瘠薄和抗逆性强的草本和灌木种类，如狗牙根、多花木蓝、银合欢、胡枝子、苎麻、盐肤木、刺槐等，覆盖无纺布，定时喷水保湿养护；也可以在坡面上栽植湿地松、马尾松、女贞、刺槐、紫穗槐等小苗。

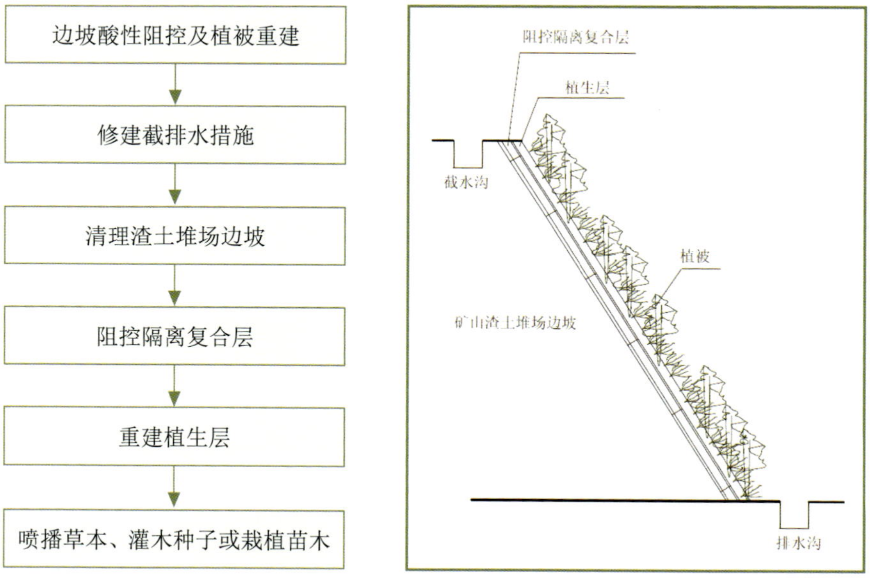

（a）酸性阻控及植被重建步骤　（b）酸性阻控及植被重建示意图

图5.2.2　酸性阻控及植被重建

二、“两步法”原位土壤改良

含硫金属矿废弃地、渣土堆场边坡经过刷坡修整后，边坡趋缓趋稳。由于土壤具有很强的酸性（pH值为3～4），而且极度贫瘠，需要进行土壤改良。

（一）酸性中和调理

整地后，人工撒施熟石灰粉进行改良，中和土壤酸性至中性或弱碱性（pH值为7～7.5），下层酸性物质会有反渗，随着时间推移，土壤最后变成中性至弱酸性，见图5.2.3和图5.2.4。

石灰用量依土壤酸性强弱而定，参考用量1～3kg/m^2，撒施后经洒水（或降雨）下渗后通过淋滤使土壤pH值趋于稳定。

技术要求：

1．坡面自上而下沿等高线每隔50～100cm横向开挖种植台阶（种植条沟，宽30cm，反坡向内倾斜），沿台阶在条沟内和沟间坡面上撒施石灰；

2．取土样在室内进行中和试验，确定石灰用量，制定改良方案；

3．现场检测土壤pH值，根据酸化范围和酸性强度，进行差异化处理，酸性强的区域需二次撒施石灰中和；

4．人工翻耙，撒施石灰后对种植台阶及阶间坡面表层10cm厚度的土层进行翻耙，使中和剂与基底土壤拌和形成缓冲层；

5．中和改良后，现场检测土壤pH值，使浅层土壤达到中性或弱碱性，以备后续进一步改良。

图5.2.3　酸性排土场修坡后石灰中和

图5.2.4　沿种植条沟撒施石灰

（二）有机质改良

经过酸性中和后，土壤微生态环境还没有形成，土壤仍十分贫瘠，缺乏植物生长所需的养分。因此，需进一步对土壤进行有机基质改良，以改善土壤理化性质和结构，增强肥力，降低重金属活性，激活土壤微生物，见图5.2.5。

方法是将有机肥（腐熟鸡粪、猪粪、牛粪、谷糠、蘑菇肥、堆肥等，或其混合物，如鸡粪与谷糠腐熟肥）添加缓释复合肥、磷肥等形成的混合料撒施在种植台阶及坡面上，混合料厚度6～10cm，用量15～20m^3/亩，增加表土腐殖质和养分含量，改善土壤理化性质，同时，进一步固定土壤中的重金属使其成为稳定状态。

（a）蘑菇肥　　（b）谷糠

图5.2.5　有机质改良土壤

重金属的危害与其生物有效性（活性）有关。一般而言，重金属存在的形态可分为水溶态、交换态、有机结合态、碳酸盐和硫化物结合态及残渣态等，其中前3种形态的生物有效性较高，而后2种形态的生物有效性较低。

有机质自身含有大量的官能团，它的比表面积和对重金属离子的吸附能力远远超过其他物质（张大庚，2005）。腐殖质分解形成的腐殖酸可以与土壤中重金属形成络（螯）合物，改变土壤中重金属的缔合方式（形态），从而达到稳定和降低重金属活性的目的（蒋煜峰等，2005）。

重金属在土壤中有效态含量除与其浓度有关外，还与土壤理化性质有关。土壤中重金属活性与酸碱度有很大关系，金属离子的溶解度随pH值升高而降低，金属有机络合的稳定性随环境pH值升高而增强，有机质能够使重金属固化，由活化态转变为稳定态，从而降低了重金属离子的毒性；镉、锌化合物的形态可分为水溶态、交换态、碳酸盐态、氧化铁锰态、有机结合态及硅酸盐态6种形态，前2种是有效的且易于被植物吸收，后者却难以吸收（丁疆华等，2001），因此，有机质的施用对重金属起到稳定化的作用。

土壤重金属污染治理主要有两种途径：一是改变重金属在土壤中的存在状态，使其由活化态转变为稳定态；二是从土壤中去除重金属，使其留存浓度接近或达到自然土壤背景值。实践中，矿山土壤修复多采用第一种方法进行原位土壤改良，第二种为异位化学处理，由于成本高，异位化学处理通常用于公益性及经济价值高地块污染土壤的修复与后续开发。

三、酸（碱）封闭

对于有酸（碱）污染的岩质边坡、坑口边坡，阻控隔离和“两步法”土壤改良技术不适宜应用，可采用边坡封闭技术进行处理。封闭后，隔离了酸（碱）侵害，然后按岩质边坡的复绿技术恢复植被。封闭处理前，同样需做好边坡清理和截排水措施，将边坡划分成小区，小区间设置跌排水沟或透水管，引导封闭层下的裂隙水排至水沟。

（一）高分子聚合物封闭

高分子封闭是在有污染的坡面上喷射高分子聚合物胶体，形成一层5mm厚的聚合物膜。利用VAE、EDTA等配置的胶液，喷施在边坡表面，胶体固结成膜，封闭底部污染。酸化岩质边坡经封闭隔离后，可以有效防止雨水渗入岩体节理裂隙浸出酸性离子污染边坡环境，同时阻止硫矿物进一步氧化和酸化。

利用喷浆机将VAE乳液（醋酸乙烯－乙烯共聚乳液）均匀喷施在酸性岩表面，对岩体表面和节理裂隙中的硫矿物进行封闭。胶体在岩表面固化后，根据实际情况可多次喷施，达到一定的厚度，对酸性区域全覆盖，再通过岩质边坡复绿技术恢复植被和改善环境。

（二）硬化封闭

采用锚喷或素混凝土喷射封闭，具体可参考“工程护坡”相关技术规范和本书有关章节的内容。

四、植物吸收提取

植物提取是指利用富集植物对重金属的耐受和吸收能力，从土壤中提取一种或几种重金属，并将其转移、储存到地上部分，收割后集中处理（如灰化后回收）；连续种植这种植物，逐渐将重金属移

（a）宝山堇菜

（b）东南景天

（c）蜈蚣草

（d）高山漆姑草

图5.2.6　四种重金属富集植物

出土体，使土壤中重金属含量降低到可接受的水平，从而达到治理污染与恢复土壤生态的目的。

植物吸收提取属于原位修复技术，具有保护表土、减少侵蚀、操作简便、成本低和易为公众所接受等特点。研究发现，十字花科植物天蓝遏蓝菜具有很强的吸收Zn、Cd能力，这种植物可在富含Zn、Pb、Cd和Ni的土壤上生长；蜈蚣草是一种超富集As的植物，其叶片As含量高达5g/kg，详见表5.2.1、表5.2.2和图5.2.6。

表5.2.1　重金属富集植物一览表

重金属	富集植物	参考文献
Mn	粗脉叶澳洲坚果（*Macadamia neurophylla*）、红茎串珠藤（*Alxia rubricaulis*）、狗牙根（*Cynodon dactylon*）、香附子（*Cyperus rotundus*）、菜蕨（*Diplazium esculentum*）、商陆（*Phytolacca acinosa*）、绵毛酸模叶蓼（*Polygonum lapathifolium* var. *salicifolium*）、木荷（*Schima superba*）、白茅（*Imperata cylindrica*）、马唐（*Digitaria sanguinalis* ）、苍耳（*Xanthium strumarium*）、耳草（*Hedyotis auricularia*）、凤尾蕨（*Pteris multifida*）、杠板归（*Polygonum perfoliatum*）、木薯（*Manihot esculenta*）、五节芒（*Miscanthus floridulus*）、盐肤木（*Rhus chinensis*）、老虎刺（*Pterolobium punctatum*）、飞蓬（*Erigeron acris*）、毛竹（*Phyllostachys edulis*）	罗亚平等，2007；刘小梅等，2003；柯文山等，2004；束文圣等，2001；范稚莲等，2007
Pb	高山漆姑草（*Minuartia verna*）、圆叶遏蓝菜（*Thlaspi rotundifolium*）、羽叶鬼针草（*Bidens maximowicziana*）、酸模（*Rumex acetosa*）、鲁白（*Brassica pekinensis* 'lubai'）、印度芥菜（*Brassica juncea*）、土荆芥（*Chenopdium ambrosioides* ）、圆锥南芥（*Arabis paniculata*）、胜红蓟（*Ageratum conyzoides* ）、密蒙花（*Buddleja officinalis*）、绵毛酸模叶蓼（*Polygonum lapathifolium* var. *salicifolium*）、蕨菜（*Pteridium aquilinum* ）、飞蓬（*Erigeron acris*）、五节芒（*Miscanthus floridulus*）、茶树（*Camellia sinensis*）、盐肤木（*Rhus chinensis*）、黑麦草（*Lolium perenne*）、紫花苜蓿（*Medicago sativa*）、细弱剪股颖（*Agrostis capillaris*）、紫羊茅（*Festuca rubra*）、紫穗槐（*Amorpha fruticosa*）、胡枝子（*Lespedeza bicolor*）	
Cu	高山甘薯（*Ipomoea alpina*）、异叶柔花（*Aeolanthus biformifolius*）、星香草（*Haumaniastrum robertii*）、鸭跖草（*Commelina communis*）、百喜草（*Paspalum notatum*）、狗牙根（*Cynodon dactylon*）、苇状羊茅（*Festuca arundinacea*）、海州香薷（*Elsholtzia splendens* ）、头花蓼（*Polygonum capitatum* ）、双穗雀稗（*Paspalum distichum* ）、蒲公英（*Taraxacum mongolicum*）、蜈蚣草（*Pteris vittata*）、密蒙花（*Buddleja officinalis*）、飞蓬（*Erigeron acris*）、五节芒（*Miscanthus floridulus*）	
Zn	东南景天（*Sedum alfredii*）、长柔毛委陵菜（*Potentilla grifithii*）、香根草（*Chrysopogon zizanioides*）、黑麦草（*Lolium perenne*）、天蓝遏蓝菜（*Thlaspi caerulescens*）、盐肤木（*Rhus chinensis*）、紫穗槐（*Amorpha fruticosa*）、截叶胡枝子（*Lespedeza cuneata* ）、蒲公英（*Taraxacum mongolicum*）、马唐（*Digitaria sanguinalis*）、蜈蚣草（*Pteris vittata*）、飞蓬（*Erigeron acris*）、绵毛酸模叶蓼（*Polygonum lapathifolium* var. *salicifolium*）、木薯（*Manihot esculenta*）、五节芒（*Miscanthus floridulus*）	
Ni	套哇九节（*Psychotria doarrei*）、匍匐叶下珠（*Phyllanthus serpentines*）、布氏香芥（*Alyssum berbolonii*）、庭花菜（*Bornmuellera tymphacea*）、灯芯草（*Juncus effusus*）、天蓝遏蓝菜（*Thlaspi caerulescens*）、蒲公英（*Taraxacum mongolicum*）、双穗雀稗（*Paspalum distichum*）	
Cr	蒲公英（*Taraxacum mongolicum*）、双穗雀稗 （*Paspalum distichum*）、蜈蚣草（*Pteris vittata*）、五节芒（*Miscanthus floridulus*）、李氏禾 （*Leersia hexandra*）、线蓬（*Sutera fodina*）、庭花菜（*Bornmuellera tymphacea*）	

（续表）

重金属	富集植物	参考文献
Cd	天蓝遏蓝菜（*Thlaspi caerulescens*）、印度芥菜（*Brassica juncea*）、东南景天（*Sedum alfredii*）、宝山堇菜（*Viola baoshanensis*）、蜀葵（*Althaea rosea*）、圆锥南芥（*Arabis paniculata*）、龙葵（*Solanum nigrum*）、商陆（*Phytolacca acinosa*）、苎麻（*Boehmeria nivea*）	
As	蜈蚣草（*Pteris vittata*）、大叶井口边草（*Pteris nervosa*）	
Co	星香草（*Haumaniastrum robertii*）、异叶柔花（*Aeolanthus biformifolius*）	

表5.2.2 富集植物吸附重金属能力

元素	植物	含量（mg/kg）	参考文献
Cd	天蓝遏蓝菜（*Thlaspi caerulescens*）	2130	潘志明，2006
	宝山堇菜（*Viola baoshanensis*）	1168	刘威等，2003
	蜀葵（*Althaea rosea*）	574（茎叶）/1448（根）	李东旭等，2011
	圆锥南芥（*Arabis paniculata*）	457（茎叶）/452（根）	汤叶涛等，2005
	龙葵（*Solanum nigrum*）	103（茎）/124（叶）	魏树和等，2004
	商陆（*Phytolacca acinosa*）	482	聂发辉，2006
Pb	高山漆姑草（*Mimuartia verna*）	11400	刘小梅等，2003
	圆叶蓝菜属（*Thlaspi rotundifolium*）	8200	
	羽叶鬼针草（*Bidens maximowicziana*）	2881（茎叶）	刘秀梅等，2002
	酸模（*Rumex acetosa*）	1480（茎叶）	
	鲁白（*Brassica pekinensis* 'lubai'）	2205	柯文山等，2004
	印度芥菜（*Brassica juncea*）	1653	
	土荆芥（*Chenopdium ambrosioides*）	3888	吴双桃等，2004
	圆锥南芥（*Arabis paniculata*）	2484（茎叶）/1578（根）	汤叶涛等，2005
Co	星香草（*Haumaniastrum robertii*）	10200	刘小梅等，2003
	异叶柔花（*Aeolanthus biformifolius*）	2820	
Cu	高山甘薯（*Ipomoea alpina*）	12300	
	鸭跖草（*Commelina communis*）	1034（茎叶）/1224（根）	束文圣等，2001
	异叶柔花（*Aeolanthus biformifolius*）	13700	刘小梅等，2003
	星香草（*Haumaniastrum robertii*）	2070	
Mn	粗脉叶澳洲坚果（*Macadamia neurophylla*）	51800	
	红茎串珠藤（*Alxia rubricaulis*）	11500	

（续表）

元素	植物	含量（mg/kg）	参考文献
Mn	狗牙根（*Cynodon dactylon*）	27514	范稚莲等，2007
	香附子（*Cyperus rotundus*）	16144	
	菜蕨（*Diplazium esculentum*）	11516	
Ni	套哇九节（*Psychotria doarrei*）	47500	刘小梅等，2003
	匍匐叶下珠（*Phyllanthus serpentines*）	38100	
	庭花菜（*Bornmuellera tymphacea*）	31200	
	贝托庭芥（*Alyssum bertolonii*）	13400	
Cr	线蓬（*Sutera fodina*）	2400	
	尼科菊（*Dicoma niccolifera*）	1500	
As	蜈蚣草（*Pteris vittata*）	5070	陈同斌等，2002
	大叶井口边草（*Pteris nervosa*）	694	韦朝阳等，2002
Zn	东南景天（*Sedum alfredii*）	4515	杨肖娥等，2002
	长柔毛委陵菜（*Potentilla griffithii*）	17062（叶）	Qiu R L et al.，2006
	印度芥菜（*Brassica juncea*）	11700	蒋先军等，2000
	圆锥南芥（*Arabis paniculata*）	20749（茎叶）/18149（根）	汤叶涛等，2005
	天蓝遏蓝菜（*Thlaspi caerulescens*）	51600	刘小梅等，2003
	白铜钱（*Dichapetalum gelonioides*）	30000	
	巴丽芥菜（*Cardaminossis balleri*）	13600	
	芦苇堇菜（*Viola calaminaria*）	10000	

五、矿区适生植物配置

矿山复绿植物的选择与配置可参考第二章第三节中的植物种类，同时，针对矿山污染地和边坡的特点，选择耐酸（碱）、抗污染的品种进行配置，常用的矿山复绿植物见表5.2.3及图5.2.7。

表5.2.3　矿山废弃场地、边坡常用植物配置

气候类型	适宜于喷播（撒播）的种子	适宜于栽植的苗木
南亚热带（华南）	狗牙根、百喜草、银合欢、木豆、山毛豆、车桑子	木荷、小叶相思、木麻黄、桃金娘、簕仔树、野牡丹
中亚热带、北亚热带（华中）	狗牙根、百喜草、毛苕子、多花木蓝、大花胡枝子、苎麻、刺槐、盐肤木 、商陆、芒草、白茅、五节芒、马棘、马桑、截叶铁扫帚	湿地松、马尾松、刺槐、火棘、女贞、紫穗槐、盐肤木、黄荆、大花胡枝子、红叶石楠、苎麻、类芦、香根草、象草

（续表）

气候类型	适宜于喷播（撒播）的种子	适宜于栽植的苗木
暖温带、中温带（华北）	多年生黑麦草、苜蓿、苇状羊茅、高羊茅、早熟禾、白三叶、胡枝子、刺槐、盐肤木、白刺花、狼牙刺、苎麻	紫穗槐、刺槐、油松、白皮松、女贞、石楠、欧李、龙柏、桧柏、盐肤木、侧柏、小叶女贞
寒温带（东北）	紫羊茅、冰草、匍匐剪股颖	紫穗槐、柠条、沙棘、红松
高原气候（青藏高原）	狗牙根、剪股颖、高羊茅、多年生黑麦草、商陆	金露梅、银露梅、沙棘、柠条
大陆性干旱、半干旱气候（西北）	沙打旺、苜蓿、沙蒿、芨芨草、甘草、花棒、杨柴、踏浪、白刺、骆驼刺	芦苇、柠条、沙柳、柽柳、紫穗槐、沙棘、沙拐枣、侧柏、樟子松

（a）紫穗槐

（b）多花木蓝

（c）大花胡枝子

（d）簕仔树

（e）车桑子

（f）木豆

（g）山毛豆

（h）银合欢

（i）截叶铁扫帚

（j）黄荆

（k）白刺花

（l）马桑

（m）狼牙刺

（n）欧李

（o）沙棘　　（p）苎麻

（q）五节芒　　（r）类芦

（s）芒草　　（t）白茅

图5.2.7　矿山复绿常用植物

六、生态修复与植被恢复组合技术

金属矿山常用的生态修复与植被恢复技术应用汇总见表5.2.4。

表5.2.4　金属矿山常用生态修复与植被恢复技术

类型		修复措施	适用范围
污染封闭	酸碱、重金属	高分子封闭、硬化封闭	采坑、岩质边坡、污染岩质边坡
土壤改良	酸碱	石灰中和酸性，石膏中和碱性，阻控隔离、导流槽疏导	排土场、废石（渣）场、废弃地、边坡
	重金属	化学固定、有机质稳定、植物富集、阻控隔离	
	结构、肥力	使用有机肥、缓释复合肥、磷肥、微生物菌剂调理	
截排水		设置截水沟、跌水沟、排水沟、消能池、沉砂池、管涵	拟修复的场地
植生空间和植生层营造	边坡修整	清理石块，填埋“V”形冲沟，刷坡，使边坡趋缓趋稳	排土场、废渣场边坡、开挖土坡
	种植台阶	坡面人工开设种植条沟，便于种植和保水保肥	
	微地形护坡	使用生态袋或木条栅栏围挡，形成种植台地，固土护坡	局部陡峭、松软边坡
	构建植生空间	设置飘台种植槽（“V”形槽），喷混植生	采坑、岩质边坡、污染岩质边坡
植被重建	播种	撒播乔灌草种子，稻草覆盖	改良后的边坡
	植苗	种植条沟内栽植乔木、灌木小苗	改良后的坡面、种植条沟、坡间平台
	穴播	挖穴点播，缺失部位补充与修复	
养护	浇灌	通过蓄水池、引水系统（给水管、接头、闸阀、多级泵、配电及接驳）、喷灌或滴灌系统浇灌	修复场地
	施肥、补植	同常规边坡植被养护	

第三节　铜矿排土场生态修复

本节以江西某铜矿为例，介绍铜矿排土场生态修复工程。

一、项目概况

该铜矿拟恢复的项目区位于赣东北低山丘陵地区，气候属中亚热带温湿型，光照充足，雨量充沛，无霜期长。年平均气温17.2℃～19.6℃，最冷的1月平均气温6.1℃，最热的7月平均气温29.5℃，年均降水量1700～2100mm，年平均日照1792h，年均无霜期251～274d。

铜矿自露天开采以来，周边排土场不断堆高。其东部排土场堆载高度达80～100m，二至三级边坡，坡度55～60°，由松散渣土夹杂废石块堆积而成。区域内坡面裸露，由于缺乏完整的排水系统，坡面出现多处拉沟现象，水土流失严重，使底部拦渣坝及库区严重淤积。排土场局部区域坡面垮塌，存在安全和环境隐患。由于堆积年代较久远，局部高边坡也有稀疏植物生长，为茅草，马尾松、泡桐等。

项目区位于铜矿东部排土场，拟治理区域面积90340m^2（不包括坡间上山道路2368m^2）。区域南高北低，顶部区域较为平缓，坡体高差80～100m，分二至三级边坡，坡间有平台，单级边坡高40～60m。区域中段地势向北突出，将项目区分割成东区、中区和西区三个区段。东区位于酸性废水池以上区域，坡体有多条冲沟，土壤酸化严重，中区坡体陡峭，局部有茅草生长，西区渣石多。

项目生态恢复区域高程介于145～220m。坡体的顶部较为平缓，有道路通过，底部坡脚和东段边坡修有临时道路。

项目区依据地形和边坡现状划分为三种类型，即陡坡区、缓坡及平台区和滑塌边坡区。陡坡区坡度50～60°，面积62594m^2，缓坡及平台区面积23721m^2，滑塌边坡区4025m^2。

存在的主要问题：

（1）水土流失严重

由于截排水措施不完善，长期受降雨和径流冲刷影响，坡体面蚀、沟蚀严重，在坡面形成多处“V”形冲沟，宽2～3m，深3～4m，而且还有加宽加深趋势，大量泥沙淤积底部坝区，影响库容。

（2）土壤酸化严重

由于排土场堆积物为露采揭剥的废石与渣土，含有大量的硫矿物和重金属，在大气中氧气和雨水的作用下，形成硫酸和硫酸盐，土壤酸化严重，pH值3～3.5。

（3）土壤极度贫瘠

排土场堆积以渣石为主，坡面裸露，缺水缺肥，土壤极度贫瘠，土样有机质含量＜0.1%，土壤总氮＜0.8g/kg，土壤产酸潜力大，自然恢复能力十分薄弱。

（4）边坡稳定性差

局部被人为开挖，形成陡峭边坡（坡比1∶0.7），稳定性差，有4处已发生垮塌。

（5）景观性差

排土场荒芜，裸露堆体和边坡与周边绿色自然山体形成强烈反差，景观效果亟待改善。

铜矿排土场边坡治理前原貌及土壤取样测试见图5.3.1、图5.3.2。

（a）铜矿治理项目区（东部排土场）概貌

（b）东段边坡

（c）中段边坡

（d）西段边坡

（e）东区坡底酸性废水池

（f）坡面冲沟

（g）局部滑塌边坡

图5.3.1 铜矿排土场污染边坡原貌（2019年）

（a）边坡土壤取样

（b）渗滤液酸性测试

图5.3.2 污染边坡土壤取样和测试

二、设计依据与目标原则

（一）设计依据

1. 铜矿招标文件
2. 东部排土场地形图
3. 《矿山生态环境保护与恢复治理技术规范（试行）》（HJ 651—2013）
4. 《矿山环境保护与综合治理方案编制规范》（DZ/T 223—2007）
5. 《土壤环境质量标准》（GB 15618—2008）
6. 《开发建设项目水土保持方案技术规范》（SL 204—1998）
7. 《污染场地土壤修复技术导则》（HJ 25.4—2014）
8. 《场地环境调查技术导则》（HJ 25.1—2014）

（二）设计目标原则

1. 总目标

改良土壤性质和结构，恢复植被，建立近自然演替的生态系统，防止雨水对边坡冲刷，控制水土流失，改善环境与景观，取得综合治理效果。

2．分项目标

1）提高排土场边坡整体稳定性，避免滑坡或泥石流地质灾害隐患；有效降低降水的入渗量，从源头上减少污染的产生。

2）恢复边坡植被，使其与周围环境相协调，改善治理区生态环境和自然景观。

3）建立免维护、不退化植被系统，植被覆盖度达90%以上。

4）治理区内土壤中形成微生物群落，植被要体现生物多样性。

5）场地内土壤pH值恢复到6.5～7。

6）布设截排水措施，实现清水与污染水分流，就近汇入矿区雨水与废水处理系统。

7）治理范围内局部已有的植被，结合生态需要适当利用。

三、总体方案

（一）理清水系，合理布设截排水措施

结合项目区水文、地质、地形条件及边坡的特点，合理设置截排水沟、消能池、沉砂池等措施，有序分流汇水。排水沟设置因地制宜，从上到下逐层有序截排水，形成坡顶、平台及坡面纵横排水系统。

（二）植物与工程措施相结合

采用生态修复方法治理排土场环境，以植物措施为主、工程措施为辅，分步控制。做好边坡整理和土壤改良等基础工作，为植物生长创造适宜环境；有针对性地选择和配置适生植物，播种与植苗相结合；加强养护，修建蓄水池，配置给水和边坡喷灌系统，保证植物成活率和复绿效果；局部软基边坡采用生态袋堤加固，提高稳定性。

（三）采用综合技术实现山体复绿

采用“原位土壤改良和植苗与播种复绿”技术，原位改良土壤，降低酸性，控制污染，提高土壤生态系统生产力，形成乔灌草群落结构，发挥植被固土、涵养水源和稳定边坡的作用，快速实现边坡复绿和景观的改善。

四、技术工艺

（一）场地修整

结合边坡的特点，在保持原地形整体稳定的基础上，因地制宜，挖高补低，削尖填脚（图03），消除安全隐患，也便于苗木种植和养护。

1．滑塌区

项目范围内共有4块垮塌区，面积4025m^2，分别位于东段的底部、顶部和东风井南侧底部以及西段中部的位置，坡面陡峭，坡度陡于55°，高差25～40m，滑落土方在底部堆积，结构松散。

修整方案：

1）在滑塌边坡坡顶位置适当削坡，通过坡顶卸载，增强边坡的稳定性。

2）对底部滑塌土方进行清理，采用石方堆砌围挡或生态袋围堰固坡。

3）对整个滑塌凹陷区域回填土方，平整边坡，使坡面趋缓。

4）洒水（或降雨）沉降后，沿坡面间隔开设水平种植条沟，改良土壤，为种植做好准备。

2．陡坡区

陡坡区坡度50～60°，面积62594m^2。东区边坡裸露，土壤酸化严重，坡面有多条冲沟，水土流失严重，中区坡体陡峭，局部有茅草生长，西区边坡裸露，渣石较多。

修整方案：

1）边坡清理：清理边坡上的浮石、堆石，避免滚动滑落；对局部滑落体进行清理，以免影响施工措施的布设。

2）结合边坡修整和排水沟的布局，在坡面上开设施工便道，便道按一定的坡率“之”字形开挖，便道内侧修建排水沟，收集上方边坡汇水排入坡底水沟。

3）小冲沟填平，大冲沟底部用边坡清理出来的石方填砌，中上部覆土平整，下部用堆石矮墙围挡，避免雨水冲刷造成滑脱。

4）对于局部高陡和突出的边坡，在坡肩或坡面凸起的位置削坡，就近挖凸填凹。

5）对区域内坡体陡于55°的边坡，采用机械刷坡的方式进行修整，其余边坡就近挖填平整，修整后使坡体整体趋缓趋稳。

6）对于边坡挖填清理出来的多余石块，用挖机集中后就近挖坑填埋。

7）局部软基边坡采用生态袋堤或杉木条围堰营造种植台地，稳定边坡，同时也有利于苗木的种植和生长。

8）边坡修整时尽可能保留原有植被。

9）对坡脚滚落下来的石方进行收拢与码砌，形成围挡，稳固边坡。

10）边坡平整后，根据地形、地势划分区块，边坡沿等高线人工开设种植条沟，便于土壤改良、苗木种植和播种的操作。

（a）刷坡、开设种植条沟

（b）种植条沟

图5.3.3　场地修整

3．缓坡及平台区

本项目东区上部边坡较缓，中区中部和上部有缓坡和平台，缓坡及平台区面积23721m^2。

修整方案：

1）清理缓坡及平台上的浮石，避免滚动滑落。

2）修整平台区域，以2%坡率指向截（排）水沟，避免积水，使排水顺畅。

3）缓坡小冲沟填平。

4）东区上部低矮边坡和堆体就近挖填平整，使区域趋于平整。

5）清理石块，就近填埋。

6）缓坡开设种植条沟，改良土壤，为种植做好准备。

（二）截排水措施

理清项目区周边汇水与边坡排水的关系，合理布设截排水措施，包括截水沟、跌水沟、排水沟、消能池等。施工期引导汇水有序排入坡底废水池，避免雨水冲刷和酸水对新建植被造成危害，植被恢复后引导汇水排入自然雨水沟渠。

1．截排水措施布局

沿项目区坡顶修建A型截水沟，截留坡顶汇水；山体中部沿平台内沿修建B型排水沟，收集上部边坡汇水，排入坡底水池；坡脚修建A型排水沟收集下部边坡汇水排入坡底水池。东区下部东侧边缘及东部中段修建竖向A型跌水沟，收集坡面水沟的汇水排入坡底水池。

排水沟类型：见截排水设施一览表和排水沟大样图。

管涵：穿过道路处埋管，与下方水沟或水池衔接。

消能池：见消能池大样图。

（a）坡顶截水沟

（b）坡面排水沟

图5.3.4　截排水沟

2．截排水设施

方案设置的截排水措施见表5.3.1。

表5.3.1　截排水设施一览

类型	长度/数量	规格	结构
A型截水沟、排水沟	1796m	梯形，80cm×50cm×50cm	C20混凝土抹面，钢丝网加筋
A型跌水沟	244m	梯形，80cm×50cm×50cm，沟底设跌水坎	C20混凝土抹面，钢丝网加筋
过路埋管	38m	管径60cm	钢筋混凝土管
B型排水沟	531m	梯形，40cm×30cm×30cm	C20混凝土抹面，钢丝网加筋
消能池	4座	120cm×100cm×80cm	C20混凝土现浇
蓄水池	1个	200m³，10m×8m×2.5m	钢筋混凝土现浇（C20混凝土、8#钢筋网）

（三）土壤改良

边坡经过修整后，由于修坡暴露出来的土壤以及底部土层具有很强的酸性，而且极度贫瘠，需要对土壤进行改良，采用“两步法”对土壤进行改良。

1．两步原位土壤改良法

1）酸性中和调理

整地后，撒施石灰中和浅层土壤酸性；洒水（或降雨）下渗后，通过淋溶对酸性进行中和。

技术指标：

①坡面自上而下，沿等高线间隔100cm横向开挖种植台阶（种植条沟，宽30cm，反坡向内倾斜），沿台阶及阶间坡面撒施石灰。

②现场取样检测土壤pH值为3～4。

③酸性中和实验确定石灰用量为2.66kg/m^2。

（a）坡面撒施石灰中和酸性　　（b）人工撒施与拌土

图5.3.5　土壤酸性中和

④撒施石灰后对种植台阶内及坡面表层10cm厚的土层进行翻拌，使石灰与基底土壤充分拌和。

⑤中和改良后，现场检测土壤pH值为7.0～7.2。

2）土壤原位改良修复——有机质改良

经过酸性中和后，土壤微生态环境还没有形成，土壤仍十分贫瘠，缺乏植物生长所需的养分。因此，需进一步对土壤进行有机质改良，以改善土壤理化性质和结构，增强肥力，激活土壤微生物，降低重金属活性。

方法：将鸡粪与谷糠充分发酵腐熟后的有机肥均匀撒施在种植台阶及坡面上，混合料厚度8～10cm，用量为15m³/亩。

（a）边坡撒施有机肥

（b）撒施后人工拌土

图5.3.6　土壤有机质改良

2．土壤改良材料

项目分区	面积（m²）	熟石灰（t）	有机肥（m³）	复合肥（t）	过磷酸钙（t）
陡坡区（含修整后的塌方区）	66619	177.72	1498	5	0.66
缓坡及平台区	23721	63.28	533	1.78	0.24
合计	90340	241	2031	6.78	0.90

（四）植物配置与建植

1．植物配置原则

植物多样性达10种以上；豆科固氮植物优先，多科属结合；乔灌草组合，灌木为主；耐酸、耐贫瘠，抗逆性强；根系发达，固土护坡效果好。

2．复绿技术及模式

采用“原位土壤改良和植苗与播种复绿”生态修复技术，改良土壤，栽植与播种结合，通过精心养护，实现边坡的快速复绿。

边坡及平台穴植小苗，撒播乔灌草种子，穴播补充，稻草覆盖保墒防晒。初期以草本为主，中期以草灌为主，后期以灌木和乔木为主。

复绿模式：

①经过整地、酸性治理和土壤改良后，沿种植条沟种植苗木。

②按乔木与灌木的不同组合模式循环栽植，见种植大样图5.3.14和图5.3.15；同时，充分利用微地形栽植苗木。

③苗木规格：湿地松（袋苗，苗高40～50cm）、红叶石楠（袋苗，苗高40～50cm，2～3分枝）、紫穗槐（苗高40～50cm）、女贞（苗高50～60cm）。

④撒播种子：苗木种植后，人工将播种区域的表土进行松耙，然后将草籽、花籽、乔灌木种子按配比与复合肥（磷肥）拌匀后，人工均匀撒施在松耙后的条沟和沟间坡面上。

⑤均匀覆盖一层稻草，保墒防晒。

⑥栽植、播种后及时浇水养护。

3．植物配置

①穴植小苗：湿地松（100株/100m^2）+紫穗槐（66株/100m^2）+女贞（33株/100m^2）+红叶石楠（33株/100m^2）。

②撒播种子配比：草籽为（狗牙根1g+百喜草0.5g+金鸡菊1g+黄秋英1g+波斯菊1g+毛苕子0.5g）/m^2，灌木籽为（多花木蓝5g+刺槐4g+盐肤木4g+苎麻1g）/m^2。

（a）湿地松

（b）女贞

（c）红叶石楠

（d）多花木蓝（撒播混合种子）

（e）盐肤木（撒播混合种子）

（f）紫穗槐

图5.3.7　植物选择与配置

4．种子、苗木用量

项目分区	面积（m^2）	种子（kg）		苗木（株）			
		草本	乔灌木	湿地松	女贞	紫穗槐	红叶石楠
陡坡区	66619	200	933	66619	21984	43969	21984
缓坡及平台区	23721	71	332	23721	7828	15656	7828
合计	90340	271	1265	90340	29812	59625	29812

（a）植苗、撒播混合种子后复绿

（b）稻草覆盖保墒防晒

图5.3.8　植物措施

（五）养护

1．浇水养护

蓄水工程：施工区远离水源，因此，需要在坡顶修建地下式钢筋混凝土蓄水池一座（容积200m^3），用于养护。水源从铜矿塔吊楼西侧山顶储水池接驳，DN75-PVC给水管（2300m）沿道路和山体布设接至项目区修建的坡顶蓄水池，配置管道多级泵一台（CDL32-80FSWPC型，功率15kW、扬程109m、流量32m^3/h）加压，闸阀配套，就近接电（不同项目根据用水量、高差、距离、压力等具体情况配置管材、水泵和水电接驳）。

节水喷灌：在坡顶蓄水池底部安装深井泵1台（100QJ12-80型，功率4kW、扬程80m、流量$15m^3/h$），通过DN50-PVC管接至边坡喷灌系统，闸阀配套，就近接电。

使用喷灌定时浇水，安排专人看管，分片区浇灌。在干旱季节，视土壤水分情况和植物生长情况，相应增加浇水次数，保证植物对水分的需求，见图5.3.9。

（a）坡顶蓄水池

（b）人工浇灌（施工期）

（c）边坡喷灌（养护期）

（d）CDL32 型多级泵安装

图5.3.9　养护措施

2．追肥

在12个月养护期内，用复合肥、磷肥追肥。

3．补植、补种、病虫害防治

及时清理枯苗，并进行补植或穴播。做好病虫害防治工作，经常检查，早发现早处理。用化学方法防治时，在傍晚喷药，药物及用量应符合环保要求。

治理后，铜矿排土场生态修复工程植被恢复效果见图5.3.10。

（a）铜矿东部排土场（场地修整后，2020 年）

（b）铜矿东部排土场（复绿后，裸露区域为红线外在用排土场，2021 年）

（c）铜矿西部排土场（原貌，2020 年）

（d）铜矿西部排土场（复绿后，2022 年）

图5.3.10　铜矿排土场生态修复工程

五、工程量统计

铜矿排土场生态修复工程工程量统计见表5.3.2。

表5.3.2 铜矿排土场生态修复工程量汇总

名称	内容	单位	数量	备注
项目区		m^2	90340	
机械刷坡		m^2	66619	
场地平整		m^2	90340	
土壤改良	酸性改良	m^2	90340	熟石灰241t
	原位基质改良	m^2	90340	有机肥2031m^3，复合肥6.78t，过磷酸钙0.9t
	覆土	m^3	9034	
撒播草籽	人工撒播 乔灌草花籽	m^2	90340	狗牙根、百喜草、金鸡菊、黄秋英、波斯菊、毛苕子混合种子271kg，多花木蓝、刺槐、盐肤木、苎麻混合种子1265kg
覆盖	稻草	t	30	人工覆盖
苗木种植	湿地松	株	90340	袋苗，高40～50cm
	女贞	株	29812	高50～60cm
	紫穗槐	株	59625	高40～50cm
	红叶石楠	株	29812	袋苗，高40～50cm，2～3分枝
截排水	A型截水沟、 排水沟	m	1796	梯形，80cm×50cm×50cm，C20混凝土抹面，钢丝网加筋
	A型跌水沟	m	244	梯形，80cm×50cm×50cm，沟底设跌水坎，C20混凝土抹面，钢丝网加筋
	B型排水沟	m	531	梯形，40cm×30cm×30cm，C20混凝土抹面，钢丝网加筋
	过路埋管	m	38	钢筋混凝土管，管径60cm
	消能池	座	4	120cm×100cm×80cm，C20混凝土现浇
绿化给水	蓄水池	座	1	200m^3，10m×8m×2.5m，C20钢筋混凝土现浇，8#钢筋网
	给水管	m	2300	DN75-PVC管，含管路接驳，闸阀配套
	多级泵	台	1	CDL32-80FSWPC型，功率15kW、扬程109m、流量32m^3/h

（续表）

名称	内容	单位	数量	备注
绿化给水	喷灌	m^2	90340	DN50、DN32、DN24PVC给水管、喷头、闸阀配套，水电接驳
	深井泵	台	1	100QJ15-80型，功率4kW、扬程80m、流量15m^3/h
养护	浇水、施肥、防病虫、补植	m^2	90340	

六、初步设计图

（1）项目区分区：图5.3.11

（2）截排水总平面：图5.3.12

（3）截排水设施大样：图5.3.13

（4）陡坡区边坡复绿种植：图5.3.14

（5）缓坡及平台区复绿种植：图5.3.15

（6）西区及中区边坡喷灌布局：图5.3.16

（7）东区边坡喷灌布局：图5.3.17

说明：

1.铜矿东部排土场区域面积90340m²（不包括坡间道路2368m²）。区域南高北低，坡体的上部和顶部区域较为平缓，单级坡面长均在40～60m。区域内中部地势向北突出，将项目区分割成东区、中区和西区三个区段。东区废水池坝区以上坡体有多条冲沟，土壤酸化严重，中区坡体陡峭，局部有茅草生长，西区渣石多。

2.本次治理区域依据地形和边坡现状划分为三种类型，即陡坡区、缓坡及平台区和滑塌边坡区。陡坡区坡度50～60°，面积66619m²(含滑塌边坡区4025m²)；缓坡及平台区面积23721m²。

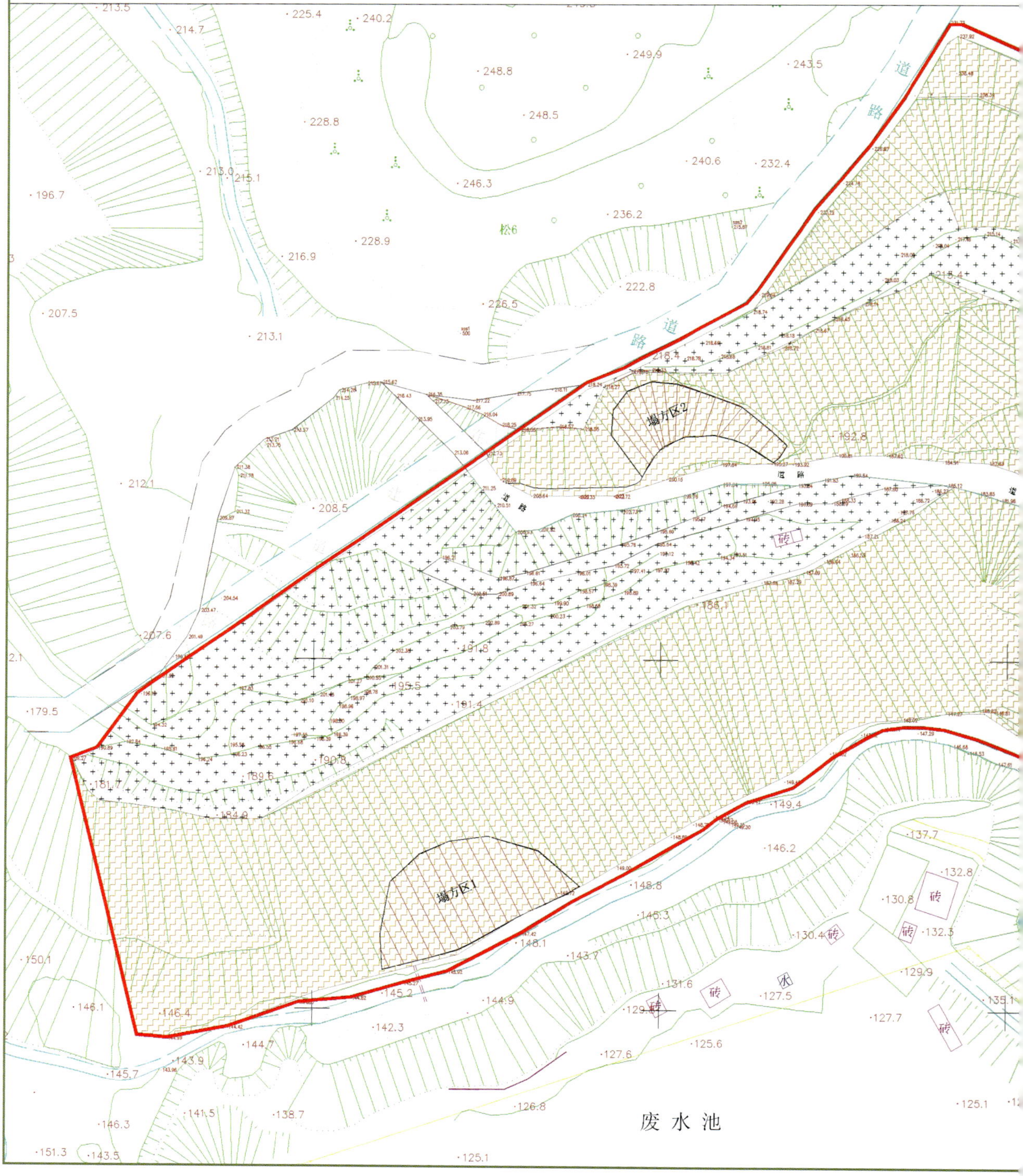

图5.3.11　项目区

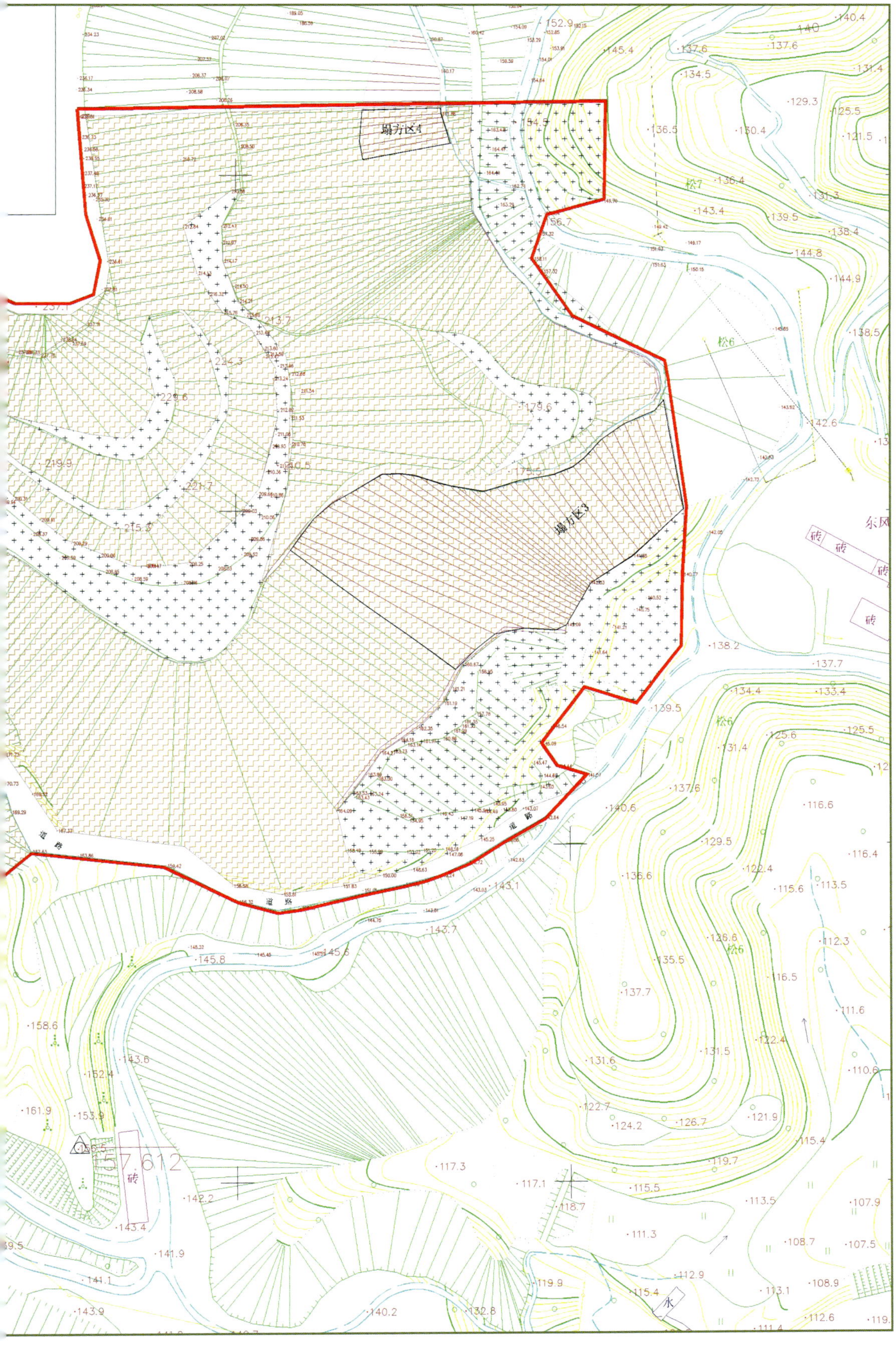

分区

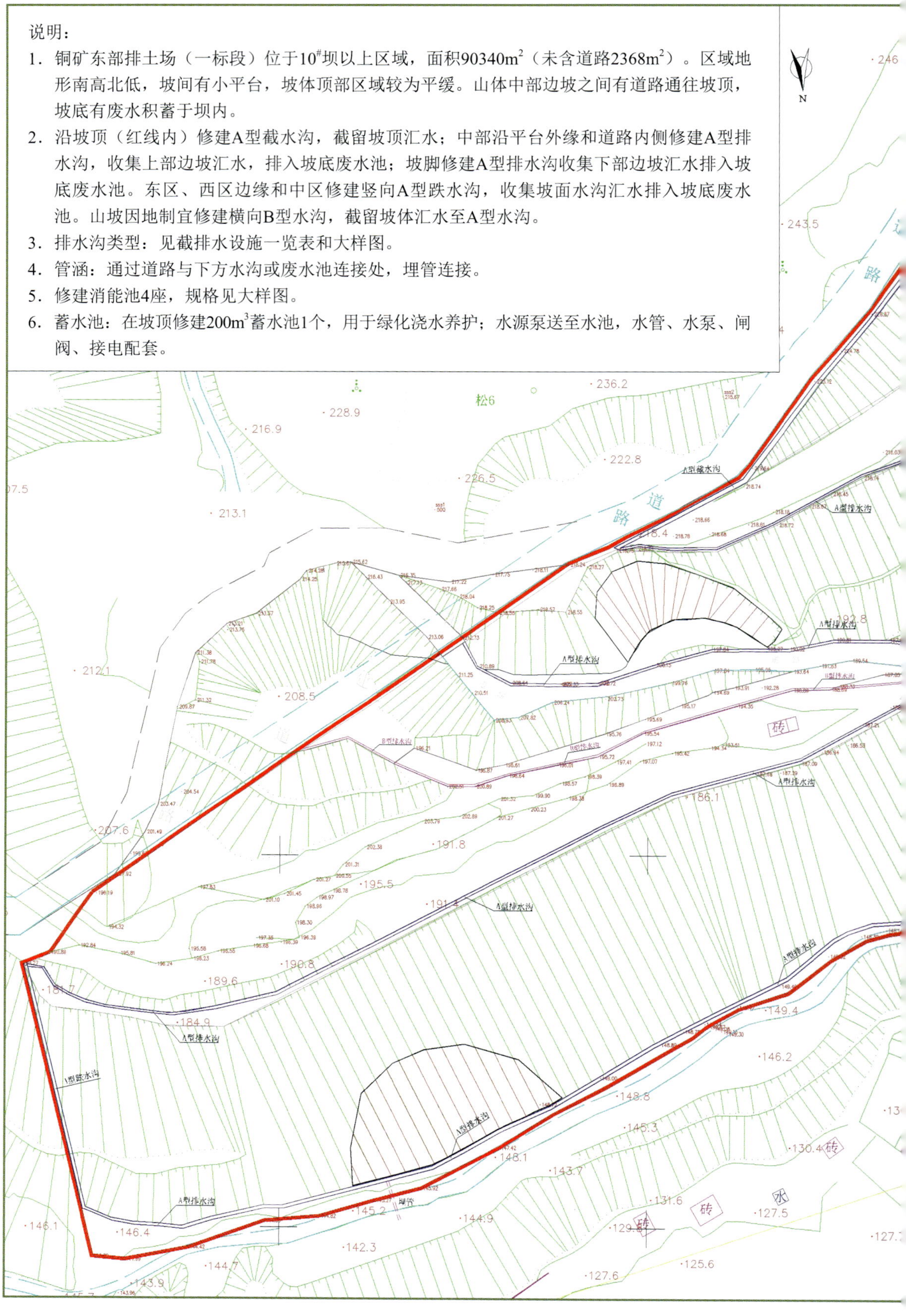
说明：
1. 铜矿东部排土场（一标段）位于10#坝以上区域，面积90340m²（未含道路2368m²）。区域地形南高北低，坡间有小平台，坡体顶部区域较为平缓。山体中部边坡之间有道路通往坡顶，坡底有废水积蓄于坝内。
2. 沿坡顶（红线内）修建A型截水沟，截留坡顶汇水；中部沿平台外缘和道路内侧修建A型排水沟，收集上部边坡汇水，排入坡底废水池；坡脚修建A型排水沟收集下部边坡汇水排入坡底废水池。东区、西区边缘和中区修建竖向A型跌水沟，收集坡面水沟汇水排入坡底废水池。山坡因地制宜修建横向B型水沟，截留坡体汇水至A型水沟。
3. 排水沟类型：见截排水设施一览表和大样图。
4. 管涵：通过道路与下方水沟或废水池连接处，埋管连接。
5. 修建消能池4座，规格见大样图。
6. 蓄水池：在坡顶修建200m³蓄水池1个，用于绿化浇水养护；水源泵送至水池，水管、水泵、闸阀、接电配套。
N
松6
道路
A型截水沟
A型排水沟
B型排水沟
A型跌水沟
砖
水

图5.3.12　截排水布局

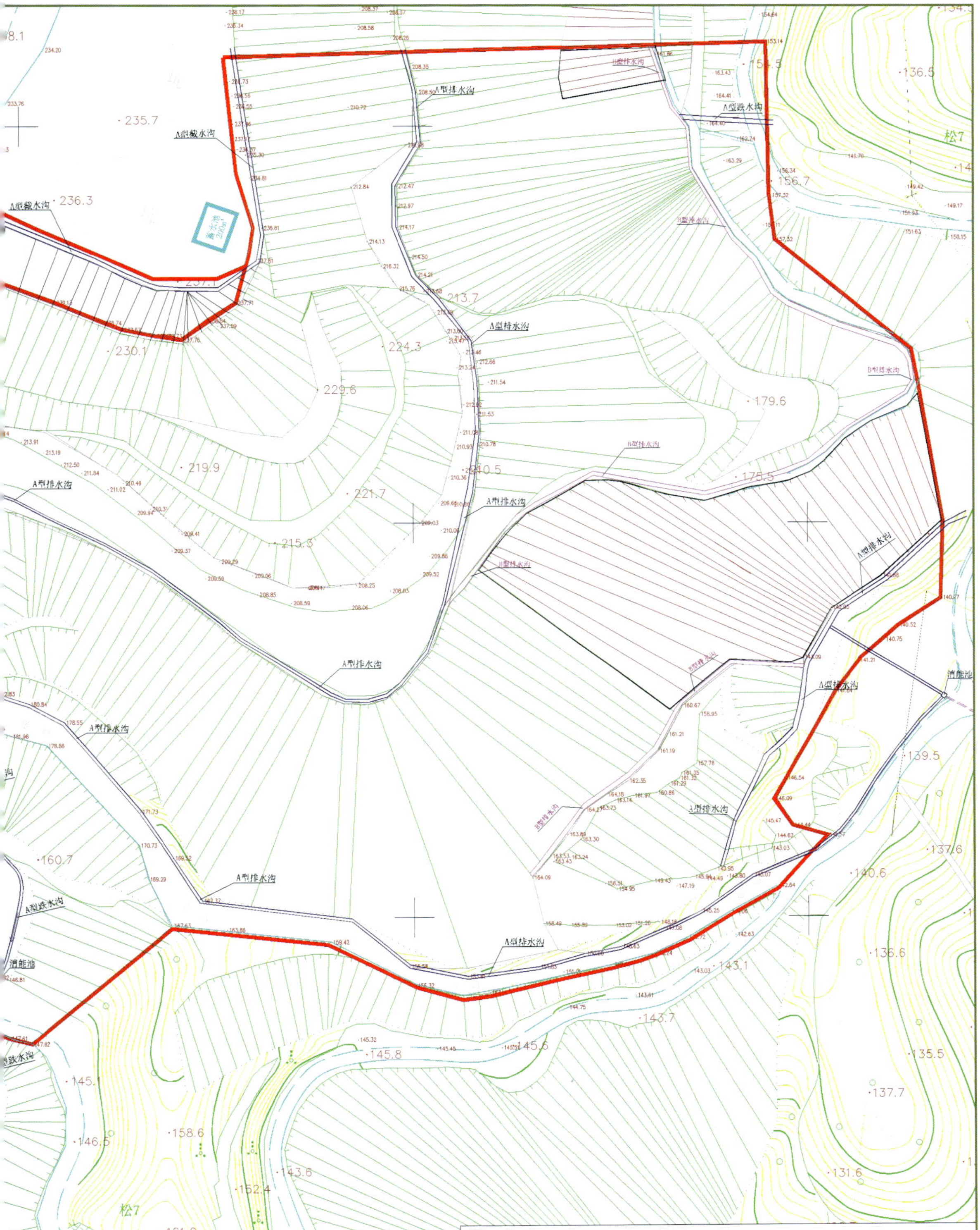

截排水设施一览表

类型	长度/数量	规格	结构
A 型截水沟、排水沟	1796m	梯形，80cm×50cm×50cm	C20 混凝土抹面，钢丝网加筋
A 型跌水沟	244m	梯形，80cm×50cm×50cm	C20 混凝土抹面，钢丝网加筋
过路埋管	38m	管径 60cm	钢筋混凝土管
B 型排水沟	531m	梯形，40cm×30cm×30cm	C20 混凝土抹面，钢丝网加筋
消能池	4 座	100cm×100cm×80cm	C20 混凝土浇筑
蓄水池	1 个	200m³，10m×8m×2.5m	钢筋混凝土现浇（C20 混凝土、8#钢筋网）

总平面

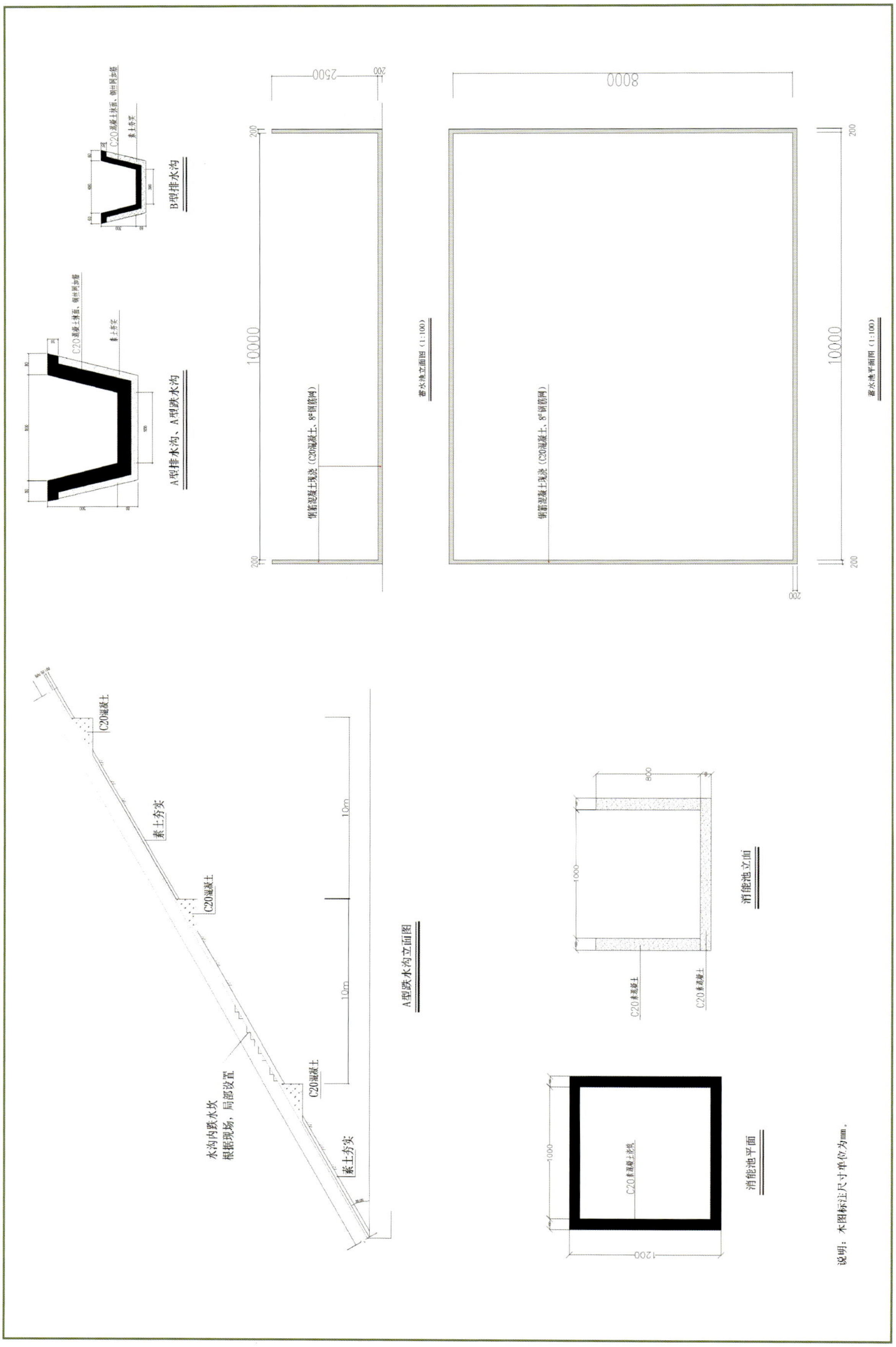

图5.3.13 截排水设施大样

说明：
1. 本图适用于陡坡区域复绿，面积66619m²(包含滑塌边坡区4025m²）。
2. 整地后，坡面自上而下，沿等高线间隔100cm横向开挖种植台阶（种植条沟，宽30cm，深20cm，反坡向内倾斜）。
3. 土壤经过酸化治理和改良后，沿种植条沟穴植苗木。
4. 按每排“乔木+灌木”的组合循环栽植；穴植小苗：湿地松（100株/100m²）+紫穗槐（66株/100m²）+女贞（33株/100m²）+红叶石楠（33株/100m²）。
5. 苗木规格高40～50cm，乔木采用湿地松（袋苗），灌木采用紫穗槐、女贞、红叶石楠（袋苗，2～3分枝）。
6. 撒播种子：苗木种植后，人工将播种区域的表土进行松耙，然后将草籽、花籽、乔灌木种子按配比与复合肥（磷肥）拌匀后，人工均匀撒施在松耙后的条沟和沟间坡面上。种子配比：草籽（狗牙根1g+百喜草0.5g+金鸡菊1g+黄秋英1g+波斯菊1g+毛苕子0.5g）/m²，灌木籽（多花木蓝5g+刺槐4g+盐肤木4g+苎麻1g）/m²。
7. 播种后均匀覆盖一层稻草，保墒防晒。
8. 种植、播种后及时喷水、施肥养护。

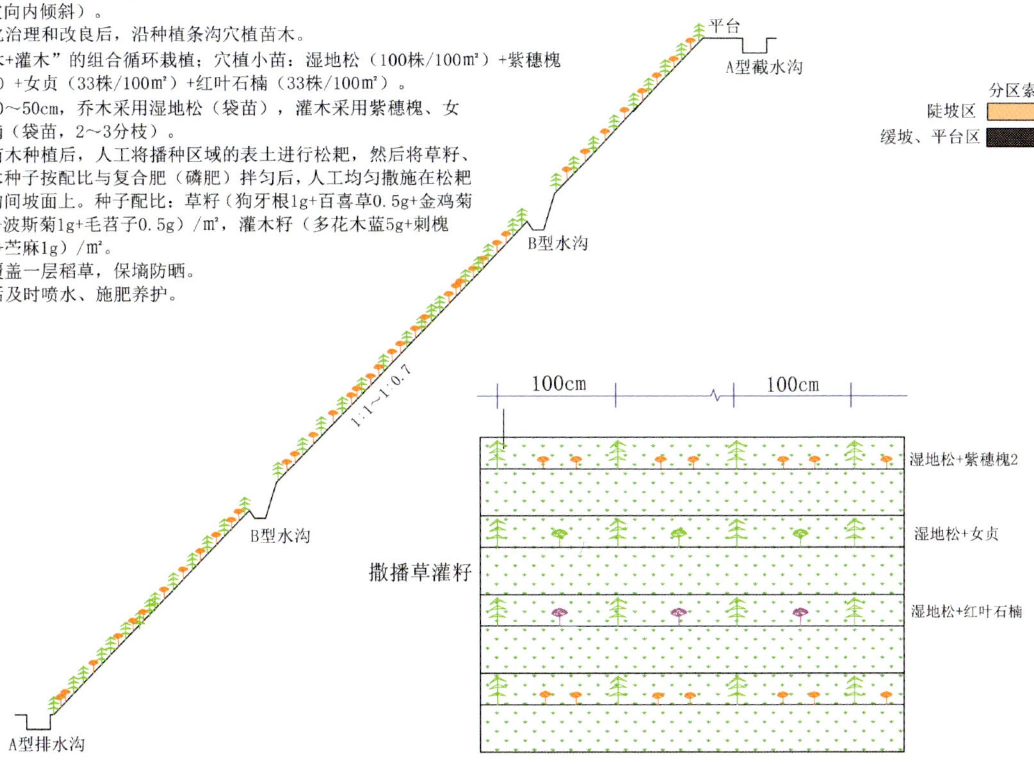

边坡复绿及排水立面图（陡坡区） 1:250

边坡复绿种植平面图（陡坡区） 1:40

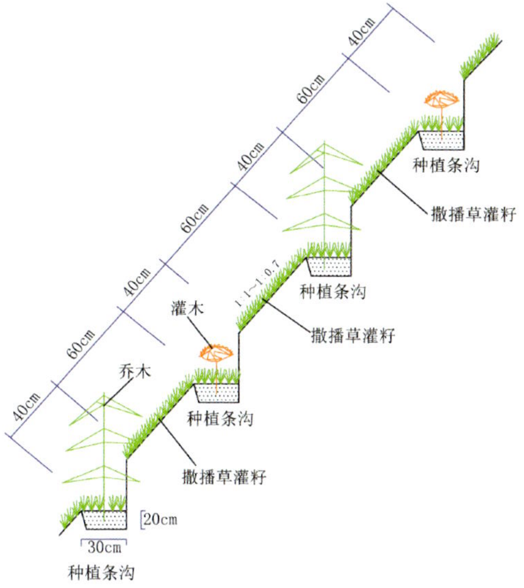

边坡复绿种植立面图（陡坡区） 1:20

图5.3.14　边坡复绿种植（一）：陡坡区

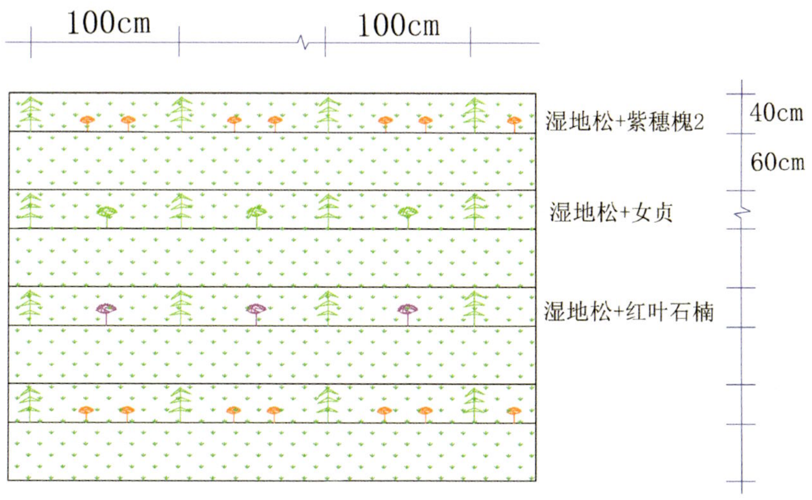

边坡复绿种植平面图（缓坡及平台区） 1∶40

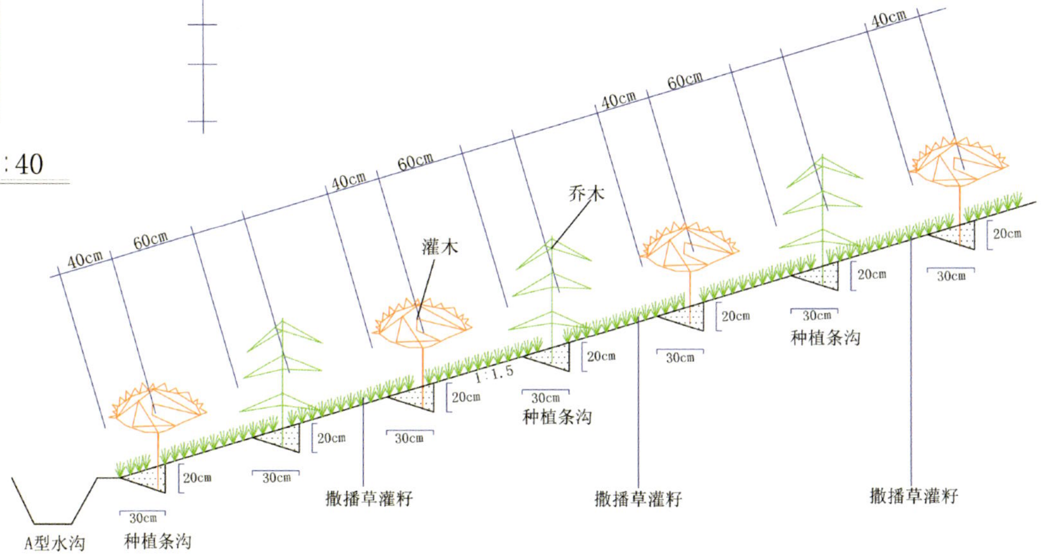

边坡复绿种植立面图（缓坡区）1∶20

说明：

1. 本图适用于缓坡及平台区域复绿，面积23721m²。
2. 整地后，缓坡自上而下间隔100cm横向开挖种植台阶（种植条沟，宽30cm，深20cm，反坡向内倾斜），平台区按设计间距和苗木组合挖穴种植。
3. 土壤经过酸化治理和改良后，沿种植条沟穴植苗木。
4. 按每排“乔木+灌木”的组合循环栽植；穴植小苗：湿地松（100株/100m²）+紫穗槐（66株/100m²）+女贞（33株/100m²）+红叶石楠（33株/100m²）。
5. 苗木规格高40～50cm，乔木采用湿地松（袋苗），灌木采用紫穗槐、女贞、红叶石楠（袋苗，2～3分枝）。
6. 撒播种子：苗木种植后，人工将播种区域的表土进行松耙，然后将草籽、花籽、乔灌木种子按配比与复合肥（磷肥）拌匀后，人工均匀撒施在松耙后的条沟和沟间坡面上。种子配比：草籽（狗牙根1g+百喜草0.5g+金鸡菊1g+黄秋英1g+波斯菊1g+毛苕子0.5g）/m²，灌木籽（多花木蓝5g+刺槐4g+盐肤木4g+苎麻1g）/m²。
7. 播种后均匀覆盖一层稻草，保墒防晒。
8. 种植、播种后及时喷水、施肥养护。

图5.3.15　边坡复绿种植（二）：缓坡及平台区

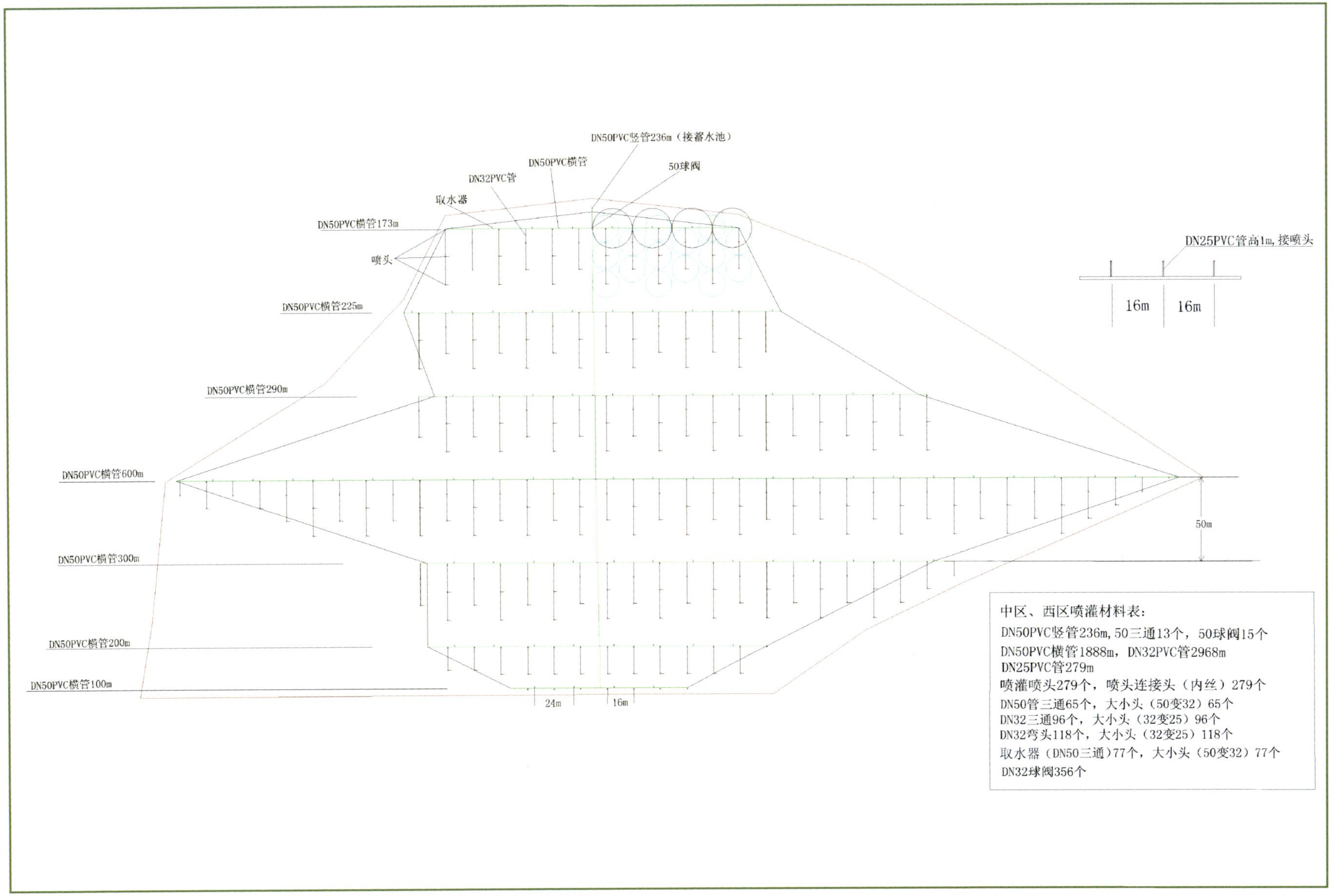

图5.3.16 边坡喷灌布局（一）：西区、中区

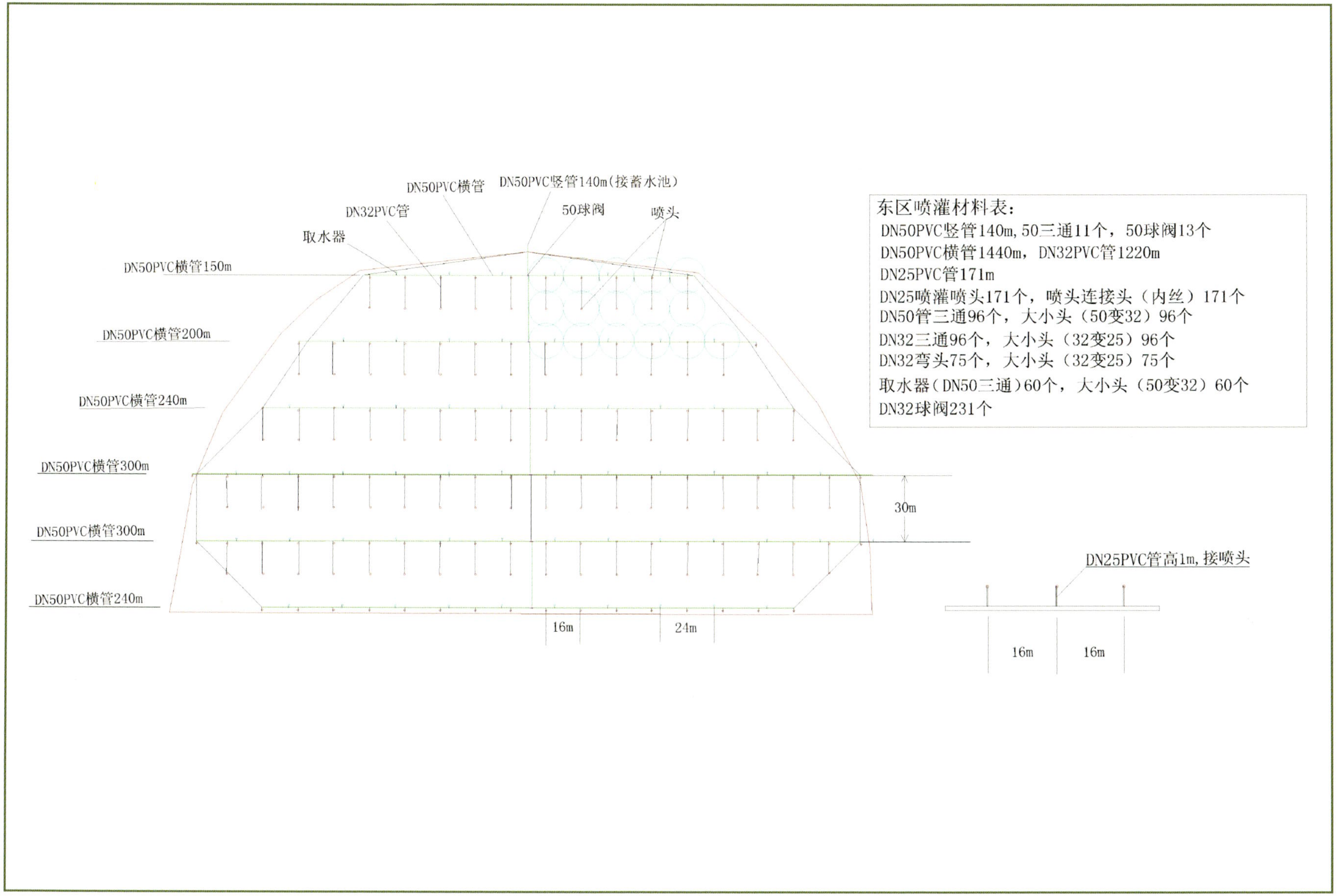

图5.3.17　边坡喷灌布局（二）：东区

第四节　铝矿遗留废弃地生态修复

本节以沁源县老凹沟铝矿历史遗留采矿区生态修复项目为例，介绍铝矿遗留废弃地生态修复工程。

一、项目概况

矿山地质环境是生态环境的重要组成部分。我国矿产资源丰富，随着城市工业化发展，对矿产资源的开采需求日益增加，往昔粗放的开发方式对矿山地质环境造成了地面塌陷、土地损毁、植被和地形地貌破坏等一系列严重问题，自然资源和生态环境承载力面临着空前压力，矿山生态修复迫在眉睫。

当前，我国在矿山生态修复治理方面取得了一些积极成效，但仍然存在历史欠账多、问题积累多、现实矛盾多且面临"旧账"未还、又欠"新账"等问题。因此，统筹解决在建、生产矿山和历史遗留矿山等生态修复和综合治理的"新老问题"势在必行。

为了加强矿山地质环境保护，加快矿山地质环境恢复和综合治理，响应"发展绿色矿业、建设绿色矿山"的号召，尽快形成开发与保护相互协调的矿产开发新格局，山西沁源县老凹沟铝业公司对一些历史遗留的民间开采破坏的矿区开展生态修复和治理工作。为此，委托国家林业和草原局西北调查规划院承担《山西沁源县老凹沟铝业有限公司矿区历史遗留采矿区生态修复方案》的编制工作。

编制单位在全面调查、分析和研究的基础上，借鉴国内外先进的矿山生态修复经验，结合沁源县老凹沟铝业公司历史遗留采矿区的实际，确定了方案的总体框架、指导思想与主要内容等，用以合理有效地指导历史遗留采矿区的生态修复工作。

（一）自然条件

1．地理位置

沁源县位于山西省中南部、长治市西北，地处太岳山东麓，系沁河发源之地。东与沁县相连，以圣佛岭为界；南与屯留、安泽县接壤，东南以雕巢岭为界；西与古县、霍县、灵石县毗邻，以绵山、霍山、漫山、灵空山为界，西南以黑虎岭为界；北接介休、平遥县，以绵山为界。

沁源县老凹沟铝业矿区位于太岳山东部，行政区划属沁源县郭道镇、聪子峪乡所辖，矿区地理坐标为东经112°08′46.91″～112°12′47.83″、北纬36°44′45.53″～36°47′30.85″，矿区中心点坐标为东经112°10′46"、北纬36°46′09"，矿区面积19.2669km^2。

2．地形地貌

沁源县老凹沟铝业矿区地处太岳山东部、沁水盆地西缘，总体地势西高东低，最高点位于矿区西部笔架山南部山梁、标高1783m，最低点位于矿区东部聪子峪村、标高1299m，属剥蚀低中山区。区内山梁沟谷近似东西向发育，山脊浑圆，黄土及残坡积物覆盖；下部灰岩区多形成陡坎和悬崖，沟谷堆积物较少，多呈“V”形，局部呈“U”形，较宽阔沟谷中堆积松散砾卵石及砂土；以侵蚀剥蚀地形地貌为主，区内风化残积物较多。

3. 气候

沁源县老凹沟铝业矿区属大陆性干旱半干旱气候，四季分明，春季温暖，夏季炎热多雨，秋季凉爽宜人，冬季寒冷，昼夜温差较大。据沁源县气象局多年资料，年平均气温8.6℃，1月最冷，平均气温−6.5℃，7月最热，平均气温22.4℃。年平均降水量656.7mm。多年平均6—9月四个月的降水量占全年降水量的70%。多年平均蒸发量为1699.5mm，霜冻期自10月上旬至翌年4月中旬，无霜期150d。

4. 水文

老凹沟铝业矿区附近为沁河水系。沁河发源于沁源县霍山东麓的二郎神沟西北部的将台村村西，源头分水岭高程为2300m左右。河流在太岳山崇山峻岭间蜿蜒南下，至沁源县南部中峪乡龙头村流出县境。沁河干流总长485km，其中沁源县境内98km，占总长的20.2%；沁河流域总面积13532km^2，其中沁源县境内2187km^2，占总面积的16.2%。沁河是沁源县最大的河流，支流众多，从北到南汇集了赤石桥河、紫红河、白狐窑河、柏子河、法中河、聪子峪河、狼尾河等7条流域面积超过100km^{2}的支流。

5. 土壤

老凹沟铝业矿区土质主要为黄绵土，土壤中盐分为Cl^-、Na^+、K^+型，土壤肥力较低。土层厚度变化较大，厚1～10m不等，土壤结构疏松、呈屑粒状，土粒的粒径0.04mm左右。表土层土壤pH值7.90，土壤养分平均含量：有机质9.70g/kg，碱解氮33.30mg/kg，速效磷8.87mg/kg，速效钾176.70mg/kg。

6. 植被

沁源县境内林地面积248.1万亩，其中森林201.0万亩，森林覆盖率达51.7%，林木总蓄积量585.8万m^3，年生长量17.3万m^3，多属天然林，以油松为主，主要有栎、桦、杨、槐、榆、落叶松等，属针阔叶混交林。大多分布在黄河支流沁河源头、静仁河、龙凤河流域。全县有经济林2.4万亩，主要树种有核桃、山楂、梨、苹果等。

沁源境内草地面积55.6万亩，天然草地占99.5%，以灌木草丛类为主，尚有山地草甸、树林和灌丛草地等，草种有苜蓿、白茅、山豌豆、鹅观草等162种。

矿区植被类型和植物成分较简单，野生植物以草本植物为主，山区常见有蒿类草丛和白羊茅草丛；林地主要以人工林为主，主要有油松、侧柏、刺柏等针叶林和针阔混交林；灌木主要有柠条、酸枣等；栽培作物主要有玉米、谷子、马铃薯等。

（二）社会经济状况

1. 行政区划

沁源县全县东西宽45km，南北长74km，土地总面积2554km^2，辖6镇6乡：沁河镇、郭道镇、灵空山镇、王和镇、王陶镇、中峪乡、法中乡、交口乡、聪子峪乡、韩洪乡、景凤镇、赤石桥乡。

2. 经济状况

2021年，沁源县固定资产投资完成80.57亿元，同比增长17.9%。在建固定资产投资项目154个，其中，5000万元以上项目66个，计划总投资247.93亿元，完成投资58亿元；5000万元以下项目88个，计划总投资15.49亿元，完成投资12.69亿元；房地产项目11个，计划总投资27.5亿元，完成投资9.89亿元。分产业看，第一产业投资4.77亿元、第二产业投资57.42亿元、第三产业投资18.38亿元。

3．交通状况

沁源县有汾屯线（汾阳至屯留）公路途经县境，由沁源县交口经沁县至武乡的支线公路，连接着太原至大同干线公路和榆次至黄碾支线公路。截至2021年年末，沁源县境内公路线路里程979.8km。矿区中心距聪子峪乡2.8km，聪子峪乡南距沁源县城45km，北距平遥县城60km，由原S222省道汾屯线相通，该省道于2019年开始进行改扩建，改扩建后为G241国道；平遥县内有南同蒲铁路与全国铁路网相接，G108国道、大运高速公路与各级公路网相通。因此，区域交通便利。

（三）矿山状况

1．矿山开采情况

根据《长治市非煤矿产资源进一步开发整合实施方案》（长政函〔2011〕60号）及《关于〈长治市非煤矿产资源进一步开发整合实施方案〉的核准意见》（晋非煤开整字〔2011〕01号）的文件精神，将沁源县老凹沟铝业有限公司矿区、沁源县聪子峪铝土矿详查勘查区、沁源县新泰铝业有限公司矿区以及三者之间的地质空白区（水峪北山）整合为一座矿山，整合后矿山名称为沁源县老凹沟铝业有限公司。

整合前沁源县老凹沟铝业有限公司铝土矿区于2009年12月办理了采矿证，采矿权人为沁源县老凹沟铝业有限公司，开采矿种为铝土矿，设计开采方式为露天开采，生产规模为30万t/年。2010年年底至2011年上半年沁源县老凹沟铝业有限公司矿区外进行了部分工业场地基本建设。该矿整合前未进行正式生产，矿山尚未开发利用。

2．历史遗留矿区

由于历史原因，2010年前，原沁源县老凹沟铝业有限公司矿区内和沁源县新泰铝业有限公司矿区内均存在一定的民采破坏情况。

根据现场调查，矿区内存在15处民采采坑，其中露天采坑1～3为对Al6号矿体进行的乱掘形成，现场为条带状展布；露天采坑4～15为对Al1号矿体进行的乱掘形成，其中露天采坑4、6、7、9～15现场为不规则状展布，露天采坑5现场为条带状展布，露天采坑8现场为台阶式采坑。

露天采坑1的面积为0.76hm^2，长约378m，宽约28m，呈北东向弯曲展布，由于乱掘，东侧形成高度1～3m的边坡，坡度约70°；露天采坑2面积为3.01hm^2，长约758m，宽约45m，呈北西向弯曲展布，由于乱掘，东侧形成高度3～8m的边坡，坡度约70°；露天采坑3面积为1.38hm^2，长约618m，宽约32m，呈南北向弯曲展布，由于乱掘，东侧形成高度2～5m的边坡，坡度约60°。露天采坑4～7与9～15为对Al1号矿体露头进行的乱掘，露天采坑4、6～7与9～15在空间上形态相似，均为不规则状，露天采坑5为条带状。露天采坑4面积为7.44hm^2，东西长约524m，南北宽约235m，由于乱掘，中部形成深度2～6m的采坑，坡度约65°；露天采坑5面积为0.98hm^2，长约605m，宽约30m，由于乱掘，北侧形成高度1～3m的边坡，坡度约70°；露天采坑6面积为0.47hm^2，北西向长约148m，北东向宽约48m，由于乱掘，形成深度2～5m的采坑；露天采坑7面积为2.45hm^2，东西向长约355m，南北向宽约84m，由于乱掘，形成深度2～5m的采坑，边缘坡度约55°；露天采坑9面积为0.13hm^2，东西向长约84m，南北向宽约20m，由于乱掘，形成深度1～3m的采坑，边缘坡度约45°；露天采坑10面积为0.25hm²，北东向长约82m，北西向宽约50m，由于乱掘，形成深度1～3m的采坑，边缘坡度约45°；露天采坑11面积为0.29hm²，北西向长约82m，北东向宽约35m，由于乱掘，形成深度1～3m的采坑，边缘坡度约45°；露天采坑12面积为0.13hm²，北东向长约98m，北西向宽约25m，由于乱掘，形成深度1～3m的采坑，边缘坡度约为45°；露天采坑13的面积为0.18hm²，南北向长约86m，东西向宽约25m，由于乱掘，形成深度1～3m的采坑，边缘坡度约45°；露天采坑14面积为0.18hm²，北东向长约78m，北西向宽约24m，由于乱掘，形成深度1～3m的采坑，边缘坡度约45°；露天采坑15面积为0.25hm²，北东向长约175m，北西向宽约43m，由于乱掘，西南侧形成深度2～4m的采坑，边缘坡度约55°。露天采坑8为对A11号矿体露头进行的乱掘，空间形态为台阶状，面积为3.39hm²，东西长约266m，南北宽约165m，由于乱掘，中部形成深度8～12m的采坑，并形成三个平台，平台高度约为4m，边坡坡度约为70°。

3．矿山环境影响现状

1）地面塌陷、地裂缝

根据 2021 年备案的储量核实报告，矿山不存在地下采空区。根据现场踏勘，也未发现有地面塌陷、地裂地质灾害现象。

2）崩塌、滑坡

露天采坑：露天采坑1～3、5为顺道路乱掘形成，其中露天采坑1、3、5采深较小，露天采坑2形成相对较高的边坡，坡度约70°；露天采坑4、6、7、9～15为蜂窝式乱掘形成，其中露天采坑4、6、7形成相对较高的边坡，露天采坑9～15采深较小；露天采坑8乱掘规模较大，已形成三个阶段平台与边坡。现状条件下，露天采坑位于现有矿山道路一侧，边坡节理不甚发育，稳定性较好，坡面有部分松散物，坡顶植被覆盖率在90%左右，未发生过崩塌、滑坡地质灾害。

不稳定边坡：根据调查，现有矿山道路附近存在两处不稳定边坡，均为人工切坡形成。分别为中部主道路南侧人工切坡形成的不稳定边坡与南部主道路东侧人工切坡形成的不稳定边坡。

根据调查，矿中部主道路南侧的不稳定边坡，坡体中下部为奥陶系中统峰峰组灰岩，上部为石炭系中统本溪组与上统太原组灰岩，顶部有少量第四系全新统残坡积物，坡度65°，边坡走向北偏东10°，坡长105m左右，高6m，坡顶植被覆盖率在90%左右，主要植被为油松林、黄刺玫灌草丛。现状条件下，边坡稳定性差，坡底散落有大量松散堆积物，堆积物以破碎的小块石灰岩为主，坡底为主道路，坡体有明显崩滑现象，未造成经济损失。

矿南部主道路东侧的不稳定边坡，坡体中下部为奥陶系中统峰峰组灰岩，上部为石炭系中统本溪组与上统太原组灰岩，顶部有少量第四系全新统残坡积物，坡度75°，边坡走向东偏南30°，坡长72m，高5m，坡顶植被覆盖率在90%左右，主要植被为油松林、黄刺玫灌草丛。现状条件下，边坡稳定性一般，坡体较破碎，坡底散落有少量松散堆积物，坡底为主道路，未发生地质灾害。

3）泥石流

根据调查，矿区及周边的王家沟、水峪沟、郑沟三条沟谷均未发生过泥石流地质灾害。

4．场地环境状况

区域周围无自然景观、风景名胜，无中型以上水利、电力或其他重要建筑设施，矿区内没有国家、省级以及地方划定或拟申报的地质遗迹、地质公园、自然保护区，也没有古建筑、文物、风景旅游区等保护性人文景观，矿区及附近可视范围内有一级公路。现状条件下，采矿活动对地形地貌景观的破坏主要表现为废弃场地和露天采坑等对区域自然植被和原生地形地貌的影响。

1）废弃场地

根据现场调查，矿山整合前，原老凹沟铝业公司有一处废弃场地，位于评估区外郑沟下游，在整合后矿区的外部，面积为1.01hm^2，场地内为硬化地面，同时有若干间彩钢活动板房，还有废弃筛选设备，场地北东向有明显的切坡现象，高度在5m左右，场地建设时破坏了原植被，同时切坡与平整工程改变了原缓坡的地形地貌，对区内景观造成了严重影响。

2）露天采坑

经现场调查，本矿整合前，各受整合企业均未进行正式生产，评估区存在15处露天采坑，空间上呈条带状、不规则状或多级台阶状等，露天采矿破坏原有植被，影响地形地貌，其对原生地形地貌景观破坏程度严重。

3）景观及生物多样性

沁源县老凹沟铝业矿区整合前，由于历史原因，早期的无序露天开采造成了一些破损山体，矿区部分区域峭壁裸崖、采坑遍布、表面挖损严重。不合理开挖后，因未及时填充平整，造成了很多的露天采坑和岩石边坡，对地表破坏巨大。露天采坑内和岩石边坡上岩石裸露，植被多年难以生长，对各种景观类型产生切割或阻断，增加了自然景观碎片化程度，阻断了野生动物的活动区域和栖息地连通性，破坏矿区内景观整体性、自然性和观赏性。

二、设计依据和目标原则

（一）编制依据

1. 法律法规

①《中华人民共和国环境保护法》（2014年4月修订）

②《中华人民共和国土地管理法》（2019年8月修正）

③《中华人民共和国土地管理法实施条例》（2021年4月修订）

④《中华人民共和国森林法》（2019年12月修订）

⑤《中华人民共和国森林法实施条例》（2018年3月修订）

⑥《中华人民共和国水土保持法》（2010年12月修订）

⑦《中华人民共和国水土保持法实施条例》（2011年1月修订）

⑧《中华人民共和国矿产资源法》（2009年8月修订）

⑨《土地复垦条例》（国务院令第592号）

⑩《土地复垦条例实施办法》（国土资源部令第56号，2019年7月修正）

⑪《矿山地质环境保护规定》（国土资源部令第44号，2019年7月修正）

2．政策性文件

①财政部、国土资源部、环境保护部《关于推进山水林田湖生态保护修复工作的通知》（财建〔2016〕725号）

②财政部《关于印发〈重点生态保护修复治理资金管理办法〉的通知》（财资环〔2021〕100号）

③国土资源部办公厅《关于做好矿山地质环境保护与土地复垦方案编报有关工作的通知》（国土资规〔2016〕21号）

④《山西省人民政府关于印发山西省矿山环境治理恢复基金管理办法的通知》（晋政发〔2019〕3号）

⑤《山西省自然资源厅关于进一步规范矿产资源开发利用和矿山环境保护与土地复垦方案编制及审查工作的通知》（晋自然资发〔2021〕1号）

3．标准规范

①《矿山生态环境保护与恢复治理技术规范（试行）》（HJ 651—2013）

②《矿山地质环境保护与恢复治理方案编制规范》（DZ/T 0223—2011）

③《矿山生态环境保护与恢复治理方案（规划）编制规范（试行）》（HJ 652—2013）

④《矿山废弃地植被恢复技术规程》（LY/T 2356—2014）

⑤《非煤露天矿边坡工程技术规范》（GB 51016—2014）

⑥《矿山生态修复技术规范　第1部分：通则》（TD/T 1070.1—2022）

⑦《造林技术规程》（GB/T 15776—2016）

4．其他资料

①《山西省矿山地质环境保护与治理规划（2018—2025年）》

②《沁源县老凹沟铝业有限公司铝土矿地下开采初步设计》

③《沁源县老凹沟铝业有限公司40 万吨/年铝土矿开采项目环境影响报告书》

④《沁源县老凹沟铝业有限公司铝土矿地下开采安全设施设计》

（二）设计目标

矿山生态修复治理是矿山可持续发展的关键，是生态环境保护修复的重要组成部分。按照国家、省、市对矿山生态修复治理的相关要求，加大矿山生态修复力度，全面推行绿色矿业政策，限期治理历史遗留矿山生态环境问题，改善历史遗留矿山生态环境，促进绿色矿山建设可持续发展。

方案实施后，对矿山整合前因无序露天开采造成的露天采坑、边坡等问题进行地质环境综合治理，完成露天采坑治理563.7亩、边坡治理201.1亩；对采矿区进行植被恢复，完成人工造林563.7亩、边坡复绿201.1亩。

经修复后达到坡面地质结构稳定，露天采坑和边坡可能引发或加剧的地质灾害得到有效治理。露天开采形成的矿坑、沟槽等，尽量回填，达到相对平整的状态，地表整理为平地或缓坡面，以利于后续的生态恢复。边坡治理根据岩层稳定性适当采取台阶式降坡措施，防止地质灾害的同时为植被恢复创造条件。整体植被覆盖率基本达到开采前的自然本底值，形成较为完整的植被群落。

通过对修复治理措施的科学实施，实现因地制宜、因需施策逐步恢复自然生态环境，矿山生态环境问题得到有效治理，矿业开发对周边环境的影响进一步减小，企业的矿山生态环境保护意识进一步提升，矿山生态环境保护与治理水平持续提高，实现经济效益、资源效益与环境效益相协调，形成“不再欠新账，加快还旧账”的矿山地质环境恢复和综合治理新局面，完成生态修复治理的总目标。

（三）设计原则

1．坚持绿色发展、生态保护优先

坚持将生态保护修复放在首要位置，尊重自然、顺应自然、保护自然。牢固树立“创新、协调、绿色、开放、共享”的新发展理念，倡导和培育绿色矿业，按照高效利用资源、保护环境、促进矿地和谐的绿色矿业发展要求，建设绿色矿山。按照“谁破坏、谁恢复，谁损毁、谁复垦”和“以发展促保护，保护与发展并重”的生态治理原则，构建矿山资源开发与矿山生态环境保护新格局。

2．坚持因地制宜、突出重点实施

根据矿山矿产资源分布情况及矿山地质环境现状制定合理、科学的修复措施。因地制宜、突出重点，把矿山中长期可持续发展与解决当前历史遗留重大问题结合起来，分清轻重缓急，全面规划、分步实施、重点突破。优先抓好生态破坏严重的、历史遗留的重点恢复治理区域，确定历史遗留矿山和在建矿山土地利用方向，优先统筹推进历史遗留矿山和在建、生产矿山生态修复治理。

3．坚持统筹部署、区域整体联动

综合考虑老凹沟矿山资源开发特点和当地社会经济发展水平，将矿山地质环境保护与区域经济布局、社会经济发展等有机结合起来。并结合各相关领域规划，做到整合资源、相互衔接、统筹兼顾，确保与各类规划总体思路、布局保持一致。坚持突出重点、先易后难、有序开发、协调发展的原则，做到投资少、见效快，实现老凹沟铝业有限公司历史遗留采矿区生态修复的总目标。

4．坚持科技引领、合理规划建设

充分发挥科技是第一生产力的重要作用，积极引进、推广和应用生态修复先进实用技术，解决困难立地条件下生态修复的关键技术瓶颈，在总体布局、体系规划、治理措施上依靠科学技术，不断提高生态修复的质量和成效。

三、总体方案

树立“绿水青山就是金山银山”和“山水林田湖草沙生命共同体”的生态理念，坚持解放思想、改革创新、合理开发、永续利用的指导思想，以“发展绿色矿业、建设绿色矿山”为目标，合理布局、注重实效、科学治理历史遗留的矿山生态环境问题，合理规划沁源县老凹沟铝业有限公司历史遗留采矿区生态修复方案，扎实推进矿山生态保护修复工作，形成在建、生产矿山和历史遗留等“新老问题”统筹解决的恢复和综合治理新局面，全面提升矿区地质环境修复和综合治理水平，形成矿山生态保护与经济发展“双赢”的局面。

1．矿山地质环境综合治理方案

根据《关于加强矿山地质环境恢复和综合治理的指导意见》（国土资发〔2016〕63号）文件要求，对老凹沟铝业矿山地质环境进行治理，恢复矿区生态环境。

1）露天采坑治理

矿区整合前，部分矿区采取露天开采为主要方式，导致矿区内出现了大小不一的露天采坑。露天采坑是开采或取土过程中由于对地表进行挖掘而导致原有地形地貌出现下沉的区域。

2）边坡治理

边坡是在开采、排渣、取土过程中由于采挖和切削形成的山体断面，断面的土壤和岩层裸露，具有一定的坡度。各类边坡治理修复作为一项建设内容是针对边坡采取的一系列治理和修复措施。

2．矿区植被恢复方案

1）人工造林

通过实施矿山固废处理土地还原法等治理措施，露天采坑与废渣堆得到了有效治理，具备了林业生产的条件，对这类治理区域实施人工造林恢复森林植被。

2）边坡复绿

对采取边坡治理的特殊地段，采取种植与喷播结合的综合措施进行复绿。

四、技术工艺

（一）露天采坑治理措施

1．露天采坑现状

经调查，沁源县老凹沟铝业矿区范围内共有露天采坑74个，分布在59个小班内，采坑为不规则形，大小不一。采坑深0.6～3.7m，长12.5～67.0m，宽5.3～44.0m。露天采坑占地总面积563.7亩，见表5.4.1。

表5.4.1　露天采坑现状调查表

序号	小班	面积（亩）	采坑数量（个）	平均深度（m）	平均长度（m）	平均宽度（m）
	合计	563.7	74			
	沁源县	377.6	41			
	太岳林局	186.1	33			
1	QY1	2.5	1	2.7	30.0	26.0
2	QY2	2.5	1	1.0	20.7	6.0
3	QY3	2.0	2	2.7	41.5	12.5
4	QY4	3.7	2	3.2	35.5	12.5
5	QY5	3.0	2	3.1	34.0	21.0
6	QY6	6.4	2	2.1	24.7	9.7
7	QY7	8.0	2	3.2	49.5	36.0
8	QY8	4.2	1	2.8	63.0	42.0

（续表）

序号	小班	面积（亩）	采坑数量（个）	平均深度（m）	平均长度（m）	平均宽度（m）
9	QY9	4.0	1	3.7	37.0	31.0
10	QY10	38.0	1	1.7	28.0	22.0
11	QY11	2.4	1	1.9	24.5	15.5
12	QY13	1.6	1	3.5	41.0	27.0
13	QY14	13.2	1	1.6	31.5	9.0
14	QY15	31.5	1	3.5	50.0	24.0
15	QY16	37.8	1	1.8	30.5	21.0
16	QY17	13.0	1	2.8	67.0	26.0
17	QY18	1.2	1	1.3	20.5	7.5
18	QY19	5.4	1	2.8	38.0	30.0
19	QY20	5.6	1	2.4	55.0	36.0
20	QY22	23.6	1	1.1	17.7	13.0
21	QY23	3.5	1	3.1	44.0	31.0
22	QY24	9.9	1	1.7	25.5	13.0
23	QY25	19.2	2	3.0	65.5	34.5
24	QY27	40.3	1	0.7	22.0	12.3
25	QY28	6.3	1	1.4	28.5	11.0
26	QY29	23.8	1	1.2	22.3	15.0
27	QY30	27.6	2	1.8	25.0	20.3
28	QY32	15.6	2	2.7	54.0	37.5
29	QY33	6.7	1	3.2	43.0	33.0
30	QY35	3.2	1	3.1	41.0	29.0
31	QY36	6.0	1	2.8	36.0	21.0
32	QY37	4.1	1	2.9	39.0	19.0
33	QY38	1.8	1	3.3	29.0	19.0
34	TY1	6.9	1	1.1	14.3	6.3
35	TY2	9.3	2	2.3	42.3	16.7
36	TY3	3.9	1	3.3	45.0	26.0
37	TY4	1.1	1	2.5	29.0	12.0
38	TY5	6.1	1	2.8	43.0	20.0
39	TY6	7.4	2	1.9	35.0	11.0

（续表）

序号	小班	面积（亩）	采坑数量（个）	平均深度（m）	平均长度（m）	平均宽度（m）
40	TY7	19.5	1	3.2	57.0	44.0
41	TY8	1.8	1	2.4	36.0	15.0
42	TY9	4.4	1	3.2	52.0	30.0
43	TY10	3.8	1	2.6	62.0	23.0
44	TY13	15.7	1	1.8	31.5	19.0
45	TY14	2.2	1	1.7	32.5	6.5
46	TY15	8.8	2	2.6	32.0	22.7
47	TY17	15.9	2	2.2	31.0	18.3
48	TY18	7.2	1	1.4	31.0	16.5
49	TY19	4.5	1	3.2	60.0	13.0
50	TY20	18.7	1	1.2	18.3	5.3
51	TY21	4.8	1	1.6	22.5	15.0
52	TY23	13.5	2	2.0	22.3	14.3
53	TY24	11.1	3	3.6	34.0	25.3
54	TY25	1.4	1	1.6	32.0	5.5
55	TY26	4.5	1	0.6	12.5	9.8
56	TY27	5.3	1	2.3	54.0	43.0
57	TY29	3.7	1	1.2	27.5	14.0
58	TY30	3.0	1	2.5	32.0	14.0
59	TY31	1.6	1	1.5	57.0	25.0

2. 技术路线

沁源县老凹沟铝业有限公司矿区因露天开采导致的露天采坑均为无积水采坑。在治理时选择废弃矿渣直接充填复垦技术，就地选择原露天开采的废渣或选矿废渣进行充填。施工流程见图5.4.1。

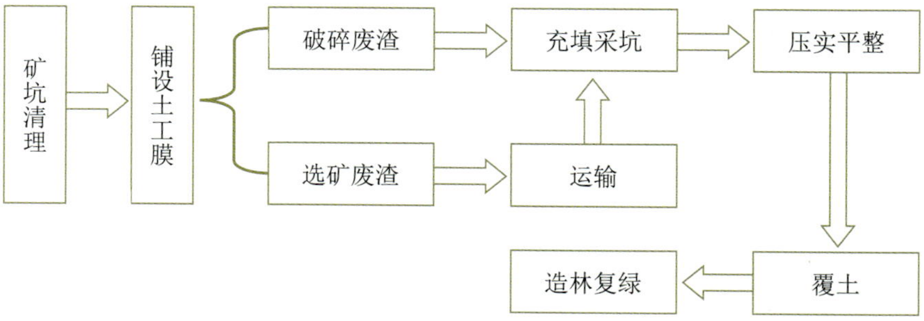

图5.4.1 废渣填充复垦施工流程

3．治理措施

1）露天采坑清理

对露天采坑边坡和底部不稳定堆积物进行清理，清理至稳定岩体层；将清理后的堆积物填充至坑底和边坡之间的空隙，并喷洒水泥浆3mm。

2）土工膜铺设

为防止废渣中的污染物随地表水下渗对地下水产生污染，在水泥浆上铺设防渗土工膜，并将防渗土工膜与水泥浆黏结在一起，晾干。防渗土工膜厚度2mm，防渗系数应达到10～11m/s。

3）砾岩破碎

矿区地表广泛分布有砂质泥岩、炭质泥岩、黏土岩、砂岩、灰岩等。这些岩石，岩层整体稳定性较强。其中，一部分砾岩在开采后石块粒径较大，存在许多的中砾岩（10～50mm）和粗砾岩（50～100mm），在填埋时，回填材料中存有大量的间隙，随着填埋高度的增加，自重随之增大，充填区将产生不稳定沉降，随着时间的变化，不稳定沉降将继续出现，容易造成次生地质灾害。同时，进入矿坑中的雨水会通过下渗将固体废弃物中的污染物带入地下水中，污染水体环境。而且在水体下渗过程中，还会造成矿坑内回填材料的塌陷，影响矿坑回填修复的效果。因此，在充填露天采坑前应先将砾岩进行破碎，保证碎后砾岩粒径不大于20mm。

4）分层填充

优化露天采坑回填工艺，提高回填露天采坑的稳定性。采用分层覆盖式排土工艺对露天采坑进行填埋，分层压实平整，直至露天采坑填满。填充时先用粒径较大的弃渣进行回填，再用渣土充填密实，逐步回填，逐步压实。最后将处理达标后的土壤或客土运至露天采坑进行摊铺，平整至完全满足人工造林恢复植被条件。松铺厚度不低于50cm。

（二）边坡治理措施

1．边坡损毁现状

沁源县老凹沟铝业矿区历史遗留采矿区范围内共有边坡44个，分布在38个小班内，边坡坡度25～45°，坡高1.0～4.5m不等，平均高度2.5m。边坡面积201.1亩，其中，沁源县境内131.4亩，太岳林局经营区内69.7亩，见表5.4.2。

表5.4.2　边坡现状调查表

序号	小班	面积（亩）	边坡数量（个）	平均高度（m）	平均长度（m）	坡度（°）	复绿措施
	合计	201.1	44				
	沁源县	131.4	21				
	太岳林局	69.7	23				
1	QY2	3.3	2	2.3	5.3	35	人工造林
2	QY6	0.4	1	1.0	1.7	25	人工造林
3	QY10	8.5	1	2.0	4.0	40	喷播复绿

（续表）

序号	小班	面积（亩）	边坡数量（个）	平均高度（m）	平均长度（m）	坡度（°）	复绿措施
4	QY11	1.8	1	1.8	4.5	35	人工造林
5	QY12	6.2	1	3.5	14.0	35	人工造林
6	QY14	1.9	1	2.0	7.0	40	喷播复绿
7	QY16	1.3	1	1.8	6.0	35	人工造林
8	QY18	1.9	1	1.6	6.0	42	喷播复绿
9	QY21	10.4	1	3.2	13.0	32	人工造林
10	QY22	3.4	2	2.2	7.7	35	人工造林
11	QY24	4.3	1	1.8	6.0	37	人工造林
12	QY26	6.5	1	4.5	19.0	45	喷播复绿
13	QY27	11.7	2	2.5	10.7	42	喷播复绿
14	QY28	4.2	1	1.5	8.5	30	人工造林
15	QY29	8.4	2	2.1	7.7	30	人工造林
16	QY30	5.2	2	1.8	5.3	38	人工造林
17	QY31	11.3	1	3.2	18.0	25	人工造林
18	QY34	13.4	1	3.8	9.0	35	人工造林
19	QY39	27.3	2	4.0	24.5	45	喷播复绿
20	TY1	4.2	2	2.0	7.0	40	喷播复绿
21	TY2	1.0	1	1.0	2.3	35	人工造林
22	TY6	2.9	1	1.1	5.0	38	人工造林
23	TY11	9.3	1	3.4	12.0	31	人工造林
24	TY12	3.3	1	3.6	11.0	38	人工造林
25	TY13	5.1	1	1.8	7.0	30	人工造林
26	TY14	2.0	1	1.9	7.5	30	人工造林
27	TY15	1.8	1	1.3	3.7	36	人工造林
28	TY16	2.7	1	3.2	12.0	32	人工造林
29	TY17	5.4	1	1.3	6.3	40	喷播复绿
30	TY18	8.4	1	2.3	4.5	45	喷播复绿
31	TY20	1.8	2	2.2	6.7	30	人工造林
32	TY21	1.2	1	1.6	6.0	40	喷播复绿

（续表）

序号	小班	面积（亩）	边坡数量（个）	平均高度（m）	平均长度（m）	坡度（°）	复绿措施
33	TY22	7.0	1	3.2	12.0	35	人工造林
34	TY23	2.5	1	1.1	7.7	35	人工造林
35	TY25	1.5	1	1.8	8.0	35	人工造林
36	TY26	5.0	3	2.6	7.5	40	喷播复绿
37	TY28	3.3	1	3.4	11.0	42	喷播复绿
38	TY29	1.3	1	1.9	8.0	40	喷播复绿

2．技术路线

边坡放坡可采用坡率法，即通过调整和控制边坡的高度和坡度，而无须采取其他加固措施的治理方法。对缓斜坡，清理坡面不稳定坡体后直接进行人工造林或坡面复绿。对急险坡，进行降坡削坡，将未形成台阶的陡坡悬崖构筑水平台阶，把边坡的坡度降到安全坡度以下，消除崩塌隐患。土质边坡挂三维植被网，植苗或喷播复绿。施工流程见图5.4.2。

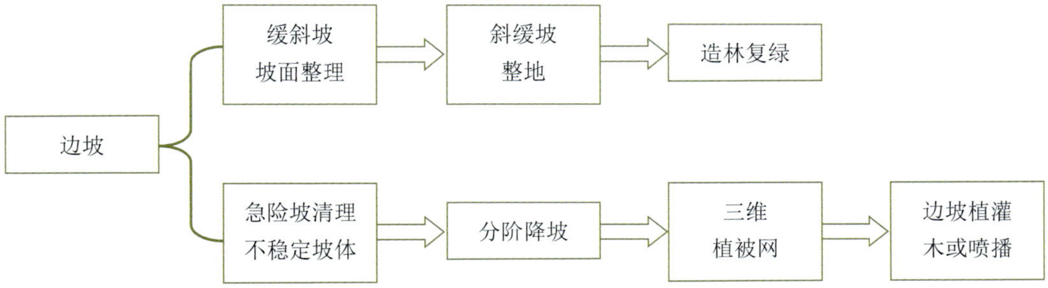

图5.4.2　边坡复绿施工流程

3．治理措施

1）坡面整理

对高陡岩质边坡存在的松动石块、树根等杂物进行清理，将低洼处回填夯实平整，确保坡面平顺，保证在进行下一步施工工序时不会塌方，确保施工人员人身安全。

2）分阶放坡

针对采挖矿时形成的采坑四周边坡，依据坡面陡峭程度、崖壁高度与水平阶梯高度确定分阶数，放坡后坡面坡度应确保稳定，不致产生新的滑坡与塌方。据调查，沁源县老凹沟铝业矿区内，采坑的最高崖面4m，本方案设计水平阶梯高度3m，因此，最多分两阶放坡，单阶坡面坡度不大于25°，顶宽不超过2m（图5.4.3）。

3）三维植被网

在整理好的坡面上，铺设三维植被网，然后在网上覆土。

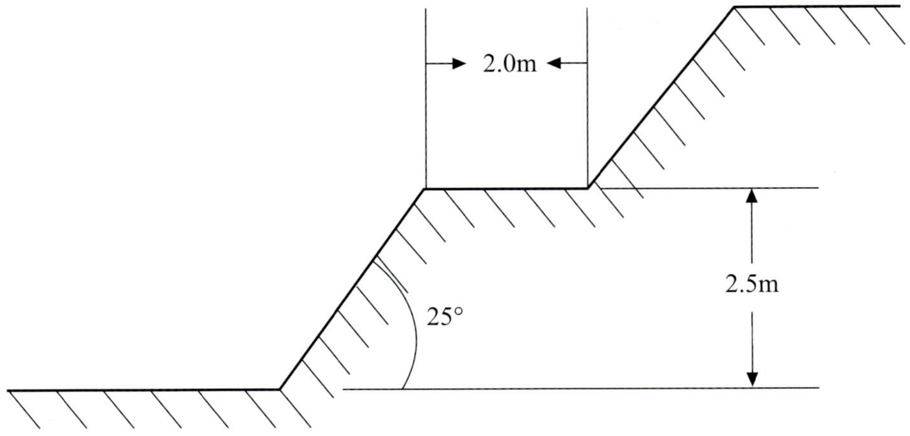

图5.4.3　边坡放坡示意图

4）复绿

覆土完毕，栽植苗木或采用喷播（撒播）复绿。

（三）人工造林

1．露天采坑造林范围

经过矿区地质环境综合治理，74个采坑的受损山体已经具备了人工造林的条件，造林面积563.7亩，其中，其中沁源县377.6亩，太岳林局186.1亩。

2．树种选择

依据区域自然景观与植物的分布现状，人工造林树种选择油松。苗木以当地供应为主，5年生及以上带土球袋苗，苗高120cm，地径3cm。

3．整地与施肥

整地季节：秋季（10—11月）或春季（1—2月）。挖穴长×宽×深=60cm×60cm×60cm，株行距2m×3m。

施肥：每穴底施入基肥200g（复合肥100g、磷肥100g），基肥与土壤拌匀压实。

4．苗木准备与栽植

起苗：起苗前一周对苗圃地灌一次起苗水。单株起苗，挖苗前拢起树冠，防止碰断侧枝和主梢。

土球要求：油松苗木起苗时必须带土球。土球直径为苗木地径的10～20倍或苗木冠幅的1/3～1/2。土球挖成圆锥形或圆球形，并进行削圆处理，使其表面光滑，以利捆绑。土球挖好后及时用草绳捆绑，土球的捆绑密度视土质和土球体积而定，土球质地松散和体积较大的多缠草绳，以免搬运过程中散坨。

包装与运输：苗木起苗后立即进行包装和运输，禁止远距离运输，切忌风吹日晒，并附上标签注明树种的苗龄、苗木数量、等级、产地等。

栽植密度：111株/亩，株行距2m×3m。

栽植技术：植苗时间一般选在苗木未萌动前或秋季生长期过后树木休眠阶段，雨天后定植，选择阴天或小雨天气造林为宜。苗木植入种植穴前要先检查种植穴大小及深度，不符合林木根系要求时，应修整种植穴。种植土球苗时保持根系舒展，整地坑口径必须大于苗木土球20～30cm，栽植时保水剂与土壤拌匀，施入种植穴内，扶正栽直，分层填土踩实，栽植后在根径周围整修低于地表10～15cm的集水盘，做到随起苗、随包装、随运输、随栽植。

5．浇水（定根水）

新植苗木应在当日浇透第一遍水，浇水下渗后扶正并填土压实，7日后浇透第二遍水，浇水下渗后再次扶正压实。

6．追肥

每年9月追肥1次，连续追肥3年。施肥以薄肥勤施为原则，并根据苗木的不同生长时期，施用腐熟的堆肥或化肥。幼苗期（4月中—6月底）以氮肥为主，少量多次；速生期（7月初—9月初）以氮、磷肥为主，约15d施一次；木质化期（9月中—10月底）以磷、钾肥为主，约20d施一次。追肥量：每穴追肥200g，其中，速生期100g，木质化期100g。追肥方法：采用水平条沟施、环状沟施，施肥位置在树冠滴水线附近，沟深20～30cm，有机肥宜深，化肥宜浅，施后覆土。

7．抚育管理

工程施工期1年，养护期3年。养护管理是从施工到竣工验收的全过程。绿化后要及时加强管护，及时松土，制定管护措施，落实管护人员和责任，拉设防护栏，防止牛羊啃食和人为践踏，同时，加强培训教育，巩固绿化成果，确保成活率。

（四）边坡复绿

1．边坡复绿范围

沁源县老凹沟铝业矿区历史遗留采矿区范围内共有边坡44个，面积201.1亩，其中，沁源县境内131.4亩，太岳林局经营区内69.7亩。

2．复绿方式

缓坡植苗，陡坡喷播复绿，见表5.4.3。

表5.4.3　边坡植被恢复措施统计表

区域/小班	面积（亩）	恢复措施	植被类型	植物选择
合计	201.1			
沁源县	131.4			
太岳林局	69.7			
QY2	3.3	栽植苗木	灌木型	紫穗槐
QY6	0.4	栽植苗木	灌木型	紫穗槐
QY10	8.5	喷播复绿	草本型	狗牙根
QY11	1.8	栽植苗木	灌木型	紫穗槐
QY12	6.2	栽植苗木	灌木型	紫穗槐
QY14	1.9	喷播复绿	草本型	狗牙根

（续表）

区域/小班	面积（亩）	恢复措施	植被类型	植物选择
QY16	1.3	栽植苗木	灌木型	紫穗槐
QY18	1.9	喷播复绿	草本型	狗牙根
QY21	10.4	栽植苗木	灌木型	紫穗槐
QY22	3.4	栽植苗木	灌木型	紫穗槐
QY24	4.3	栽植苗木	灌木型	紫穗槐
QY26	6.5	喷播复绿	草本型	狗牙根
QY27	11.7	喷播复绿	草本型	狗牙根
QY28	4.2	栽植苗木	灌木型	紫穗槐
QY29	8.4	栽植苗木	灌木型	紫穗槐
QY30	5.2	栽植苗木	灌木型	紫穗槐
QY31	11.3	栽植苗木	灌木型	紫穗槐
QY34	13.4	栽植苗木	灌木型	紫穗槐
QY39	27.3	喷播复绿	草本型	狗牙根
TY1	4.2	喷播复绿	草本型	狗牙根
TY2	1.0	栽植苗木	灌木型	紫穗槐
TY6	2.9	栽植苗木	灌木型	紫穗槐
TY11	9.3	栽植苗木	灌木型	紫穗槐
TY12	3.3	栽植苗木	灌木型	紫穗槐
TY13	5.1	栽植苗木	灌木型	紫穗槐
TY14	2.0	栽植苗木	灌木型	紫穗槐
TY15	1.8	栽植苗木	灌木型	紫穗槐
TY16	2.7	栽植苗木	灌木型	紫穗槐
TY17	5.4	喷播复绿	草本型	狗牙根
TY18	8.4	喷播复绿	草本型	狗牙根
TY20	1.8	栽植苗木	灌木型	紫穗槐
TY21	1.2	喷播复绿	草本型	狗牙根
TY22	7.0	栽植苗木	灌木型	紫穗槐
TY23	2.5	栽植苗木	灌木型	紫穗槐
TY25	1.5	栽植苗木	灌木型	紫穗槐

（续表）

区域/小班	面积（亩）	恢复措施	植被类型	植物选择
TY26	5.0	喷播复绿	草本型	狗牙根
TY28	3.3	喷播复绿	草本型	狗牙根
TY29	1.3	喷播复绿	草本型	狗牙根

3．技术路线

对＜35°的土质边坡采取植灌木苗的方式，对≥35°的土质边坡采取喷播复绿的方式，坡面挂网喷播草种（图5.4.4）。

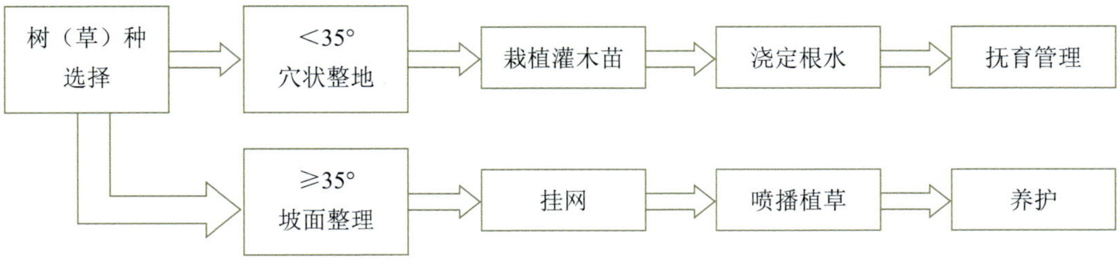

图5.4.4　边坡复绿技术路线

4．恢复措施

1）缓坡植苗

苗木选择：坡面栽植紫穗槐，1～2年生裸根苗，苗高60～80cm，地径0.5cm。

挖穴：规格10cm×15cm（直径×深），株行距1m×1m，“品”字形排列。

施肥：每穴底施入基肥20g，其中，复合肥10g、磷肥10g，基肥与土壤拌匀压实，覆盖一层表土。

起苗：起苗前一周对苗圃地灌一次起苗水，挖苗时防止断苗断根。

包装与运输：苗木起苗后立即进行包装和运输，禁止远距离运输，切忌风吹日晒。裸根苗根系用湿润柴草袋或塑料袋进行包装，并附上标签注明树种的苗龄、苗木数量、等级、产地等。

苗木栽植：一般春栽成活率高。栽苗时，每穴栽3株。先培一些土，把苗木稍稍上提，以免窝根，然后压一压，再培第二次土，压实，使苗根充分与土结合，最后盖上一层土。从苗木出圃后一直到栽完苗，始终要使苗根保持湿润状态。苗木运到场地后，应立即栽植，否则必须假植。

浇定根水：新植苗木应在当日浇透第一遍水，浇水下渗后扶正并填土压实，7日后浇透第二遍水，浇水下渗后再次扶正压实。

平茬复壮：种植后，由于幼苗较弱，杂草与苗木争夺水分和养分，因此，在6月中旬和7月中下旬进行2次锄草。次年，沿等高线进行隔带平茬，带宽2m×2m，下一年度轮替平茬。

抚育管理：施工期1年，养护期3年，根据天气情况及时进行坡面喷水、补植及养护。

2）陡坡复绿

喷播草种：选择狗牙根、多年生黑麦草、白三叶等。

三维植被网：在整理好的坡面上铺设三维植被网。

预埋：三维植被网铺于坡顶时需延伸50～80cm，挖埋压实。

锚固：将三维植被网自下而上用直径6mm的“U”形钢钉固定（间距2m），并以竹筷辅助固定。

覆土：铺网完成后将肥料、黏固剂与细土按一定比例混合均匀，铺设于植被网上，将网覆盖住，不出现漏网。细土、黏固剂比例为40∶1。

制作混合喷剂：草种、肥料、纸浆、黏固剂等按一定比例与水混合均匀，喷施于表层。肥料为氮∶磷∶钾=15∶15∶15或氮∶磷∶钾=10∶8∶7的复合肥及含氮有机质。

种子用量：25g/m^2。

肥料用量：30g/m^2。

喷播：利用液压喷播机将混合喷剂均匀喷洒于坡面。

覆盖：喷播植草完成后，在边坡表面覆盖无纺布，保持坡面水分和墒情，同时减少坡面养护喷水时的冲刷与降雨浸蚀，促使草种发芽生长。待草苗生长至5cm时揭去无纺布。

养护管理：苗期要加强养护管理。草种发芽期间要保证地表湿润，出苗后应控制好水分，湿度长期过大容易出现烂苗和植物病害。浇水时水流应细而缓。用直流喷雾水枪，每次应浇透，灌水应遵循少量、多次、均匀原则。出苗整齐后可减少浇水次数，干透再浇。

五、工程量统计

（一）露天采坑治理工程量

露天采坑清理面积563.7亩，防渗土工膜69178m^2，砾岩破碎161m^3，分层填充163998m^3，用工量750个工作日。

（二）边坡治理工程量

边坡治理面积187.3亩。按施工内容分，危岩清理187.3亩，分阶放坡103.2亩，用工量1219.3个工日，见表5.4.4。

（三）造林工程量

依据《造林作业设计规程》（LY/T 1607—2003），设计人工造林恢复面积563.7亩。

按施工内容分，整地563.7亩，需苗木75084株，栽植563.7亩，肥料30032kg，抚育管理563.7亩，造林用工3104.1个工日。

按管理单位分，沁源县整地377.6亩，需苗木50296株，栽植377.6亩，肥料20117kg，抚育管理377.6亩，造林用工2078.3个；太岳林局整地186.1亩，需苗木24788株，栽植186.1亩，肥料9915kg，抚育管理186.1亩，造林用工1025.8个。

表5.4.4　边坡治理工程量统计表

小班	危岩清理（亩）	分阶放坡（亩）	边坡治理用工（工日）	备注
合计	187.3	103.2	1219.3	
沁源县	131.1	75.2	883.1	

（续表）

小班	危岩清理（亩）	分阶放坡（亩）	边坡治理用工（工日）	备注
太岳林局	56.2	28.0	336.2	
QY2	3.3		3.3	清理危岩
QY6				无须清理与放坡
QY10	8.5		8.5	清理危岩
QY11	1.8		1.8	清理危岩
QY12	6.2	6.2	68.2	清理危岩与放坡
QY14	1.9		1.9	清理危岩
QY16	1.3		1.3	清理危岩
QY18	1.9		1.9	清理危岩
QY21	10.4	10.4	114.4	清理危岩与放坡
QY22	3.4		3.4	清理危岩
QY24	4.3		4.3	清理危岩
QY26	6.5	6.5	71.5	清理危岩与放坡
QY27	11.7		11.7	清理危岩
QY28	4.2		4.2	清理危岩
QY29	8.4		8.4	清理危岩
QY30	5.2		5.2	清理危岩
QY31	11.3	11.3	124.3	清理危岩与放坡
QY34	13.4	13.4	147.4	清理危岩与放坡
QY39	27.4	27.4	301.4	清理危岩与放坡
TY1	4.2		4.2	清理危岩
TY2				无须清理与放坡
TY6				无须清理与放坡
TY11	9.3	9.3	102.3	清理危岩与放坡
TY12	3.3	3.3	36.3	清理危岩与放坡
TY13	5.1		5.1	清理危岩
TY14	2.0		2.0	清理危岩
TY15				无须清理与放坡
TY16	2.7		2.7	清理危岩

（续表）

小班	危岩清理（亩）	分阶放坡（亩）	边坡治理用工（工日）	备注
TY17				无须清理与放坡
TY18	8.4		8.4	清理危岩
TY20	1.8		1.8	清理危岩
TY21	1.2		1.2	清理危岩
TY22	7.0	7.0	77.0	清理危岩与放坡
TY23				无须清理与放坡
TY25	1.5		1.5	清理危岩
TY26	5.1	5.1	56.1	清理危岩与放坡
TY28	3.3	3.3	36.3	清理危岩与放坡
TY29	1.3		1.3	清理危岩

（四）边坡复绿工程量

边坡复绿面积201.1亩，其中，栽植紫穗槐114.5亩，喷播复绿78.1亩。

1）缓坡植苗

缓坡栽植紫穗槐114.5亩。

按施工内容分，整地114.5亩，植苗274934株，栽植114.5亩，肥料5498.5kg，抚育（养护）管理114.5亩，用工517个工日。

按管理单位分，沁源县整地73.6亩，苗木176727株，栽植73.6亩，肥料3534.4kg，抚育（养护）管理73.6亩，用工332.0个工日；太岳林局整地40.9亩，苗木98207株，栽植40.9亩，肥料1964.1kg，抚育（养护）管理40.9亩，用工185个工日，见表5.4.5。

2）陡坡喷播复绿

陡坡喷播复绿86.6亩。

按施工内容分，坡面整理86.6亩，需草种1444kg，混合喷剂86.6t，喷播面积86.6亩，肥料1732.9kg，三维植被网57762m^2，无纺布57762m^2，养护管理86.6亩，用工量260.6个工日。

按管理单位分，沁源县喷播复绿57.8亩，需草种963.8kg，混合喷剂57800kg，喷播面积57.8亩，肥料1156.6kg，三维植被网38552.6m^2，无纺布38552.6m^2，养护管理57.8亩，用工量174个工日；太岳林局喷播复绿28.8亩，需草种480.2kg，混合喷剂28800kg，喷播面积28.8亩，肥料576.3kg，三维植被网19209.6m^2，无纺布19209.6m^2，养护管理28.8亩，用工量86.6个工日，见表5.4.6。

表5.4.5 缓坡紫穗槐植苗工程量统计表

小班	整地（亩）	栽植面积（亩）	栽植数量（株）	肥料（kg）	抚育管理（亩）	用工（工日）
合计	114.5	114.5	274934	5498.5	114.5	517.0
沁源县	73.6	73.6	176727	3534.4	73.6	332.0
太岳林局	40.9	40.9	98207	1964.1	40.9	185.0
QY2	3.3	3.3	7924	158.5	3.3	15.0
QY6	0.4	0.4	960	19.2	0.4	2.0
QY11	1.8	1.8	4322	86.4	1.8	8.0
QY12	6.2	6.2	14887	297.7	6.2	28.0
QY16	1.3	1.3	3122	62.4	1.3	6.0
QY21	10.4	10.4	24972	499.4	10.4	47.0
QY22	3.4	3.4	8164	163.3	3.4	15.0
QY24	4.3	4.3	10325	206.5	4.3	20.0
QY28	4.2	4.2	10085	201.7	4.2	19.0
QY29	8.4	8.4	20170	403.4	8.4	38.0
QY30	5.2	5.2	12486	249.7	5.2	23.0
QY31	11.3	11.3	27134	542.7	11.3	51.0
QY34	13.4	13.4	32176	643.5	13.4	60.0
TY2	1	1.0	2401	48.0	1.0	5.0
TY6	2.9	2.9	6963	139.3	2.9	13.0
TY11	9.3	9.3	22331	446.6	9.3	42.0
TY12	3.3	3.3	7924	158.5	3.3	15.0
TY13	5.1	5.1	12246	244.9	5.1	23.0
TY14	2	2.0	4802	96.0	2.0	9.0
TY15	1.8	1.8	4322	86.4	1.8	8.0
TY16	2.7	2.7	6483	129.7	2.7	12.0
TY20	1.8	1.8	4322	86.4	1.8	8.0
TY22	7	7.0	16808	336.2	7.0	32.0
TY23	2.5	2.5	6003	120.1	2.5	11.0
TY25	1.5	1.5	3602	72.0	1.5	7.0

表5.4.6 陡坡喷播植草工程量统计表

小班	坡面整理（亩）	草种（kg）	混合喷剂（kg）	喷播（亩）	肥料（kg）	三维植被网（m^2）	无纺布（m^2）	养护（亩）	用工（工日）
合计	86.6	1444.0	86600	86.6	1732.9	57762.2	57762.2	86.6	260.6
沁源县计	57.8	963.8	57800	57.8	1156.6	38552.6	38552.6	57.8	174.0
太岳林局	28.8	480.2	28800	28.8	576.3	19209.6	19209.6	28.8	86.6
QY10	8.5	141.7	8500.0	8.5	170.1	5669.5	5669.5	8.5	25.6
QY14	1.9	31.7	1900.0	1.9	38.0	1267.3	1267.3	1.9	5.8
QY18	1.9	31.7	1900.0	1.9	38.0	1267.3	1267.3	1.9	5.8
QY26	6.5	108.4	6500.0	6.5	130.1	4335.5	4335.5	6.5	19.6
QY27	11.7	195.1	11700.0	11.7	234.1	7803.9	7803.9	11.7	35.2
QY39	27.3	455.2	27300.0	27.3	546.3	18209.1	18209.1	27.3	82.0
TY1	4.2	70	4200.0	4.2	84.0	2801.4	2801.4	4.2	12.6
TY17	5.4	90	5400.0	5.4	108.1	3601.8	3601.8	5.4	16.2
TY18	8.4	140.1	8400.0	8.4	168.1	5602.8	5602.8	8.4	25.2
TY21	1.2	20	1200.0	1.2	24.0	800.4	800.4	1.2	3.6
TY26	5	83.4	5000.0	5	100.1	3335.0	3335.0	5	15.0
TY28	3.3	55	3300.0	3.3	66.0	2201.1	2201.1	3.3	10.0
TY29	1.3	21.7	1300.0	1.3	26.0	867.1	867.1	1.3	4.0

注：混合喷剂包括土壤改良剂、木纤维或纸浆、保水剂、黏结剂、植物生长剂、复合肥等。

六、投资估算

（一）估算依据

1. 《林业建设工程估算编制办法》

2. 《防护林造林工程投资估算指标》（林规发〔2016〕58号）

3. 《基本建设财务规则》（财政部令第81号）

4. 《国家计委 建设部关于印发〈工程勘察设计收费管理规定〉的通知》（计价格〔2002〕10号）

5. 《国家发改委 建设部关于印发〈建设工程监理与相关服务收费管理规定〉的通知》（发改价格〔2007〕670号）

6. 《国家林业局关于印发〈林业建设项目可行性研究报告编制规定〉（试行）的通知》（林计发〔2006〕156号）

7. 《建设项目经济评价方法与参数》（第三版）

8. 《山西工程建设标准定额信息》（2020年第6期）

9. 行业及地方同类工程投资成本以及相关规定

10. 项目建设单位提供的有关资料及数据

11. 当地主要材料现行市场价格

12. 项目区市场调查所收集的有关技术经济指标

（二）估算说明

1. 工程建设直接费用

工程建设直接费用含露天采坑治理、边坡治理工程所产生的各项费用。

2. 工程建设其他费用

工程建设其他费用包括项目管理费、规划设计费和工程监理费。

项目管理费：指建设单位从项目开工之日起至办理竣工财务决算之日止发生的管理性质的开支，包括办公费、差旅交通费、劳动保护费、工具用具使用费、施工现场津贴、竣工验收费和其他管理性开支等。具体收取标准参照《财政部关于印发〈基本建设财务管理规定〉的通知》（财建〔2002〕394号）和《防护林造林工程投资估算指标》提供的费率指标，费率按工程建设直接费用的1.70%计取。

规划设计费：包括项目建设前期工作有关咨询服务、外业调查和规划设计所发生的费用等。具体收取标准参照《国家计委　建设部关于印发〈工程勘察设计收费管理规定〉的通知》和《防护林造林工程投资估算指标》提供的费率指标，费率按工程建设直接费用的3.30%计取。

工程监理费：指建设单位委托监理单位对工程实施监理工作所需的各项费用。具体收取标准参照《国家发改委　建设部关于印发〈建设工程监理与相关服务收费管理规定〉的通知》和《防护林造林工程投资估算指标》提供的费率指标，费率按工程建设直接费用的2.45%计取。

3. 工程预备费

指项目建设期间可能发生风险而导致增加的建设费用。具体收取标准参照《国家林业局关于印发〈林业建设项目可行性研究报告编制规定〉（试行）的通知》和《防护林造林工程投资估算指标》提供的费率指标，费率按工程建设直接费用和其他费用之和的5%计取。

（三）估算指标

1. 主要造林树种苗木、草种指导价格

乔木树种：油松30元/株；灌木：紫穗槐1元/株；草本植物：狗牙根等种子86元/kg。以上苗木、种子均包含税费、运费、二次转运及装卸费等费用。

2. 苗木补植补栽与损耗比例

按栽植苗木总数的20%计算。

3. 主要建设工程材料指导价格

复合肥料 3元/kg；混合喷剂22元/kg（含土壤改良剂2元/kg，保水剂10元/kg，生根粉10元/kg）。

4. 绿化造林单位费用

整地/坡面整理费185元/亩，苗木栽植费 80元/亩，喷播费60元/亩，日常用工费 200元/工日，造林抚育管理费100元/（亩·年）（管护年限按3年计算），喷播复绿抚育管理费80元/（亩·年）（养护年限按2年计算）。

5．其他单体工程费用

露天采坑治理工程：矿坑清理10000元/亩，土工膜3.8元/m^2，砾岩破碎15元/m^3，分层填充20元/m^3。

边坡治理工程：危岩清理12000元/亩，分阶放坡10000元/亩，三维植被网1.2元/m^2，无纺布1元/m^2。

（四）投资估算

项目建设总投资为2127.02万元。其中工程建设直接费用1885.28万元，其他费用140.45万元（含项目管理费32.05万元、规划设计费62.21万元、工程监理费46.19万元），预备费101.29万元，见表5.4.7～表5.4.9。

表5.4.7　项目工程建设投资估算汇总表

序号	项目名称	总投资（万元）	占比（%）	备注
	合计	**2127.02**	**100**	
1	**工程建设直接费用**	**1885.28**	**88.63**	
1.1	露天采坑生态恢复工程	1261.42		
1.2	边坡生态恢复工程	623.86		
2	**其他费用**	**140.45**	**6.60**	
2.1	项目管理费	32.05		工程建设直接费用×1.7%
2.2	规划设计费	62.21		工程建设直接费用×3.3%
2.3	工程监理费	46.19		工程建设直接费用×2.45%
3	**预备费**	**101.29**	**4.76**	（工程建设直接费用+其他费用）×5%

表5.4.8　露天采坑生态恢复工程建设直接费用估算一览表

类型	措施	建设内容	单位	数量	单价（元）	总投资（万元）	占比（%）
露天采坑生态恢复	**合计**					**1261.42**	**100**
	露天采坑治理	小计				933.23	73.98
		矿坑清理	亩	563.7	10000	563.70	
		土工膜	㎡	69178	3.8	26.29	
		砾岩破碎	m^3	161	15	0.24	
		分层填充	m^3	163998	20	328.00	
		用工量	工日	750	200	15.00	

（续表）

类型	措施	建设内容	单位	数量	单价（元）	总投资（万元）	占比（%）
露天采坑生态恢复	人工造林	小计				328.19	26.02
		整地	亩	563.7	185	10.43	
		油松	株	75084	30	225.25	
		栽植	亩	563.7	80	4.51	
		肥料	kg	30032	3	9.01	
		抚育管理（3年）	亩	563.7	300	16.91	
		用工量	亩	3104.1	200	62.08	

表5.4.9　边坡生态恢复工程建设直接费用估算一览表

类型	措施		建设内容	单位	数量	单价（元）	总投资（万元）	占比（%）
边坡生态恢复	**总计**						**623.86**	**100**
	边坡治理		小计				352.35	56.48
			危岩清理	亩	187.3	12000	224.76	
			分阶放坡	亩	103.2	10000	103.2	
			用工量	工日	1219.3	200	24.39	
	边坡复绿	**合计**					**271.51**	**43.52**
		缓坡人工造林	小计				45.95	
			整地	亩	114.5	185	2.12	
			紫穗槐	株	274934	1	27.49	
			栽植	亩	114.5	80	0.92	
			肥料	kg	5498.5	3	1.65	
			抚育管理（3年）	亩	114.5	300	3.44	
			用工量	工日	517	200	10.34	
		陡坡喷播	小计				225.56	
			坡面整理	亩	86.6	185	1.6	
			草种	kg	1444	86	12.42	
			混合喷剂	kg	86600	22	190.52	
			喷播	亩	86.6	60	0.52	

（续表）

类型	措施		建设内容	单位	数量	单价（元）	总投资（万元）	占比（%）
边坡生态恢复	边坡复绿	陡坡喷播	肥料	kg	1732.9	3	0.52	
			三维植被网	m²	57762.2	1.2	6.93	
			无纺布	m²	57762.2	1	5.78	
			抚育管理（2年）	亩	86.6	160	2.07	
			用工量	工日	260.6	200	5.2	

参考文献

[1] 安保昭，1988. 坡面绿化施工法[M]. 周庆桐，译. 北京:人民交通出版社.

[2] 北京市水务局，2010. 建设项目水土保持边坡防护常用技术与实践[M]. 北京:中国水利水电出版社.

[3] 蔡高堂，杨少俊，赵冬莲，2000. 深圳市废弃采石场水土保持生态环境建设措施[J]. 南昌水专学报(4):60-62.

[4] 曹兴松，刘世雄，章梦涛，等，2013. 西南红层软岩公路边坡生态防护中的植物选择和配置研究[J]. 公路(3):191-195.

[5] 陈炳辉，韦慧晓，周永章，2006. 粤北大宝山多金属矿山的生态环境污染原因及治理途径[J]. 中国矿业，15(6):40-42.

[6] 陈海波，2009. 高速公路石质边坡生态防护植物筛选及灌木建植技术研究[J]. 交通标准化(5): 173-177.

[7] 陈庆平，谢良，2000. 香根草等高植物篱防治边坡侵蚀[J]. 福建水土保持，12(3):47-49.

[8] 陈涛，2001. 采石场水土流失防治方法研究[J]. 中山大学学报（自然科学版）（S4）:89-90.

[9] 陈同斌，韦朝阳，黄泽春，等，2002. 砷超富集植物蜈蚣草及其对砷的富集特征[J]. 科学通报，47(3):207-210.

[10] 陈学平，张洪江，张翔，等，2009. 公路护坡植物选择技术研究:"全国公路生态绿化理论与技术研讨会"论文集(农业科技专辑)[C/OL]. 北京:中国水土保持学会 [2009-10-01] https://kns.cnki.net/kcms2/article/abstract?v=3uoqIhG8C467SBiOvrai6S0v32EBguHnM4c5glNtQ3lVmUR6ULFCIzsa0B6ALlcmZ2rxVpWbBFxaUjHjBuGRaNeQdfmD7be-&uniplatform=NZKPT.

[11] 陈训，张荣收，温良生，等，2003. 贵州凯麻高等级公路峨山冲段新开石质边坡绿化调查[J]. 贵州科学，21(2):142-145.

[12] 陈亚振，2011. 秦岭山区路域生态系统健康评价研究[J]. 广东公路交通(1):6-9+15.

[13] 陈赟，2007. 公路建设中路域生态环境恢复技术体系研究[J]. 内蒙古公路与运输(3):10-12.

[14] 陈振峰，程文，陈增香，等，2015. 矿山岩石边坡植被恢复中植物配置的研究[J]. 环保科

技，21(3):15-20.

[15] 程睿，2015．用于边坡防护的纤维丝加筋补强植生土强度参数及作用机理研究[J]．亚热带水土保持(3):17-20.

[16] 程晔，方靓，赵俊锋，等，2010．高速公路边坡CF网防护抗冲刷室内模型试验研究[J]．岩石力学与工程学报，29(S1):2935-2942.

[17] 褚建民，周凌娟，2003．东北地区高速公路绿化树种选择的探讨[J]．中国园林(2):34-36.

[18] 戴金水，刘灼华，张强，2010．裸露山体治理与水土保持[M]．郑州：黄河水利出版社.

[19] 邓辅唐，邓辅商，2005．植生袋在高速公路石质边坡生态防护中的应用[J]．中国水土保持(1):42.

[20] 丁疆华，温琰茂，舒强，2001．土壤环境中镉、锌形态转化的探讨[J]．城市环境与城市生态，14(2):47-49.

[21] 段双龙，2014．矿山生态环境保护及植被恢复技术[J]．北京农业(24):221.

[22] 范稚莲，莫良玉，陈同斌，等，2007．广西典型矿区中植物对Cu、Mn和Zn的富集特征与潜在的Mn超富集植物[J]．地理研究，26(1):125-131.

[23] 冯俊德，2007．岩石边坡工程植被演替规律研究[J]．铁道勘察(3):5-7.

[24] 冯美军，洪波，左志武，2014．公路边坡生态恢复及防护技术[M]. 青岛：中国海洋大学出版社.

[25] 付美兰，祝于华，2003．浅谈山丘地区公路边坡绿化设计—从潭邵高速公路上边坡绿化设计谈起[J]．中国园林(3):63-64.

[26] 高旭敏，2016．生态边坡：理论与实践[M]．北京：中国建筑工业出版社.

[27] 郭锋，章梦涛，陈振峰，2009．裸露山体缺口景观影响度及其生态修复技术[J]．中国园林，25(11):63-66.

[28] 国怀亮，柳江，2014．路域生态系统中外来入侵植物分布格局及其影响因素研究综述[J]．云南大学学报（自然科学版），36(S1):148-153.

[29] 国家林业局，2016．北方地区裸露边坡植被恢复技术规范：LY/T 2771—2016[S]. 北京：中国标准出版社.

[30] 国家市场监督管理总局，国家标准化管理委员会，2019．裸露坡面植被恢复技术规范：GB/T 38360—2019[S]. 北京：中国标准出版社.

[31] 国家市场监督管理总局，国家标准化管理委员会，2020．滑坡防治设计规范：GB/T 38509—2020[S]. 北京：中国标准出版社.

[32] 韩德梁，王发其，何胜江，等，2008．几种优良草种在高速公路护坡工程中的应用[J]．安徽农业科学(13):5432-5435.

[33] 何兰兰，角媛梅，王李鸿，等，2009．Pb、Zn、Cu、Cd的超富集植物研究进展[J]．环境科学与技术，32(11):120-123.

[34] 胡虎，曾华星，曾宪坤，2016．有色金属矿山生态恢复的难点及恢复技术探讨[J]．有色冶金设计与研究，37(4):45-48.

[35] 胡全德，姜永久，2000．长白山不同植被对土壤和生态环境的作用[J]．吉林农业大学学报，22(2):71-75.

[36] 华珞，陈世宝，白玲玉，等，1998．有机肥对镉锌污染土壤的改良效应[J]．农业环境保护，17(2):55-59+623.

[37] 黄福才，2005．紫金山矿区裸地植被恢复技术研究[J]．福建林业科技，32(4):160-163.

[38] 黄穗虹，2009．酸性矿山废水污染土壤重金属的化学固定及其机理研究[D/OL]．广州：中山大学[2009-09-21]．https://d.wanfangdata.com.cn/thesis/ChJUaGVzaXNOZXdTMjAyMzAxMTISCFkxNDc2Nz I2GghvYXU3bnB6bw%3D%3D.

[39] 黄雨霖，赵汉章，陈明珊，等，1995．三峡库区坡地植被－土壤环境变化及土地利用的研究[J]．林业科学研究，8(5):520-527.

[40] 霍明，王恭先，2008．中国典型工程边坡·交通工程卷[M]．北京：人民交通出版社.

[41] 江源，2011．道路生态影响与公路边坡植被恢复生态研究[M]．北京：中国环境科学出版社.

[42] 姜理英，杨肖娥，叶正钱，等，2003．海州香薷和紫花香薷对Cu，Zn的吸收和积累[J]．农业环境科学学报，24(5):524-528.

[43] 蒋鹏飞，舒安平，沈小明，等，2002．客土喷播在临长高速公路石质边坡防护中的应用[J]．湖南交通科技，28(4):68-69.

[44] 蒋先军，骆永明，赵其国，等，2000．重金属污染土壤的植物修复研究Ⅰ．金属富集植物*Brassica juncea*对铜、锌、镉、铅污染的响应[J]．土壤，32(2):71-73.

[45] 蒋友新，张开猛，2006．植生型多孔混凝土的配合比及力学性能研究[J]．混凝土(12):22-24.

[46] 蒋煜峰，袁建梅，卢子扬，等，2005．腐殖酸对污灌土壤中Cu、Cd、Pb、Zn形态影响的研究[J]．西北师范大学学报(自然科学版)，41(6):42-46.

[47] 巨天珍，石垚，安黎哲，等，2008．公路建设期路域生态区植物种群空间分布格局——以宝（鸡）天（水）高速公路为例[J]．生态学报，28(7):3365-3374.

[48] 柯文山，陈建军，2004．十字花科芸薹属5种植物对Pb的吸收和富集[J]．湖北大学学报，26(3):236-238.

[49] 雷海清，柏明娥，2010．矿山废弃地植被恢复的实践与发展[M]．北京：中国林业出版社.

[50] 李东旭，文雅，2011．超积累植物在重金属污染土壤修复中的应用[J]．科技情报开发与经济，21(1):177-180.

[51] 李海英，白玉星，高建岭，2012. 屋顶绿化的建筑设计与案例[M]．北京：中国建筑工业出版社.

[52] 李金昌，2003．黄土地区高等级公路的边坡绿化[J]．山西科技(2):49-50.

[53] 李泽琴，侯佳渝，王奖臻，2008．矿山环境土壤重金属污染潜在生态风险评价模型探讨[J]．地球科学进展，23(5):509-516.

[54] 梁猛，李绍才，龙凤，2014．西南地区护坡植物筛选与组合研究[J]．北方园艺(14):59-61.

[55] 廖春芳，袁腾方，孟强，2002．湖南省潭邵高速公路路堑边坡绿化防护设计[J]．公路交通科技，19(5):167-170.

[56] 廖晓瑾，杨望涛，夏骥，等，2003．客土喷播绿化技术在岩石边坡上的应用[J]．公路与汽运(4):52-53.

[57] 林伟，2003．鄂西北山区高速公路路堑边坡防护与景观设计[J]．交通环保(S1):181-182.

[58] 林夏馨，2004．芒萁的生长发育规律及人工繁殖技术[J]．福建水土保持，16(2):60-62.

[59] 刘成，2001．德兴铜矿酸性废水成因的研究[J]．有色矿业，30(4):49-53.

[60] 刘东明，李作恒，王丙兴，等，2016．山区高速公路边坡生态恢复与重建技术及实践[M]．北京：人民交通出版社.

[61] 刘东明，林才奎，2010．高速公路边坡绿化理论与实践[M]．武汉：华中科技大学出版社.

[62] 刘建宁，高洪文，王运琦，等，1999．山西太旧高速公路边坡绿化种草技术研究[J]．中国草地(6):24-27+34.

[63] 刘孔杰，刘龙，周存秀，2002．生物多样性在路域植被恢复中的应用[J]．交通环保，23(4):10-12.

[64] 刘琼，张淑娥，兰剑，2002．宁夏古王高速公路绿化技术探讨I、边坡地被植物的选择[J]．宁夏农学院学报，23(4):34-36.

[65] 刘世雄，曹兴松，程睿，等，2013．纤维丝固土护坡植生法在边坡防护中的水土保持效应研究[J]．山地学报，36(6):641-648.

[66] 刘淑兰，2002．本榛公路前央河段防冲刷护坡技术研究[J]．辽宁交通科技，25(4):6-8.

[67] 刘威，束文圣，蓝崇钰，2003．宝山堇菜(*Viola baoshanensis*)——一种新的镉超富集植物[J]．科学通报，48(19):2046.

[68] 刘小梅，吴启堂，李秉滔，2003．超富集植物治理重金属污染土壤研究进展[J]．农业环境科学学报，22(5):636-640.

[69] 刘秀春，高艳敏，范业宏，等，2008．生物有机肥对重金属的吸附解吸作用的影响[J]．土壤通报，8(4):942-945.

[70] 刘秀梅，聂俊华，王庆仁，2002．6种植物对Pb的吸收与耐性研究[J]．植物生态学报，26(5):533-537.

[71] 刘学，2013．陕西高速公路生态护坡研究[D/OL]．西安：长安大学[2014-05-15]. https://kns.cnki.net/kcms2/article/abstract?v=3uoqIhG8C475KOm_zrgu4lQARvep2SAk8URRK9V8kZLG_vkiPpTeIdjbtRzfglsve94yq5N65mOYeet0wy7yBqkMOob2_owG&uniplatform=NZKPT.

[72] 刘窑军，王天巍，李朝霞，等，2012．不同植被防护措施对三峡库区土质道路边坡侵蚀的影响[J]．应用生态学报，23(4):896-902.

[73] 刘英琴，2010．矿山废弃地植被恢复技术研究[J]．湖南有色金属，26(4):50-55.

[74] 刘治兴，2016．高速公路边坡植物不同生长期防护效果研究[D/OL]．北京:北京林业大学[2016-09-15]. https://kns.cnki.net/kcms2/article/abstract?v=3uoqIhG8C475KOm_zrgu4lQARvep2SAkfRP2_0Pu6EiJ0xua_6bqBljgJ5bSgx6PuMP8e3D4ECO5qFq_NkDzSBb-6vyrr0Np&uniplatform=NZKPT.

[75] 刘治兴，杨建英，杨阳，等，2015．高速公路不同植物防护边坡根土复合体抗剪能力研究[J].

生态环境学报(4):631-637.

[76] 柳长顺，齐实，2001. 深圳市裸露山体缺口景观影响程度研究[J]. 水土保持学报，15(1):36-38.

[77] 陆志敏，吴鹏敏，汤社平，等，2006. 废弃采石场绿化树种选择及其配套技术研究[J]. 浙江林业科技(3):59-65.

[78] 路云，2011. 路堑高边坡稳定性分析及植物防护措施的研究[D/OL]. 西安：长安大学[2011-03-15]. https://kns.cnki.net/kcms2/article/abstract?v=3uoqIhG8C475KOm_zrgu4lQARvep2SAkhskYGsHyiXlyV6jw0YcPLCZAoDbtBikr_t91KCznCQTaQg9xvJlHF1bj8mjTWRg8&uniplatform=NZKPT.

[79] 罗杰•弗洛雷斯，孔祥林，刘国光，2001. 古里水电站采料场生态环境的恢复[J]. 水利水电快报，22(5):8-11.

[80] 罗青龙，任珺，陶玲，等，2008. 重金属超积累植物的研究进展[J]. 能源与环境(6):17-18.

[81] 罗松，郑天媛，2001. 采石场遗留石质开采面阶梯整形覆土绿化方法研究[J]. 中国水土保持(2):36-37.

[82] 罗亚平，吴晓芙，李明顺，等，2007. 桂北锰矿废弃地主要植物种类调查及土壤重金属污染评价[J]. 生态环境，16(4):1149-1153.

[83] 马海天才，廖心北，谭延河，等，2004. 滴灌系统在成南高速路高边坡绿化上的应用[J]. 四川草原(4):55-56.

[84] 马平安，郭全邦，李荣华，等，1999. 太行山片麻岩山地植被水土保持效益研究[J]. 地理学与国土研究，15(3):43-46.

[85] 马万权，沈康健，邓辅唐，2003. 客土喷播技术对石质边坡防护的运用[J]. 云南交通科技，19(3):7-10.

[86] 孟繁玲，韩烈保，2001. 液压喷播植物群落结构动态研究方法初探[J]. 草业科学(5):53-55.

[87] 孟猛，宗美娟，2010. 矿山生态恢复原理与技术[J]. 中国矿业，19(9):60-62.

[88] 聂发辉，2006. 镉超富集植物商陆及其富集效应[J]. 生态环境，15(2):303-306.

[89] 聂亚平，王晓维，万进荣，等，2016. 几种重金属(Pb、Zn、Cd、Cu)的超富集植物种类及增强植物修复措施研究进展[J]. 生态科学(2):174-182.

[90] 潘伟，张衡，黄东光，等，2010. 公路边坡生物防护植物筛选及其配置技术研究[J]. 广东科技，19(16):35-38.

[91] 潘志明，2006. 砷汞铅镉复合污染土壤的肾蕨植物修复技术研究[D/OL]. 成都：成都理工大学[2006-12-15]. https://kns.cnki.net/kcms2/article/abstract?v=3uoqIhG8C475KOm_zrgu4h_jQYuCnj_co8vp4jCXSivDpWurecxFtLGG09vp9rTJ2TP3189p2i_vYqd-8bCWnAPBKsCWfFQR&uniplatform=NZKPT.

[92] 任海霞，2005. 重庆市生态公路路域环境生态恢复技术研究[D/OL]. 重庆：重庆大学[2007-01-15]. https://kns.cnki.net/kcms2/article/abstract?v=3uoqIhG8C475KOm_zrgu4lQARvep2SAk6X_k1IQGNCLwAgnuJ-hC0_IbwaSQ62sTYoXxjcL_pGMN8cZ184sgBXAWKq6mNj6r&uniplatform=NZKPT.

[93] 邵蕊，王文瑞，史坤博，等，2014. 高寒草原路域人为干扰区土壤及植被修复研究[J]. 水土保持研究，21(6):181-186+192.

[94] 深圳市如茵生态环境建设有限公司，江西铜业股份有限公司．复合层、矿山渣土堆场酸性阻控方法及植被重建方法：CN201410747901.7[P]. 2017-06-13.

[95] 深圳市如茵生态环境建设有限公司．高陡岩质边坡植被重建系统及该系统的实施方法：CN201010119621.3[P]. 2010-09-01.

[96] 深圳市如茵生态环境建设有限公司．连续喷丝植生法：CN200810141864.1[P]. 2009-02-11.

[97] 深圳市如茵生态环境建设有限公司．一种环境友好柔性锚喷护坡网结构：CN201820273687.X[P]. 2018-09-25.

[98] 深圳市市场监督管理局，2010．边坡生态防护技术指南：SZDB/Z 31-2010[S/OL]. [2010-09-20]. http://www.sz.gov.cn/zfgb/2010/gb713/content/post_4951841.html.

[99] 深圳市水务局，2014．华南岩质边坡工程绿化技术的推广与应用[M]．北京：中国水利水电出版社.

[100] 沈建新，2009．有色金属矿山生态修复工程设计与思考[J]．有色冶金设计与研究，6(30):47-52.

[101] 沈有信，刘文耀，张彦东，2003．东川干热退化山地不同植被恢复方式对物种组成与土壤种子库的影响[J]．生态学报，23(7):1454-1460.

[102] 沈振国，刘有良，1998．重金属超量积累植物研究进展[J]．植物生理学通讯，32(2):133-139.

[103] 史文飞，刘岸东，周文君，等，2013．广乐高速公路清远段生态护坡技术和乡土植物的应用[J]．现代园艺(10):110-113.

[104] 史文飞，彭冲，何灿，2012．裸露山体缺口生态修复新技术及景观影响度评价——以深圳市布吉郁南、吉岗采石场边坡整治绿化工程为例[J]．亚热带水土保持(2):34-37.

[105] 束文圣，杨开颜，张志权，等，2001．湖北铜绿山古铜矿冶炼渣植被与优势植物的重金属含量研究[J]．应用与环境生物学报，7(1):7-12.

[106] 束文圣，张志权，蓝崇钰，2000．中国矿业废弃地的复垦对策研究[J]．生态科学，19(2):24-25.

[107] 宋云，2005．植物固土边坡稳定基本原理的研究以及固坡植物的选择设计[D/OL]．长沙:中南林学院[2006-03-15]．https://kns.cnki.net/kcms2/article/abstract?v=3uoqIhG8C475KOm_zrgu4h_jQYuCnj_co8vp4jCXSivDpWurecxFtFbY5yQlXOfEEOpaD5NlH8EwlolVYkuIEOwkK1o6Jj3a&uniplatform=NZKPT.

[108] 苏兴矩，陈善棠，2002．象草在公路边坡防护及弃方区绿化中的应用[J]．公路交通科技，19(5):171-172.

[109] 孙花，谭长银，黄道友，等，2011．土壤有机质对土壤重金属积累、有效性及形态的影响[J]．资源与环境，34(4):82-87.

[110] 孙建成．格栅格式绿化固土装置：CN201120336438.9[P]. 2012-07-11.

[111] 汤叶涛，仇荣亮，曾晓雯，等，2005．一种新的多金属超富集植物——圆锥南芥(*Arabis paniculata* L.)[J]．中山大学学报（自然科学版），44(4):135-136.

[112] 唐文杰，2008．广西三锰矿区土壤污染与优势植物重金属富集研究[D/OL]．南宁：广西师范大学[2008-09-15]．https://kns.cnki.net/kcms2/article/abstract?v=3uoqIhG8C475KOm_zrgu4lQARvep2SAkAYAgqaTO4OyKkcOJ4w_0uGVF2G7x8iskI6YIYVRgsnjCBZAzTJRsFbiOViSf4wx3&uniplatform=NZKPT.

[113] 屠剑斌，2009．陕西高速公路绿化设计与路域生态恢复的研究[D/OL]．西安：西安建筑科技大学[2009-11-15].https://kns.cnki.net/kcms2/article/abstract?v=3uoqIhG8C475KOm_zrgu4lQARvep2SAk6at-NE8M3PgrTsq96O6n6an06L7qSnXYIYq95XQduBI_Qh5hfirMZMLk1DFyDblU&uniplatform=NZKPT.

[114] 王福强，2011．黄河三角洲地区路域生态恢复技术研究[D/OL]．西安：长安大学[2012-01-15]. https://kns.cnki.net/kcms2/article/abstract?v=3uoqIhG8C475KOm_zrgu4lQARvep2SAkWGEmc0QetxDh64Dt3veMp2qcGzffLPqn69eXIB2g1GE4_io1MOOTwOBsfmMKEP8h&uniplatform=NZKPT.

[115] 王国贞，朱泮民，段璐淳，等，2010．拜耳法赤泥改良及种植黑麦草的研究[J]．安徽农业科学，38(31):17486-17497+17493.

[116] 王慧芳，罗承德，2004．高等级公路边坡绿化植物材料选择初探[J]．四川草原(3):53-55.

[117] 王军，2008．重金属Cd，Zn，Pb，Cu污染土壤的植物修复研究[D/OL]．武汉：中国地质大学 [2008-09-15]．https://d.wanfangdata.com.cn/thesis/Y1279286.

[118] 王君武，张茂林，侯克锁，等，2018．高寒高海拔地区路域生态修复技术体系研究[J]．交通节能与环保，14(1):34-36.

[119] 王丽梅，2008．生态旅游区路域生态的退化与恢复[D/OL]．哈尔滨：东北林业大学 [2012-03-15]． https://kns.cnki.net/kcms2/article/abstract?v=3uoqIhG8C475KOm_zrgu4lQARvep2SAkWGEmc0QetxBLtDT8l5foUsa5rpcY8w9uZdCJUFlA_B7kZ9FgTO0F1JRZFmU3ovze&uniplatform=NZKPT.

[120] 王玲，李轩，张再永，2001．公路边坡水土保持草种引种试验研究[J]．湖南林业科技(2):35-38.

[121] 王齐瑞，高喜荣，王红霞，2001．河南高等级公路绿化植物的选择[J]．河南林业科技，21(2):40-41.

[122] 王琼，辜再元，周连碧，2011．德兴铜矿水龙山酸性废石堆场边坡生态恢复工程模式研究[J]．中国矿业，20(1):64-66.

[123] 王仁德，钱金平，2007．生态脆弱区道路边坡生态恢复适用技术研究—以沙蔚铁路建设工程为例[J]．水土保持研究，14(3):163-165.

[124] 王倜，陶双成，薛铸，等，2016．海南省高速公路路域生态系统恢复评价方法研究[J]．公路工程，41(1):75-80+84.

[125] 王铁桥，许文年，叶建军，等，2003．挖方岩石边坡绿化技术与方法探讨[J]．三峡大学学报（自然科学版），25(2):101-104.

[126] 王永安，王双生，2002．公路绿地系统的生态学分析[J]．华东公路(3):69-73.

[127] 王勇，2016．西藏山区公路边坡生态防护措施研究[D/OL]．西安：长安大学 [2017-02-15]. https://kns.cnki.net/kcms2/article/abstract?v=3uoqIhG8C475KOm_zrgu4lQARvep2SAkkyu7xrzFWukWIylgpWWcEnosGCZNMJ0E8y5Gzl3jNx3ckBAiARlJ5FwgaLKgcxXi&uniplatform=NZKPT.

[128] 韦朝阳，陈同斌，2001．重金属超富集植物及植物修复技术研究进展[J]．生态学报，21(7):1196-1203.

[129] 韦朝阳，陈同斌，黄泽春，等，2002．大叶井口边草一种新发现的富集砷的植物[J]．生态

学报，22(5):777-778.

[130] 韦志翔，赵德新， 农邵闯，2016．喀斯特地区高速公路路域生态本底评价及恢复技术研究[J]．西部交通科技(11):77-82.

[131] 魏树和，周启星，王新，等，2004．一种新发现的镉超积累植物龙葵(*Solanum nigrum* L.)[J]．科学通报，49(23):2568-2573.

[132] 吴双桃，吴晓芙，胡曰利，等，2004．铅锌冶炼厂土壤污染及重金属富集植物的研究[J]．生态环境，13(2):156-157+160.

[133] 吴亚君，李小平，冷杰彬，2004．平果铝业公司赤泥的土壤改良[J]．有色金属，56(3):130-133.

[134] 吴长文，王永喜，付奇峰，等，2009．深圳城郊水库消涨带植被重建技术[J]．中国水土保持科学， 7(5):43-47.

[135] 吴长文，章梦涛，2007．裸露山体缺口生态治理[M]．北京：科学出版社.

[136] 吴长文，章梦涛，付奇峰，2000．喷播绿化技术在斜坡水土保持生态环境建设中的研究[J]．水土保持学报，14(2):11-14.

[137] 席嘉宾，1997．高等级公路边坡牧草绿化混播试验的研究[J]．甘肃农业大学学报，32(3):271-275.

[138] 席嘉宾，张惠霞，2000．几种混播绿化组合对高等级公路边坡防护效益的研究[J]．草业科学(4):57-60.

[139] 夏汉平，敖惠修，刘世忠，2002．香根草生态工程应用于公路护坡的效益研究[J]．草业科学，19 (1):52-56.

[140] 谢丹，2006．铁芒萁应用于高速公路边坡生态防护的研究[D/OL]．广州：中山大学[2007-07-02]．https://d.wanfangdata.com.cn/thesis/ChJUaGVzaXNOZXdTMjAyMzAxMTISB1k5MjM3MTEaCHJydDdwOXly.

[141] 胥晓刚，杨冬生， 胡庭兴，等，2004．不同植物种类在公路边坡植被恢复中的适应性研究[J]．公路(6):157-161.

[142] 徐国钢，赖庆旺，2016．中国工程边坡生态修复技术与实践[M]．北京：中国农业出版社.

[143] 徐荣进，刘荣桂，颜庭成，2006．植生型多孔混凝土的制备和性能试验研究[J]．混凝土(12):18-21.

[144] 徐绍民，周蕴薇，李宇宏，等，1999．寒冷地区高速公路绿化植物材料选择探讨[J]．东北林业大学学报，27(5):55-58.

[145] 徐文辉，范义荣，林世埕，2003．甬台温高速公路温州段边坡绿化设计[J]．林业科技开发，17(6):63-65.

[146] 徐文远，2013．公路建设边坡生态防护技术应用原理与实践[M]．北京：科学出版社.

[147] 徐新生，1999．连续纤维加强材力学性能及结构性能[J]．山东建材(1):10-12.

[148] 徐志修，彭辉，2008．基于“3S”技术的路域生态管理系统设计研究[J]．中外公路，28 (4):274-276.

[149] 薛澄泽，杜新科，张增强，等，2000．复合污泥堆肥施用于高速公路绿化带效果的研究Ⅰ．中央分隔带、护坡及转盘不同植物的生长响应[J]．农业环境保护，19 (4):204-208.

[150] 杨胜香，2007．广西锰矿废弃地重金属污染评价及生态恢复研究[D/OL]．南宁：广西师范大学 [2007-05-15]．https://kns.cnki.net/kcms2/article/abstract?v=3uoqIhG8C475KOm_zrgu4lQARvep2SAk6X_k1IQGNCLwAgnuJ-hC07E27twQA_8hJYVUqOvkkjiZitgtMONEDHaJK2gomqV-&uniplatform=NZKPT.

[151] 杨胜香，2011．广东大宝山多金属矿排土场生态恢复[D/OL]．广州：中山大学[2011-03-15]．https://kns.cnki.net/kcms2/article/abstract?v=3uoqIhG8C447WN1SO36whNHQvLEhcOy4v9J5uF5OhrnQEpjv_r9SmtYaO24KjsUSA_P5HnCe_djN89UsFkvvEuQ8xwAS-fuD&uniplatform=NZKPT.

[152] 杨天周，2008．EDTA对污染土壤中重金属解吸的影响[J]．污染防治技术，6(3):19-21.

[153] 杨晓明，2009．全风化岩路堤边坡不同植物群落生态防护效应与生长动态变化分析[J]．陕西农业科学，55(2):62-65.

[154] 杨肖娥，龙新宪，倪吾钟，等，2002．东南景天(*Sedum alfredii*)一种新的锌超积累植物[J]．科学通报，47(13):1003-1006.

[155] 应丰，李健，王静，等，2018．高寒高海拔地区水电站施工扰动区生态修复技术及植物物种选择[J]．中国水土保持(1):36-39.

[156] 余芹芹，乔娜，胡夏嵩，等，2011．植物根-土复合体固坡力学效应及模型研究现状与进展[J]．中国水土保持(7):51-53.

[157] 曾宪坤，2017．有色金属矿山强酸性尾矿库无土生态恢复技术研究[D/OL]．南昌：南昌大学 [2018-02-15]．https://kns.cnki.net/kcms2/article/abstract?v=3uoqIhG8C475KOm_zrgu4lQARvep2SAk-6BvX81hrs37AaEFpExs0C8WbPMlLl4oP_HdnDgKcwJ9hNompqCoHNaMTk4tOswJ&uniplatform=NZKPT.

[158] 张成林，巫胜利，2016．高速公路坡面植物群落生态防护与季节生长变化[J]．陕西林业科技(5):36-39.

[159] 张大庚，2006．水分和有机物料对土壤重金属镉、锌行为的影响[D/OL]．沈阳：沈阳农业大学[2006-12-18]．https://d.wanfangdata.com.cn/thesis/ChJUaGVzaXNOZXdTMjAyMzAxMTISB1k4OTE0MjIaCHlnOWp0Zzl1.

[160] 张大庚，依艳丽，李亮亮，等，2006．水分和有机物料对土壤锌-镉形态及化学性质的影响[J]．农业环境科学学报，25(4):939-944.

[161] 张家权，2014．江西高速公路路域生态恢复模式评价与研究[D/OL]．南昌：江西农业大学[2014-07-15]. https://kns.cnki.net/kcms2/article/abstract?v=3uoqIhG8C475KOm_zrgu4lQARvep2SAk9z9MrcM-rOU4mSkGl_LWf0e9Q9O0IE8Xgu_YFHIm_KQkvOQI0yfGYwb7qwIH2NeP&uniplatform=NZKPT.

[162] 张俊云，周德培，2002．厚层基材喷射植被护坡的抗侵蚀实验研究[J]．西南交通大学学报，37(6):628-631.

[163] 张俊云，周德培，李绍才，2001．岩石边坡生态种植基试验研究[J]．岩石力学与工程学

报，20(2):239-242.

[164] 张乐观，王国贞，段璐淳，2010．赤泥基质改良及种植植物的筛选研究[J]．北方园艺(22):31-33.

[165] 张丽峰，2012．铁矿废弃地类型划分及其生态规划模式的研究[D/OL]．保定：河北农业大学 [2012-08-15]． https://kns.cnki.net/kcms2/article/abstract?v=3uoqIhG8C475KOm_zrgu4lQARvep2SAkWGEmc0QetxDh64Dt3veMp87nuKpAQJc76PV9fyfFsu_QCdadlNBui375TIoN2UFM&uniplatform=NZKPT.

[166] 张瑞，唐素英，黄作喜，2016．布尔津—喀纳斯湖旅游公路路域生态恢复植物选择与配置研究[J]．中国园艺文摘，32(4):94-96.

[167] 张赛，陈振峰，2011．植被演替规律在铁路边坡生物防护中的应用——以井冈山铁路为例[J]．科技风(11):244+276.

[168] 张永兴，王桂林，杜太亮，2002．边坡立体绿化工程的稳定性[J]．山地学报，20(4):489-492.

[169] 张瑜，2011．四川地区高速铁路路基边坡植物防护研究[D/OL]．重庆：西南大学 [2011-10-15]. https://kns.cnki.net/kcms2/article/abstract?v=3uoqIhG8C475KOm_zrgu4lQARvep2SAkhskYGsHyiXksOA0FurgRFXGlVEp4pvHpu8texCMHQx85x3gvhBCh4Ice1px8lz72&uniplatform=NZKPT.

[170] 章恒江，章梦涛，付奇峰，2000．岩质坡面喷混快速绿化新技术[J]．国外公路，20(5):30-32.

[171] 章梦涛，陈振峰，李东樵，等，2015．金属矿山污染地酸性阻控及植被恢复试验[J]．现代矿业(1):170-172.

[172] 章梦涛，李天安，邱金淡，等，2003．有机植生基材在岩质坡面快速绿化技术中的开发应用[J]．生态环境，12(2):250-252.

[173] 章梦涛，余烈，2000．深汕高速公路东段工程绿化实践[J]．国外公路，20(3):45.

[174] 赵方莹，2009．边坡绿化与生态防护技术[M]．北京：中国林业出版社.

[175] 赵方莹，2009．铁矿废弃地植被恢复技术与效应研究[M]．北京：中国林业出版社.

[176] 赵明坤，刘秀峰，唐成斌，2004．高等级公路边坡绿化草被植物筛选及其生物学特性[J]．贵州农业科学，32 (2):18-21.

[177] 赵明坤，唐成斌，2003．贵州16 种野生草本植物坪用性状评价[J]．草业科学，20(12):45-47.

[178] 赵燕洲，薛春晓，杨印海，2013．青藏铁路路域高寒草原生态修复技术研究[J]．铁道工程学报(7):90-94.

[179] 赵永红，周丹，2014．有色金属矿山重金属污染控制与生态修复[M]．北京：冶金工业出版社.

[180] 郑志峰，2016．汉宁高速公路建设中的水土保持与边坡防护技术[J]．中国水利(22):7-18，20.

[181] 中国铝业股份有限公司，北京矿冶研究总院．拜尔法赤泥基质改良技术：CN200510018271.0 [P]. 2005-09-28.

[182] 中国铝业股份有限公司广西分公司，中南大学，北京矿冶研究总院，等，2010. 喀斯特石漠化地区矿山生态重建技术与应用研究[R/OL]. [2011-01-12]. https://d.wanfangdata.com.cn/cstad/ChFDc3RhZE5ld1MyMDIzMDYyORIKMTAwMDczMDAzNBoId3A5M21zajQ%3D.

[183] 中国植被编辑委员会，1980. 中国植被[M]．北京：科学出版社.

[184] 周斌，2018．公路边坡生态恢复及防护技术的研究[M]．长春：东北师范大学出版社.

[185] 周德培，张俊云，2003．植被护坡工程技术[M]．北京：人民交通出版社.

[186] 周厚诚，任海，彭少麟，2001．广东南澳岛植被恢复过程中的群落动态研究[J]．植物生态学报，25 (3):298-305.

[187] 周建民，党志，司徒粤，等，2004．大宝山矿区周围土壤重金属污染分布特征研究[J]．农业环境科学，23(6):1172-1176.

[188] 周立荣，向波，周德培，2006．红层软岩边坡生态防护技术探讨[J]．地质灾害与环境保护，17(4):105-108.

[189] 周锡九，赵晓峰，1995. 坡面植草防护的浅层加固作用[J]. 北方交通大学学报，19(12):143-146.

[190] 周颖，曹映泓，2001．高速公路路基边坡环境综合治理[J]．岩土力学(4):455-458.

[191] 周颖，曹映泓，廖晓瑾，等，2001．喷混植生技术在高速公路岩石边坡防护和绿化中的应用[J]．岩土力学(3):353-356.

[192] 朱虹宇，2008．垫邻高速公路岩质高边坡稳定性与生态防护技术研究[D/OL]．西安：长安大学 [2009-08-15]. https://kns.cnki.net/kcms2/article/abstract?v=3uoqIhG8C475KOm_zrgu4lQARvep2SAk6at-NE8M3PgrTsq96O6n6cDw-Q7wrVMDp_YTkbMn4chwELEur-3J7mJj1DEZN-Wv&uniplatform=NZKPT.

[193] 住房和城乡建设部，国家质量监督检验检疫总局，2014. 工程岩体分级标准：GB/T 50218—2014[S]. 北京：中国计划出版社.

[194] 住房和城乡建设部，国家质量监督检验检疫总局，2014. 筑边坡工程技术规范：GB 50330—2013[S]. 北京：中国建筑工业出版社.

[195] 卓慕宁，李定强，贺新良，等，2004．高速公路边坡快速绿化技术的应用与水土保持效果[J].水土保持研究，11(3):79-108.

[196] Ballou Mike, Niermann Matt, 2002. Soil and rock slope stabilization using fiber-reinforced shotcrete in North America[J]. Shotcrete・Summer:20-23.

[197] Qiu Rongliang, Fang Xiaohang, Yetao Tang, et al, 2006. Zinc hyperaccumulation and uptake by Potentilla griffithii Hook[J]. International Journal of Phytoremediation, 8(4):299-310.